U0959933

示范性高等职业教育精品规划教材
旅游与酒店管理专业

中国旅游地理

主　编　彭淑清
副主编　胡柳　金丽娟　刘　娟

天津大学出版社
TIANJIN UNIVERSITY PRESS

内容提要

为培养高职高专高技能应用型旅游人才的实际需要，本书遵循高职高专教材“工学结合”的核心理念，充分体现了培养学生职业素质的高等职业教育的教材特点。全书共分十二个章节，除第一章绪论外，分别从地文景观，水域风光，生物景观，气象、天象与气候景观，历史古迹与建筑，宗教文化，民俗风情，文学艺术，旅游资源的开发、保护与旅游业可持续发展，中国旅游地理区划，中国十一大旅游区概述对中国旅游地理进行了阐述。

本书理论结合实际，图文并茂，深浅适度，可读性强，可作为高职高专旅游类专业学生的教材和教学参考书，亦可作为广大旅游爱好者的旅游参考书。

图书在版编目（CIP）数据

中国旅游地理／彭淑清主编．—天津：天津大学出版社，2011.8

示范性高等职业教育精品规划教材．旅游与酒店管理专业

ISBN 978-7-5618-4115-0

Ⅰ.①中… Ⅱ.①彭… Ⅲ.①旅游地理学—中国—高等职业教育—教材 Ⅳ.①F592.99

中国版本图书馆 CIP 数据核字（2011）第 176185 号

出版发行 天津大学出版社
出 版 人 杨欢
地　　址 天津市卫津路 92 号天津大学内（邮编：300072）
电　　话 发行部：022-27403647　邮购部：022-27402742
网　　址 www.tjup.com
印　　刷 廊坊市长虹印刷有限公司
经　　销 全国各地新华书店
开　　本 185mm×260mm
印　　张 19
字　　数 474 千
版　　次 2011 年 8 月第 1 版
印　　次 2011 年 8 月第 1 次
定　　价 38.00 元

丛书编委会名单

前言 Preface

旅游必须亲临其境方能获得旅游体验的特点，决定了旅游地理知识的必要性。掌握旅游地理的有关知识，熟悉我国旅游资源的特色，在此基础上分析旅游业发展的有利及不利因素，是我国旅游从业者必备的职业知识素养。因此，我国包括本科、高职高专、中专在内的各个层次的旅游专业几乎都开设了“旅游地理”课程。一般来说，本科多以学习旅游地理学为主，以理论性强为特色；高、中职院校针对培养目标多以学习中国旅游地理为主，强调应用性及实用性。本书正是基于培养高职高专高技能应用型旅游人才的实际需要编写而成。

本教材的特点是理论与实践相结合。在编写过程中严格遵循高职高专教材“工学结合”的核心理念，以岗位核心技能为导向，将理论知识、核心技能、综合素质的要求有机地结合起来并充分贯彻到教学内容当中，充分体现培养学生职业素质的高等职业教育的教材特点。故全书在知识深度策划上以实用性知识为主，理论知识以够用为度，深浅度以能被学生掌握为准，着重强调学生分析问题、解决问题能力的培养。

在上述理念基础上，本书以读者的实际需要为出发点，结合旅游地理的特点，从旅游与地理的关系、旅游资源的概念入手，讨论和研究了以下基本内容：地文景观、水域风光、生物景观、天象与气候景观、历史古迹与建筑、宗教文化、民俗风情、文学艺术、旅游资源的开发保护与旅游业可持续发展、中国旅游地理区划、中国十一大旅游区概述等。内容丰富，图文并茂，深浅适度，可读性强。可作为高职高专旅游类各专业学生的教材和教学参考书，亦可作为广大旅游爱好者的旅游参考书。

本书由湖北大学职业技术学院、湖北省旅游学校彭淑清老师担任主编，负责统稿、定稿。湖北工业大学商贸学院胡柳老师、鄂州大学金丽娟老师、武汉交通职业学院刘娟老师担任副主编。具体分工如下：第一、三章，刘婷；第二章，彭淑清；第四章，刘娟；第五章，金丽娟；第六章，彭晓风；第七章，胡柳；第八章，黄美忠；第九章，曹菊枝；第十章，韦燕生；第十一、十二章，刘强。

本书在编写过程中得到了湖北大学职业技术学院、湖北工业大学商贸学院、鄂州大学、武汉交通职业学院、武汉商业服务学院、天津大学出版社等单位领导和老师的大力支持，在此表示感谢！在编写过程中参考并引用了相关文献和图片，在此对文献及图片作者表示感谢！

由于编者能力有限，书中难免存在不当之处，敬请各位专家、读者批评指正。

编　者

2011 年 6 月

目 录
Contents

第一章
绪论

教学目的和要求

(1) 了解旅游和地理的关系、旅游地理学发展的概况，认识旅游地理学的研究对象和内容。

(2) 熟悉旅游资源的概念及分类，掌握我国旅游资源形成的地理背景和旅游资源的基本特征。

关键词汇

旅游地理学；地理环境；旅游资源；自然旅游资源；人文旅游资源；人口；民族；地貌轮廓特征；气候特征

第一节 旅游地理学概述

一、旅游与地理的关系

旅游，是人们为满足某种精神和物质需要，离开常住地到异域作短期逗留，以达到游览、休憩、娱乐、扩大视野等目的。在现代社会中旅游活动已成为日常生活的一部分，就空间而言几乎无所不至。可以说旅游是发生在地理区域间位移的特殊经历或体验，它们无一不是以目的地的地理环境为依托。地理环境包括由各地地形、气候、生物、水文等自然要素构成的自然地理环境；又包括各地在长期社会发展中形成的由历史文化、风俗民情、城乡聚落等方面构成的人文地理环境；还包括由各地工农业、交通、商贸与服务业等产业活动所形成的经济地理环境。这三种地理环境在地域上和结构上相互叠加、相互联系，从而构成了各地区差异性很大的整体地理环境，也就奠定了各地区旅游的基本格调。它是吸引旅游者来访的重要的或决定性的因素，而且其质量还将影响来访旅游者的访问经历和满意程度。所以旅游活动具有它的地理属性。因此，人们常常把地理环境尤其是自然地理环境称为"旅游第一环境"。在古代，人们主要通过旅游来积累地理知识，如明代的旅行家和地理学家徐宏祖，历时30多年，游遍我国的名山大川，著成传世地理著作《徐霞客游记》。现代社会对于旅游和地理的关系研究得更深入，更广泛，形成了"旅游地理学"这门学科。

同时，旅游业的发展也离不开地理环境，地理环境是旅游业发展的依托和基础。地理环境的承载量决定了该地旅游者的容量，关系到该地旅游业的经济效益、社会效益和环境效益。但另一方面，由于旅游业的大发展亦带来了诸多"副产品"——垃圾、废气、废水及建设性破坏等。随着旅游业的开发和旅游者的来访，一些旅游带来的副产品被直接排放到环境中，旅游目的地的环境因此不可避免地会发生变化。这种旅游对目的地环境的影响从一开始就不是潜在性的影响，而是事实上的影响。这种影响只有建立在科学规划的基础上，才能尽量减少或避免对环境的破坏。

因此，旅游与地理环境之间的关系是非常密切的，可以说是一种既相互依赖又相生相克的关系。

二、旅游地理学的历史

作为一门学科，旅游地理学的历史尚短，它是随着现代旅游业的发展而兴起的一门新兴学科。20 世纪 30 年代，美国学者麦克默里（K. McMurry）在《地理评论》上发表了《娱乐活动与土地利用关系》一文，被认为是旅游地理学的开山之作，标志着现代旅游地理学的诞生。1976 年，在第 23 届国际地理大会上成立了旅游地理专业组，旅游地理学正式成为地理学的一门分支学科。

在发达国家，旅游地理学的发展是相当快的，并相继出现了一批颇具影响力的代表性著作，如英国鲁宾孙（H. Robinson）的《旅游地理学》，苏联科特梁罗夫的《游憩与旅游地理》，美国巴特勒（Butler R.）的《国际旅游地理》、皮尔斯（D. Pearce）的《旅游开发》、马西森和沃尔（Mathieson & Wall G.）的《旅游：经济、自然和社会影响》，加拿大史密斯（Stephen L. J. Smith）的《游憩地理学》，等等。他们对旅游的研究以其多样化和多角度的研究视野为特点，在从事理论性的研究时常常注意针对特定的案例，因此旅游地理研究表现为较明显的实证性质。在发达国家中，英国、加拿大、新西兰、法国等国从事旅游地理理论研究者相对较多，影响较大；而美国、德国、日本等国从事旅游地理学者则着眼于实际开发和规划者较多。

总的来说，旅游地理学的发展趋势大致有以下几个方面。

第一，各国学者对自己研究领域的称谓虽略有差别，但总的趋势是将研究视野放到闲暇时间从事的所有活动。

第二，理论与实用研究并举。随着旅游地理学研究领域的拓展，应用研究方法的多样化，旅游地理学者在注重实用的同时兼顾理论的提升与完善。

第三，旅游地理学者从传统的旅游资源、土地利用研究重心，转移到以服务设施的空间经济分析，旅游者的空间行为与旅游目的地的推销，旅游目的地生命周期与环境容量，大区域旅游开发与规划，旅游对于区域自然、经济和社会文化影响的过程与机制等为研究主题。

第四，参与多学科的融合研究，注重新技术手段的运用。旅游业是一个产业面广，本身结构比较松散的行业，它给学者们提出的大都是涉及因素很多的综合性问题。要解决这些问题，各学科专家必须走到一起。由于科学技术在西方国家已高度发达，旅游学者非常注重新技术手段在旅游研究教学中的应用，如旅游信息系统的建立和运用等。

我国现代旅游地理学的研究起步较晚，始于 20 世纪 70 年代末期，而真正发展则是在 20 世纪 80 年代，虽然只有短短 30 余年的历史，但发展却非常之快。早期的开拓性学者有林超、陈传康、郭来喜、杨冠雄、吴传钧、卢云亭等，80 年代以后活跃在旅游地理研究界的有楚义芳、保继刚、彭华、吴必虎、陆林、马耀峰等一批学者。他们先后发表了一批关于旅游地理学、中国旅游地理、旅游开发、旅游者行为研究等方面的专著和论文，并出版了一些普及性读物，许多院校也开设了相应专业与课程，在促进我国旅游业的发展中起到了非常重要的作用。有些研究成果已达到国际水平，如旅游地的综合开发个案研究、关于旅游资源评价和旅游环境容量的理论研究、国内旅游者行为规律研究、主题公园研究等。但从总体上看，我国旅游地理学的发展同发达国家相比仍存在很大的差距。主要表现在旅游基本概念混淆、研究视野不够开阔、研究方法比较单一和传统、描述性工作多、新技术手段的应用尚处于初步阶段、研究成果大多缺乏理论背景、理论研究尚不够系统化等。但是随着我国旅游业的持续快速发展，以及在世界旅游业中排名的不断上升，中国旅游业引起了世界的高度关注。世界旅游组织先后参与了四川等7个省级旅游发展总体规划的编制工作，中国学者在与国外专家的合作中丰富了自身的知识，也发现了自身存在的差距。在这种情况下，学者们开始对旅游地理学的任务、性质、发展方向等问题重新进行思考，出现跨学科研究和新的研究领域；新技术手段不断应用，研究的视野大大扩展；同时学科获得的重视程度和支持力度也不断加强。

三、旅游地理学的概念

什么是旅游地理学？旅游地理学是研究人类的旅游活动与地理环境、社会经济发展之间相互关系的一门学科。它是地理学的一个分支学科，属于人文地理学的范畴。在国际上亦称休闲和旅游地理学（如英国）、游憩地理学或闲暇地理学（如加拿大）、观光地理学（如日本、韩国）等。

旅游地理学是一门综合性的、多学科交叉的边缘学科，涉及地理学、社会学、经济学、历史学、宗教学、人类学、建筑学、园林学、民俗学、美学等。因此旅游地理学的许多课题都必须从多种学科的角度进行研究。

旅游地理学又是一门直接服务于旅游业、实用性很强的应用学科。因为旅游地理学研究的最终目的是促进旅游业与社会经济的和谐发展，为人们能够合理地利用和保护旅游资源提供必要的理论指导与技术支持。

四、旅游地理学的研究对象及内容

任何一门学科都有其特定的研究对象和研究内容，旅游地理学的研究对象是整个人类的旅游活动与地理环境之间的关系。大体言之，包括旅游的主体——旅游者及其活动；旅游的客体——旅游资源；主体与客体的纽带——旅游业。其研究内容主要包括以下几个方面。

1. 旅游资源的研究

旅游资源，在西方一些国家被称为旅游吸引物，是实现旅游活动的基本要素之一，是旅游活动的客体和旅游业发展的物质基础。旅游资源的研究包括旅游资源的定义、分类、观赏、调查、评价、开发与保护，等等。

2. 旅游客源的研究

旅游者是旅游活动的主体，旅游客源是旅游业发展的根本市场基础。旅游客源的研究包括旅游者的概念、旅游者的基本类型、旅游者产生的地理背景、旅游动机、旅游者行为规律、旅游需求预测，等等。

3. 旅游区划的研究

旅游区划是从发展旅游的角度出发，根据旅游地域分工原则，按照旅游资源的地域分异性及社会、经济、文化等条件，在地域上划分出不同等级的旅游区，制定相应的发展规划。为因地制宜地发展旅游业提供保障，从而达到合理开发利用和保护旅游资源的目的。

4. 旅游规划的制定

旅游规划包括旅游开发规划、旅游环境容量、旅游资源保护、旅游线路设计等，为旅游业的发展提供科学的法律依据。

5. 旅游影响的研究

旅游影响包括旅游开发对区域经济、环境、社会文化等方面的正面和负面影响，以及如何保持旅游业可持续发展，等等。

6. 旅游信息与地图

旅游信息与地图包括旅游地理信息系统的建立和运用，旅游地图的绘制与表现形式等。

中国旅游地理是从旅游地理学的角度来研究中国各类旅游资源的，属于区域旅游地理学范畴。对中职和技校学生来说，需要的更多的是旅游地理方面的知识，因此，本书将侧重于中国旅游资源地理的学习，强调地域特色，增强学生对旅游资源的认知能力与实际应用能力等。

第二节　旅游资源简述

一、旅游资源的概念

目前人们对旅游资源的概念还未形成统一的解释，本书采用国家旅游局、国家技术监督局《旅游规划通则》（2003）给出的定义："自然界和人类社会凡能对旅游者产生吸引力，可以为旅游业开发利用，并可以产生经济效益、社会效益和环境效益的各种事物和因素，统称为旅游资源。"

旅游资源的表现形式可以是有形的物质景观，如自然风光、历史古迹等；也可以是非物质形态的精神事象，如神话传说、音乐歌舞、社会文明等。

旅游资源是一个发展的概念，随着社会的发展、科学技术的进步、人们生活水平的提高、生活方式的转换、视野的开阔，那些传统的旅游方式早已不能满足人们日益增长的旅游需求，旅游资源的内容已越来越丰富，范畴也越来越广阔。从旅游活动的地域来看，旅游者已可到达他们想去的任何地方：从世界最高峰到大洋海底，从繁华的都市到杳无人烟的沙漠或严寒的极地，甚至是浩渺的太空；从旅游活动的形式来看，现代旅游已不仅仅只是局限于山水观光，而是要寻求亲身体验、感受刺激、康体疗养、增长知识，重在娱乐性、参与性、体验性。各种探险旅游、科考旅游、生态旅游、工业旅游、农业旅游、校园旅游等蓬勃兴起。旅游资源的范畴无所不及：除传统的自然风光、名胜古迹、风土民情之外，过去属于其他行业的事物如驰名工厂、水库电站、著名店铺、科研基地、文教单位、文化名人、战争遗迹、火山及地震等，甚至监狱等都可用来发展旅游业。因此，从地理的范畴来讲在现代社会里已很难找出哪一类事物和现象绝对不能用作旅游资源了。从长远的角度看，凡是对旅游者具有吸引力的事物，无论其经过开发与否，都应属于旅游资源的范畴。

二、旅游资源的分类

因为旅游资源的范畴极广，根据不同的需要，可从不同的角度对旅游资源进行分类。下面主要介绍三种分类方法。

1. 依据旅游资源的属性及成因分类

这是一种最基本的旅游资源分类方法。依据旅游资源的属性及成因，可把旅游资源分为两个基本的类型，即自然旅游资源和人文旅游资源（见表1－1）。

表1－1 旅游资源分类表

类别	基本类型	类　型
自然旅游资源	地文景观	典型地质构造遗迹 标准地层剖面 生物化石点 岩石与矿物 自然灾变遗迹 山岳景观 峡谷景观 火山熔岩 岩溶景观 风沙地貌 丹霞地貌 海岸与岛礁 其他地貌
	水域风光	江河 湖泊 瀑布 泉 海洋 其他水体
	大气与太空景观	气象 气候 天象奇观 太空景观
	生物景观	森林景观 草原景观 古树名木 奇花异卉 观赏动物 表演动物 珍奇动物 自然保护区
人文旅游资源	文物古迹	古人类遗址 军事遗址 古建筑 石窟碑碣 古代工程 陵墓 名人遗址 重要史迹 其他古迹
人文旅游资源	古典园林	帝王园林 私家园林 寺庙园林 公共园林
	文学艺术	游记、诗词 楹联、题刻 神话传说 书法、绘画 影视、戏曲 音乐、舞蹈
	宗教文化	宗教建筑 宗教活动 宗教艺术
	城乡风貌	历史文化名城 现代都市 特色城镇 乡村景观
	现代设施	现代建筑与大型工程 科学教育文化设施 体育健身设施 娱乐休闲设施
	民俗风情	传统民居 民族服饰 特色饮食 婚恋 节日庆典 礼仪
	饮食与购物	名菜佳肴 土特产品 旅游纪念品 购物中心与特色市场 著名店铺

另外，根据我国2003年《中国旅游资源普查规范》的标准分类，旅游资源可分为8主类、31亚类、155基本类型（见表1－2）

表1－2 《中国旅游资源普查规范》分类

主类（8类）	亚类（31类）	基本类型（155类）
地文景观	综合自然旅游地、沉积与构造、地质地貌过程形迹、自然变动遗迹、岛礁	37类
水域风光	河段、天然湖泊与池沼、瀑布、泉、河口与海面、冰雪地	15类
生物景观	树木、草原与草地、花卉地、野生动物栖息地	11类
天象与气候景观	光现象、天气与气候现象	8类
遗址遗迹	史前人类活动场所、社会经济文化活动遗址遗迹	12类
建筑与设施	综合人文旅游地、单体活动场馆、景观建筑与附属型建筑、居住地与社区、归葬地、交通建筑、水工建筑	49类
旅游商品	地方旅游商品	7类
人文活动	人事记录、艺术、民间习俗、现代节庆	16类

2. 根据旅游资源管理级别的分类

（1）世界级旅游资源

世界级旅游资源主要包括被联合国教科文组织批准列入《世界遗产名录》的名胜古迹、世界级地质公园和列入联合国“人与生物圈”计划的自然保护区等旅游资源。

（2）国家级旅游资源

国家级旅游资源主要包括由国务院审定公布的国家风景名胜区、国家历史文化名城和国家重点文物保护单位，以及国家级自然保护区和国家森林公园。

（3）省级旅游资源

省级旅游资源主要包括省级风景名胜区，省级历史文化名城，省级文物保护单位，以及省级自然保护区，省级森林公园，有的省还公布了历史文化名镇。

（4）市（县）级旅游资源

市（县）级旅游资源主要包括市（县）级风景名胜区和市（县）级文物保护单位。

3. 根据旅游资源利用状况分类

（1）不可再生旅游资源

不可再生旅游资源一般指那些自然生成或在长期历史发展过程中的遗存物。这类旅游资源一旦在旅游过程中遭到人为的破坏，很难恢复，即使部分复原，其原有的旅游观赏价值也会大大降低。

（2）可再生的旅游资源

可再生的旅游资源一般指那些在旅游过程中被部分消耗掉，但仍能通过适当途径延续和恢复存在的旅游资源。

三、旅游资源的特点

旅游资源涉及自然、经济、社会等多方面的因素，是一种特殊的资源，既具一般资源的共性，又有许多自己所独有的特性。大致归纳如下。

1. 广域性和多样性

旅游资源具有空间分布的广域性、内容的多样性的特点。从空间而言，从城市到乡村，从高山到深谷，从赤道到极地，甚至是遥远的太空，旅游资源无处不在。那些旅游业发展落后的地区并不一定是缺乏旅游资源，而是缺乏对旅游资源的发现、潜力的发掘和开发能力；从内容而言，因为各种自然的、人文的因素都有成为旅游资源的可能，如前所述的昔日的监狱、废弃的矿井、荒芜的沙漠甚至火山、地震遗址等都可以成为旅游资源，故旅游资源具有多样性的特点。

2. 地域性和地带性

旅游资源的地域性即指旅游资源的总特征、景观基调、色彩等具有地域分布特色。地域性可以表现为地带性或非地带性的差异。地带性差异以自然环境中的气候、植被、水体等因素最为明显，由此形成自然旅游资源的地带性特征。如我们常用“北雄、南秀、西旷、东密”形容中国风景特征，中国饮食方面有“北咸南淡、西辣东甜”的地方风味，即指地带性规律。非地带性差异以地质地貌、某些人文旅游资源表现最为突出。如典型的地貌造型、民族风情、文学艺术等。文物古迹多分布在人类文明发展较早、人类活动频繁的地区；现代城市及游乐项目多分布于现代经济较发达的地区；少数民族风情则多分布于边远地区，因为古代少数民族因人少受到压迫和排挤而不得不逃到偏远荒芜地区以求生存，如今正因为地处偏远、较少受到外来文化的干扰，独特的民族风情才得以保持下来。旅游资源的这种地域差异是引起人们产生旅游动机的原因之一，并且旅游资源的地域差异越大，对旅游者的吸引力越强。

3. 组合性和综合性

在特定地域中，绝大部分旅游资源都不是单一存在的孤立个体，而是各资源要素相互联系、相互渗透、相互依存而共同形成的资源体。例如，在杭州西湖风景区，湖光山色之中点缀着众多人文胜迹，亭台楼阁掩映其间，使杭州赢得“人间天堂”的美誉；桂林山水甲天下，是由漓江的水与两岸的奇峰相映衬而形成的。总的说来，自然资源离不开人文资源的烘托点染、藻饰精镌；人文资源离不开自然资源的造型布局、设色构图，共同构成完美的观赏对象。

旅游资源的组合性和综合性越强，其吸引强度就越大，开发利用的价值也就越大。

4. 季节性与节律性

旅游资源的季节性是指旅游资源的特征和吸引力随季节不同而发生的变化，尤以气候、生物、水体等旅游资源的季节性变化最为明显。例如，哈尔滨的冰雪景观只有在冬季才可以看到；北京香山的红叶出现在每年的秋天；壮观的钱塘大潮出现在每年农历八月十六至八月十八（苏东坡有诗："八月十八潮，壮观天下无"）；云南大理"蝴蝶会"在每年农历四月底至五月初；杭州西湖"断桥残雪"只能在积雪半融时才能领略得到；昆明"曹溪印月"奇观（月光从窗外射入，尤如明珠，刚好照在大佛的额头上，慢慢往下移动，直到肚脐为止）每隔60年才能出现一次，即每逢甲子年的中秋之夜才最见奇妙。

节律性是指因重大的节庆和政治、文化、商业、体育活动而引起的旅游客流有规律的变化。例如，每4年一度的奥运会使主办地成为国际旅游的一个热点，就体现了旅游资源的节律性。还有电影节如美国奥斯卡电影节、法国戛纳电影节、意大利威尼斯电影节、德国柏林电影节、上海国际电影节等，各种艺术节如维也纳国际音乐节、潍坊国际风筝节、意大利木偶节等。

一些旅游目的地正是由于旅游资源的季节性与节律性这一特点的影响而出现旺季和淡季之分，这就要求旅游地必须采取有效措施，缩短或控制旅游淡季，延长旅游旺季。

5. 时代性与变化性

时代性是指在不同的历史时期，不同的社会制度下，不同的生产水平下，所形成的旅游资源，特别是人文旅游资源的特点、风格也会不同，会打上时代的烙印。例如，西安古城主要是汉唐长安城遗址，北京故宫则是明清建筑的代表。

变化性是指随着社会的发展、旅游需求的变化和人类开发旅游资源能力的提高而使旅游资源范畴不断发生变化。原有旅游资源可能会随着人们旅游需求的变化而失去吸引力，原本不是旅游资源的事物也会因受到旅游者的欢迎而被开发利用。旅游资源的这种特点使旅游目的地具有明显的生命周期变化。

6. 永续性与不可再生性

永续性是指旅游资源具有重复使用的特点。因为大多数旅游资源在利用过程中，其本身并不会因旅游者的旅游活动而消耗，旅游者只是从种种旅游活动中，如游览观光、泛舟滑雪、登山健行、观鸟赏花等，获得自身所需的身心放松和美好感受，并不是消耗了旅游资源本身。因此，从理论上讲，旅游资源具有开发利用的永续性，可以长期甚至永远地重复使用下去。

但是，这种永续性并非是绝对的，它只有在对旅游资源进行适度开发利用、有效保护的前提下才能实现。无论是自然旅游资源还是人文旅游资源都容易受到破坏，旅游资源若使用不当，或旅游者的不文明行为、各种自然灾害、战争等都会使其遭到破坏。而旅游资源一旦遭到破坏，就很难恢复了，故具有不可再生性。例如，地质地貌资源是经上亿年的地质变迁而形成的，一旦破坏就不可恢复；原始森林中的大树至少需几百年才能重新长成，一旦破坏也难以恢复；而文物古迹是古人所创造，一旦破坏后即使加以人工修复也很难现昔日风采，即使仿制出一模一样的外观，也仍然是仿制品，与真品价值无法相比。

第三节　中国旅游资源概述

一、中国旅游资源形成的地理背景

（一）位置、疆域和邻国

我国位于亚洲东部、太平洋西岸，陆地面积960万平公里，仅次于俄罗斯和加拿大，居世界第三位。我国还有300多万平方公里的海域面积，5000多个岛屿，长达18000公里的大陆海岸线，为世界上海陆兼备的大国。

我国主要处于中低纬度地区，南北跨纬度49°31′，直线距离约5500公里，东西横跨经度约62°，直线距离约5200公里，东西时差达4小时以上。我国陆地疆界长达2万多公里，与15个国家相邻。东邻朝鲜，南接越南、老挝、缅甸，西部与西南部毗邻阿富汗、巴基斯坦、尼泊尔、锡金、不丹、印度，北部与西北部毗邻俄罗斯、蒙古、哈萨克斯坦、吉尔吉斯斯坦、塔吉克斯坦。还有与我国隔海相望的国家有日本、韩国、菲律宾、马来西亚、印度尼西亚、文莱等。

（二）人口和民族

我国是世界上人口最多的国家，现有人口13.0756亿（2005年全国1%人口抽样调查数据，不包括香港、澳门和台湾地区）。在地区分布上，东部人口密度大，西部人口密度小。

我国是统一的多民族国家，共有56个民族，其中汉族人口约占90.56%，少数民族人口占9.44%。少数民族主要分布在东北、西北和西南地区，其中人口超过百万的少数民族有壮族、蒙古族、回族、藏族、维吾尔族、苗族、满族、土家族、彝族、布依族、朝鲜族、侗族、瑶族、白族、黎族、傣族、哈萨克族、哈尼族等。

（三）中国地理概况及气候特征

1. 中国地貌轮廓特征

（1）整体地势西高东低，呈阶梯状分布

中国西高东低的地势可以分为三级阶梯，第一级阶梯分布于中国西部，以世界屋脊青藏高原为主体，平均海拔4000米以上，由极高山、高山、高原及其间的河谷平原和盆地构成。如昆仑山脉、喜马拉雅山脉、冈底斯山—唐古拉山脉、横断山山脉、羌塘高原、拉萨河谷平原等。第二级阶梯由青藏高原外缘至大兴安岭—太行山—巫山—武陵山—雪峰山一线之间的一系列高山、高原、盆地构成。如阿尔泰山、天山、秦岭、准噶尔盆地、塔里木盆地、内蒙古高原、黄土高原、四川盆地和云贵高原等。第三级阶梯分布于第二级阶梯以东，由广阔的平原和丘陵构成。如东北平原、华北平原、长江中下游平原、珠江三角洲等。

（2）地貌类型复杂多样，以山地为主

我国山地、高原、丘陵、平原、盆地等地貌类型齐全，而且其成因复杂多样。如岩溶地貌、风沙地貌、黄土地貌、山岳冰川地貌、丹霞地貌、峡谷地貌、海岸地貌等，千姿百态。这其中山地占总面积的65%，而且地势较高，也造就了多样的气候类型。

2. 中国气候特征

（1）典型的季风气候

我国位于亚欧大陆东部、太平洋西岸，大部分疆域处于中纬度，受海陆热力差异、风带的季节性位移及青藏高原的热动力等因素的影响，使我国具有典型的季风气候特征：冬季盛行从陆地吹向海洋的寒冷干燥的偏北风；夏季盛行从海洋吹向大陆的高温多雨的偏南风；春季气温上升快，大气层不稳定，多大风；秋季气温下降快，大气层稳定，多秋高气爽的天气。春夏秋冬，四季分明。

(2) 大陆性气候明显，雨热同期

由于我国大部分地区位于远离海洋的内陆深处，青藏高原的巨大隆起和西高东低的地形结构，使得从大西洋吹来的西风、从太平洋吹来的东南季风和从印度洋吹来的西南季风，都难以深入。而干燥的冬季风力强大，影响范围十分广大。决定了我国气候具有明显的大陆性特征。表现在：与同纬度地区比较，冬季气温偏低，夏季气温偏高，气温年较差和日较差均较大；降水季节分布不均，主要集中在夏季，占全年总雨量的60% ~80%，雨热同期。

(3) 气候类型复杂多样

从北至南，我国地跨寒温带、温带、暖温带、亚热带、热带和赤道带。从东到西，我国又可分为湿润、半湿润、半干旱、干旱类型，从而出现森林、森林草原、草原、荒漠的不同自然景观类型。青藏高原则形成一个特殊的气候单元，即高寒气候区。其间分布着众多的河流、湖泊、泉、瀑布以及众多的生物资源和珍稀品种。

正是我国如此辽阔的疆域，复杂多样的地形地貌和气候类型以及众多的民族，孕育了不同地域特色的、多姿多彩的自然旅游资源和人文旅游资源。

二、中国旅游资源的基本特征

1. 以原生性为主的观光型旅游资源极为丰富多彩，世界地位突出

我国是世界原生性旅游资源最为丰富的国家之一，其中又以山水风光、珍稀物种、文物古迹、民俗风情等观光型旅游资源的世界地位最为突出。到2010年为止，我国已有40项旅游资源被列入联合国《世界遗产名录》。

2. 旅游资源分布广泛而又相对集中，并具有一定的地域分异规律

我国旅游资源分布非常广泛。仅就国家级旅游资源而言，遍及全国各省级行政区。但受自然地带、自然地理环境结构、人类地域空间活动及其历史地理过程等因素的影响，我国旅游资源又呈现一定规律性的相对集中。例如，我国的名山胜水主要集中在东部季风区；壮阔的冰川雪域、沙漠戈壁、草原草甸则基本上在西部和北部地区；历史古迹主要集中于黄河流域及长江流域；民俗风情集中体现在大西南、大西北及南方部分山地和东北边陲；皇家建筑、帝王陵寝以北京、西安为代表；山水园林则以苏州、杭州为典型代表；现代建设成就和人造吸引物则以位置优越、经济发达的沿海地带为胜，如京津地区、长江三角洲及珠江三角洲等；相对原始的自然风光和民俗风情主要分布于西部地区，如青藏高原、四川、云南等地。从各类旅游资源的综合情况来看，我国旅游资源比较集中连片或成带分布的区域主要有：环渤海地区、黄河中下游沿线地区、长江中下游沿海地区、浙闽沿海地区、珠江三角洲地区、四川中西部地区、云贵高原与横断山区、西北古丝绸之路沿线地区。

3. 地域组合特色突出，各地旅游资源互补性强

我国自然旅游资源组合结构总体上以山水风光为主体，人文旅游资源组合结构以历史古迹及民俗风情为突出。由于各地地理环境的差异，我国大体上可划分为旅游资源组合特色突出的八大区域：东北地区的林海雪原与关东风情，华北地区的京都古迹和名山海景，华东地区的名城佳园与秀山丽水，华南地区的南国风光与山海胜景，华中地区的山水峡谷与文化胜迹，西南地区的岩溶山水与民族风情，青藏高原的雪域风情与高原胜景，西北地区的丝路古迹与塞外风光等。我国旅游资源就南北之间和东西之间，在自然与人文方面呈现很强的对比性和互补性。

4. 人文旅游资源与自然旅游资源交融性强，文化积淀丰厚

中华民族五千年的文明史，不仅创造了众多历史与文化价值很高的人文旅游资源，而且还赋予许多自然山水以丰富的文化内涵。我国的名山胜水几乎都留下了历代的诗文、题刻、碑碣，以及亭台楼阁、寺庙宫观、文化书院等胜迹。如因帝王封禅而形成的“五岳名山”（泰山、华山、恒山、嵩山、衡山）；因历代先贤及文人墨客游览山水，“澄怀观道”，得以赋诗作画，留下极为丰富的、脍炙人口的山水审美抒怀之作（如庐山、黄山、井冈山、滕王阁、黄鹤楼等）；因宗教因素而形成的佛教名山（如五台山、九华山、峨眉山、普陀山等）、道教名山（如武当山、青城山、龙虎山、齐云山等）。也正因为如此，我国的名山胜水大多具有深厚的文化积淀和自然与人文的双重审美价值。

思考题

（1）旅游资源的特点有哪些？

（2）我国旅游资源有哪些基本特征？你所在的省市有哪些旅游资源？

第二章 地文景观

教学目的和要求

(1) 了解地质地貌对旅游的影响。

(2) 掌握各类地质景观及地质灾害的规避方法。

(3) 掌握各类地貌景观的成因、特征、分布及典型景区。

(4) 掌握我国各类山地的类型、旅游功能及我国的名山旅游资源。

关键词汇

地质景观；地貌景观；山地景观；名山

引子

地文景观是指在长期地质作用和地理过程中形成的，并在地表或浅地表留存下来的各种景观，包括地质景观和地貌景观两大类。地文景观因造型丰富而具有极高的观赏价值，又是地质科普教育基地，还具有探险健身的功能，同时蕴涵着深厚的文化内涵，是自然旅游资源的重要组成部分。

第一节 地质景观

一、地质地貌与旅游

1. 地质地貌的形成

地貌即地球的外貌，是地球表面各种形态的总称，其形成经历了一个漫长的地质过程。

地球已有45亿年的历史，在漫长的演变过程中，经历了沧海桑田的巨大变化，在地球内外引力的共同作用下形成了今天的地质地貌景观。其中，来自地球内部的能量——热能、重力能、地球旋转能等引起地壳运动，使地壳产生变形或变位，使地面抬升或沉降，产生褶皱、节理或断裂，从而形成陆地、海洋、高山、深谷、高原和盆地等各种地貌形态；与此同时，来自地球外部的能量，如太阳能、风能、生物能等作用对由内力作用而形成的各种地表形态进行风化、改造、精雕细刻，从而形成了丰富多彩和极具旅游价值的地质地貌景观。

2. 地质地貌对旅游的影响

(1) 地质地貌对自然风景的影响

地质地貌不仅对人类的生产、生活产生着重要的影响，而且对自然风景有着极其重要的影响，是构成风景的最基本要素，决定了自然风景美感的特征。例如，以中国的区域景观特征而言，除极高山、高山多数分布于青藏高原外，中国北方多大山脉、大高原、大平原，对比强烈，又受气候影响降水较少，多数山地植被覆盖率较低，故而山石多裸露在外，总体上给人以雄浑博大之感；南方则多为中小型山脉、丘陵，与小平原、盆地交错分布，气候湿润，雨热同期，多数地区植被覆盖率较高，且河流纵横，湖泊棋布，所以总体上给人以纤巧秀丽之感。正如明代文学家杨慎在《艺林伐山》所言："玲珑剔透，桂林之山也；巉嵯窳窆，巴蜀之山也；绵延庞魄，河北之山也；俊俏巧丽，江南之山也。"因此，人们从总的观赏感受出发，常将中国风景概括为"北雄南秀"。

其次，我们在形容不同景区的特征时，往往用雄、奇、险、秀、幽、旷、野等形容词，不同景区之所以有不同的美感产生，都同地貌有着直接关系：山体高大，往往给人以"雄伟"之感，如"泰山天下雄"；地貌变幻多端，则给人以"奇特"的美感，如"黄山天下奇"；山脊高而窄，坡度陡峭，则给人以"险峻"之美感，如"华山天下险"；山体线条连绵，曲折起伏，则以"秀丽"为特征，如"峨眉天下秀"；而一些地形则往往给人以"幽深、幽静"的美感，如"青城天下幽"；平畴之地，则给人以"旷远、畅旷"之美，如"孤帆远影碧空尽，唯见长江天际流"描绘的是长江之旷；"天苍苍，野茫茫，风吹草低见牛羊"描述的则是草原之旷。这不同美感特征的产生无一不是以地貌为基础的。

此外，不同景区中常有一些奇特的造型地貌，即形似各种人物神仙、飞禽走兽的地貌形态，还有"天生桥"、"风动石"等，本身就是观赏价值极大的景致，如长江三峡中的"神女峰"、路南石林中的"阿诗玛"、黄山的"猴子观海"等。

(2) 地质地貌对人文景观的影响

我们知道，每个人的发展都受到社会环境的影响。但是，无数事实证明，自然环境的作用同样不容忽视。俗话说：一方水土养一方人。这话不无道理。地貌对长期生活于此中的人们，无论是思维，还是性格都会产生一定的影响。例如，蒙古大草原开阔坦荡的地势，造就了长期生活在此的蒙古族牧民热情豪放、心怀坦荡的性格特征；再如，武汉人性格直率爽朗，与武汉大江大河开阔的地貌不无关系；苏州人温文尔雅，一口吴侬软语，与苏州山灵水秀的地貌不无关系。郭沫若在《屈原研究》中曾说："屈原是产在巫峡邻近的人，他的气魄的宏伟、端直而又娓婉，他的文辞的雄浑、奇特而又清丽，恐怕也是受了些山水的影响。"郭沫若做出这样的结论，可能是他个人的体会。但李白、苏东坡、郭沫若这些中国文学史上最有代表性的浪漫主义诗人，都出生于四川，这并非偶然，应该与奇丽的巴山蜀水大有关联。此外，陈传康教授也认为绍兴之所以出现了秋瑾、徐锡麟、鲁迅等雄杰、文豪，无论在文坛上、政坛上都锋芒毕露，同那里古代采石坑所留下的参差不齐的陡崖有关。

既然地貌影响人的思维和性格，人们的思维和性格必会体现于人文景观中，故而地貌必然会影响到人文景观。所以秀雅玲珑的江南园林不同于恢弘粗犷的北方园林。江南地貌山清水秀，故江南园林青瓦白墙、小桥流水、秀丽雅致、玲珑纤巧；北方地貌雄浑辽阔，故北方园林规模宏大、建筑厚重、苍松翠柏，风格粗犷，这正是与地貌相协调的有力例证。同样，轻盈通透的南方民居不同于厚重严整的北方民居。它们在用料、结构方式、屋顶坡度上有明显差别。黄土高原的窑洞、西北草原的帐篷、北方平原的四合院、东北林区的“木格楞”、南方湿热地区的干栏式建筑等，无不显示出不同地貌对人文景观的影响。

(3) 地质地貌对旅游项目的影响

地质地貌不仅影响自然景观和人文景观，在很大程度上也决定着旅游项目的选择和兴建。不同的地貌形态，适于开展的旅游项目也不同，有的适宜观光游览，有的适宜度假疗养，有的适宜攀登探险等，故在进行旅游规划时，首先应考虑其地质地貌特点，然后通过人为的努力突出其特点，弥补其不足。

二、地质景观分类

地质景观即具有观赏价值的地形地貌景观。构造运动遗留下来的痕迹，古人类遗址，古生物化石遗迹，有特殊价值的矿物、岩石及典型产地，典型的地质灾害遗迹等，地质学上将其统称为地质遗迹，其主要类型体现在以下几个方面。

（一）岩石景观

1. 岩石分类

岩石是天然产出的由一种或多种矿物组成的，具有一定结构构造的集合体。例如，花岗岩是由长石、石英、云母等多种矿物组成的；砂岩可由石英、云母、长石、角闪石等矿物组成，也可由石英单独组成；大理石主要由方解石组成。

岩石按其成因主要分为三大类：岩浆岩、沉积岩、变质岩。

(1) 岩浆岩

岩浆岩又名火成岩，因岩浆活动而形成，可分侵入岩和喷出岩两种。岩浆由地壳深部向地壳浅处转移，进入地下某一部位而未达到地表，逐渐变冷、结晶而形成的岩石叫侵入岩。如花岗岩、闪长岩、橄榄岩、正长岩等，其中，花岗岩是分布最广的深层侵入岩，也是重要的含矿岩石，许多重要的有色金属和贵金属矿床，都产于花岗岩体中，同时，花岗岩也是重要的构景岩石。岩浆从地下深处向上运移，最后冲破上覆岩层喷出地表，造成火山爆发，喷出地表的岩浆，其挥发成分大部分遗失，称为熔岩。熔岩在地表冷凝而成的岩石，又称喷出岩或火山岩，如玄武岩、流纹岩、安山岩等。

(2) 沉积岩

沉积岩又名水成岩，由外力作用所形成。在常温常压条件下由原来已经形成的岩石经过风化、剥蚀、搬运、沉积、固结成岩等外力作用而形成的产物，是原生岩经过破坏和再建设形成的次生岩石。因是在地表附近形成，在形成过程中有生物参加，所以含有生物和有机质成分，如砂岩、砾岩、碳酸盐类岩石（石灰岩、白云岩）等。沉积岩是地壳发展历史的重要记录，一层层的沉积岩层犹如万卷史书向人们展示了地壳的发展历程。沉积岩中含有丰富的矿产，它提供了全部可燃性矿产和90%的铁矿。另外，所有的古生物化石也几乎全部保存在沉积岩中。

(3) 变质岩

变质岩由变质作用所形成。岩石在固体状态下，由于温度、压力及化学活动性流体的作用，发生化学成分、矿物成分、结构构造变化而形成的岩石。

岩石是地貌的基础。不同岩石形成的地貌有不同的形态特征，构成各具特色的风景，如石灰岩是岩溶山水的风景素材，红色沙砾岩是丹霞风景的基础等。

2. 有特殊价值的矿物、岩石及典型产地

许多矿物和岩石具有坚硬、稀有、耐久、透明且颜色美丽的特点，常被用来作为装饰品，称为宝石。随着旅游业的发展，国际上的珠宝价格日益高涨，各类宝石供不应求。据统计，自然界有230多种矿物和岩石可作为宝石，如金刚石、红宝石、蓝宝石、绿柱石、金绿宝石、电气石、尖晶石、黄玉、水晶、翡翠、软玉、玛瑙、欧泊、青田冻石、寿山田黄石、昌化鸡血石等。

（1）钻石

钻石又称金刚钻，矿物名称为金刚石，化学成分是碳（C），是宝石中唯一由单元素组成的，也是宝石中最贵重的一种。钻石是自然界中最硬的矿物，莫氏硬度10。原石呈类似球形的八面体或六八面体。钻石有很高的折光率，经琢磨后光辉灿烂，晶莹似水。世界上有20多个国家产金刚石，尤以南非和扎伊尔为最。钻石的评价标准有四个方面：重量、颜色、净度、切工（称为4C标准）。钻石越大越珍贵，超过100克拉的钻石全世界仅40颗左右，10克拉以上的总共也不到100颗，皆有专名，载入各国珍宝档案。

我国的金刚石原生矿床主要分布于山东、辽宁、湖南、西藏等地。1977年在山东临沭县发现迄今我国所产最大的一颗金刚石，重158.8克拉，被命名为“常林钻石”。

阅读材料

世界最大的钻石

世界上最大的金刚石于1905年发现于南非的普列米尔矿山，原石重达3106克拉，以该矿总经理名字命名为“库里南”。它纯净透明，带有淡蓝色调，是最佳品级的宝石金刚石，后被南非政府送给英国王室。经切割后共琢磨成9颗大钻石和96颗小钻石。最大的一颗称为库里南Ⅰ号（亦称“非洲之星”），重530.2克拉，呈水滴形，如鸡蛋般大小，它有74个刻面，见图2－1。次大的一粒称为库里南Ⅱ号，重317.4克拉，如鸽子蛋般大小，呈方形，有64个刻面。这也是世界上最大的两颗钻石。分别镶嵌于英王权杖和王冠上。

图2－1　世界上最大的钻石“非洲之星”

（2）红宝石和蓝宝石

红宝石和蓝宝石的矿物名称为刚玉，其中红色的宝石级的刚玉称红宝石，红宝石之外其余各色的宝石级刚玉都称为蓝宝石，如金色蓝宝石、紫色蓝宝石、绿色蓝宝石等，以鲜艳蓝色者为上品。红宝石和蓝宝石色泽鲜艳，晶莹剔透，其价值、硬度仅次于钻石，又属同一种矿物，故又有“姊妹宝石”之称。

红宝石产量稀少，颗粒较小，超过2克拉的极为罕见。优质红宝石主要产于缅甸和斯里兰卡。尤以缅甸所产的鸽血红为最高档品种，价值超过金刚石，被缅甸视作国宝。我国山东、河北、新疆等地也产红宝石。

蓝宝石产量较多，不如红宝石稀有。主要产于缅甸、斯里兰卡、印度、澳大利亚、中国等地。就颜色而言，以印度克什米尔产的矢车菊蓝宝石为最佳。迄今发现的最大蓝宝石原重19kg，产于斯里兰卡。现存于美国纽约自然历史博物馆著名的林肯头像即是一块蓝宝石的雕琢品，重达318克拉。

（3）祖母绿和海蓝宝石

祖母绿和海蓝宝石的矿物名称为绿柱石，晶体呈六方柱状，柱面有直立条纹，一般为浅绿色。翠绿透明者则较为珍贵，称祖母绿。颜色呈天蓝色至海蓝色的则称海蓝宝石。其余宝石级的绿柱石通称绿宝石。祖母绿有“绿色宝石之王”的美誉，尤为东方民族所喜爱。高级祖母绿晶体颗粒极少大于2克拉，故市场上0.5克拉以上者同等重量的祖母绿价格要高于钻石。优质祖母绿产于哥伦比亚和东南亚各国，尤以哥伦比亚木佐产的稍带蓝的翠绿色质量最佳，世界90%的优质祖母绿均来自该地区。

海蓝宝石的产地有巴西、俄罗斯、中国的新疆和云南等。世界上优质大颗粒海蓝宝石较多，如1970年巴西产的243磅的海蓝宝石大晶体，后被切割成许多颗贵重的海蓝宝石，价值连城。

（4）金绿宝石

金绿宝石是矿物学名称，它的宝石品种包括猫眼石、变石、变石猫眼。猫眼石特指具有猫眼效应的金绿宝石。矿物内含有定向排列的纤维状晶体，当光线在其抛光弧面上散射时，会呈现出一条带状的丝绢状光束，宛若凝视的猫眼，转动时猫眼效应更为迷人。宝石界视金绿宝石猫眼为真正的猫眼。斯里兰卡所产蜜黄色、光带呈三条线者为特优品。

变石特指具有变色效应的金绿宝石，因在阳光下呈绿色、烛光和白炽灯下呈红色而被称为“变石”，为自然界最美丽的宝石，素有“白昼的祖母绿，黑夜的红宝石”之美誉。变石于1830年首次发现于俄罗斯乌拉尔山，正值沙皇亚历山大二世成年日，据说，俄国沙皇二世在他生日筵庆上，戴了镶有变石的王冠出席典礼，故变石也被命名为“亚历山大石”。

变石猫眼指既具有变色效应又具有猫眼效应的金绿宝石，是极为罕见的稀世珍品。

金绿宝石泛指不具有变色或猫眼效应的品种。

钻石、红宝石、蓝宝石、祖母绿、金绿宝石是国际公认的五大珍贵天然宝石。

（5）水晶、玛瑙、欧泊

这三种宝石都是石英的变种。水晶是显晶质的石英晶体，纯粹者无色透明，含锰的呈紫色，称为紫水晶；含有机质的呈烟黄色，称为烟水晶；黑色者称为墨晶；淡红色称为蔷薇石英。

玛瑙是具有同心缟状或平行条带状结构的隐晶质石英。颜色千变万化，极有特色，以花纹美丽、颜色鲜明者为上品。

蛋白石是含水的非晶质石英，具变彩效应的即为贵蛋白石，宝石市场上称为欧泊。当转动欧泊时，随着光源照射方向不同会出现五颜六色的闪光，十分美丽。宝石界按底色把欧泊分为黑欧泊、白欧泊、火欧泊、晶质欧泊四种。尤以黑欧泊最为名贵，澳大利亚出产的优质黑欧泊价格超过钻石。

（6）翡翠

翡翠是一种以硬玉矿物为主的辉石类矿物集合体，是玉石中的一种，人称“玉石之王”。因其颜色美丽、经久耐磨而深受东方民族的喜爱。翡翠质地细腻，微透明至半透明，市场上按其透明度的高低、结晶细腻程度，将其质地分为“玻璃地”、“冰地”、“蛋清地”、“稀饭地”、“芋头地”、“细白地”、“干白地”、“花白地”、“香灰地”、“狗屎地”

10个级别。"玻璃地"是翡翠中的极品。翡翠的颜色因矿物成分和所含微量元素的不同而千变万化，且浓淡色调各异，总的来说有绿、红、紫、蓝、黄、灰、黑、白、无色等。绿称为"翠"，是翡翠中的宝，对翡翠价值的确定十分重要。红称为"翡"，"红翡绿翠"。紫称"春"，其他色称"雾"，黑色是翡翠中的"脏"，会影响翡翠的价值。

全世界有价值的翡翠矿石只产于缅甸，一级品极为稀少，已被缅甸列为国宝，禁止出口，市场上的都是二级品以下的翡翠。我国云南也产翡翠，是一种含铁量较高的硬玉变种，呈深绿色，并有黑色斑，透明度低。

(7) 软玉

软玉的矿物名称为透闪石，隐晶质，致密块状，抛光面上呈油脂光泽，柔中滋润。软玉对温度变化呈惰性，有冬暖夏凉的感觉，故古人把它制成玉佩贴身佩带。软玉以质地细腻、纯净、坚密、无瑕者为优质，按颜色分为黄玉、白玉、青玉、碧玉、墨玉等品种，其中白玉为高档品种，尤以羊脂白玉最为名贵，黄玉产出稀少，贵重不亚于羊脂白玉。

我国玉石产地很多，如河南独山玉、辽宁岫玉、河北东陵玉、陕西蓝田玉、甘肃酒泉玉、新疆和田玉和天山玉等。新疆是驰名全球的中国软玉之乡，以和田玉和天山玉最为著名。和田玉主要产自昆仑山下的玉龙喀什河、喀拉喀什河及和田河，经亿万年冰雪雨水的冲刷洗礼，造就了其温润光洁、坚韧密实的特点，其最为名贵的是全世界独一无二的羊脂白玉，色似羊脂，质地细腻，白如凝脂，为玉中稀世珍品。

(8) 珍珠

珍珠产于珍珠蚌类和珠母贝类等软体动物内，由于内分泌作用而生成的有机质矿物球粒，矿物名称为文石，化学成分为碳酸钙。水中砂粒进入蚌贝，产生摩擦刺激，使蚌贝分泌碳酸钙将其包裹，日久成为珍珠。珍珠呈银白小球，玲珑剔透，以无须琢磨抛光便珠光闪闪而优于其他宝石。珍珠按成因有天然珠和养殖珠之分，天然珠虽形状、色泽不如养殖珠，但价格高于养殖珠10至20倍。世界最优质的天然珍珠产自阿拉伯湾渔场。养殖珠又有淡水珠和海水珠之分，以中国淡水珠、日本海水珠最为驰名。我国养珠历史悠久，广西合浦是传统的珍珠产地，故成语中有"合浦珠还"之说。

除宝石外，有些岩石如太湖石、大理石等因造型、色彩等因素可为观赏石。而典型矿床除了有重要的地质科学研究意义及现代工业开采价值以外，其产地本身就是旅游及科普教育的重要场所。如湖北黄石大冶铜绿山铜矿区兴建的"铜绿山古铜矿遗址博物馆"是我国最大的矿冶遗址博物馆。

知识拓展

诞生石

大约从16世纪开始，人们便把珠宝玉石与人的诞生联系起来，把十二个月分别配以不同的珠宝玉石，作为某人某月出生的标志，象征一生的美满幸福（见表2-1）。

表2-1 诞生石简表

月份	诞生石	美好的象征
1月	石榴石	忠实、友爱、真诚
2月	紫水晶	诚实、正直、善良

续表

月份	诞生石	美好的象征
3月	血玉髓（或海蓝宝石）	襟怀坦白、豪放、勇敢、聪明
4月	钻石	坚贞、纯洁、无瑕
5月	祖母绿（或翡翠）	幸运、幸福、青春永驻
6月	珍珠（或月光石，变石）	富贵、健康、长寿
7月	红宝石	爱情、热情、品德高尚
8月	橄榄石（或缠丝玛瑙）	夫妻恩爱、家庭和睦
9月	蓝色蓝宝石	谨慎、慈爱、德高望重
10月	欧泊（或碧玺）	希望、灵活、安乐
11月	黄宝石（或黄水晶）	团结、友谊、友爱、和平、久长
12月	绿松石（或钻石青，青金石）	抱负远大、事业成功

（资料来源：国家旅游局人事劳动教育司．导游知识专题．北京：中国旅游出版社，2004）

专题活动

古往今来，宝石以其瑰丽多姿、晶莹无瑕、坚固耐久、珍贵稀少的特点而深受人们的喜爱，成为人们不断追求的对象。人们赋予了宝石无穷的魅力：能逢凶化吉、镇惊驱邪、治病护身、延年益寿，总被人们视为吉祥之物。古代珠宝玉石是帝王将相、达官贵人身份的象征。而现在随着经济的发展，珠宝玉石已走进千家万户，成为女性漂亮和时尚的饰物，男性地位和财富的象征。因此，了解一定的珠宝玉石知识，懂得欣赏珠宝玉石的艺术美，并掌握一定的鉴赏技巧与评价要素，是我们每个人尤其是旅游工作者必备的职业素养。

有条件的学校可邀请珠宝专家来校给学生作珠宝玉石鉴赏讲座，并组织学生到珠宝店参观学习，认识10种左右的珠宝玉石品种，并掌握每种宝石的鉴赏技巧与评价要素，达到能够鉴定其优劣真假的水平。

（二）地球运动景观

观赏火山喷发、探险休眠火山口、体验模拟地震发生的情景已成为当今旅游的新视点。例如，日本的阿苏火山、美国的夏威夷火山、意大利西西里岛的埃特纳火山等都是观赏火山喷发、探险休眠火山口的胜地。

全球火山地震主要集中分布于三大地带：环太平洋火山地震带、地中海—喜马拉雅火山地震带、大西洋海岭火山地震带。我国火山地震主要集中于环太平洋带、喜马拉雅带、内蒙古高原带，如台湾大屯火山群、云南腾冲火山群、山西大同火山群、黑龙江五大连池火山群等。此外，各处断裂构造带是地震多发区。

（三）地壳运动痕迹景观

这一类景观包括褶皱、构造断裂、断层崖、典型地层剖面等。如天津前寒武纪地层剖面为距今38亿年至8.5亿年之间的地质剖面，可见连续10亿年的沉积物，厚达9200米，出露完整，世所罕见。又如大连白云山庄莲花状地质构造，外形如一朵盛开的莲花。这类地质景观既有重要的地学科研价值，也有较高的旅游价值。

（四）古生物化石遗迹

化石是指保存在地层中的地质时期的生物遗体、遗物和遗迹。它们都经过石化作用，变得坚硬如石，但仍能保持生物原来的形状和结构。它是地球历史的鉴证，是研究生物起源和进化等的科学依据。古生物化石是重要的地质遗迹，是宝贵的、不可再生的自然遗产。

我国是古生物化石比较丰富的国家之一，古生物化石几乎遍布全国各地。特别是近年来先后发现的四川自贡、河南南阳西峡、湖北十堰郧县、内蒙古二连浩特恐龙蛋及骨骼化石，辽西的鸟化石，云南澄江动物群化石，山东山旺动植物等珍稀的古生物化石，受到国际上特别是科学界的广泛青睐。其中不少化石产地是国家乃至世界的宝贵遗产。如四川自贡地质公园于2008年入选为“世界地质公园”。

阅读材料

自贡世界地质公园

自贡世界地质公园是一个以恐龙化石遗迹、井盐开采与生产遗址、桫椤子遗植物群落为主要保护对象的世界级地质公园。

自贡世界地质公园的核心——大山铺恐龙化石群遗址是我国重要的恐龙化石产地，也是世界上最重要的古生物化石产地之一（见图2－2）。在已发掘的3000多平方米范围内就获得了恐龙及其他脊椎动物200多个体、上万件化石标本，从中已鉴定出鱼类、两栖类、龟鳖类、鳄类、翼龙类、似哺乳爬行类等23个属27个种，包括14个新属、24个新种，其中包括很多世界级的珍品，如世界上最原始、最完整的剑龙——太白华阳龙，世界上保存最完整的原始蜥脚类恐龙——李氏蜀龙，世界上最完整的小型鸟脚类恐龙——劳氏灵龙，世界上首次发现的蜥脚类恐龙尾锤——蜀龙和峨眉龙尾锤，以及20余个完整而特别珍贵的恐龙及其他脊椎动物头骨等化石。这些珍贵的化石标本对研究恐龙及其相关古动物的系统演化、生理特征、生活环境等具有十分重大的科学价值。

图2－2　自贡世界地质公园的恐龙化石标本

（五）典型的地质灾害遗址

地震是破坏性极大的地质灾害，但人们为了了解自然，寻求预防地震的有效方法，对地震遗迹非常重视。将典型的地震遗址，有针对性地保护起来，一是利于开展科学研究，为减震防灾提供科学依据；二是具有科普与教育意义。

我国是地震多发国家之一，曾发生过多次大地震。如海南岛北部沿海曾于1605年发生震级8级、烈度11度的大地震。琼山县有72处村庄地陷沉入海底，琼州海峡的东寨港和演州海即为当时陆陷成海处，至今仍可见海底村庄遗迹，现已开展海底考察和观光旅游。新中国成立以来破坏性最强的分别是1976年唐山大地震和2008年汶川大地震，如今都已建地震遗址博物馆。

阅读材料

唐山地震遗址公园和北川地震遗址博物馆

1976年7月28日，河北唐山发生里氏7.8级地震，造成24万人遇难。在重建唐山时经国务院批准在唐山市区内保留唐山机车车辆厂铸钢车间、唐山矿冶学院图书馆、唐山十中厕所、唐山钢铁公司俱乐部、唐山陶瓷厂办公楼、唐柏路食品公司仓库、吉祥路树行错动7处地震遗址，列为重点保护项目。这些遗址展示了当年大地震的惨烈程度和地震对各种建筑物及地面的破坏情况。2007年5月，唐山市政府在40公顷地震遗址上建设了唐山大地震遗址纪念公园。有关专家指出，地震遗址公园的建设体现了"对自然的敬畏、对生命的关爱、对科学的探索、对历史的追忆"的设计宗旨。

2008年5月12日14点28分，四川阿坝藏族羌族自治州汶川县、北川县发生8级强震，重创超50万平方公里的中国大地，直接受灾人口超1000多万，死亡人数达8万人。

震后的北川县城遭到了毁灭性破坏，满目疮痍，几乎囊括了地震和次生灾害的全部特征，已不适于重建居住。根据《国家汶川地震灾后恢复重建总体规划》中关于"汶川地震遗址的保护和建设"的要求，新县城易地重建，老县城拟建北川地震遗址博物馆，以祭奠亡灵，警示后人，为研究地质构造、预防地质灾害提供科学依据。北川地震遗址博物馆区将以北川中学遗址为中心，集中布置博物馆、展示设施和纪念场所，作为开展抗震纪念、体验、防灾教育和科学研究的基地。

（资料来源：据 www.gov.cn　各期资料整理）

日本的地震博物馆——
阪神淡路大地震纪念馆及神户港震灾纪念公园

1995年1月17日发生的阪神大地震前所未有地冲击了日本原有的地震防灾体系。据统计，共有6434人在这次地震中死亡，受伤者近4.4万名，约65万座建筑物受损，经济损失达10万亿日元（约合858亿美元），这是日本在第二次世界大战后遭遇的最大一场灾难。为了纪念这场灾难，2002年日本在神户市中央区建成了阪神淡路大地震纪念馆、可以抵御10级地震的大型建筑"人和防灾未来中心"以及神户港震灾纪念公园。博物馆以大屏幕影院为主，播放关于地震时的纪录片，展现大量地震后重建的资料，还有地震防灾的各种互动游戏。

神户港震灾纪念园位于日本兵库县神户市中央区码头美利坚公园东端。阪神地震中，神户港遭到严重破坏。在灾后重建中，将码头约60米长的一段按震灾破坏状态原封不动地保存，以激励、警示后人。震灾纪念园除毁坏码头原状外，还有神户港震灾纪念碑、介绍神户港震灾情况和恢复重建过程的展览橱窗等。

（资料来源：http://baike.baidu.com）

日本人如何预防地震

日本是一个地震频发的国家，每年发生有感地震1000多次，全球10%的地震均发生在日本及其周边地区。日本堪称世界上地震最多的国家，但每逢震灾国民总能镇静救灾，成功将震后伤亡、损失降到最低。

由于地震频发，不少日本人都经历过地震，在震后能够保持镇静。日本长期投入巨资用于测震、防震、救灾等工作，是国民在地震发生时临危不乱的主要原因。

日本各地设有不少地震博物馆和地震知识学习馆，并免费向市民开放。在这些地震博物馆内，市民们能够亲身体验地震时的感觉，借助博物馆内模拟火灾现场的烟雾走廊和模拟地震的震动平台，参观者可以体验到6级地震发生时的状态。每年法定“防灾日”来临时，日本各地都会举办地震防灾演练，向市民介绍面对突发灾难的应急对策，也提醒市民加强危机意识。

常年宣传普及之下，防震救灾意识在日本深入人心。从熟悉所住楼房的紧急通道到室内布置、起居生活，日本人格外注意消除安全隐患、保持逃生通道畅通。

日本政府在1978年制定了《大规模地震对策特别措施法》。该法规定，如果测得大地震即将发生，首相将在预测地震日期前两到三天发表《警戒宣言》，政府随即启动全面避难救援措施。

日本科学家在部分海域水下2000米安装了监测系统，通过海上监测船将有关信息发射到人造卫星上，再利用全球定位系统，密切监视大陆架板块的移动。此外，日本政府还开发了“地震受灾早期评价系统”。这个系统储存了大量4级以上地震的灾难资料，一旦发生大地震，该系统可以在30分钟内自动计算出受灾规模，指导当局有针对性地迅速展开救援措施。

城市建设规划之时，日本重视防灾避难的设计。抗震性和安全性是日本建设公路、铁路和公园等城市基础设施的重点。行走在东京的大街小巷，不难发现政府指定的避难“缓冲地带”，不少城中绿地和街心公园的入口处都插着“地震避难所”的牌子。

（资料来源：http://www.xywy.com.2009-11-19）

专题活动

日本人的地震安全防灾意识和措施都值得我们思考和借鉴，那么你知道发生地震时应如何安全逃生吗？

（1）如果你住平房，来不及跑时可迅速躲在桌下、床下及墙根下、炕沿下和坚固家具旁，趴在地上，闭目，用鼻子呼吸，保护头脑等要害部位，并用毛巾或衣物捂住口鼻，以阻挡呛人的灰尘。正在用火时，应随手关掉煤气或电开关，然后迅速躲避。

（2）如果你在楼房内，要迅速远离外墙、门窗和阳台，选择厨房、卫生间、楼梯间等开间小而不易倒塌的空间避震，也可以躲在墙根、墙角、坚固家具旁等易于形成三角空间的地方避震，还可以躲在桌子下面，千万不要盲目跳楼、乱跑，也不能使用电梯。

（3）如果你在室外，要避开高大建筑物，避开街道，把书包等物顶在头上，防止被玻璃碎片、屋檐、装饰物砸伤，迅速跑到街心、空旷场地蹲下。尽量远离高压线及石油、化学、煤气等有毒工厂，也不要急于跑进室内救人；正在行驶的汽车、火车等，要紧急刹车。

(4) 如果你正在工作场所，要迅速关掉电源和气源闸门、开关，然后就近选择到坚固设备和办公家具下躲避，防止次生灾害发生。

(5) 如果你正在车站、影剧院、商店、教室、地铁等公共场所，要保持镇静，就近选择桌、凳、架等地方躲避，伏而待定，听从指挥，有序撤离；千万不能乱跑，更不要卷到人流中，乱拥乱挤，涌向出口，以免挤伤踩死，造成大祸。

(6) 如果你正在野外，要避开山脚、陡崖，以防山崩、滚石、滑坡、泥石流等；如遇山崩滑坡，要向垂直于滚石前进的方向跑。

(7) 如果你遇到特殊危险，要根据不同情况采用避险措施。燃气泄漏时，要用毛巾捂住口鼻，不可用明火，震后设法转移；遇到火灾时，趴在地上，用湿毛巾捂住口鼻，匍匐逆风转移到安全地方；毒气泄漏时，用湿毛巾捂住口鼻，要绕到上风方向，震后及时转移。

（资料来源：http://aqw.zt.luohuedu.net.2008-10-20）

◇ 建议各学校对每届学生举办必要的防灾逃生知识讲座，并每年进行一次防灾逃生演习。

第二节　地貌景观

我国的地貌环境复杂，千姿百态，构成了各具特色的风景。若以自然景观为基础，以成因为主要依据，综合考虑景观美学与人文特征，可将其分为花岗岩地貌、丹霞地貌、流纹岩地貌、熔岩地貌、岩溶地貌、雅丹地貌、冰川地貌、海岸地貌等类型。

一、花岗岩地貌

花岗岩是一种酸性侵入岩，是由地球内部岩浆侵入地表处冷却凝固而成的结晶岩体。由石英、长石和云母等矿物组成，俗称“麻石”，颜色呈肉红色或灰白色，花纹美丽，岩性坚硬，不易风化，节理发育有规律。

花岗岩地貌依据海拔高度和造型地貌的尺度，可分为花岗岩山地、花岗岩丘陵和花岗岩石块三种特色迥异的景观。

花岗岩山地是构造运动形成的断块抬升山地。具有山体高大、主峰突出、群峰簇拥、峭拔危立、雄伟险峻、岩石裸露的特征。局部多奇峰、深壑、怪石，球状风化明显。许多花岗岩山峰顶部轮廓圆滑，犹如含苞待放的莲花，故多以花山命名。如华山、九华山（因古代“华”同“花”）以及黄山的莲花峰等。我国的花岗岩山地分布极广，尤以东部沿海地区最为集中。典型的有泰山、华山、衡山、黄山（见图2－3）、九华山、大别山、三清山、天台山、天柱山、崂山、千山等。

图2－3　黄山的花岗岩地貌

花岗岩丘陵一般是早期构造运动中形成的断块山地，成山后长期处于外力的持续作用下，因此山体高度较小，起伏和缓。著名的有浙江的普陀山、福建厦门的鼓浪屿和泉州的清源山、天津蓟县的盘山等。

花岗岩石块在球状风化的作用下形成各种轮廓浑圆、造型奇特的石头蛋和风动石，遍布在花岗岩山地、丘陵和沿海岸的海滩上，以海南及福建沿海景观特征最典型。如黄山的“猴子观海”、普陀山的“磐陀石”、海南岛的“天涯海角”、辽宁千山的“无根石”、福建漳州东山岛的“风动石”（见图2-4）等。

图2-4 漳州风动石

知识拓展

黄山天下奇

黄山位于安徽省黄山市，古称黟山。相传轩辕氏黄帝曾在此采药炼丹，唐玄宗因此下令改名为黄山。景区内有72峰，最高峰莲花峰海拔1864米，峰顶小峰簇拥，俨若新莲初开，仰天怒放，故得名“莲花”。天都峰、光明顶海拔亦皆在1800米以上。黄山重峦叠嶂，峰峰竞秀，怪石林立，巍峨挺拔，雄奇瑰丽，集天下奇景于一山，兼有泰山之雄伟、华山之险峻、衡山之烟云、庐山之飞瀑、峨眉之清秀、雁荡之怪石，素有“天下第一奇山”之誉，并以奇松、怪石、云海、温泉四绝闻名于世。明代大旅行家徐霞客曾赞叹道：“五岳归来不看山，黄山归来不看岳”。黄山于1990年被列入《世界遗产名录》，是世界自然与文化双重遗产地。

二、丹霞地貌

丹霞地貌是在红色沙砾岩地区发育而成的。红色沙砾岩结晶大，硬度小，易受流水侵蚀、重力崩塌等外力影响，地质历史时期由红色沙砾岩构成的山间盆地在内外营力作用下，易形成中尺度的造型地貌，多由方山、奇峰、赤壁、岩洞等构成。因该地貌最早发现于广东仁化的丹霞山且典型，故地质学家将其命名为丹霞地貌。

丹霞地貌的景观特征：碧水丹山，玲珑精巧。广东仁化丹霞山景区20多座冈丘，临江拔起，如垒如堡，如柱如塔，色渥如丹，灿若明霞；给人以峻秀挺拔、奇特优美之感（见图2－5）。

我国丹霞地貌分布较广。据2010年的最新数据，中国丹霞地貌总数达790处，集中分布在东南、西南以及西北部干旱区的26个省区。其中广东丹霞山、福建武夷山、江西龙虎山、四川青城山、安徽齐云山、贵州梵净山、甘肃麦积山及崆峒山等，都是有名的游览胜地。

图2－5　广东丹霞山风光

阅读材料

中国丹霞申遗成功

继登封“天地之中”历史建筑群进入《世界遗产名录》后，中国另一申报项目“中国丹霞”成为新一处世界自然遗产。昨日早上，联合国教科文组织世界遗产委员会第34届大会上，中国世界自然遗产提名项目“中国丹霞”通过审议，成功列入《世界遗产名录》。湖南崀山、广东丹霞山、福建泰宁、贵州赤水、江西龙虎山、浙江江郎山六处“捆绑”成为我国第40项世界遗产，这也是我国世界遗产项目中跨省最多的项目。

（资料来源：新京报，2010-08-03）

三、流纹岩地貌

流纹岩是一种酸性火山喷出岩，致密坚硬，有流纹状构造，在外力作用下，形成丰富多彩的造型地貌，并且有变幻之妙，故被誉为“变幻造型地貌博物馆”。这种地貌主要分布在浙闽一带，以浙江雁荡山最为典型。雁荡山主峰灵峰，白天观如双掌相合，曰“合掌峰”；晚上看则如夫妻相会，故名“夫妻峰”；月夜下从特定角度观看，又似双乳高悬，故名“双乳峰”；再移步则形似雄鹰，故又名“雄鹰峰”，若采取特殊的姿态背对该峰，仰面后看，那鹰更有振翅欲飞之动感。郭沫若有诗赞曰：“灵峰有奇石，入夜化为鹰。势欲凌空去，苍茫万里征。”图2－6为雁荡山灵峰之不同造型（左为“合掌峰”，右上为“夫妻峰”，右下为“雄鹰峰”）。

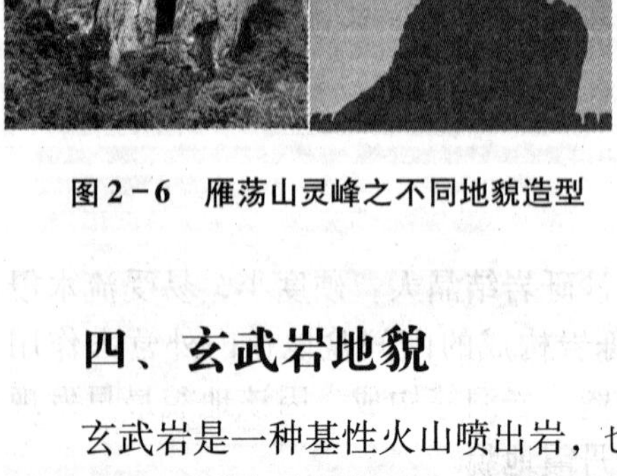

图2－6　雁荡山灵峰之不同地貌造型

四、玄武岩地貌

玄武岩是一种基性火山喷出岩，也称熔岩，由地下岩浆喷出地表后经结晶、冷却、凝固而形成。地貌形态主要有火山锥、火山弹、火口湖、熔岩台地、喷气锥、熔岩隧道、堰塞湖等，此外火山地貌区常伴有温泉出露。这种地貌主要分布在地壳活动地带，如云南腾冲、山西大同、黑龙江五大连池（见图2－7）、吉林长白山、台湾大屯等地。最典型的有黑龙江五大连池火山群，历史上多次爆发，最后一次爆发于1719—1721年，留下了14座火山锥及5个水体相连的火山堰塞湖，“五大连池”由此得名。火山地貌形态完整，保存完好，熔岩流动景象清晰，岩浆喷发的场面跃然如初，地貌复杂多样，形态各异，面积达64平方公里，奇丽壮观。地质专家称其是“中国少有，世界罕见”，被誉为“火山地貌博物馆”。

图2－7　五大连池火山锥

五、岩溶地貌

岩溶地貌在国际上通称为喀斯特地貌，是以碳酸岩类岩石（主要是石灰岩）为主的可溶性岩石在以水的溶蚀为主的内外营力作用下形成的地貌。石灰岩在纯水中溶解度很小，只有水中含有二氧化碳时，溶解作用才会显著增加。而且这个过程是可逆的。

岩溶地貌的基本特征是地表山地高度不大，石峰林立或孤峰突起，而且造型丰富。地下溶洞遍布，洞内常有地下湖或地下暗河，以及由石灰岩溶解沉淀而形成的石钟乳、石笋、石柱、石花等千姿百态的洞穴景观。

岩溶地貌在我国分布极广，面积达130多万平方公里，主要以广西、云南、贵州最为广泛和典型，粤西、鄂西、湘西、重庆、川东、川南、苏南、浙西、辽中、北京等地也有分布。

岩溶地貌观赏价值较高的地貌形态主要有峰林、石林、石灰华、溶洞、天生桥、天坑、地缝等。

1. 峰林地貌

峰林地貌是一种发育成熟典型的岩溶地貌。峰林即成群分布、基座不相连的石峰。以地面奇峰为主，孤峰、峰林遍布，以广西桂林山水为代表（见图2－8）。桂林至阳朔一段83公里的漓江两岸，奇峰突起，怪石峥嵘，江流弯转，岩洞幽深，形成桂林四绝：山清、水秀、洞奇、石美。漓江蜿蜒曲折穿行于峭拔挺秀的群峰之间，沿途竹翠林荫，田园似锦，绘成一幅天然山水画卷，故赢得古人赞美：“江作青罗带，山如碧玉簪”、“桂林山水甲天下，阳朔风景甲桂林”。清诗人袁枚写道：“江到兴安水最清，青山簇簇水中生；分明看见青山顶，船在青山顶上行。”作者抓住漓江的水清来写，着笔于水中的倒影，幻化出船行江中如行山顶的感觉，构思新奇，为写漓江山水的名绝。

图2－8　桂林山水

2. 石林

溶沟间突起的石脊称石芽，众多石芽排列如莽莽森林，又似刀峰剑林，故称石林。以云南路南石林为代表。数十米高的石峰如林，层理明显，寸土不受，寸草不生，峭拔尖利，有的似刀锋剑林，有的状如各种人物、鸟兽、姿态万千，如“凤凰灵仪”、“孔雀梳翅”、“阿诗玛”（见图2-9）、“万年灵芝”、“母子偕游”、“双鸟捕食”等，故被称为“天然雕塑博物馆”。

图 2-9　路南石林中的“阿诗玛”

3. 石灰华

在四川松潘黄龙寺地区，还分布有一类特殊的岩溶地貌类型——石灰华，即碳酸盐沉积物。一般出现于溶洞底部或岩溶泉露头处，很少形成于地表，而黄龙寺所在的黄龙沟谷坡则有上下近600米一连串起伏的乳黄色石灰华，犹如梯田，凹处积水，水藻丛生，从而呈现蓝、绿、橙、红、紫等色调，共有3400多个彩池，五彩缤纷，异常壮观（见图2-10），其景色同美国黄石公园相似，只是规模稍逊。

图 2-10　黄龙寺钙华池

4. 溶洞

溶洞是地下水沿可溶性岩层层面、裂隙、节理或断裂带进行溶蚀扩大而成的，大小不一，形态多样，既具观赏、疗养治病的功能，又具探险和科学考察的意义。因洞中既有山、水、河、湖、瀑布，还有众多微地貌景观如钟乳石、石笋、石柱、石幔、石花、石珍珠、太湖石、上水石等，多姿多彩，观赏价值极高。

同时溶洞中空气尘埃微粒和有害微生物极少，温度相对较低，湿度较高，含有大量空气负离子和人体必需的微量元素铁、锌、铜等，对人的植物神经系统有良好的调节作用，并可增强人体内各器官机能的协调能力，明显改善大脑皮层的功能，因而对肺气肿、哮喘、肺癌、风湿、外伤、心悸、头晕等疾病有明显疗效。19世纪初意大利即利用溶洞医治风湿病人：苏联、匈牙利建有“洞穴医院”；我国在广西桂林地区溶洞中设立病房，也取得了满意的效果。我国溶洞资源非常丰富，分布极为广泛，如桂林芦笛岩、南宁的伊岭岩、柳州都乐岩、安顺织金洞（见图2-11）、宜兴三洞、桐庐瑶琳仙境、辽宁本溪洞、肇庆七星岩、湖北腾龙洞等，其中腾龙洞是目前我国已探明的最大的岩溶洞穴，有洞口80多个，已探明长度52.8千米，为中国之最，已入选中国最美的溶洞之一。

图 2-11　贵州安顺织金洞奇观

5. 天生桥

天生桥多由溶洞顶部两侧崩落或地下河不断溶蚀形成，顶板未全部崩塌，两侧与地面相连，而中间悬空桥状地形。例如贵州黎平县天生桥高78.8米，宽112米，拱高38.8米，跨度118.9米，为世界最大的天生桥。

6. 岩溶漏斗（天坑）

天坑是一种碟形或漏斗形的洼地，宽数十米，深数米至十多米，主要由流水沿裂隙溶蚀而成。例如，重庆奉节小寨天坑、云阳县云阳天坑及兴文县天泉洞后洞大漏斗，均为典型的岩溶漏斗。有些天坑区会形成地缝奇观，旅游价值极高。

▶阅读材料

重庆奉节小寨天坑、地缝景观

小寨天坑（见图2－12）位于距奉节县城91千米的荆竹乡小寨村，坑口地面标高1331米，深666.2米，坑口直径622米，坑底直径522米。坑壁四周陡峭，天坑四壁如削，气势恢弘，只有一条2800余级的石径小道蜿蜒盘旋至坑底。坑壁有两级台地：位于300米深处的一级台地，宽2～10米，台地有两间房屋，曾有人隐居；另一级台地位于400米深处，呈斜坡状，坡地上草木丛生，野花烂漫，天坑壁四面绝壁，如斧劈刀削，有几个悬泉飞泻坑底，坑底的暗河从高达数十米的洞中飞奔而出，咆哮奔腾，再从坑底破壁穿石而出，形成了美丽如画的迷宫河。在天坑底部还有小山，山中幽静，可以仰视蓝天，即所谓的“坐井观天”，别有一种滋味。小寨天坑当称“天下第一坑”，属当今世界洞穴奇观之一。

图2－12　重庆奉节小寨天坑

地缝是两座起伏平行的山峦间凹下去呈“V”字形的一条大裂缝。小寨地缝发源于奉节县长安乡火烧二坝，全长37公里（见图2－13）。缝上段地势开阔，林木繁茂，小桥流水；中段逼仄如巷，宽处达70米左右，最窄处仅容一人通行，最深处达900米，溪水自“黑眼”一带注入地下暗河，形成干谷；下段是地下峡谷，中外探险家曾多次深入地缝中探险，专家推测地缝暗河流向了小寨天坑。地缝天井峡一段，上部宽10至30米，谷底宽仅0.5至15米，悬崖最深处达250米，是一条世界罕见的“一线天”景观。

图2－13　重庆奉节小寨地缝景观

（资料来源：http://fj.cq.gov.cn）

六、风沙地貌

风沙地貌是干旱地区由于风力的侵蚀、搬运和堆积作用所形成的地貌形态的总称，主要有风积地貌和风蚀地貌两种类型。

风积地貌的形态有沙丘和鸣沙。沙丘中最具观赏价值的是新月形沙丘和金字塔形沙丘。鸣沙是沙漠中的奇观，流沙在沙丘上滚动，会发出巨大的轰鸣声，被称为“会唱歌的沙丘”。甘肃敦煌鸣沙山、宁夏中卫沙坡头、内蒙古达拉特旗银肯沙丘是我国著名的三大响沙。

图2－14　乌尔禾的雅丹地貌

“雅丹”源于维吾尔语，意为“有陡壁的小丘”，最典型的风蚀地貌。指巨厚的河湖相沉积岩层经强风侵蚀及瞬时洪水冲刷后形成的地貌。常呈现风蚀垄脊、土墩、石笋、石兽、石亭、石塔、风蚀沟槽、洼地等形态，远望犹如废弃的古城堡，嶙峋古怪，而且人迹全无，故俗称“魔鬼城”。因最早发现于新疆罗布泊附近的雅丹地区，故此地貌被命名为雅丹地貌。此外，新疆的乌尔禾（见图2－14）、将军崖的魔鬼城非常典型。我国的雅丹地貌面积2万多平方公里，主要分布于青海柴达木盆地西北部、甘肃疏勒河中下游、新疆罗布泊周围和乌尔禾地区。

七、冰川地貌

冰川地貌主要由冰川的侵蚀和堆积作用形成，包括冰川侵蚀地貌和冰体地貌。冰川侵蚀地貌有冰斗、角峰、刃脊、冰川槽谷、峡湾、羊背石等冰蚀地貌形态；冰体地貌是冰碛物堆积的各种地形及未融化的冰体构成地貌的总称，有冰碛丘陵、终碛堤、鼓丘、冰砾扇等冰碛地貌形态，以及冰体融化所形成的冰桌、冰桥、冰蘑菇、冰塔林、冰瀑等。冰川地貌主要分布于高纬地带或高山地区的现代冰川分布区。冰川地貌主要作为科学考察的对象，同时也有较高的旅游价值。目前已有一些地区开发了冰川旅游风景区，如四川贡嘎山的海螺沟、新疆阿尔泰山的喀纳斯冰川湖、天山的扎木尔峰、云南的玉龙雪山等。其中，海螺沟已建成我国第一座冰川公园。

阅读材料

海螺沟冰川公园

海螺沟位于四川省甘孜藏族自治州东南部，是贡嘎山东坡的一条沟谷，以低海拔现代冰川著称于世。晶莹的现代冰川从高峻的雪峰铺泻而下，将寂静的山谷装点成晶莹剔透的琼楼玉宇；巨大的冰洞、险峻的冰桥，使人如入神话中的水晶宫。特别是举世无双的大冰瀑布（见图2－15），高达1080米，宽约1100米，仅次于加拿大国家冰川公园的冰瀑，比著名的黄果树瀑布大出十余倍，瑰丽非凡。

海螺沟以日照金山、冰川倾泻、雪谷温泉、原始森林、康巴藏族风情五绝闻名。

图 2－15　海螺沟大冰瀑布

八、海岸地貌

海岸地貌是指海岸在地质构造运动、海浪、潮汐冲刷和堆积、生物作用和气候因素等共同作用下形成的各种形态。从总体上可分为海岸侵蚀地貌和海岸堆积地貌。

侵蚀海岸又称岩岸、基岩海岸，主要分布在山地丘陵海岸地区。在海浪、海潮等的强冲蚀作用下，易形成海蚀穴（龛）、海蚀崖、海蚀平台、海蚀拱、海蚀蘑菇等海蚀地貌景观，多具很高的欣赏价值。如大连的金石滩、台湾的清水断崖和野柳海岸（见图 2－16）等。我国的侵蚀海岸主要分布在杭州湾以南的大部分海域以及杭州湾以北的山东半岛和辽东半岛。

图 2－16　台湾野柳海岸

海岸堆积地貌又可分为沙砾质海岸、淤泥质海岸、生物海岸三种类型。其中沙砾质海岸简称沙岸，主要发育于平原地区及岬角与港湾相间的平阔基岩海岸。在波浪、潮汐等的搬运和沉积作用下，易形成由沙、砾石堆积而成的沙滩、砾石滩、沙嘴、连岛沙洲等海积地貌。其中，沙粒细软、沙质纯净、坡度相宜的宽阔沙滩海岸，是开展海滨度假旅游的最佳场所，可进行海水浴、日光浴、沙滩浴等活动。例如，北戴河、南戴河、大连、青岛、厦门、北海、三亚等都为著名的海滨胜地。值得一提的是，我们常见的多是金色或银色沙滩，实际上世界上还有多处彩色沙滩，同样也是很好的旅游胜地。例如，澳门有黑沙滩；巴哈马哈伯岛有粉色沙滩；夏威夷群岛既有黑色沙滩，更有罕见的红色沙滩和绿色沙滩。

淤泥质海岸简称泥岸，目前未用于旅游活动，但可开辟为海盐场。例如，海南的莺歌海，为我国最大的海盐场。沙岸和泥岸主要分布在杭州湾以北的海域及杭州湾以南岬湾相间的海岸地区。

生物海岸又有红树林海岸、珊瑚海岸之分，两者都是在热带、亚热带气候条件下形成的特殊堆积地貌。红树林是一种稀有的木本胎生植物，在中国共有 37 种树种。其生态奇特，根系发达，耐盐碱度高，繁殖方式特殊。红树林较易成林，形成天然防波堤，且外形美观，极具观赏价值。我国的红树林海岸主要分布在海南、台湾、广东、广西、福建及浙江南部海岸。珊瑚海岸是造礁珊瑚，由孔虫、石灰藻等生物残骸构成的海岸。珊瑚自古即被视为珍宝，还是佛教七宝之一。活珊瑚生长在温度高于20℃的海水中，形态多样，有鹿角状、枝状、板状、蘑菇状等，色彩鲜艳，有红、绿、白、黄等多种颜色，极具观赏价值。珊瑚礁区域又是热带鱼类的理想生活环境，热带鱼类聚居，因而珊瑚海岸往往成为潜水旅游胜地。世界著名的以观赏珊瑚和鱼类为特色的旅游胜地当属澳大利亚大堡礁，它纵贯澳洲东北沿海，绵延2000多千米，是世界上最大最长的珊瑚礁群，也是世界上最大的海底大花园。我国的珊瑚海岸主要分布在台湾东南海岸、海南岛沿岸和雷州半岛沿岸，此外，南海诸岛中有众多的珊瑚岛礁。

图2-17　黄土地貌

九、黄土地貌

我国的黄土高原是世界上最大的黄土分布区，深厚的黄土层在流水的侵蚀、切割作用下形成了黄土塬、黄土梁、黄土峁、黄土柱、黄土坪等千沟万壑的地貌形态，以及独特的窑洞民居形式。位于陕西延安的洛川黄土国家地质公园是世界上独一无二的以黄土剖面和黄土地质地貌景观为特色的公园。公园以黑木沟为主体，沟内有黄土微地貌发育，如黄土滑坡、崩塌、黄土悬沟、黄土落水洞、黄土桥、黄土柱、黄土墙等。这些微地貌构造奇特，天然成趣，观赏性极强（见图2-17）。

第三节　山地地貌

地貌按常态可划分为山地、丘陵、平原、高原、盆地五种形态。在各种地貌的影响下，都有旅游价值，但平原和盆地因地势低平便于人类聚居，在人类长期活动的影响下，已经不同程度地改变了原来的面貌，因而以人文旅游资源为主要特色。而山地则相对受人类影响较少，而较多地保留了自然的本来面貌，故从旅游的角度而言，价值最大的地貌旅游资源是山地地貌。

山地按海拔高度的不同，可划分为五种类型（见表2-2）。

表2-2　山地分类一览表　（单位：米）

类型	海拔高度	相对高度
极高山	大于5000	大于1000
高山	3500～5000	200～1000

续表（单位：米）

类型	海拔高度	相对高度
中山	1000～3500	200～1000
低山	500～1000	200～1000
低低山（丘陵）	低于500	低于200

我国是一个多山的国家，山地面积占国土面积的2/3，其中海拔超过1000米的山地高原占国土面积的1/2以上。我国山地分布以兰州—成都—昆明一线为界，此线以东主要为中低山，以西则是高山、极高山集中分布地。

若按旅游功能划分，大致可分为体育探险登山旅游胜地（高山和极高山）和风景观赏山岳旅游胜地（中低山）两大类。

一、高山、极高山——登山探险和科学考察胜地

高山和极高山海拔高度高，相对高差大，地形险峻峭拔，气候复杂多变且垂直分异明显，空气稀薄，严重缺氧，许多山地峰顶终年积雪，冰川广布。这样恶劣的条件对人的意志、毅力与体力是严峻的考验，适于人们进行体育登山探险、科学考察和冰雪旅游活动，是登山探险和科学考察的最佳场所。这类资源世界上分布较广，如欧洲的阿尔卑斯山、美洲的安第斯山、非洲的乞力马扎罗山等。

中国拥有得天独厚的登山资源，我国的高山和极高山集中分布在兰州—成都—昆明一线以西地区。世界上海拔超过8000米的高峰共有14座，全部坐落在青藏高原及其周围地区。其中，位于喜马拉雅山脉和喀喇昆仑山脉的中国国境线上和国境内共有9座（见表2－3）。而海拔超过5000米的高峰更是数以千计，至于海拔3500米以上的高山则更多。目前已对外开放了部分山地，如喜马拉雅山、喀喇昆仑山、天山、贡嘎山、四姑娘山等，这些都是中外闻名的登山胜地。

表2－3 世界8000米以上高峰一览表

世界排名	山名	海拔高度	地理位置	所属山脉
1	珠穆朗玛峰	8844.43米	中国、尼泊尔边界	喜马拉雅山脉中段
2	乔戈里峰	8611米	中国、巴基斯坦边界	喀喇昆仑山脉
3	干城章嘉峰	8586米	尼泊尔、锡金边界	喜马拉雅山脉中段
4	洛子峰	8516米	中国、尼泊尔边界	喜马拉雅山脉中段
5	马卡鲁峰	8463米	中国、尼泊尔边界	喜马拉雅山脉中段
6	卓奥友峰	8201米	中国、尼泊尔边界	喜马拉雅山脉中段
7	道拉吉利峰	8172米	尼泊尔	喜马拉雅山脉中段
8	马纳斯鲁峰	8156米	尼泊尔	喜马拉雅山脉中段
9	南迦帕尔巴特峰	8125米	巴基斯坦	喜马拉雅山脉西段
10	安纳普尔那峰	8091米	尼泊尔	喜马拉雅山脉中段

续表

世界排名	山名	海拔高度	地理位置	所属山脉
11	迦舒布鲁姆Ⅰ峰	8068 米	中国、巴基斯坦边界	喀喇昆仑山脉
12	布洛阿特峰	8047 米	中国、巴基斯坦边界	喀喇昆仑山脉
13	迦舒布鲁姆Ⅱ峰	8034 米	中国、巴基斯坦边界	喀喇昆仑山脉
14	希夏邦马峰	8012 米	中国	喜马拉雅山脉

阅读材料

世界第一高峰——珠穆朗玛峰

珠穆朗玛峰位于中尼边界东段，北坡在中国日喀则地区定日县境内，南坡在尼泊尔王国境内。珠穆朗玛峰距定日县城110公里，海拔8844.43米，是世界第一高峰（见图2-18）。

约6500万年前，珠穆朗玛峰所在的地区爆发了著名的“喜马拉雅造山运动”，使青藏地区由海洋抬升为陆地。在地质运动的长期作用下，青藏高原不断抬升，终于成为“世界屋脊”，而珠穆朗玛峰也最终成为了世界第一高峰。其山体呈巨型金字塔状，威武雄壮，地形险峻。在它周边20千米的范围内，群峰林立，山峦叠嶂，仅海拔7000米以上的高峰就有40多座，海拔超过8000米的高峰有5座。

在雪线以上高山地区，冰川广布，冰峰林立，到处都是冰塔林、冰斗、角峰、冰洞等奇异的冰川地貌。还可以欣赏到独有的“珠峰旗云”和美丽的晚霞、星空、明月。

珠穆朗玛峰也是所有登山家、探险家和考古学家梦想征服的高峰。珠穆朗玛峰峰顶气候极为复杂、恶劣，一年中只有5、9、10三个月的天气条件适宜登山，尤其以5月份风速小、雨雪少，为登山的黄金季节。自1953年英国登山队员埃德蒙·希拉里首登成功以来，到1997年，全世界有20多个国家的50多个登山队计200多人享有登临世界巅峰的殊誉。在攀登珠峰的路线中，中国一侧的北坡较尼泊尔一侧的南坡自然条件更为复杂，气候更为恶劣，地形更为险峻，攀登更为艰难。1960年5月25日，中国登山队首次从北坡征服珠峰。1988年，中、日、尼三国联合登山队还创下从南、北坡双跨会师顶峰的壮举。

图2-18　珠穆朗玛峰

成立于1988年的珠穆朗玛峰国家级自然保护区，是世界上最独特的生物地理区域。区内生态系统类型多样，基本保持原貌，生物资源丰富，珍稀濒危物种、新种及特有物种较多，初步调查共有高等植物2348种，哺乳动物53种，鸟类206种，两栖动物8种，鱼类10种；含有代表该地域特色的国家重点保护的珍稀濒危动植物47种，其中国家一级保护动植物10种，二级保护动植物28种。同时，保护区还具有丰富的水能、光能和风能资源，以及由独特的生物地理特征、奇特的自然景观和民族文化、历史遗迹构成的重要的旅游资源。

珠峰保护区的科学价值无法估量，是研究高原生态地理、板块运动和高原隆起及环境科学、社会人物科学等学科的宝贵的研究基地。

（资料来源：baike. baidu. com、http://www. lasa-eveningnews. com. cn）

二、中低山——观光旅游胜地

中低山的旅游价值主要表现在以下三个方面。

（一）景观丰富

中低山的高度处于平原与高山之间，既不像平原那样因地势低平而被人类充分开发利用，难以看到大自然的本来面目；又不像高山、极高山那样人迹罕至。而是经过一定程度的开发，使得自然景观和人文景观相得益彰。

1. 地貌景观丰富

因地势的原因，中低山保留了许多原生的大自然鬼斧神工下的奇观，且由于不同山地岩性的差异、所经历的地质过程的不同，加之外力作用的千差万别，构成中低山峻拔陡峭、奇峰林立、怪石嶙峋而又姿态万千的地貌特征。

2. 动植物资源丰富

山地动植物资源丰富，既美化山地风景，又给旅游者提供了观赏名花异卉、奇树导草、珍禽异兽的机会。如黄山奇松、峨眉山的杜鹃和猴子、北京香山的红叶等都是当地有特色的风景。

3. 气象奇景荟萃

山地由于地势高、气温低、湿度大，适于夏季的消夏避暑；同时多云雾，增添了山的秀色，还可观赏云海、日出、佛光等自然奇景。例如，庐山云雾、黄山云海、泰山日出、峨眉山佛光等都是有口皆碑的奇景。湿度大，加之地形的影响，易形成地形雨，故山地降水多于平地，常形成流泉、飞瀑、积雪或冰川，更增添观赏和活动的情趣。

4. 人文特色明显

历代僧人隐士多寄情于自然山水，隐居山林；历代帝王为树立君主至高无上的地位，登山封禅；文人墨客游览名山大川，留下众多脍炙人口的诗词歌赋；富有者在山地建造别墅……从而赋予了山地浓郁的人文特色，积淀了深厚的文化内涵，增添了山地的人文景观美。

所以中低山无论在自然景观方面，还是人文景观方面，可供观赏的内容都比较丰富。

（二）气候宜人，适于避暑疗养

1. 温度适宜

受气候垂直分布的影响，在大气层的对流层中，气温是随着海拔高度的升高而降低的，气温的垂直递减率为每米0. 65℃。因此，山地气温低于同纬度平原地区的气温，特别适宜于夏季的消夏避暑旅游。例如江西庐山、浙江莫干山、河南鸡公山等都是著名的避暑胜地。

2. 空气清新、环境幽静

山区的自然植物一般保存较好，植被覆盖率高，生态优美，环境幽静，空气清新，氧气和负氧离子含量高，利于人们消除疲劳，恢复健康，尤其适于人们度假疗养。

（三）高度适中，易于登攀

中低山高度适中，也是多数旅游者较易到达的，再加上中国素有登山活动的传统，成为最受旅游者青睐的旅游地。能满足旅游者游览观光、登山探险、休闲度假、避暑疗养、森林旅游、科学考察、采集狩猎、绘画摄影等众多需求，是游览自然景观的首选之地。

三、中国名山

“高山仰止，景行行止。”中国人自古就爱山、敬山、崇山、朝山，对山有着特殊的感情。山承载着我们太多的情感——精神的寄托、文学的源泉、宗教的圣地、隐士的家园……山又深藏着无数自然的奥秘——记录着地球的历史、地质地貌的成因、生物的起源……提起山，总会令人想起“高山仰止”、“气吞山河”、“山摇地动”、“泰山北斗”等成语。

名山一说起源很早，相传周代《山海经》中即列出当时名山451座。我国传统的风景名山是指在具有自然美的典型山岳景观基础上，渗透人文美的山地空间综合体。从海拔高度来看，多为中低山；从地区分布来看，南方居多；但历史悠久的传统名山则多分布在北方。根据我国名山的文化价值取向，可将其分为以下几类：五岳名山、宗教名山、传统山水文化名山、近现代历史名山、当代风景名山。

（一）五岳名山

“五岳”是由历代帝王根据封禅祭天、巡幸天下的需要，按地理方位加封的五座大山。封禅活动起源很早，相传夏、商、周三代曾有72位君王登泰山祈祷，但直至秦始皇才有史记载。新帝登基，须前往高山祭告上苍，感谢上天保佑自己取得了政权，并祈祷上天继续保佑帝祚永存，借助天神的力量来达到巩固统治的目的。帝王的举动当然会产生较大的影响，封禅地点便成为天神的化身，常被用作封禅的五座山被称为“五岳”。道教产生后，五岳又成为道教的圣地，影响也就更大。

五岳最早的记载出自《尔雅·释山》：“泰山为东岳，华山为西岳，霍山为南岳，恒山为北岳，嵩高为中岳”。后隋炀帝改南岳为衡山，沿袭至今。在中国的名山中，五岳占有显著的地位。

从自然景观特色而言，东岳泰山之雄，西岳华山之险，北岳恒山之幽，中岳嵩山之峻，南岳衡山之秀，早已闻名于世。而清代魏源在《衡岳吟》中更以“恒山如行，岱山如坐，华山如立，嵩山如卧，唯有南岳独如飞”来形容五岳之势，形象地再现了五岳的特点。（见表2-4）

表 2-4　五岳名山一览表

五岳名称	所在位置	海拔高度	景观特点	主要景点
东岳泰山	山东泰安市	1532.7 米	巍峨挺拔，以雄著称，被誉为“五岳独尊”。泰山崛起于平原，山体形象高大，给人以“稳如泰山”之感，有“拔地通天”之势。众多的名胜古迹与优美的自然胜景和谐地融为一体，别具一格。是世界自然与文化双重遗产	旭日东升、晚霞夕照、云海玉盘、黄河金带、岱庙、岱宗坊、中天门、南天门、岱顶、黑龙潭及众多碑碣石刻等
西岳华山	陕西华阴县	2154.9 米	山势陡峭，以险著称。华山山路奇险，谷底至峰顶高差达千米以上，壁立千仞，极为陡峭，有“奇险天下第一山”之誉	千尺幢、百尺峡、上天梯、猢狲愁、沉香劈山处、苍龙岭、玉泉院、西岳庙等
中岳嵩山	河南登封县	1491.7 米	嵩高峻极，以峻著称。嵩山上有七十二峰，下有七十二寺，峰峦奇特，山色秀丽，地处中州，自古是帝王游憩之所，又是佛教、道教、儒教三教汇集之地，名胜古迹繁多，享有“文物之乡”的美称	中岳庙、汉三阙、嵩阳书院、少林寺、嵩岳寺塔、观星台等
北岳恒山	山西浑源县	2016.1 米	寺古林茂，以幽著称。恒山是我国道教名山之一。恒山半山以下很少树木，半山以上松柏参天，人烟稀少，十分清静，给人以幽静之感	悬空寺、朝殿、九天宫、会仙府、北岳庙等
南岳衡山	湖南衡山市	1300.2 米	峰峦秀丽，以秀著称。衡山属于亚热带气候，温暖湿润，植物繁茂，处处是茂林修竹，烟云奇特，变幻莫测，有“七分山水三分云”之说，自然景色秀丽，享有“五岳独秀”的美称	衡山四绝：祝融峰之高、藏经楼之秀、水帘洞之奇、方广寺之深、南岳书院等

阅读材料

泰山

泰山古称“岱山”，又名“岱宗”，为五岳之尊。泰山位于山东省中部，主峰玉皇顶在泰安市境内，海拔 1532.7 米。泰山自然景观雄伟壮丽，历史文化博大精深，1987 年被联合国教科文组织首批列入世界文化与自然双重遗产名录，成为全人类的瑰宝。

泰山风景以壮丽著称，四大奇观——旭日东升、晚霞夕照、云海玉盘、黄河金带驰名中外。随着四季阴晴的变化，泰山景致变幻无穷：每当晴空丽日，可见群峰拱岱，众山若丘，汶河如带；若雨过乍晴，则数峰飞瀑、峭壁生烟、彩虹映辉；清晨可观日出、望东海；日暮可览夕阳返照、黄河耀金；春夏的泰山万木葱茏，山花点点美不胜收；金秋的泰山红叶如烧、云淡天高；冬天雾凇、雪凇令人陶醉，泰山像披上了银装，千树万树如梨花怒放。

泰山人文景观极为丰富，堪称一座文物宝库。自古以来，中国人就崇拜泰山，有“泰山安，四海皆安”的说法。从秦皇汉武，到清代帝王，或封禅，或祭祀，绵延不断，并且在泰山上下建庙塑神，刻石题字。文人雅士更对泰山仰慕备至，纷纷前来游历，做诗记文。泰山宏大的山体上留下了20余处古建筑群，2 200余处碑碣石刻。孔子“登泰山而小天下”传为佳话，杜甫的“会当凌绝顶，一览众山小”，成千古绝唱。从岱庙到山顶的碧霞祠，沿途有无数的碑刻和古建筑。其中的天贶殿壁画、经石峪石刻、岱顶唐摩崖（见图2－19），被人们称为“泰山三瑰宝”。岱庙是历代帝王祭祀泰山举行大典的地方，也是我国几个主要的宫殿式建筑群之一，主殿天贶殿规模宏大，同北京太和殿、曲阜大成殿并称为中国古代三大宫殿。

图2－19　泰山石刻

（二）宗教名山

宗教名山是指在历史发展过程中，因宗教的因素而形成的名山，包括佛教名山和道教名山。

1. 佛教名山

佛教自东汉传入中国以来，尤其是唐代禅宗兴起之后，远离尘世、风景优美、环境清幽的山林之所，成为僧侣修持和信徒礼佛的主要选址，由此也形成了“天下名山僧占尽”的态势。其中山西五台山、四川峨眉山、浙江普陀山、安徽九华山分别被设为文殊、普贤、观音、地藏之道场，分别象征大智、大行、大悲、大愿；历史上兴建众多寺庙，香火旺盛，故被称为四大佛教名山。明代起有“金五台、银普陀、铜峨眉、铁九华”之说，以此反映四座山在信徒心目中的不同地位。此外，还有八小佛教名山：北京香山、陕西终南山、河南嵩山、浙江天台山、云南鸡足山、湖南衡山、江西南山、江苏狼山。

2. 道教名山

道家的理想是长生不老，得道成仙。因此道教更崇尚云雾缥缈的高山胜岳、奇峰异洞，以期修身养性，采药炼丹，得道成仙。道教常与佛教争占名山胜地，道教称之为“洞天福地”，为神仙居所。由此形成了“十大洞天”、“三十六小洞天”、“七十二福地”、“十洲三岛”等一大批道教名山。其中十大洞天所依山岳依次是：河南王屋山、浙江黄岩委羽山、青海西倾山、陕西华山、四川青城山、浙江天台赤城山、广东罗呼山、江苏茅山、太湖西洞庭山、浙江括苍山。此外，人们又常把武当山、龙虎山、青城山、齐云山称为四大道教名山。

（三）传统山水文化名山

传统山水文化名山主要指以突出的自然山水美或具有世外桃源般田园风光美著称，渗透中国传统山水审美文化的名山。如安徽黄山、福建武夷山、浙江雁荡山、江西庐山等。

（四）近现代历史名山

近现代历史名山指由近现代政治、军事、经济、文化等重大历史活动和历史过程，尤其是社会变革过程所形成的风景山岳，如井岗山、韶山、延安宝塔山等。

（五）当代风景名山

当代风景名山主要指经新发现、新开发而成的当代旅游名山，也包括可部分为旅游利用、具突出自然特色的著名山地自然保护区，如武陵源、梵净山及中国最美十大名山等。

阅读材料

中国最美十大名山

2005年，《中国国家地理》杂志社发起了“中国最美的地方”评选活动，其中山地类别中选出了“中国最美十大名山”：西藏南迦巴瓦峰、四川贡嘎山、西藏珠穆朗玛峰、云南梅里雪山、安徽黄山、四川稻城三神山、新疆乔戈里峰、西藏冈仁波齐峰、山东泰山、四川峨眉山。

中国最美十大名山，展示了中国新时期的审美标准和美景范畴。

专题活动

我国名山众多，分布遍及全国各地。组织一次游览当地名山的旅游活动，通过游览活动，掌握此山风景特点及主要风景点，充分享受游山之乐。

知识归纳

我国的地文景观极为丰富多彩，其中有许多为世所罕见。本章重点介绍了岩石、化石、地震遗迹等各类地质景观，花岗岩、红色沙砾岩、流纹岩、碳酸岩等不同岩性的地貌和风沙地貌、冰川地貌、海岸地貌等不同成因的地貌景观，以及我国著名的山地景观。这些地质地貌景观以其具有游览观赏、地学探秘、登山探险、休闲健身等众多旅游功能而吸引着广大旅游者。

思考题

1. 地质地貌对旅游有何影响？
2. 岩石据成因可分为哪几种类型？举例说明哪些岩石可作宝石。
3. 发生地震时如何安全逃生？
4. 花岗岩地貌有何特点？
5. 简述岩溶地貌的成因及特征。
6. 海岸地貌可分为哪些类型？各具何旅游功能？
7. 列表比较五岳名山。
8. 试列表比较四大佛教名山。

第三章 水域风光

教学目的和要求

(1) 了解水体旅游资源概念与基本类型。

(2) 掌握水体资源与旅游的关系、水体构景的主要因素及旅游功能。

(3) 熟悉我国著名水景及分布。

(4) 了解相关的水体旅游小常识。

关键词汇

水域风光；类型；构景；旅游功能；海滨；海啸与台风；江河；湖泊；泉；瀑布；冰雪；冰川

引子

地球上的水以其分布的广泛性、循环性而成为自然界最活跃的因素。水作为生命的源泉，在人类与自然界的关系中具有特殊的亲和力。水体作为陆地上江河、海洋、湖泊、泉水和瀑布的总称，广泛成为旅游活动的兴奋中心，也是最有生命力的塑景、构景因素之一。可以这样说，水和山、动植物、建筑物相映成趣，为风景区增加了明媚和活力。

第一节 水景与旅游

一、水域风光的概念、类型与分布

（一）水域风光的概念

水域风光是指以水体为中心，在地质地貌、气候、生物及人类活动等因素的配合下，形成不同类型水体景观的总称。凡能吸引旅游者进行旅游活动，并产生经济效益、社会效益和生态效益的水体现象都可以视为水域风光类旅游资源。

（二）水域风光的类型

水是自然界分布最广、最活跃的因素之一。它无处不在，不仅存在于水圈，而且在大气圈、生物圈、岩石圈均能见到水。因此它的存在形式广泛多样，是地球上唯一以三种聚合态——液态、固态、气态共存于自然界的物质。液态有海洋水、河流水、湖泊水、水库水、地下水、泉水、瀑布等；固态有冰川水、积雪；气态有云雾等。

水域风光类旅游资源按水体的基本形态、使用价值和潜在功能，可以划分为河段、湖泊与沼泽、瀑布、泉水、海洋、冰雪等类型。

（三）水域风光的分布

地球上除了存在于各种矿物中的化合水、结合水以及为深部岩石所封存的水分以外，海洋、河流、湖泊、地下水、大气水和冰雪，共同构成了水体资源，其中海洋水占全球总水量的96.5%，淡水资源只占总水量的3.5%。而与人类生活密切相关的河水、湖泊水和浅层地下水又仅占淡水资源总量的0.34%，那些深层地下水、极地与高山冰川、永冻层的冰等难以被利用的淡水资源却占了主体。此外，因受海陆位置、水汽来源、地形条件、季节变化等因素影响，水资源的时空分布很不均匀。例如，我国水资源的地区分布，总趋势是由东南沿海向西北内陆递减；季节变化是以夏季降水最多，冬季最少，春季和秋季次之。

二、水体资源与旅游的关系

1. 水体是各类景区的重要构景要素

水体是各类景区的重要构景要素，是其重要的物质基础。特别是自然风景区，都多以水作为其吸引因素。郭熙曾说："山无云则不秀，无水则不媚。"如被人们称为"童话世界"的九寨沟以及"人间天堂"的苏杭一带，都是以水体资源形成了富有魅力的奇丽景观。其次，作为依托水体而建成的人文景观，也正是因为水随景转，景因水活，才有了万千变化。

2. 水体自身可形成多种多样的美景

水体资源在大多数情况下，要与其他因素组合才能形成优美的风景。如水与山、水与生物、水与季节气候、水与建筑物、水与人类活动等，共同组成了景色多变、类型各异的水域风光。例如，黄果树瀑布、黄河壶口瀑布、西湖、我国最大的内陆湖青海湖等，都是以水体资源而单独成景的。特别是对于固态的水体资源——冰雪，表现更为突出，利用这种固态的水体形成冰雕、雪雕等艺术产品，并举办各种类型的"冰雪艺术节"。

3. 水体可开展各种丰富多彩的旅游活动

随着人们旅游需求个性化和多样化的不断发展，旅游活动不再仅局限于看、游、赏，旅游者越来越注重体验与参与。水体资源既可以观赏又可体验、参与，因此对于水体类旅游产品的开发颇具优势。旅游者也总是对水给予青睐和厚爱，观水、戏水、漂流总是情趣无限，魅力不减，给人们刺激和愉悦的感受，如游泳、划船、扬帆、滑冰、滑雪、潜水、冲浪、滑水、垂钓以及疗养、品茗等。

三、水域风光的旅游功能

水域风光具有形、声、色、味、影、态等方面的特点，成为其吸引因素。

1. 具有审美功能，可以开展观赏旅游

（1）水的壮阔之美

面对浩瀚无边的大海、飞流直下的瀑布、奔流不止的江河，人们往往会感到心胸豁然开朗，惊叹于大自然的波澜壮阔，不由产生仰慕或敬畏之情。我国的黄果树大瀑布、黄河壶口瀑布，都是以雄壮著称；非洲的维多利亚瀑布、南美的安赫尔瀑布及伊瓜苏瀑布，也都以壮美闻名世界。

（2）水的秀丽之美

清澈的溪流、水山相映的湖泊、舒缓的江面，都会给人清丽柔和的美感，使人感到轻松活泼，静雅舒适。如浙江富春江，又如“如情似梦”的漓江，“淡妆浓抹总相宜”的西湖，都给人以秀美之感。

（3）水的奇特之美

水的奇特之美，缘自于其形、色、声等方面的变化。有“天下奇”之称的黄山，瀑布景观中的人字瀑、一字瀑、九龙瀑等都具有奇特的形状；世界自然遗产九寨沟，最奇妙的就是它的水景了，共有108个彩色湖泊，高低错落，水中倒映红叶、绿树、雪峰、蓝天，变幻无穷；位于以色列和约旦两国交界处的内陆咸湖——“死海”，堪称世界之奇。

2. 具有疗养功能，开展休闲健体旅游

温泉、矿泉、海水、湖泊等均具有疗养的功能，对于人体的保健和医疗，有着重要的作用。这些水体中含有多种微量元素及其他化学成分，有一定的矿化度，通过对人体的药理和化学生物作用，而具有治病健身的功效。“深知海内长生药，不及崂山一清泉”，是人们对崂山温泉理疗价值的评价。我国大多数温泉所在地都是山川秀丽，风景如画，是人们疗养和旅游的好去处，如北京闻名遐迩的小汤山温泉、辽宁鞍山汤岗子温泉、西安久负盛名的华清池温泉度假区等。

3. 具有品茗功能，开展茶文化旅游

饮茶品茗，可以修身养性，陶冶情操，是我国人民生活中一项颇具典型意义并富有特色的生活艺术。茶与水的关系极为重要，好水冲好茶。杭州西湖的龙井茶，最好地保持了茶的本色，用该区虎跑泉的水沏茶，妙就妙在无论茶与水，都不失真味。中国的名泉有北京的玉泉山泉、济南的趵突泉、镇江的金山泉、无锡的惠山泉、杭州的虎跑泉等，其中趵突泉、惠山泉还有“天下第一泉”、“天下第二泉”的雅号，用这些泉水泡茶才能泡出好茶。

4. 具有娱乐功能，开展水上游乐旅游

借助于水体资源，人们可以开展丰富多彩的娱乐活动，游泳、垂钓、潜水、荡船、冲浪、漂流、滑水、海水浴等活动。例如，我国大连的老虎滩、金石滩海滨游览区、河北的北戴河、山东的青岛、广东的汕头、海南的三亚等旅游胜地，都是借助于一定的水体资源、良好的气候条件、优美迷人的自然风景开展海水浴、驾船扬帆、潜水、观景等体验性的旅游活动，吸引了广大中外旅游者。

5. 含有丰富的文化内涵，可以开展水文化旅游

水体资源不仅是旅游资源的重要部分，也是人们吟诗作赋的主要对象。古往今来，不少的文人墨客以秀丽的江河湖泊、雄浑壮丽的瀑布、清澈甘醇的泉水为对象，写下了许多流传至今的优美诗篇。如“一生好入名山游”的大诗人李白，曾写下“飞流直下三千尺，疑是银河落九天”的诗句来赞美庐山瀑布，他笔下的庐山瀑布，气势磅礴，神韵万千；唐代大诗人韩愈曾以“江作青罗带，山如碧玉簪”的诗句来赞美如诗似画的漓江；孟浩然则用“气蒸云梦泽，波撼岳阳城”来描写洞庭湖的壮阔景象。除了这些流传下来的诗文以外，还有许多水体资源旁边的摩崖石刻、传说故事等，还有各类冰雕、雪雕艺术等，形成了丰厚的文化积淀和浓郁的文化氛围，从而提高了水体资源的观赏价值，也为开展水体的文化旅游创造了有利条件。

第二节　海滨旅游

一、海滨旅游资源概述

地球表面积5.1亿平方公里，其中海洋面积为3.61亿平方公里，约为地球表面积的71%，可见海洋水体在地球表面所占面积之大。蓝天、白云、碧海、细浪、沙滩、椰林构成了迷人的海滨风光，其浩瀚无际、深邃奥妙的魅力吸引着每一个旅游者，成为水域风光类旅游资源的重要组成部分。因此，海滨地带始终是观光旅游的胜地。据统计，目前全世界已有上千座海上娱乐中心、旅游中心及海洋公园。

海洋，作为一种康乐性旅游资源，大致可以分为海面风光、海滨风光和海底世界三种。

辽阔的海面浩瀚无际，时而狂涛滚滚，时而风平浪静。这种变化，使人感受到大海的无穷力量和魅力。因而，海钓、游泳、驶帆、摩托艇、冲浪、滑水、热气球、划船和水上飞机等旅游项目应运而生。

良好的气候和海水条件，让海滨成为疗养度假的好去处。地中海沿岸、夏威夷、加勒比海、东南亚、我国的海南等地区气候适宜、阳光充足，是世界著名的避暑、疗养、度假胜地。此外，在河流入海的喇叭状河口地区，常可见到涌潮现象。涌潮是指涨潮时，海水从广阔的海域涌进河口，潮水越前进河口越窄，致使海潮陡立如壁，推进时轰鸣作响，异常壮观。我国钱塘江口的大潮，潮差最高时达9米，为世界闻名的涌潮。

海水中蕴藏了极为丰富的海洋生物，这些资源对于人类具有很强的观赏价值和科考价值。随着现代科学技术的发展，海底观光探密和建造“人工海底乐园”已成为海洋旅游活动的一个重要组成部分。旅游者在潜水员的指引下，潜到水下去观赏鱼类、珊瑚等海生动物，游览和考察海底地貌以及在游览的过程中进行水下狩猎、摄影和打捞活动等。据统计，世界上已有30多个国家建立了海洋旅游中心，每年吸引着众多的中外游客前往观光游览，如美国、澳大利亚、新加坡、泰国、印度尼西亚和我国的海南岛都是潜水旅游者最向往的地方。

我国面临世界第一大洋——太平洋，海岸线总长约1.8万公里，蕴藏着极其丰富的旅游资源，所以沿海地区的海洋景观旅游业方兴未艾，占有越来越重要的地位。

二、我国主要海滨旅游胜地

1. 大连海滨

大连市位于辽东半岛南端，是个港口城市。海岸线长30公里，山水相连，礁石错落，具有观赏价值的海蚀柱、海蚀崖、海蚀洞、海蚀拱桥等景观甚多。海滩坡度小，潮差不大。夏季海表水温达20℃以上，是优良的海滨浴场。旅顺港地势险要，保留了许多战争遗迹。新开发的金石滩海岸带由四大景区50多个景点组成。西南方的老铁山是候鸟的乐园，西北海中的蛇岛是我国唯一的蝮蛇保护区。

2. 北戴河海滨

北戴河位于河北省秦皇岛市，背依联峰山，面临渤海。夏季气候凉爽宜人，全年适于海水浴的天数多达110~120天。春无大风沙，附近海域海水清澈，沙滩绵延10多公里，沙软潮平（见图3－1）。海岸地区也发育了海蚀地貌，老虎石、鹰角石、骆驼石、对语石等形象逼真，栩栩如生。联峰山上奇峰异石遍布，松柏竞秀。登望海楼可俯瞰海滨全景，远眺秦皇岛码头及昌黎碣石山。此外，附近还可观览山海关古长城、关城、姜女庙等古迹。

3. 青岛海滨

青岛市是胶东半岛东南的港口城市，港阔水深，风平浪静，不冻不淤。城市随山而建，高低错落，具有青山、碧海、绿树、红墙之美景（见图3－2）。海滨最热月均温只有25℃，是避暑佳地。在汇泉湾、太平湾一带开辟了广阔的海滨浴场。海岸线曲折多港湾，岩礁星罗棋布，有“石老人”、“玉女盆”等海蚀景观。青岛湾中伸入大海的栈桥及回澜阁是青岛十景之一，也是青岛的象征。栈桥东南海中小青岛（琴岛）上有高15.5米的白色八角灯塔，构成“琴岛飘灯”一景。

图3－1　北戴河海滨

图3－2　青岛海滨

4. 三亚海滨

三亚市位于海南岛最南端。市东南有著名的亚龙湾海滨，海滩长7000米，沙细软洁白，海碧天澄，风平浪静，四季可浴，被称为“东方夏威夷”，海底有美丽的珊瑚景观。市西天涯海角海滨，海滩上巨石罗列，有立有卧，其中二石上分别镌刻着“天涯”、“海角”，另一巨石上镌刻“南天一柱”四字。海滩平坦，海水洁净，是海水浴和海滨观赏胜地（见图3－3）。

图3－3　三亚海滨

知识拓展

海滨旅游须知

(1) 不吃不洁食物，吃海鲜时可适量喝点白酒和米醋，以起到杀菌消毒的作用。

(2) 吃海鲜后，一小时内不要食用冷饮、西瓜等食品。不要马上去游泳，游泳后也不宜立即食用冷饮、西瓜、海鲜等食品。

(3) 晕船者在上船前不要吃得太饱，也不要吃太油腻的食品，可预先吃2片防晕片控制晕情；晕船者上船后不要频繁走动，产生晕觉时，可平躺在床上，并在手腕及肚脐处各贴一块麝香膏，以起到防晕的作用。

(4) 随身带好防感冒、发烧、腹泻、皮肤过敏的物品，以便应急之用。

(5) 游泳时要保管好自己随身携带的物品。贵重物品不宜放在衣物箱内，应专项寄存或派人看管。

(6) 游泳前要做准备活动，以防抽筋；游泳时要在规定的安全区域内活动，水中感觉不适时，应尽快上岸休息，并适当控制水上活动时间。

(7) 参加高速摩托艇、水上飞机、高速游轮活动时要听从该处工作人员的安排，并穿好救生衣，落实各项安全措施，切忌麻痹大意。携带儿童参加水上活动时应照顾好自己的孩子，不要让他们独自活动。

专题活动

到海边旅游时，导游人员会不时提醒旅游者注意防晒。我们可以采取哪些措施防止皮肤晒伤？

5. 钱塘涌潮

钱塘观潮由来已久，历来被誉为“天下奇观”。从庄子、司马迁、白居易、苏东坡到王国维、鲁迅、郭沫若、毛泽东等，一睹天下奇观的雄姿后，留下了千余首咏潮佳作。在农历每月初一至初五、十五至二十，每天的11至14时均可看到钱塘江涌潮。但一年中最佳观潮时间是农历八月十五至十八日。每到此时来浙江海宁一带观潮的人，成群结队，络绎不绝。这时的岸边，人山人海，万头攒动，焦急地等待那激动人心的时刻到来。现今最佳观潮点有三个：盐官镇，观海潮涌江；八堡，观东潮与南潮汇合；老盐仓，观回头潮与涌潮相撞。由于涌潮所蕴蓄的能量非常强大，因此观潮时必须注意安全。

专题活动

请同学们根据所学的知识讲讲我国钱塘江涌潮“滔天浊浪排空来，翻江倒海山为摧”的形成原因。

三、海啸与台风

1. 海啸

海啸是由海底地震、海床上的滑坡或崩塌、海底火山爆发或陨星撞击大洋引起的海面水位不正常剧烈涨落的现象。其中海底地震是引发海啸的主要原因。强烈的海啸进入浅海后会掀起几十米高的巨浪，造成巨大破坏。我国沿海地区由于有许多岛屿可以作为天然屏障，所以很少发生强烈的海啸，但仍需十分注意。强海啸接近海岸的时候，一般有以下现象：

1）涨退潮规律改变，海水突然退潮，甚至露出海底。

2）沿岸海水出现大量气泡。

3）动物及昆虫的行为反常。

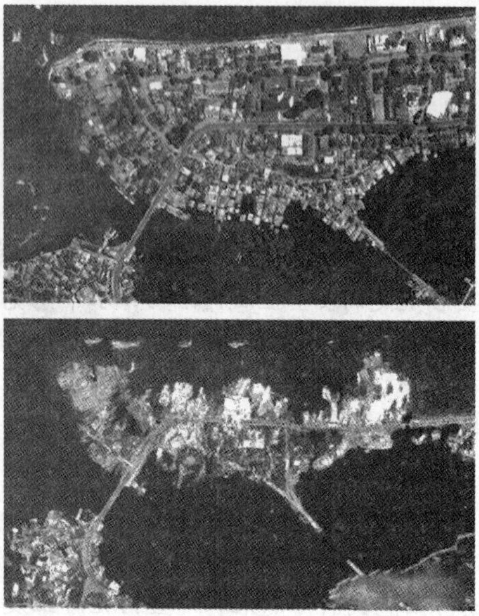

图3－4　印尼亚齐省首府班达亚齐海滨受海啸袭击前后的情景（上图为袭击前，下图为袭击后）

4）沿岸会出现很高的白色巨浪（或水墙）。

上述现象开始出现到海啸登陆，时间非常短暂。由于地震震中在海底，波动传递到海岸需要20分钟到2个小时。2004年12月26日，罕见的印度洋海啸席卷印度洋多个国家（见图3－4），在短短几个小时内就演变成一场巨大的人间惨剧，死亡人数高达20余万人。

此外，除了对上述现象保持警惕之外，关键要留意旅游、气象等部门发布的海啸警报。在海啸警报没有解除的时间内，旅游者不要前往海滩。

2. 台风

热带气旋是发生在热带洋面上的一种强烈风暴。发生在大西洋或东太平洋，中心风力达到12级或以上的热带气旋，称为飓风。发生在西太平洋上，达到同样强度的热带气旋，则称为台风。习惯上，台风亦被用来统称所有在西北太平洋发生的热带气旋。

我国是台风多发区，北起辽宁，南至两广沿海一带，每年都有可能遭受热带气旋的袭击，其中又以登陆广东、福建和台湾三省的热带气旋次数为最多。在台风的活动过程中，常伴随有狂风、暴雨、巨浪和风暴潮。台风登陆后深入内陆，受到地面摩擦力的影响，风速会逐渐减小，强度也会削弱。但这时往往会暴雨倾注，造成山洪暴发，冲毁水库、建筑，淹没田地等严重的灾害。目前我国的台风预警系统比较完善，一般能及时发布预警信号。台风分为四级预警，从发布的灾害性台风预警信号来说，有蓝色、黄色、橙色和红色。

1）蓝色：24小时内可能受台风影响，平均风力6～7级。防御指南：加固门窗、棚架，妥善安置室外物品。

2）黄色：24小时内可能受台风影响，平均风力8～9级。防御指南：船只回港避风，停止高空作业，危房中的居民立即转移。

3）橙色：12小时内受台风影响，平均风力为10～11级，防御指南：进入紧急防风状态，建议中小学停课，居民切勿随意外出。

4）红色：6小时内会受到台风影响，平均风力为12级以上，防御指南：进入特别紧急防风状态，建议停业、停课，相关部门应随时准备启动抢险应急方案。

作为酒店员工及导游服务人员应熟悉台风预警信号及相关自救保护措施，尽可能做到防患于未然。

专题活动

请同学们根据所给的材料及所学过的地理知识谈谈什么是台风，当台风来临时有什么特征，在海滨旅游时如果遇到台风来袭该如何逃生自救。同学们可以分组到当地的旅游气象部门或旅行社进行调查，然后进行交流讨论。

第三节　江河旅游

一、河流概述

江河是大地的血脉，是人类古代文明的发源地，如黄河、尼罗河、幼发拉底河、恒河、伏尔加河等都培育了光辉灿烂的民族文化。我国是多河川的国家，长度在1000公里以上的河流有20余条，天然河道总长约43万公里，径流总量达27000多亿立方米，相当于全球径流总量的5.8%。

我国的河流主要分为外流河和内流河。注入海洋的外流河，流域面积约占全国陆地总面积的64%。长江、黄河、黑龙江、珠江、辽河、海河、淮河等向东流入太平洋；西藏的雅鲁藏布江、澜沧江、怒江等向南流出国境注入印度洋，其中雅鲁藏布江上有长504.6公里、深6009米的世界第一大峡谷——雅鲁藏布大峡谷；新疆的额尔齐斯河则向北流出国境注入北冰洋。流入内陆湖泊或消失于沙漠、盐滩之中的内流河，流域面积约占全国陆地总面积的36%。新疆南部的塔里木河，是中国最长的内流河，全长2179公里。

此外还有人工开凿的运河，如京杭大运河沟通海河、黄河、淮河、长江、钱塘江五大水系，全长1801公里，是世界上开凿最早、最长的人工河。

众多的河流不仅可用于灌溉、航运和舟楫，而且很多河流自身就是景观，或与其他景观相结合构成了风景优美或历史文化悠久的河段景观旅游资源。于观光的基础上，在适当的河段可开展漂流、游艇、划船、游泳、垂钓等水上旅游活动。在冬季冰期较长的北方河流上还可以开展滑冰、冰橇等运动。

二、我国旅游名河

（一）长江三峡

长江三峡是长江中最为壮丽的一段。它西起重庆奉节白帝城，东止湖北宜昌南津关，全长193公里，由瞿塘峡、巫峡和西陵峡组成。瞿塘峡长8公里，两壁对耸狭窄，最窄处不到百米，最宽处不过150米，以雄伟险峻著称。巫峡以巫山得名，长45公里，是三峡中最整齐的峡谷，以幽深秀丽著称。西陵峡全长76公里，其特点是峡中有峡，滩内含滩，江流回环曲折，以险著称。不过随着三峡水利枢纽工程的建设，人们再也见不到往日的三峡美景了，而是呈现出“高峡出平湖”的壮观景象（见图3－5）。三峡沿岸尚分布有纪念大禹治水的黄陵庙、古悬棺、古栈道、白帝城、屈原故里等名胜古迹，美不胜收。

专题活动

长江是我国第一长河，全长6380公里，是我国的“黄金水道”和“黄金旅游线”。请同学们说说它的源头在哪里？流经哪些区域？谈谈为什么将它誉为“黄金水道”和“黄金旅游线”？

图3-5　长江三峡

（二）黄河

黄河是我国第二大河，是中华民族的母亲河，它发源于青海省巴颜喀拉山北麓，全长5464公里，流域面积75.2万平方公里，流经我国9个省市自治区。由于黄河中游流经土质疏松的黄土高原，使得黄河成为世界上含沙量最多的河流，它像一条金黄色的巨龙，横卧在祖国北部辽阔的大地上。

黄河上游分布有19个峡谷，如龙羊峡、刘家峡、青铜峡等，并在内蒙古高原上冲积形成有“塞上江南”之称的银川平原和河套平原。黄河中游则形成含沙量高居世界各大河之冠的浑浊黄水，并在此段形成著名的龙门和壶口大瀑布。在流入河南孟津之后的下游河段，在华北平原上形成举世闻名的“地上河”，全长900公里。

黄河流域是中国古代文明的发祥地之一，自古以来我们的祖先就劳动生息在这块土地上，黄河两岸遍布着华夏民族活动的踪迹。黄河及其支流沿岸的咸阳、西安、洛阳、开封，都曾是显赫一时的历史古都；兰州、银川、包头、呼和浩特、郑州、济南等城市，既有大量的文物古迹，又聚集着现代都市风情。

（三）漓江

漓江是桂林山水的重要组成部分，发源于桂林东北兴安县的猫儿山，流经桂林、阳朔，至平乐县恭城河口，全长170公里。其中由桂林至阳朔84公里的黄金水道，像一条青绸绿带，盘绕在万点峰峦之间，奇峰夹岸，碧水萦回，削壁垂河，青山浮水，风光旖旎，犹如一幅百里画卷（见图3-6）。唐代大诗人韩愈就曾以“江作青罗带，山如碧玉簪”的诗句来赞美这条如诗似画的漓江。

图3-6　漓江山水

漓江山水充分展现了“山青、水秀、洞奇、石美”的特点，而且还有着“深潭、险滩、流泉、飞瀑”的佳景。与峡谷风光迥然相异，留给人们的是另外一种美的享受，细雨如纱，飘飘沥沥；云雾缭绕，似在仙宫，如入梦境。

（四）黑龙江

黑龙江源自海拉尔河，中段与俄罗斯相邻2800余公里，下游进入俄罗斯境内。在我国境内的支流有松花江、乌苏里江、松花江的支流嫩江、牡丹江等。该区域的景观以莽莽苍苍的森林、绚丽的冰雪景观、珍奇的野生动物、奇特的文化古迹而名闻遐迩。

（五）京杭大运河

京杭大运河自隋代开凿，全长1764公里。是世界上开凿最早、最长的人工河。这条古老的运河流经北京、天津、河北、山东、江苏、浙江6个省市，连接了海河、黄河、淮河、长江和钱塘江5大水系。沿河分布的古城、工商业城市和风景名城有杭州、嘉兴、苏州、无锡、常州、镇江、扬州等。大运河不仅具有交通功能，而且将燕赵、楚汉、鲁豫、吴越文化连接成链，成为贯穿南北的重要旅游景观。江苏、浙江和上海都已相继开辟运河水上游览线。

三、我国的漂流河段

我国河流众多，目前可以进行漂流探险的河流达上百条，如长江上游山高谷幽，水急滩险，是漂流探险旅游的理想地段；九曲黄河上也有许多地段，如宁夏中卫、内蒙古、陕西、河南等河段都开展了漂流活动，特别是乘坐黄河上古老的水运工具——羊皮筏和牛皮筏，更是新颖独特、紧张刺激。有些河段在漂流探险的同时，又能欣赏到两岸的美景，如位于贵州兴义市东14公里处的马岭河风景区，这里石峰成林，壮阔雄伟；峡谷成河，奇险幽深。

在旅游活动中漂流大体分两种：一种是探险性漂流，需要戴安全帽、穿救生衣、乘橡皮艇或羊皮筏，沿途水道落差大，水流湍急，富有刺激性，风险较大，但往往是有惊无险，如湖北清江漂流、神龙溪漂流、广东九泷十八滩漂流、黄河兰州河段漂流等。另一种是观赏性漂流，大多轻松自在、以观赏沿河景色为主。这些河段水流平缓、偶有急滩，旅游者可以坐在竹木筏上听潺潺水声，戏玩水中小鱼，远眺片片农田，水村山郭，乐趣无穷。如广西漓江漂流、广东英德仙桥明暗地下河漂游等。

专题活动

漂流探险，是一项新兴的旅游产品。它以全程参与、快乐刺激、野趣无穷的魅力，吸引着越来越多的旅游者。请大家讨论一下在漂流活动中应注意些什么。如果在江河漂流中发生翻船事件怎么办?

第四节　湖泊旅游

一、湖泊概述

湖泊是陆地上洼地积水形成的水域宽阔、水量交换缓慢的水体，也是陆地上最大的水体。在我国各地分别有不同的称呼，如海、海子、库尔、库勒、泡子、诺尔、淖、茶卡、错、荡、淀等。中国是一个多湖泊的国家，共计有2万多个，总面积达8万平方公里。其中面积在1平方公里以上的有2800多个，面积大于100平方公里的大湖有130多个。我国湖泊分布具有范围广而又相对集中的特点，主要分布在东部平原、青藏高原，其次是云贵高原、西北地区及东北地区。

二、湖泊类型

我国湖泊不仅数量多，且类型齐全。

1. 按水质分类

按湖水水质，可将其分为三种类型，即淡水湖、咸水湖、盐湖。

(1) 淡水湖

湖水矿化度 <1 克/升的为淡水湖，如中国五大淡水湖：鄱阳湖、洞庭湖、太湖、洪泽湖和巢湖。

(2) 咸水湖

湖水矿化度在 1 ~ 35 克/升之间的为咸水湖，如中国最大的咸水湖是青海湖。

(3) 盐湖

湖水矿化度 >35 克/升的为盐湖，如我国最大的盐湖是位于柴达木盆地的察尔汗盐湖。

阅读材料

中国最大的咸水湖——青海湖

青海湖古称"西海"，蒙古语"库库诺尔"，藏语"错温波"（意"青色的海"、"蓝色的海洋"）。位于青海省境内，面积达 4583 平方公里，是我国最大的咸水湖。青海湖四周雪山高耸，草原如茵。湖中盛产肉嫩鲜美的湟鱼，是我国西北地区最大的天然鱼库。青海湖最诱人的景色是鸟岛奇观，其面积仅 0.8 平方公里，每年五六月份大量来自我国南方和东南亚等地的斑头雁、棕头欧、鱼欧、鸬鹚和黑颈鹤等 10 多种候鸟，云集于此，最多可达 10 万只以上，天空中是密密麻麻的飞鸟，鸟声鼎沸，地上到处是五颜六色的鸟蛋，形成青海湖一大奇观（见图 3－7）。

图 3－7　青海湖风光

2. 按成因分类

根据湖泊的成因，可将其分为河迹湖、构造湖、堰塞湖、海迹湖、火口湖、冰川湖、岩溶湖、风蚀湖和人工湖九种类型（见表 3－1）。

表 3－1　湖泊类型

类　别	成因及特点	分　布	代表性湖泊
河迹湖	因河流改道、在废弃的河道积水而形成的湖泊，湖形似弯月。水质一般为淡水	大多分布于大河中游平原地区，如长江中游地区	湖南洞庭湖、湖北洪湖、惠州西湖
构造湖	因地壳断裂、沉陷、褶皱等地质活动形成的洼地积水而形成的湖泊。湖水一般较深，湖形多呈椭圆或狭长形，湖岸平直，岸坡陡峭	云贵高原及青藏高原	滇池、洱海、抚仙湖、青海湖

续表

类　别	成因及特点	分　布	代表性湖泊
堰塞湖	因山崩、火山熔岩、泥石流等物质堵塞河道而形成的湖泊	东北地区较多	黑龙江省的镜泊湖、五大连池等
海迹湖	由古海湾封闭而成的湖泊，又称泻湖	主要分布于滨海三角洲冲积平原地区	无锡太湖、杭州西湖、江苏洪泽湖
火口湖	因火山喷发后遗留的火山口积水而成的湖泊。其特点是湖泊外形近圆形或马蹄形，湖岸陡峭，湖水较深	在我国分布较广，长白山地、大兴安岭、云南、广东、台湾等地均有分布	长白山天池、腾冲大龙潭火山口湖
冰川湖	由冰川侵蚀的洼地积水而成的湖泊	多分布于高山高原或高纬度地区。我国主要分布于青藏高原和新疆等地	天山天池、阿尔泰山的喀纳斯湖
岩溶湖	岩溶作用的溶蚀洼地积水而成的湖泊	分布于岩溶地貌发育的广西、云南和贵州等省区	贵州草海、肇庆星湖
风蚀湖	因强风侵蚀的洼地积水而成的湖泊	主要分布于我国西北的干旱、半干旱地区	敦煌鸣沙山月牙泉、内蒙古苏古诺尔湖
人工湖	即人工水库。指人工拦堤筑坝修筑的具有蓄水、防洪、发电、灌溉、养殖等多种功能的蓄水水体	多修筑在大江、大河中上游地区	浙江千岛湖、吉林松花湖、三峡水库

三、风景名湖

湖泊素称“大地明珠”。其构景水天一色，视野开阔，幽美谧静，是水域风景中最能体现相对静态的形、影、光、色等审美特征的水体。尤其是湖与山结合，湖光山色，岛屿缥缈，更加妩媚动人。此外，湖泊还可开展游泳、泛舟、垂钓、滑水、品尝水产等休闲娱乐活动，一定条件下也可开展冬季冰上运动等。湖区气候又往往适于休闲度假，因此湖泊是陆地水域休闲度假活动最重要的场所。

1. 杭州西湖

杭州西湖为海迹湖，原属古海湾的一部分，北面的宝石山和南面的吴山在当时是这个海湾的岬角，由于泥沙淤积，海退陆进，形成了举世闻名的西湖。杭州西湖位于杭州城西面，面积5.6平方公里，三面环山，一面临城，湖中和谐地点缀着一山二堤三岛。一山即是孤山，孤山景区名胜古迹多达30多处。二堤为苏堤和白堤，分别为纪念历史上整治开发西湖有功的苏轼和白居易而命名。苏堤和白堤把西湖分隔成外西湖、里西湖、北西湖、岳湖和小南湖五个部分。三岛是小瀛洲、湖心亭和阮公墩。古诗云：“天下西湖三十六，其中最好是杭州”。杭州西湖之美，妙在不管晴雨风雪，它总是别具风韵，奥妙无穷，令人百看不厌。正如北宋大文豪苏轼在《饮湖上初晴后雨》中所描述：“水光潋滟晴方好，山色空濛雨亦奇。欲把西湖比西子，淡妆浓抹总相宜。”更为难得的是丘壑林泉之间深藏着数不清的人文胜迹：岳飞墓、灵隐寺、雷峰塔、放鹤亭、楼外楼、西泠印社……自然与人文如此巧妙地结合在一起，构成人人称誉的“人间天堂”。

阅读材料

西湖十景

西湖可谓处处是景，最著名的首推“西湖十景”，即：苏堤春晓、曲院风荷、花港观鱼、柳浪闻莺、双峰插云、平湖秋月、三潭印月、断桥残雪、南屏晚钟、雷峰夕照（见图3－8）。这十景之妙就在于它有情、有景、有物、有时，还荟萃了西湖最美的景致。

图3－8　雷峰夕照

随着旅游业的发展，西湖风景更加多彩迷人，1985年又评出“西湖新十景”。分别是：虎跑梦泉、龙井问茶、云栖竹径、满陇风雨、九溪烟树、吴山天风、玉泉飞云、宝石流霞、阮墩环碧、黄龙吐翠。

2005年，杭州西湖与青海湖（青海）、喀纳斯湖（新疆）、纳木错（西藏）、长白山天池（吉林）一起当选为“中国最美五大湖泊”。

2. 洞庭湖

洞庭湖位于湖南省北部，北通长江，南纳湘、资、沅、澧四水，最大面积曾达6000平方公里，史有“八百里洞庭”之称，现存面积3900平方公里，为我国第二大淡水湖。湖区烟波浩渺，气象万千。江南三大名楼之一的岳阳楼（见图3－9）临湖矗立。岳阳楼因宋代名臣范仲淹的《岳阳楼记》而名垂青史，其造型端庄，结构严谨，飞檐盔顶，别具一格，历有“洞庭天下水，岳阳天下楼”之说。湖中秀丽的君山岛被古代诗人誉为“白银盘里一青螺”，风景秀丽，古迹遍布，著名的有湘妃墓、柳毅井、斑竹等。相传舜帝南巡，不幸病故，其二妃娥皇、女英悲痛万分，泪水滴落在君山的竹子之上而留下斑斑泪痕，故名斑竹。后二妃悲痛而绝，葬于君山，化为湘水女神，极富神话色彩。

图3－9　洞庭湖边的岳阳楼

3. 天山天池和长白山天池

天山天池位于新疆天山主峰博格达峰北侧，是世界著名的高山湖泊。海拔1980米，湖形呈半月状，面积4.9平方公里，平均水深40米，最深处达105米。湖水清澈透明，水色瓦蓝碧绿，与天山雪峰相映衬，分外妖娆，传说中周穆王会见西王母的“瑶池仙境”（见图3－10）就在这里。

长白山天池位于吉林长白山主峰峰顶，海拔2200米，面积9.8平方公里，平均水深204米，最深处达373米，是中国最深的湖泊。湖水深邃，清澈湛蓝，湖岸陡峭，四周群山掩映，视野开阔，美不可言（见图3－11）。天池北侧有一熔岩缺口，湖水从此飞泻而下，形成了著名的长白瀑布。近百年来，不时有人在此发现“天池怪兽”，引起旅游者极大的兴趣，也成为长白山天池的一大奇谜。

图3－10　天山天池

图3－11　长白山天池

4. 五大连池

五大连池位于黑龙江省五大连池市，1719—1721年期间，由于火山连续喷发，阻塞了白河河道形成五个串珠状的湖泊，故称五大连池（见图3－12）。五大连池纵长20公里，面积40平方公里，最深处达100多米。五个湖泊之间，水体相连，姿态各异。周围有14座火山环绕，凝固的熔岩千姿万态，更有医疗价值极高的矿泉，现已建成世界地质公园（图3－12）。

图3－12　五大连池风光

四、湖泊的旅游环境

我国湖泊旅游资源虽然众多，但资源环境却不容乐观，许多湖泊富营养化严重。如太湖流域氮、磷等含量超标严重；滇池绿藻泛滥，为劣五类水质；巢湖、白洋淀、达赉湖和南四湖污染严重，均为劣五类水质。其他大型淡水湖泊如洞庭湖、镜泊湖和洪泽湖水质属四类水质标准；洱海、兴凯湖和博斯腾湖水质也只达到三类水质标准（中国制定的《地面水环境质量标准GB 3838—88》把水分为五类。水质按一、二、三、四、五类而逐步下降。当水质下降到三类标准以下，会影响人体健康，不能作为饮用水源）。此外，还有许多近海海滨、河流、城镇内河、地下水等均遭到不同程度的污染或破坏。如深圳大梅沙海滨在旅游高峰时日产垃圾高达60吨。另据新京报报道，美国“海洋保护管理所”在2006年发表的报告中说，超过45万名志愿者于2005年9月在全球74个国家展开了一次海滩垃圾清理活动，为期一日的活动清理出约3700吨垃圾。报告称香烟、塑料袋成海洋环境头号“杀手”，严重威胁一些濒危动物的生存。

这些污染虽然有多方面的因素，但旅游开发活动及旅游者的活动对当地环境的影响也是不容忽视的。比如在旅游地过多地修建宾馆、饭店、都市化娱乐设施，使用影响景区环境的包装和商品，以及排放生活污水等，都会对当地的水体、植被等环境造成一定程度的破坏。旅游者丢弃的垃圾、食品及随意捕采等也会给景区环境带来破坏。因此从经营者的角度来看，应让饭店等的运营采取环境保护措施，如节约用水，减少能源消耗等，成为真正的“绿色饭店”。从旅游者的角度来看，遵守当地的环境管理规则，比如少使用一次性物品、带走自己的垃圾等。实际上，我们应该从身边做起共同保护我们的环境，这样才能保持旅游资源的可持续发展。例如，我国旅游城市杭州，为了保护西湖的风景，搬迁了西湖周围10多家有排污的工厂，沿湖各单位污水全部纳入环湖截流管道，疏导西湖，放养水草和食草浮游动物来净化水质，开渠引水，纯净了西湖之水，确保了“绿色明珠”的美誉。

专题活动

在2009年瑞士的达沃斯世界经济论坛年会上，有报告指出：在今后20年内，人类争夺水资源的竞争将愈演愈烈，而且水有可能会比“石油还昂贵”。我国是水资源十分缺乏的国家，人均水资源占有量只有2200立方米，占世界平均水平的1/4，美国的1/5。是全球13个水资源最贫乏的国家之一。而我国的水污染形势却严重，江、河、湖泊、海滨及地下水等污染负荷早已超越其水环境容量，很多地方甚至连生活用水都稀缺。请同学们到周边的旅游景区或环境部门做一次小调查，了解景区污染的来源有哪些，可以采取哪些适当的措施来减少污染源。并讨论一下如何从自己生活中的每个细节做起，养成良好的环保行为和环保风尚。

第五节　泉水旅游

一、泉水的分类

地下水的天然露头称为泉。地下水遍布各地，但其出露的规模却有限。泉水是一项非常珍贵的旅游资源。其旅游功能主要体现在三个方面：其一是泉水源自地下，或水温较高，或含有多种对人体有益的矿物质、微量元素和气体，往往具有明显的医疗保健价值；其二是具有品茗和酿造功能。泉水在地下经过多次过滤，水质纯净，味道甘美，是品茗、酿造的上好水源；其三是观赏价值。因不同地区地下水压力的不同，其喷涌的状态也不同，从而产生不同的美感。

依据泉水的温度、矿化度等，泉可以分为不同的类型。

（一）据泉水矿化度分类

（1）淡水泉

矿化度小于1克/升的泉水，称为淡水泉。淡水泉含杂质极少，甘醇可口，适于品茗和酿造。

（2）矿泉

矿化度大于1克/升、且有明显医疗价值的泉水，称矿泉水。矿泉水因含有对人体有益的矿物质，微量元素和气体，或可饮，或可浴，能起到康体疗养、延年益寿之功效。

（二）据泉水水温分类

由于地下水的深度及地壳活动情况的差异，泉水的温度各不相同。根据泉水的温度，可将其分为以下几种类型（见表3-2）。

表3-2 泉水的分类（据温度划分）

水温	类型
<20℃	冷泉（微温泉）
20~37℃	温泉
38~42℃	热泉
>43℃	高热泉
>当地沸点	沸泉

从上表中可知，水温在20℃以下的为冷水泉，水温在20℃以上的是广义上的温泉，而狭义温泉是指水温在34~37℃之间的泉水。冷泉水质清纯甘冽适合饮用及酿酒。温泉终年具有舒适的沐浴、游泳与治病功效，多形成温泉疗养地。早在汉代张衡在《温泉碑》中曾写道“有病疠兮，温泉浴焉”。很早人们就懂得利用温泉水。一般而言，温泉多为矿泉，而矿泉则不一定是温泉。

此外泉水按奇异特征与功能可分为间歇泉、喊泉、笑泉、鱼泉、甘泉、苦泉、药泉和珍珠泉等。

二、我国泉水的分布

泉水的分布、特点与气候、地形、地质、水文地质条件等有密切的关系。一般来说，大气降水丰富、地表多水地区多泉；地表容易渗水地区多泉；地壳活动地区多泉且多温泉。我国泉水资源十分丰富，总数达十万多处，仅温泉便有2600多处，分布遍及全国各地。其中温泉主要密集于西藏、云南、广东、福建、台湾等地，不仅分布密集，且水温普遍偏高。

青藏高原是世界上最年轻的高原，地壳活动频繁，地热资源丰富，已发现的温泉有630多处。不仅水温高，出露面积大，且形式罕见。多以地热田、热水塘、热水河、热水沼泽、间歇喷泉、水热爆炸泉等形式出露。例如西藏羊八井地热蒸汽田，已开发建成我国第一座地热发电站。

云南地处青藏高原东侧地震、火山多发地带，地壳活跃，地热资源丰富，已发现泉水440多处，尤其集中于滇池、洱海、澜沧江、怒江及腾冲地区。如安宁碧玉泉有“天下第一汤”之誉。

广东境内目前已知矿泉有230多处，几乎每个县市都有出露，其中最著名的是从化温泉，以富含氡气为特色，对多种疾病有不同程度的疗效，深受海外华侨的喜爱。

福建是大陆上温泉密度最大的省份，仅水温在50℃以上的就有50多处，最著名的是省会福州市，是我国有名的“温泉城”。

台湾地区正处环太平洋火山地震带之中，地下温泉富集，目前已知有103处。如台湾名闻遐迩的四大温泉：以园林景色驰名的阳明山温泉、旅游胜地北投高温泉、“水火同源”闻名的台南关子岭温泉、水质优异的恒春四重溪温泉。

三、我国名泉

（一）泉城

1. “泉城”济南

山东济南名泉密布，素以“泉城”闻名天下。古人有“齐多甘泉，甲于天下”的美誉。金代曾有人立“名泉碑”，列举济南名泉72处，以“趵突泉”为首，享有“天下第一泉”之称。实际上仅市区就有百余处，形成了趵突泉（见图3－13）、黑虎泉、珍珠泉、五龙潭四大泉群。百泉争涌，各具风采：或急湍翻滚，如狮吼虎啸，或晶莹灿烂，似串串珍珠。众泉之水汇集一处，形成了荷柳辉映、风景秀丽的大明湖。“家家泉水，户户垂柳”、“四面荷花三面柳，一城山色半城湖”，这是我国古代诗人对济南泉城绮丽风光的赞美。此外，千佛山、四门塔等名胜荟萃，李清照、辛弃疾等名人辈出，使济南成为一座世人瞩目的历史文化名城。

图3－13 济南“趵突泉”

2. “温泉城”福州

福建省会福州市是一座有着2000多年悠久历史的文化古城，背山依江面海，气候宜人，古迹遍布，风景秀丽，雅称“榕城”，此外还有“温泉城”的美誉。这是因为福州市区有一条5000米长、1000米宽的温泉带，面积约占市区面积的1/7。在此地带，泉眼密布，且水压大，水量足，水温高，水质优异，尤其适宜疗养。

（二）历史名泉

根据品茶的需要，冲泡茶宜用矿化度小于1克/升的淡水泉。淡水泉清纯甘冽，中无杂质，能泡出最纯真的茶味。我国唐代以来即盛行“好茶须用好水煮”的茶风，由此评出了不少天下名泉。

1. 天下第一泉——镇江金山中泠泉

中泠泉位于镇江金山，又名南零水，早在唐代即已天下闻名。唐代品茶大师刘伯刍把宜于煮茶的水分为七等，中泠泉因“水质轻，无涩味，清甜有余，赛过甘露”而名列第一，自此之后有“天下第一泉”之誉。南宋文天祥曾有诗写道：“扬子江心第一泉，南金北来铸文渊，男儿斩却楼兰首，闲品茶经拜羽仙。”

按理“天下第一泉”应该只有一个，但因历史上不同的人用不同的方法、标准来评定，故而出现多个“天下第一泉”。除中泠泉之外，有考证的“天下第一泉”还有北京玉泉、济南趵突泉、庐山谷帘泉、安宁碧玉泉等。

知识拓展

你知道天下第一泉的来历吗?

庐山谷帘泉：唐代茶圣陆羽所评定。陆羽据茶与水的关系，将天下泉水分为20等，谷帘泉名列第一。

北京玉泉：乾隆皇帝所评定。乾隆皇帝曾令人制作银斗品量天下泉水，结果以北京玉泉水质最轻而评为天下第一。

济南趵突泉：也是乾隆皇帝所评定。乾隆在下江南途中，路过济南，被趵突泉沁人心脾的泉水所陶醉，封其为天下第一，并亲笔题下了“天下第一泉”几个大字。

安宁碧玉泉：明朝状元杨慎被皇帝贬职后，远游至此，见风景秀丽，水温宜人，亲书“天下第一汤”，自此后也有“天下第一”之誉。

2. 天下第二泉————无锡惠山泉

位于无锡惠山景区，于唐代大历十四年（779 年）开凿，至今已有1200多年历史。惠山泉被茶圣陆羽、品茶大师刘伯刍评为“天下第二”，元代大书法家赵孟頫、清代吏部员外王澍分别书有“天下第二泉”，刻石于泉畔。这就是“惠山天下第二泉”的由来。惠山泉分上、中、下三池，以上池水质最佳。相传唐代宰相李德裕嗜饮此水，常令地方官吏用坛封装泉水，通过驿站从镇江运到京师长安，全程数千里，不惜劳民伤财。为此唐诗人皮日休有诗讽刺曰：“丞相常思煮茗时，郡侯催发只嫌迟。吴关去国三千里，莫笑杨妃爱荔枝。”此外，我国民间音乐家、双目失明的阿炳，长期在惠山一带流浪，受环境熏陶，在汩汩泉水声中，他思绪万端，谱写了二胡名曲《二泉映月》，惠山泉也因此而名扬海外。

3. 天下第三泉——杭州虎跑泉

虎跑泉位于杭州西湖以南的虎跑山下。相传唐代有一高僧居此，苦于无水，无奈只好准备迁往他处。这时佛祖托梦说：没水不要紧，当遣二虎送来。果然，第二天，有二虎跑地作穴，泉水涌出，故名“虎跑泉”。以其水质优异，宜于泡茶，乾隆皇帝评其为“天下第三”。“龙井茶虎跑水”，自古即为西湖最佳茗品，号称“双绝”。

（三）著名温泉疗养地

我国温泉众多，已形成康体疗养度假地的有辽宁汤岗子，北京小汤山，内蒙古阿尔山，山东即墨，湖北应城，南京汤山，重庆南、北温泉，广西象州，云南安宁，贵州息烽，广东从化，台湾北投、阳明山、关子岭等。

1. 内蒙古阿尔山温泉

阿尔山温泉位于内蒙古科尔沁右翼前旗阿尔山镇。在面积350平方米的范围内，大大小小密布着48口泉眼，温度各异，从3℃至48℃不等，水质也各不相同，医疗功能也因而不同，且人体的不同部位各有疗效，称问病泉、头病泉、眼病泉、耳病泉、胃病泉、五脏泉，等等。凡来此疗养的旅游者先在问病泉处“问病”，再“对症下泉”。而最神奇的还是五脏泉：五泉之水相距不过一尺，分别称心、肝、肺、脾、肾泉，水温也各异，各对一个脏器有疗效；引五泉之水汇于中央为浴泉，则主要治疗消化系统疾病。整个矿泉系统形同一个综合性医院。

2. 广东从化温泉

“从化温汤好，岭南第一泉。”从化温泉位于广东从化市，分布于流溪河河床及其两岸，有泉眼十多处，水温60℃左右，以礁石泉、沙滩泉最著名。泉水中含有钙、镁、钾、钠、氡、二氧化硅等多种化学元素和矿物质，尤以富含氡气为特色。氡是一种弱放射性气体，是由镭衰变而成，在其蜕变的过程中所产生的α、β、γ射线具有穿透能力和很强的电离能力，医药上用来治疗癌症，也叫镭射。氡泉对神经衰弱、心律不齐、血压不稳、糖尿病、内分泌紊乱、皮肤瘙痒等30多种疾病都有不同程度的疗效，故有“矿泉之精”的美誉，被海外华侨誉为“包医百病的良药”。

图3－14 骊山华清池

3. 陕西骊山华清池

华清池位于西安临潼骊山脚下（见图3－14），有泉眼四处，水温43℃，无色透明，略有硫化物气味，水中富含钾、钠、氯、硅、氟、氡、硫酸根等微量元素和离子，适于沐浴疗养。

因地处关中腹地的古代政治中心，骊山温泉开发历史极为悠久，早在西周时期周幽王即开始在此修建离宫。唐玄宗在此建华清池，常携杨贵妃来此游憩。白居易诗“春寒赐浴华清池，温泉水滑洗凝脂”描绘的就是当年杨贵妃在此泡汤的情景。

知识拓展

你会泡温泉吗?

1. 泡温泉应注意哪些事项?

（1）空腹不要泡温泉。饭前空腹饥饿状态入浴，容易出现眩晕、恶心、周身乏力的症状，甚至虚脱。

（2）酒后尤其是过度饮酒后绝对不能泡温泉。

（3）特别劳累不可以马上泡温泉，不然会越泡越累，甚至出现休克或脑部缺血的情形。

（4）泡温泉时不要同时按摩，泡温泉后也不要马上蒸桑拿。

2. 如何泡温泉?

（1）泡前要舀几盆泉水浇一浇身体，以适应温泉的温度。

（2）入浴时间应循序渐进慢慢延长。最初的入浴时间最好在3～10分钟之间，等适应了温泉后，再慢慢延长入浴时间。

（3）泡完温泉后，不要马上去清洗，那样温泉的有效成分会流失。

3. 人人都能泡温泉吗?

（1）高血压和心脑血管疾病患者要格外慎重，因为水温过高，会增加心脏负荷，易引发脑卒中及心肌梗死。

（2）糖尿病患者在血糖控制较好、比较稳定的情况下可以泡温泉。但时间不宜过长。

(3) 严重湿疹、皮炎及皮肤有溃烂伤口者不能泡温泉，因为不但会污染水质，还会使伤口恶化。

(4) 女性在怀孕初期和后期或经期内都不宜泡温泉。

(四) 神秘的“趣泉”

涌泉的动势，尤其是由较强的地热活动所形成的温泉动势，具有特殊的动态景观美，具有极高的观赏功能。有的泉缓缓溢出并夹带着串串气泡，犹如颗颗珍珠——珍珠泉；有的泉喷涌而出，直冒空中，时喷时歇，定时而变——间歇泉；有的泉喷出时伴有巨大的爆炸声，泉水夹着大量蒸气、泥沙直射高空，可达八九百米，极为壮观——水热爆炸泉。台南的关子岭温泉，则有“水火同源”奇观。此外，云南大理的蝴蝶泉、河北野三坡的鱼泉、广西桂平西山的乳泉、安徽寿县的喊泉、四川广元的羞泉、湖北神农架的潮泉、还有苦泉、盐泉、酸泉等都是较奇特的观赏性趣泉，为旅游事业的发展提供了丰富的泉水资源。

1. 大理蝴蝶泉

蝴蝶泉位于大理点苍山脚下，泉水从岩缝沙层中浸透而出，清澈若镜。而更令人称绝的是这里的“蝴蝶会”的奇景：泉边有一古树，是为蝴蝶树（合欢树），枝叶婆娑，每到春末夏初，古树花开，状如蝴蝶，且散发出“诱蝶”的香味，吸引着众多蝴蝶云集于此，一只只“连须钩足”，形成一条条蝴蝶的彩带，从枝头悬至泉面。尤以4月中旬最为壮观，万蝶云集，人来不惊，投石不散，蔚为奇观。白族人民把这一天定为蝴蝶会。每年蝴蝶会，四方白族青年都要云集这里，“丢个石头试水深”，用歌声寻找自己的意中人。故蝴蝶泉是一个象征爱情和忠贞的泉。

2. 台湾关子岭温泉

关子岭温泉位于台南县白河镇东面，四周群山环抱，清水一泓，为台湾南部第一温泉。又称水火同源、水火泉。因为那里岩隙涌泉时同喷烈焰，高达丈余，水不淹火，火不下水，泉水滚滚如沸，火焰从水中腾起，水火相容，蔚为奇观。

3. 河北野三坡鱼泉

位于河北涞水县的野三坡国家级风景名胜区内，泉水从山石窟中流出，极为清澈，而每到农历谷雨前后，会有活蹦乱跳的鲜鱼从泉眼中喷出，数量之多可达2000斤左右，甚为可观。而到9月份这些鱼又复归山洞越冬，就像候鸟一样，年复一年，周而复始，成为京畿鱼泉奇观，又称河北“八大怪泉”之一。

第六节 瀑布旅游

一、瀑布概述

瀑布指从河床纵断面陡坡或悬崖处倾泻而下的水流，由溪流、跌水和深潭组成，具有形、声以及动态的景观特点，是陆地上最活跃、最生动的水景，极具美学欣赏价值。瀑布的大小、气势主要取决于地势落差和水量。由于瀑布的形成原因不同、所在环境各异，其景观也各具特色。秦岭淮河以南地区，由于地形的特点及潮湿的气候，形成的瀑布较多，特别是在雨季，山区常可见到“山中一夜雨，处处挂飞泉”的胜景。

许多瀑布景观具有丰富的文化内涵，我国的许多瀑布都留下了不少文人墨客的诗文、题记、摩崖石刻，这些历史景观不仅具有艺术价值，而且本身就具有很强的观赏价值。如大诗人李白，他一生游览过许多的瀑布，留下了不少观瀑诗篇，他笔下的瀑布，气势磅礴，神韵万千。如著名的《望庐山瀑布》诗，早已被世人所熟悉，每一位游览庐山香炉峰的人，都会被“飞流直下三千尺”的景观所深深吸引。王安石在观赏浙江雪窦山的千丈崖瀑布时，曾作诗：“拔地万里青嶂立，悬空千丈素流分。共看玉女机丝挂，映日还成五色文。”瀑布两侧岩壁多有摩崖石刻，构成瀑布的人文风景，如庐山香炉峰开先瀑布下面的青玉峡和龙潭附近，三面陡崖，崖壁上名人题刻甚多；南岳衡山水帘洞瀑布旁边有唐代大诗人李商隐亲笔所书的“南岳第一泉”、清代李元度手书“夏雪晴雷”等题刻多处。

二、我国名瀑

（一）黄果树瀑布

黄果树瀑布是黄果树瀑布群的主瀑，位于贵州镇宁布依族苗族自治县境内的白水河上，宽 81 米，落差 74 米，河水从断崖顶端凌空飞流而下，直捣犀牛潭，激起浪花飞溅，水珠四扬（见图 3－15）。尤其到了夏秋，水量大增，那撼天动地的磅礴气势，令人惊心动魄。有时瀑布激起的雪沫烟雾，高达数百米，漫天浮游，犹如纷飞的细雨。绝妙的是瀑布后的水帘洞，长 134 米的洞内有 6 个洞窗、5 个洞厅、3 个洞泉和 1 个洞内瀑布。游人穿行于洞中，可在洞窗内观看洞外飞流直下的瀑布；每当日薄西山，凭窗眺望，犀牛潭里彩虹缭绕，云蒸霞蔚，苍山顶上绯红一片，迷离变幻，这便是著名的“水帘洞内观日落”。而且风景区内瀑布成群，洞穴成串，峰峦叠翠，植被奇特，伏流、溶洞、石林、石壁、峡谷比比皆是，呈现出层次丰富的喀斯特山水旖旎风光。

图 3－15　黄果树瀑布

（二）黄河壶口瀑布

壶口瀑布位于山西省吉县城以西，是黄河流域的一大奇观。黄河一路奔腾，到山西吉县与陕西宜川一带，被两岸苍山挟持，约束在狭窄的石谷中。滔滔黄河，到此由 300 米宽骤然收束为 50 余米，此时河水奔腾怒啸，山鸣谷应，形如巨壶沸腾，最后跌落深槽，形成落差达 30 余米的壶口大瀑布。故有“天下黄河一壶收”之说（见图 3－16）。因泥沙含量很高，壶口瀑布已成为世界上最大的黄色瀑布，也因其气势雄浑而享誉中外。

（三）吊水楼瀑布

吊水楼瀑布位于黑龙江省宁安县的牡丹江上，由于火山熔岩阻塞牡丹江上游河谷，使其上游聚水成湖，即镜泊湖。后来溶岩在逐渐冷却凝固中出现多处裂口，湖水就从裂口处

图 3-16　黄河壶口瀑布景观

涌出，沿着溶岩造成的坝壁倾泻下来，形成宽约 40 米、高约 20 米的大瀑布。因熔岩坝坡度较陡，瀑水好像从一座巍峨宽阔的高楼顶上泻下，故名“吊水楼”瀑布（见图 3-17），又名镜泊湖瀑布。到了寒冬，瀑布凝成冰帘，又是一番景象（见图 3-18）。

图 3-17　吊水楼瀑布

图 3-18　吊水楼瀑布冰帘

（四）九寨沟瀑布

九寨沟是中国唯一一处拥有“世界自然遗产”和“世界生物圈保护区”两项桂冠的自然风景名胜区。它位于四川省西北阿坝藏族羌族自治州的南坪县中南部，在岷山山脉南段，属长江水系嘉陵江源头的一个支流。九寨沟以冠绝天下的原始、神秘气氛而闻名。这里集雪峰、森林、草原、瀑布、溪流、湖泊之美于一身。九寨沟风景，主要是集中体现在水景，众多的海子（湖泊）和连接这些海子的瀑布群，是九寨沟风景中最多姿多态、最富有魅力的奇丽景观（见图 3－19）。碧绿浅蓝，天然雕饰，洁如巴蜀清纯的乡村姑娘。尤其对于久居城市的人来说，漫步在九寨沟的山山水水之中，不由得产生一种返璞归真之感。

图 3－19　九寨沟瀑布风光

第七节　冰雪旅游

一、我国著名的冰川

在地球上，几乎全部冰川都远离人类聚居的地区。在人们的心目中，冰川（见图 3－20）不但高寒而且神秘遥远，那是探险家、登山家和科学家才会光顾的地方。冰川是指极地或高山地区沿地面运动的巨大冰体，是降落的积雪在重力和巨大的压力之下形成的，具有一定的运动规律以及一定的形态和规模，并能长期存在。冰川是一种独特的地表水赋存状态，又是一种重要的地貌营力来源。冰川分布地区，常出现冰川、冰缘地貌和植被景观。在冰川分布区，人们可以学习有关水资源的知识，了解冰川的形成与活动情况，欣赏冰川奇观，同时通过对冰川地貌的了解，感受大自然沧桑变化的神秘之处。我国现代冰川主要分布于青藏高原及西部高山地区。

图 3－20　冰川地貌景观

海螺沟冰川是贡嘎山最长的一条山谷冰川，有易于进入的冰川舌、大冰瀑布、大流量热矿泉以及景观生态多样性的原始森林，在国际高山旅游地中，占有独特的地位。其最下端的海拔高度仅为 2940 米（1991 年的数据），低于贡嘎山雪线 1800 余米，一般体力的旅游者都可以亲身登上宽达 2 公里、冰体厚度达 100～300 米的冰川，领略它独有的魅力。

海螺沟冰川众多，1 号冰川是海螺沟风景的主体。该冰川自高而低由粒雪盆（海拔 6750～4800 米）、大冰瀑布（海拔 4800～3720 米）与冰川舌（海拔 3720～2940 米）组成（见图 3－21）。

I 号冰川从粒雪盆溢出后，沿盆前缘的冰床陡坡形成大冰瀑布（见图 3－22）。冰瀑上的冰川是一种超级伸张流，处于崩溃状态，冰崩与雪崩发生频繁。随着冰川的持续运动，冰瀑上的冰崩终年不断。冰崩时，冰体间剧烈的撞击与摩擦会产生放电现象，一时蓝光闪烁、大地震颤、山谷轰鸣，千千万万的冰块滑落着、飞溅着，扬起漫天雪雾。冰瀑布的观景点是通过多次观察与计算挑选出来的，远在冰瀑数公里外，因此，即使是最大规模的冰崩也不会给旅游者的安全带来威胁。如果说粒雪盆是成冰与屯冰库，那么大冰瀑布就是冰川冰的粉碎机，而冰瀑坡脚则是新的冰川构造铸造场。消融景观如冰杯、冰井、冰川竖井（与冰下河相通）、冰柱、冰洞、冰桥、冰面湖、冰面河、冰下河（冰川城门洞）、冰涌泉、冰川乳等比比皆是，蔚为大观。

图 3－21　海螺沟 I 号冰川

图 3－22　海螺沟大冰瀑布

此外，我国还有已经开发或正在开发的具有探险性质的冰川景观，如西藏的绒布冰川、米堆冰川，新疆天山的冰川景观、慕士塔格峰冰川、格尔木玉珠峰冰川等，都是登山爱好者理想的探险胜地。当然在冰川旅游地一定要注意防护与安全措施。

知识拓展

冰川旅游需知

冰川是自然奇观，但到冰川上旅游带有一定的探险性，旅游者在游览前应先了解冰川的基本知识和游览须知。

（1）冰川上无法修建游览道路，要跟随导游游览冰川。旅游者不要在冰川上单独活动。

（2）高山气候易变，须注意携带御寒防雨衣物，不要穿高跟鞋、塑底或易滑鞋以及短裤或裙上冰川。

（3）不宜剧烈运动，不宜饮酒，多食蔬菜、水果，以防发生高山反应。

（4）年老体弱者，应备好常用药品，最好能配备小型氧气瓶。

（5）冰雪反射阳光较强，要戴墨镜保护眼睛，并涂抹防护霜。

（6）观赏大冰瀑布，严禁跨越冰川警戒线。

（7）进入冰川前要通过松散层陡坡和砾石区，须注意脚下踏稳和谨防高坡坠石；进入冰川城门洞，要警戒冰崖滑塌。

（8）如发生冰上滑倒、跌进冰裂缝或冰洞事故，不要惊慌，听从导游指挥组织救护。

（9）不要在冰川上高声呼喊，严禁在冰川区放鞭炮或鸣枪。

（10）要将弃物带回出发地，交给环境管理员。

（11）冰川导游是游览冰川的向导与解说员，也是游览冰川的领队。要服从和支持导游的工作。

二、我国著名的滑雪场

我国大部分地区处于亚热带、暖温带、温带地区，每年冬季大部分地区都有一定时段的降雪，纷纷扬扬的雪花把大地装扮成银装素裹的洁白世界。特别是名山高峰在雪的装点下，顿成一个壮丽、晶莹、洁白、格外迷人的世界，如西安的“太白积雪”、北京的“西山晴雪”、嵩山的“少室晴雪”、九华山的“平冈积雪”、西湖的“断桥残雪”等都是著名的雪景。冰雪除了可供观赏以外，还可以开展刺激有趣的体育运动和娱乐等冰雪旅游活动，如滑雪、滑冰、打冰橇、冰钓等。目前，阿尔卑斯山区是世界上冰雪运动开展得最好的地区，我国东北的黑龙江、吉林等地也都有着发展冰雪运动的良好条件。我国目前开发的滑雪场比较多，主要分布在东北、北京、河北、内蒙古、四川、云南等地。户外滑雪场一般分两种，一种是高山滑雪场；一种是建在城郊或城区的滑雪场。前者海拔较高，对身体素质的要求要高一些；后者海拔相应低许多，比较适合城市居民短时或短程旅游。

（一）北大湖滑雪场

北大湖滑雪场是国内标准高山滑雪场之一，位于吉林市永吉县境内，始建于1993年6月，1994年12月投入使用，开发面积17.5平方公里，投资1.5亿元人民币，是我国重要的滑雪运动基地和旅游滑雪中心，能举办竞技滑雪比赛（见图3－23）。滑雪道的条件非常好，适合初级、中级、高级滑雪者使用。曾成功地承办了第8届全国冬季运动会雪上项目比赛和1995、1996两年全国滑雪比赛，还接待了大批国内外游客。后为迎接全国第九届冬季运动会，又投资2000多万元人民币修建了运动员村及道路和其他一些辅助设施。滑雪设备设施和生活设备设施良好，是滑雪爱好者理想的度假地。

图3－23　北大湖滑雪场

北大湖属中低山区，自然条件比较好，主峰海拔1404.8米，雪道最大坡度32°，最小坡度7°，平均坡度15°左右。北大湖山区属北温大陆性季风气候，气温适宜，风速较小，平均每秒2～3米，由于受环山阻挡，冬季一般近似静风区。山区雪情好，雪期长，有效滑雪期可达140天左右。积雪深度山下约0.5米，中间约1米，海拔1000米以上达1.5米以上，雪质较松散，无颗粒状，雪况良好。适合开展雪上运动。

（二）松花湖滑雪场

松花湖滑雪场是我国著名的城区滑雪场（见图3－24），距吉林市区26公里。滑雪场占地35万平方米，曾举办过第6届冬季运动会。

松花湖滑雪场地处大青山北麓、松花湖畔，四周群山环绕，山峰海拔934.2米，冬季平均气温－8℃。这里雪情好，雪质优良，避风性好，每年12月至次年3月为滑雪期，为爱好滑雪运动的游客提供了学习、训练场地。

图3－24　松花湖滑雪场

课题讨论

滑雪是一项富有魅力的户外运动，而且是在极其寒冷的环境下进行的，具有一定危险性。请同学们讨论一下在参加该项运动时应注意哪些问题？怎样避免呢？

三、冰雪艺术

北国名城哈尔滨，是我国冰雪艺术的发祥地。哈尔滨国际冰雪节是我国历史上第一个以冰雪活动为主要内容的区域性活动。自 1985 年创办以来，哈尔滨人化严寒为艺术、赋冰雪以生命，将千里冰封、万里雪飘的北国冬天演化成融文化、体育、旅游、经贸、科技等多领域活动为一体的综合性国际活动，成为世界著名的冰雪盛会。经地方立法，1 月 5 日已成为哈尔滨人独有的盛大节日。

哈尔滨冰雪艺术节内容丰富，形式多样。如在松花江上修建的冰雪迪斯尼乐园——哈尔滨冰雪大世界、斯大林公园展出的大型冰雕；在太阳岛举办的雪雕游园会；在兆麟公园举办的规模盛大的冰灯游园会等皆为冰雪节内容。冰雪节期间还会举办冬泳比赛、冰球赛、雪地足球赛、高山滑雪邀请赛、冰雕比赛、国际冰雕比赛、冰上速滑赛、冰雪节诗会、冰雪摄影展、图书展、冰雪电影艺术节、冰上婚礼等活动。

哈尔滨冰雪艺术以冰灯为代表。冰灯即用冰制成雕塑，内置照明灯具。其中不仅有惟妙惟肖的人物动物造型，而且还有各种复杂的建筑缩微。

雪雕，是将雪制成雪坯后，经过能工巧匠雕琢而成的艺术佳品（见图 3－25）。每年元月，一年一度的雪雕游园会在哈尔滨太阳岛公园举行。中外艺术家的透、凸、浮、圆雕等雪雕艺术品令人目不暇接，流连忘返。哈尔滨雪雕集世界北部各国雪雕艺术的特长，既有雄伟高大如山之作，又有玲珑剔透如玉之品，可谓博采众长，争奇斗艳。

图 3－25　雪雕

冰冻花，又称冰花，是将鲜花、翠竹、水果、游鱼、螃蟹等分别冻在一定体积、不同形状的冰块中的冰雪艺术品。

冰盆景是仿照盆景艺术用冰堆砌、安插、雕刻而成的。从大范围讲，它是冰雕塑的一种。冰盆景可以树桩、山石、花卉、古灯、古建筑或人物为题材，但主要造型是树桩盆景和山石盆景。冰盆景可以摆放在冰廊上，还可组成景区。第九届冰灯会的江山多娇景区就是一个冰盆景展区，这里摆设的 40 多个冰盆景争奇斗巧，十分引人注目。

冰滑梯是观赏与实用并重的冰建筑，就是造型美观并且可供游人凭借惯性和自身重力在其上由高向低快速滑行的冰建筑。冰滑梯无论是直道的，弯道的；单道的，多道的；平行的、交叉的，都必须是优美的景观。因此造型非常讲究，具有很高的观赏性。

知识归纳

我国的水体旅游资源丰富多样，江河、海洋、湖泊、泉、瀑布、冰川等水域风光类型齐全，其旅游功能日益显著。本章主要讲述了水域风光的类型及旅游价值，并简要介绍我国著名的海滨、河流、湖泊、泉、瀑布、冰雪等景观，各具有独特的审美、娱乐、健身、探险价值，以及丰富的文化内涵。

思考题

1. 何为“水域风光”？其旅游功能有哪些？
2. 湖泊按其成因可以分为几种类型？分别举例说明。
3. 说出你所知道的世界著名海滨胜地。
4. 简述我国有哪些著名的泉、瀑景观，它们各具有哪些旅游功能？
5. 以你生活的环境资源为例，简要分析有哪些水域风光类的旅游资源。

第四章 生物景观

教学目的和要求

(1) 了解生物旅游资源的概念、特点和主要类型。
(2) 熟悉生物旅游资源的鉴赏价值。
(3) 了解生物旅游资源保护与开发的关系。

关键词汇

植物；动物；珍稀生物；审美；保护

引子

生物是自然界最具活力的组成部分，生命的出现使地球上有了生机和色彩。中国是一个地域辽阔、地理环境有着显著区域差异的国家。生长和生活在我国的动植物种类繁多，它们美化环境，装饰山水，参与构成旅游景观，并成为自然旅游资源中非常有特色的一种类型。

第一节 生物资源与旅游

一、生物与生物旅游资源

生物是地球表面有生命的物体的总称，是自然界最具活力的组成部分，它由动物、植物和微生物组成。

生物旅游资源主要是指由动植物及其相关生存环境所构成的各种景观。生物旅游资源以其复杂的形态和变化的生命节律构成了旅游景观的实体，是自然旅游资源中最具特色的组成部分。

二、生物旅游资源的特点

（一）生命性

生命性是指生物具有生长繁殖、衰老死亡、迁徙捕食等生命特性，它是生物旅游资源的本质属性。自然旅游资源中的地质、地貌、水文等要素都属于无机物，由它们构成的景观的变化主要是在地球内外营力作用下的动态过程。而动植物是有生命的有机体，它们的存在给自然界增添了生命的活力。

（二）多样性

多样性指生物旅游资源的物种的多样性、物种遗传与变异的多样性及生态系统的多样性。地球上任何地方，从赤道到两极，从陆地到海洋，都有生物存在。而且生物的种类繁多，生态系统的类型多样。再加上各地区人工创造的各具特色的生物景观，使地球表面广泛存在着丰富的生物旅游资源。

据统计，我国有高等植物 3 万多种，陆栖脊椎动物 2000 多种。其中不乏世界罕见的珍稀物种，如银杏、水松、水杉、金钱松、银杉被称为“植物的活化石”；大熊猫、扬子鳄、大鲵、白鳖豚等是第四纪冰川古老珍稀孑遗动物。

知识拓展

生物多样性的宝库——武夷山自然保护区

武夷山自然保护区位于福建省境内，是我国东南地区现存面积最大、保存最为完整的中亚热带森林生态系统。1987 年，武夷山自然保护区被联合国教科文组织“人与生物圈”国际协调理事会接纳为世界生物圈保护区。

图 4－1　武夷山眼镜蛇

武夷山自然保护区地形地貌复杂，气候温暖湿润，形成了多种多样的生态环境，十分有利于生物的繁衍，是世所闻名的生物之窗。100 多年来，发现于武夷山保护区的动植物的新种包括新亚种达 1000 多种。早在 1845 年，即有外国生物学家到区采集生物标本。

武夷山保护区是野生动物的乐园，素有“昆虫世界”、“鸟的天堂”、“蛇的王国”（见图 4－1）、“研究亚洲爬行和两栖动物的钥匙”的美誉。

（三）地域性

地域性是指生物受地域分异规律影响而形成的不同地方有不同生物景观的特点。地球上不存在两个环境完全相同的地区。地域分异有因太阳辐射能按纬度分布不均引起的纬度地带性；大地构造和大地形引起的地域分异；由海陆相互作用引起的干湿度地带性；有随山地高度而产生的垂直带性。

生物是环境的产物。热带植物叶大、常绿，秋冬不落叶；寒带植物多为针状叶，秋冬落叶。提到热带，人们就会联想起茂密的热带雨林、独树成林的大榕树、生活在雨林中的大象和孔雀；提到两极，人们就会联想起深厚的冰盖上笨重的北极熊和可爱的企鹅。这一系列的联想都是不同地域的特色生物在人们头脑中留下的深刻印象的自然反映。

（四）季节性

季节性是指生物随季节变化而发生的形态变化，以及生物随季节变化而进行的地理空间的位置变换，从而形成季节性旅游景观的特点。春兰、夏荷、秋菊、冬梅，植物的生命周期有着明显的季节性。动物也同样如此，如雷鸟在冬季为了与雪地的颜色保持一致，它的羽毛会褪变为白色，以此迷惑敌人。还有许多动物如候鸟等，为寻找更适宜的生活环境，会随季节的更替进行有规律的迁徙。

（五）再生性

再生性是指由生物的繁殖功能、可驯化功能和空间可移植性所决定的，由人与自然共同创造形成生物景观的特性。人们在生物的可繁殖性基础上，借助生物的可驯化性和空间可移植性特征，在局部改变生态环境条件，运用人工干预的手段将许多动植物进行驯化、移植、培育，从而形成人工生物景观。如我国通过人为干预保护了濒临灭绝动物大熊猫和其所生存的环境。

阅读材料

东北虎人工饲养繁育基地——黑龙江东北虎林园

东北虎主要分布于我国的东北地区以及西伯利亚和朝鲜北部。东北虎头大而圆，前额上的数条黑色横纹极似“王”字，故有“森林之王”的美称。

东北虎栖居于森林、灌木和野草丛生的地带。一年大部分时间都是四处游荡，独来独往，没有固定住所。只是到了每年冬末春初，雄虎才筑巢，迎接雌虎。不久，雄虎多半不辞而别，把产仔、哺乳、养育的任务全部推给雌虎。虎仔稍大一点，母虎外出时就将它们带在身边，教它们捕猎本领（见图4－2）。一两年后，小虎就能独立活动。

图4－2　东北虎的成年虎和幼虎

据统计，现存的野生东北虎约有500只。虽然目前中国政府制定了严格地保护办法，但野生的东北虎仍然非常稀少。世界最大的东北虎人工饲养繁育基地——黑龙江东北虎林园经各方专家的协同努力培育起了东北虎保护性种群，同时建立起东北虎的基因库，以保证东北虎的遗传多样性。据了解，黑龙江东北虎林园繁育的东北虎数量已突破1000只。

（六）脆弱性

脆弱性是指生物及自然生态系统在抗干扰能力上较为脆弱的特点。动植物都是有生命的，灾害性环境变迁，会导致生物死亡甚至物种灭绝。如地质时期的白垩纪时代的灾变环境，使称霸一时的恐龙绝灭。人类过度地干扰破坏生态环境也会导致生态系统的破坏、生物的死亡以及物种的灭绝。例如，原住民靠焚烧森林获取耕地，从而使土地失去植物根系的固着，导致水土流失，同时环境的恶化使栖居在森林里的动物失去栖息地，被迫迁徙。

三、生物资源的旅游功能

（一）造景育景功能

自然风景以山水为主，但一般也少不了动植物。早在古代，古人就云：“风景以山为骨骼，以水为血脉，以草木为毛发，以云岫为服饰。”又云：“山得水而活，得草木而华，得烟云而秀媚。”

动植物的色彩是最引人注目、最具感染力的。特别是植物，是形成自然风景的水平地带性和垂直地带性的主要原因。人们对不同地区的自然景观往往给予概括的描述，这可称之为“景观基调”。而形成此一基调的主要因素之一，即是动植物，尤其是植物，各纬度带和高度不同的地区，动植物的品种的生长状况完全不同。如云南的“万朵山茶树”，花开时节，万花缀枝，十分壮观，有诗词赞赏“树头万朵齐吞火，残雪烧红半边天”。植被品种的分布与生长周期随着海拔高度的变化而变化，故山地的景象四季不同，即所谓“一山分四季”。

动植物的外形也是千姿百态、婀娜多姿的。黄山因其“怪石奇松”而有名，其“迎客送”、“送客松”就因姿态而闻名天下。动物在不同的地理位置或气候带也显出不同的形态特征。另外，动植物的发声、习性、运动等特征也自然风景中非常活跃的因素。动物的奔腾飞跃，鸣叫怒吼；植物的开花结果，摇曳偃俯及其在风雨中的低吟浅唱，都使景观变得勃勃生机，具有动人的魅力。

（二）美化与净化环境的功能

生物只有在适宜的环境中才能发育、成长，反过来它们又对所生存的环境起到绿化、美化的作用，这就是生物的美化净化功能。如植被以其形、色、香等要素美化风景环境；美化主要通过绿地系统来实现。绿化本身可以净化空气，使人有清新之感。植物的叶、花、果实等都可以散发出各种类型的香味，给人以不同的嗅觉美感。

（三）医疗、健身功能

有些生物由于对人有调节精神、抗病强身的作用，所以对旅游者也极具吸引力。植物的医疗功能主要表现为两个方面：其一，某些植物的根、茎、皮、叶、花和果实等可用来做中草药。中草药是我国人民治疗疾病的传统药物，目前我国至少有上千种中草药，其中比较有名的有人参、当归、大黄、天麻、枸杞、三七等。中草药的产地一般比较固定，旅游者在这些地区旅行，可以购买当地的中药材、参观有关药用植物、学习有关利用中药材治病的知识，这也是当今很受欢迎的旅游内容。其二，特殊的植物环境，也能起到一定的医疗作用，如“森林浴”。所谓森林浴就是指在林中散步、野营等广泛接触森林的活动，通过森林环境达到调节精神、解除疲劳、抗病强身等目的。森林的隔音效果会形成特有的宁静环境，在此旅游能使人远离城市的喧嚣，使心情得到极大的放松。另外，森林中的许多树木，如樟树、杉木等，可散发出对人体有用的药素，可以抗炎、抗癌、促进生长素分泌等。森林空气中的氧气、负离子能促进人体的新陈代谢，提高人体的免疫力等。目前兴起的森林旅游的主要内容就是“森林浴”，以此发挥森林的医疗作用。

部分动物资源也可为人们提供药材，成为重要的旅游商品。如利用蛇胆做成的蛇胆川贝液，具有驱风镇咳、散结化痰的功能；利用麝香等制成的麝香壮骨膏，具有镇痛、消炎功能，可治疗风湿痛、关节炎、腰痛等。此外，很多非保护的动物还可以供人们狩猎、消遣、垂钓等，取得了既健身，又愉悦身心的效果。

（四）文化功能

托物言志，从古至今一直是我们的传统文化艺术。孔子曾经特别赞赏松柏“岁寒，然后知松柏之后雕（凋）也”。屈原在《离骚》等著作中也大量借用了动物和植物作为他歌颂或鞭挞的人类社会现象的代表。正如王逸在《楚辞章句》中所指出的：“善鸟香草以配忠贞，恶禽臭物以比馋佞，灵修美人以媲于君，宓妃佚女以譬贤臣，虬龙鸾凤以托君子，飘风云霓以为小人”，总之，“自然的人化”现象自古以来一直很兴盛。

许多动植物在中国传统审美中，已经有了很确切的含义。如：

有关动物的：虎——王者之相；狮——兽中之王；狗——忠义可靠；鹰——鹏程万里；鹤——长命百岁；龟——延年益寿；鸽子——和平使者；狐——阴险狡诈；蝎——狠毒至极……。

有关植物的：松——坚贞不屈；梅——独傲孤雪；竹——节高谦恭；荷——洁身自爱好；兰——隐逸君子；桂——才华冠群；菊——谦谦君子；牡丹——富贵荣华；水仙——凌波仙子；柳——柔弱轻浮；菟丝花——趋炎附势；昙花——好景不长……。

动植物被人们赋予了某种寓意，使人们的旅游活动和欣赏行为具有了文化色彩和精神意义。某些动植物因为具有某种品格，而成为一个国家或民族精神文化的象征。如各国国花和国兽都寄托着一个国家和民族的某种精神追求。

知识拓展

岁寒三友——松、竹、梅

中国古代文人喜爱寄物抒情，常借自然物来表达自己对一定精神品格的追求。坚忍不拔的青松，挺拔多姿的翠竹，傲雪报春的冬梅，它们虽系不同属科，却都有不畏严霜的高洁品格。它们在岁寒中同生，历来被中国古代文人们所敬慕，并被誉为“岁寒三友”（见图4－3、图4－4、图4－5）。

图4－3　松

图4－4　竹

据传北宋年间，苏轼遭权臣迫害，被捕入狱，经王安石等人营救，始得从轻定罪，安置黄州（黄州即今湖北黄冈）管制。苏轼在黄州生活窘困，便向黄州府讨来了数十亩荒地开垦种植，借以改善生活。他栽了稻、麦等农作物，又筑园围墙，造起房屋来。房子取名“雪堂”，并在四壁都画上雪花；园子里，则遍植松、柏、竹、梅等花木。一年春天，黄州知州徐君猷来雪堂看望他，打趣道：“你这房间起居睡卧，环顾侧看处处是雪。当真天寒飘雪时，人迹难至，不觉得太冷清吗?"

苏轼手指院内花木，爽朗大笑："风泉两部乐，松竹三益友。"意为风声和泉声就是可解寂寞的两部乐章，枝叶常青的松柏、经冬不凋的竹子和傲霜开放的梅花就是可伴冬寒的三位益友。这就是"岁寒三友"的由来。

岁寒三友以松为首。因为它从南到北分布最广，大的松林可以形成"朔风吹，林涛吼，峡谷震荡"的震撼人心的听觉效果。孤松又可以在山巅上凌空独立，形成"暮色苍茫看劲松，乱云飞渡仍从容"的视觉奇观。竹是高雅、纯洁、虚心、有节的象征，周天侯的《颂竹》——"苦节凭自珍，雨过更无尘。岁寒论君子，碧绿织新春"便是它的写照。古今庭园几乎无园不竹。居而有竹，则幽篁拂窗，清气满院；竹影婆娑，姿态入画，碧叶经冬不凋，清秀而又潇洒。古往今来，"不可一日无此君"已成了众多文人雅士的偏好。梅花为中国传统十大名花之一，姿、色、香、韵俱佳。漫天飞雪之际，百花凋零，独有梅花笑傲严寒，破蕊怒放。同时也象征着卓尔不群、超凡脱俗的品格。

图4-5 梅

第二节 种类丰富的生物旅游资源

生物旅游资源分布广泛、种类多样。按照生物的种属类型可将生物旅游资源划分为植物旅游资源和动物旅游资源两大类。在植物旅游资源中，按照观赏部位的不同又可分为观花植物、观果植物、赏枝植物，此外还有奇特植物、珍稀植物、寓意植物及自然植被景观和人造植被景观。在动物旅游资源中，按照动物的外在特征、生活习性和珍稀程度的不同亦可分为观形动物、观声动物、观态动物、迁徙动物和珍稀动物。

一、植物旅游资源

（一）观花植物

花是植物中最美、最具观赏价值的器官。花色、花姿、花香和花韵为观赏花卉的四大美学特性。世界名贵花卉资源极为丰富，如朝鲜的金达莱花、坦桑尼亚的丁香花、奥地利的白百合花、日本的樱花、荷兰的郁金香以及我国的十大名花等。

知识拓展

我国的十大名花

中国拥有数以万千的奇花异卉。1986 年 1 月至 1987 年 4 月，由上海园林学会等单位发起，通过全国 4 万余张选票选出了"中国十大传统名花"：牡丹（万花之王）、月季（花中皇后）、梅花（群花之冠、雪中高士）、菊花（寒秋之魂、花中隐士）、杜鹃（花中西施）、兰花（花中君子、空谷佳人）、山茶花（花中珍品、花中妃子）、荷花（水中芙蓉）、桂花（金秋娇子）、水仙花（花中仙子）。

图4－6　牡丹

1. 牡丹

牡丹（见图4－6）又称洛阳花、木芍药、百两金和富贵花等。牡丹原是我国西北深山中的花草，南北朝时，人们将其引种作为观赏物。牡丹长期以来被看作是富丽、繁荣的象征。

牡丹以其花大形美、雍容华贵、气味芳香而获得"花中之王"的美称。河南洛阳、山东的菏泽是我国著名的牡丹产地。每年"牡丹节"期间，洛阳游人如织，盛况空前。正如白居易诗云："花开花落二十日，一城之人皆若狂。"

2. 月季

月季（见图4－7）不但是我国传统名花，而且是世界著名花卉，世界各国广为栽培。它花容秀美，花色繁多，四时不绝，素有"花中皇后"之称。月季在北方城市绿化建设中功不可没。

图4－7　月季

3. 梅花

梅花（见图4－8）又称春梅，原产于我国，分布在长江以南各地。在漫天飞雪、万花凋零时，唯有梅花傲然挺立、淡雅悠然，是寒冬唯一的观赏名花，堪称神、色、韵、姿、香俱佳。

我国栽梅、赏梅已有3000多年的历史。浙江余杭超山的"十里梅海"，素有"超山梅花天下奇"之誉。梅林中两株古梅，一唐一宋，尤为珍贵。苏州邓尉山梅林被誉为"香雪海"。此外，无锡古梅园、南京梅花山、武汉东湖梅岭、上海淀山湖等皆为江南赏梅胜地。

4. 菊花

菊花（见图4－9）是我国传统名花，它独立冰霜、坚贞不屈，格外受到人们喜爱。"飒飒满院栽，蕊寒香冷蝶难来。他年我若为青帝，报与菊花一处开。"

图4－8　梅花

图4－9　菊花

5. 杜鹃

图 4－10 杜鹃

杜鹃（见图 4－10）为“花中西施”，它如火如荼、灿若蒸霞、艳盖桃李。相传为古代蜀国的望帝死后化为杜鹃鸟，悲啼时，口中鲜血滴落所化。宋代杨万里将杜鹃比喻为烈士热血染成。杜鹃的喻意是美丽、英雄。

6. 兰花

图 4－11 兰花

兰花（见图 4－11）素有“花中君子”、“王者之香”的美誉。在南宋以后兰花被作为爱国的象征。人们多赞赏兰花有淡雅的色姿、纯正的幽香、高洁的品格、刚毅的气质。

7. 茶花

茶花（见图 4－12）又称山茶花，是我国特有的珍贵花卉，在世界园林花木中与杜鹃、报春一起被誉为中国三大名花。山茶花原产云南，早在隋唐时就已种植。山茶姿色俱佳，潇洒自若，繁花满枝，簇锦峥嵘，娇艳生辉，红者似火，白者如玉。

8. 荷花

荷花（见图 4－13）是夏季池塘中的仙子，它与荷叶前后交错，顾盼掩映。荷叶像亭亭玉立舞女的裙，荷花像刚出浴的美人，相得益彰。在我国传统文化中荷花被人赞美为“出淤泥而不染”，奉为“廉洁”和“洁身自好”的象征。

图 4－12 茶花

图 4－13 荷花

9. 桂花

桂花（见图 4－14）碎金屑银，茸金繁蕊，飘香四溢，沁人肺腑。桂花在中秋节前后开花，霎“金风送爽，十里飘香”，是吉祥如意的象征。桂花在我国传统文化中是月宫中的仙葩。在春秋战国时期，就有桂花美酒的佳句。唐代时就有了月中的仙人吴刚酿造桂花酒的故事。古人将考中状元、进士称为“蟾宫折桂”。

10. 水仙

水仙（见图4－15）素有“凌波仙子”的雅称，是我国传统名花。它叶似翠带，花似素裳，白花黄心，香清而微。它于严冬开放，预示着春天的来临，是我国元旦、春节期间家喻户晓的水养盆花。人们寓意水仙为“美好”、“纯洁的爱”。福建漳州市是我国水仙之乡。

图4－14　桂花

图4－15　水仙

（二）观果植物

果实是丰收的象征，成熟的果实以其色彩、形态、美味吸引着人们。观赏果实的色彩以红、紫为贵，如苹果、桃、李、荔枝、山楂、樱桃等；黄色次之，如杏、梨、橙等。果实的形状大小不一，有的大如篮球，有的小如指甲。论其味道，甜、酸、香、苦、涩，真是各具风味。且大多数果实富含人体所需的营养物质和微量元素，备受人们青睐。集色、形、味为一体享誉世界的“十大名果”为：榴莲（果中之王）、西瓜（瓜中上品）、中华猕猴桃（超级水果）、梨（百果之祖）、苹果（记忆之果）、葡萄（水晶明珠）、柑橘（美味佳果）、香蕉（长腰黄果）、荔枝（果中皇后）、菠萝蜜（微花巨果）。

阅读材料

吐鲁番的葡萄沟

葡萄沟，因盛产葡萄而得名，是新疆吐鲁番地区的旅游胜地（见图4－16）。

新疆地处我国西北内陆地区，远离海洋，是大陆性气候。这种气候冬冷夏热，雨量少，气候非常干燥；晴天多，日照充足。虽然气候干燥、降雨少，但由于日照充足，使高山冰雪消融，为农作物提供了宝贵的水源。白天温度高，农作物的光合作用强，有利于养分的积累。夜间温度低，农作物的呼吸作用弱，减少了养分的消耗。因此，新疆的瓜果蔬菜长得特别大也特别甜。

图4－16　葡萄沟

吐鲁番盆地种植葡萄历史悠久。据《史记·大宛列使》和《汉书·西域使》记载，早在两千多年前，西汉张骞出使西域，就发现这里植有葡萄，并将其引入内地。

这里种植的葡萄有的晶莹如珍珠，有的鲜艳似玛瑙，而有的绿若翡翠。那五光十色、鲜嫩欲滴的葡萄，令人垂涎欲滴。尤其是这里生产的无核白葡萄，皮薄、肉嫩、多汁、味美，营养丰富，素有“珍珠”美称。

（三）观叶植物

叶是植物的生命之源，其品格是创造、奉献。观叶主要观叶色，虽叶之本色为绿色，但大自然中不少植物叶色随季节变化呈现出极高的观赏价值，即季相观叶植物。还有不少植物终年拥有似花不是花的彩叶，尤为美丽。19 世纪末以来，欧洲兴起温室庭园栽培彩叶观赏植物的风潮，随后普及全球，故有“喜花更爱叶”的说法，古人也有“看叶胜看花”的诗句。

阅读材料

香山红叶

香山又叫静宜园，位于北京海淀区西郊，是北京著名的森林公园。

图 4－17　香山红叶

香山可谓是国内赏枫的鼻祖，其红叶驰名中外，是我国四大赏枫胜地之一。每到秋天，漫山遍野的黄栌树叶红得像火焰一般，霜后呈深紫红色（见图 4－17）。

这些黄栌是清代乾隆年间栽植的，经过 200 多年来的发展，逐渐形成拥有 94000 株的黄栌树林区。霜降时节的香山，方圆数万亩坡地上枫树红艳似火，远远望去，会误以为是飘落的花瓣，走近看才辨清是椭圆的树叶。在玉笏峰小亭，从亭里极目远眺，远山近坡，鲜红、粉红、猩红、桃红，层次分明；瑟瑟秋风中，似红霞排山倒海而来，整座山似乎都摇晃起来了；又有松柏点缀其间，红绿相间，瑰奇绚丽。

（四）观枝冠植物

树木的枝冠之美主要由树冠外形和棱序角决定。树冠是树木外围线所包围的部分，其形态有尖塔形、柱形、伞形、卵形、球形、杯形、波形、下垂形、被覆形等，其中冲天柏的塔形和垂柳的下垂形具有极高观赏价值。

知识拓展

雪松

图 4－18　雪松

雪松，又称香柏。原产于喜马拉雅山脉海拔 1500～3200 米的地带和地中海沿岸。中国西藏南部及印度、阿富汗均有分布。

雪松形体高大，树形优美，为世界著名的观赏树，印度民间视为圣树。其主干下部的大枝自近地面处平展，长年不枯，能形成繁茂雄伟的树冠（见图 4－18），通常作为广场绿化中必不可少的一种植物。雪松是“世界五大庭园树木”之一，《圣经》中称之为“植物之王”或神树。

（五）奇特植物

奇特植物即具有某些独特特征的植物。它们是与人们日常认识的一般植物所不同的植物。云南耿马县的钟表花，花的最外层是白色的花瓣，像表壳；第二层是排列整齐的无数细须，中间为紫色环，像表盘；第三层有3片翘起的黄色花蕊，中间又伸出3根棕色的“针”，如同时针、分针和秒针，甚是神奇。

知识拓展

奇妙的植物之最

最高的植物——杏叶桉。澳大利亚草原上的杏叶桉，一般树高百米左右，最高达156米，比美国巨杉还高14米。

最大的花——大王花。印度尼西亚的爪哇和苏门答腊热带森林中的大王花奇大无比，直径约1.4米，最重的超过50公斤。

最长寿的树——龙血树。非洲西部加那利群岛的俄尔他岛上有一棵树，受伤后会流出暗红色树脂，称为龙血树，其树龄至少有8000岁。

最孤单的植物——独叶草。在中国的云南生长一种植物，仅有一片叶子，真是孤单到“独花独叶一根草”。

▶阅读材料

我国的古树名木

据我国有关部门规定，一般树龄在百年以上的大树即为古树；而那些树种稀有名贵或具有历史价值、纪念意义的树木则可称为名木。

山东曲阜的孔林，“因弟子各以四方奇木来植，故多储异树”。孔林现有古树2万多株，树龄多在数百年至两千多年，是我国最大的名贵古树园。

将军柏

河南登封嵩阳书院的将军柏，是中国最古老的柏树，在国内外享有盛誉。据传汉武帝游嵩山时，见两株柏树非常高大，一时高兴将其封为“将军柏”

轩辕柏

图4-19 轩辕柏

轩辕柏位于陕西黄帝陵县城北桥山黄帝庙内，树高几十米，下部周围长10米，为庙内群柏之冠（见图4-19）。轩辕柏相传为黄帝公孙轩辕氏手栽，历来被誉为神州古树之首。

凤凰松

凤凰松在安徽九华山闵园中，传为神僧怀渡手栽，至今已有1400余年的历史，松针茂密，苍翠欲滴，主干略呈扇状，形式凤凰展翅，被誉为“天下第一松”。

迎客松

迎客松在安徽黄山玉屏楼的文殊洞顶，松破石而长，枝干苍劲，形态优美，寿已千年，一枝长丫低垂文殊洞口，恰似是好客的主人伸手迎接四面八方的来客。

阿里山神木

在台湾省嘉义县东阿里山中，有一株树龄高达3000余年的老红松，俗称“周功松”。原树犹如人形，高约53米，可惜该树已被雷击，不复原样。

（六）珍稀植物

自30亿年前地球上开始出现生命起，新的物种不断产生，老的物种不断绝灭。在生物发展史中，曾经发生过几次大规模的物种灭绝。在地质历史的白垩纪，很多植物随恐龙一起消失；第四纪冰川的移动也造成大批植物的灭亡，只有为数极少的植物幸存下来。随着环境的变迁，有的植物因为不能自然繁殖，从而濒临灭绝。这些珍稀濒危植物是人类保护的主要对象，同时这些植物在旅游热潮中受到了广泛的青睐。

中国的珍稀植物无论其珍稀程度还是其数量，在世界上都占有令人瞩目的地位。世界八大珍稀植物中，中国就占五种。在众多的中国珍稀植物中，据其保护价值的大小分为一、二、三类。一类保护植物有：金花茶、银杉、桫椤（又名树蕨）、珙桐（又名鸽子树、水梨子）、水杉、人参、望天树和秃杉。这些植物除具有科学研究价值外，也具有科学考察和观赏价值。

知识拓展

世界八大珍稀植物

神奇的莲中王——王莲。生长在南美洲亚马孙河流域，是世界上最大的莲。直径2米多，最大可达4米，圆形，叶缘向上卷曲，浮于水面，可载二三十公斤重的小孩也不沉没。

古老的活化石——水杉。1946年在我国四川发现第一株水杉，被称为“活化石”。

热带雨林巨树——望天树。1974年在我国西双版纳发现一种异常高大的树木即望天树，它比周围其他乔木高出20多米，最高达80多米。

蕨类植物之冠——桫椤。蕨类是古老的原始植物，现今的蕨类多为草本。桫椤（又名树蕨）是恐龙绝灭后留下的数量极为有限的木本蕨类，极为珍贵。

奇异的长命叶——百岁兰。非洲西南部沙漠地区生长的一种矮树桩似的植物，整株植物只一对叶子，百年不凋，称为百岁兰。

中国的鸽子树——珙桐。珙桐原产中国，初夏开花，花形奇特，似白色鸽子，随风而舞，极其漂亮，西方人引种后称为“中国的鸽子树”。

最重量级椰子——海椰子。海椰子只生长在塞舌尔群岛上，果重可达25公斤，是世界上最重的坚果。

稀世山茶之宝——金花茶。1960 年在中国广西南宁发现一种花呈金黄色的金花茶，花色娇艳，数量极少。

阅读材料

神奇的鸽子树——珙桐

珙桐是1000 万年前新生代第三纪留下的孑遗植物。在第四纪冰川时期，大部分地区的珙桐相继灭绝，只有在我国南方的一些地区幸存下来，成为了今天植物界的“活化石”。

图 4-20 珙桐

珙桐枝叶繁茂，叶大如桑，花形似鸽子展翅。白色的大苞片似鸽子的翅膀，暗红色的头状花序如鸽子的头部，绿黄色的柱头像鸽子的嘴喙，当花盛开时，似满树白鸽展翅欲飞。四五月间，当珙桐花开时，白色的苞片在绿叶中浮动，犹如千万只白鸽栖息在树梢枝头，非常美观，因此英语称为“鸽子树”（见图 4-20）。

（七）寓意植物

植物因其物种生长的环境不同，各具有其特殊的风韵，而成为人类社会文化中某种事物或精神的象征，称寓意植物。

知识拓展

植物的寓意

菖蒲。在民俗中广受喜爱，视为避邪气的吉祥草木。

万年青。又名千年菖，民俗视吉祥。建宅迁居、小儿初生等喜事常用为祥瑞象征。皇家喜用桶栽万年青，寓意“一统万年”。

茱萸。气味香烈，民俗九月九日插茱萸，做茱萸囊，以此避邪。

葫芦。藤蔓绵延，结实累累，籽粒繁多，被视作象征子孙繁盛的吉祥植物。枝“蔓”与“万”谐音，寓意万代绵长。

橘。与“吉”谐音，简化字通用“桔”字，以桔趋吉祈福。

石榴。在民俗文化中，认为“石榴百子”，是“多子多福”的象征。

枣。为中国民居宅旁常见树种。枣谐音“早”，民俗尝有枣与栗子（或荔枝）合组图案，谐音“早立子”。婚礼中，有将枣与桂圆合组礼品，谐音“早生贵子”，新婚“撒帐”用枣、栗子、花生等以图吉利。

合欢。象征夫妻恩爱和谐，婚姻美满，故称“合婚”树。诗联有：“并蒂花开连理树，新醅酒进合欢杯”。

桃树。传说由追日的夸父的手杖化成。自从五代后蜀时开始在桃木板上书写春联以后，春节时至今仍流传着春联习俗。端午节，门上插桃枝，亦源于桃可避邪气的习俗观念。

梧桐。传说能引来凤凰。《诗经·大雅·卷阿》云："凤凰鸣矣，于彼高冈。梧桐生矣，于彼朝阳。"在神话传说中，凤凰皆是神鸟，能引来凤凰的梧桐，自然是神异的植物。

松。松冬夏常青，凌霜不凋，且寿命较长，民俗祝寿词常有"福如东海长流水，寿比南山不老松"。

（八）自然植被景观

1. 森林景观

地球陆地表面的森林总面积为50亿平方公里，占陆地总面积的32.6%。森林是陆地上最大、最复杂的生态系统。同时森林具有净化空气、涵养水源、保持水土、调节气候等多种功能，是保护环境、维护陆地生态平衡的关键因素。主要的森林景观有以下几种。

（1）热带雨林景观

热带雨林是由耐阴、喜湿、喜高温的常绿树种组成，并拥有丰富的附生植物和木质藤本植物，是物种丰富、结构复杂的植物群落，主要分布在南北纬10°之间的南美洲亚马孙河流域、非洲刚果盆地、亚洲东南亚地区。热带雨林中的植物资源和适宜的生存环境养育了爬行类、两栖类和昆虫类等动物种群。

阅读材料

西双版纳热带雨林

图4-21　望天树

西双版纳热带雨林自然保护区位于云南省南部西双版纳州景洪、勐腊、勐海三县境内。其热带雨林、南亚热带常绿阔叶林、珍稀动植物种群，以及整个森林生态都是无价之宝。西双版纳热带雨林是当今我国高纬度、高海拔地带保存最完整的热带雨林，具有全球绝无仅有的植物垂直分布"倒置"现象。

板根是热带雨林的特有现象，雨林中有着不少长板根的奇树，如望天树（见图4-21）、高榕、厚皮榕、环纹榕、四薮木等。四薮木的板根露出面积达500多平方米，比树冠面积还大。

在西双版纳热带雨林中，独木成林是榕树的拿手好戏，在众多的榕树中，有20多种气生根。初长的气根细如麻线，飘飘忽忽，宛若拂尘。待树高枝旺，数不清的气根顺着横枝垂吊而长，越长越长。部分气根扎入泥土，立地成树。似根似树的气根群便组成了"独木成林"的景观。

热带雨林中有一种靠缠绕或攀援于其他树木支撑自己躯干的植物，叫藤本植物。在林下只见其藤茎不见其枝叶，其枝叶伸张到林冠之上，这是针对光线的一种竞争形式。由于藤本植物的存在，藤缠树，树缠藤，使热带雨林更显神秘。

(2) 红树林

红树林是分布于热带和部分亚热带低能海岸潮间带上部、受周期性潮水浸淹的一种耐盐的常绿乔、灌木植物群落。它能起扩展滩涂、防御风浪潮汐袭击和保护海岸等作用，具有生态保护以及科学研究和经济价值。

我国的红树林分布在海南、广东、广西、福建、台湾和浙江等地。其中，位于我国广西合浦县的山口红树林，于1990年建为生态保护区，是首批国家级海洋类型的自然保护区之一。

知识拓展

红树林

在中国，红树林（见图4－22）主要分布在海南岛、广西、广东和福建淤泥沉积的热带亚热带海岸和海湾。

图4－22　红树林

红树林植物对盐土的适应能力比任何陆生植物都强。由于环境条件特殊，红树林植物具有一系列特殊的生态和生理特征。为了防止海浪冲击，红树林植物的主干一般不无限增长，而是从枝干上长出许多支持根，扎入泥滩里以保持植株的稳定。与此同时，从根部长出许多指状的气生根露出于海滩地面，在退潮时甚至潮水淹没时用以通气，故称呼吸根。胎萌是红树林另一适应现象：果实成熟后留在母树上，并迅速长出长达20～30厘米的胚根，然后由母体脱落，插入泥滩里，扎根并长成新个体。

红树林为海洋动物提供了良好的生长发育环境，由于红树林区内潮沟发达，吸引了深水区的动物来到红树林区内觅食栖息、生产繁殖。同时由于红树林生长于亚热带和温带，并拥有丰富的鸟类食物资源，所以红树林区是候鸟的越冬场和迁徙中转站，更是各种海鸟的觅食栖息、生产繁殖的场所。

红树林另一重要生态效益是它的防风消浪、促淤保滩、固岸护堤、净化海水和空气的功能。盘根错节的发达根系能有效地滞留陆地来沙，减少近岸海域的含沙量；茂密高大的枝体宛如一道道绿色长城，可有效抵御风浪袭击。

(3) 亚热带常绿阔叶林景观

亚热带常绿阔叶林是生长在亚热带地区大陆东岸、湿润季风气候条件下的森林植被类型。例如，我国武夷山自然保护区主要用于保护中亚热带森林生态系统，素有“天然植物园”之称。

阅读材料

神农架

神农架位于湖北省西部边陲，地处中纬度北亚热带季风区，受大气环流控制，气温偏低且多雨，并随海拔的升高形成低山、中山、亚高山三个气候带，立体气候十分明显。“山脚盛夏山腰春，山麓艳秋山顶冰，赤橙黄绿看不够，春夏秋冬最难分”是林区气候的真实写照，见图（4－23）。

图4－23　神农架

独特的地理环境和立体小气候，使神农架成为中国南北植物种类的过渡区域和众多动物繁衍生息的交叉地带。这里拥有北半球中纬度内陆地区唯一保存完好的亚热带森林生态系统。境内森林覆盖率88%。这里保留了珙桐、鹅掌楸、连香等大量珍贵古老孑遗植物。神农架是世界同纬度地区的一块绿色宝地，对于森林生态学研究具有全球性意义。

苍劲挺拔的冷杉、古朴郁香的岩柏、风度翩翩的珙桐、独占一方的铁坚杉，枝繁叶茂，遮天蔽日；金丝猴、白熊、苏门羚、大鲵以及白鹳、白鹤、金雕等走兽飞禽出没草丛，飞翔林间。一切是那样的和谐宁静、自在安详。

（4）温带落叶阔叶林景观

温带落叶阔叶林是指由夏季长叶、冬季落叶的乔木组成的森林植被类型，其树种主要有栎、槭、桦树等。温带落叶阔叶林主要分布在欧亚大陆西部、我国华北、东北及朝鲜、日本、北美五大湖和大西洋沿岸低地等地区，南美南端及大洋洲南部也有小面积分布。

阅读材料

鸡冠山国家森林公园

鸡冠山国家森林公园位于吉林梅河口市。海拔500～1000米，组成树种以红松为主，并混有多种阔叶树种，主要有紫椴、水曲柳、蒙古栎、春榆、枫桦。

森林公园内生长的蒙古栎（见图4－24）是国家二级珍贵树种，是中国东北林区中主要的次生林树种。蒙古栎主要分布在中国东北、华北、西北各地。同时在俄罗斯、日本、蒙古及朝鲜半岛也有分布。

图4－24　蒙古栎

2. 草原景观

辽阔的草原既是优良的牧场，也是理想的旅游目的地。人们可以在草原上骑马、骑骆驼、乘勒勒车，在观赏草原风光的同时，还可在牧民家中做客，体验少数民族的生活，享受独特的草原风情。

（1）热带稀树草原景观

热带稀树草原是一种以旱生、适应高温的多年生草本植物占优势，并散生一些耐旱的乔灌木的植物群落。禾草的生命力强，草原上植被稀疏开阔，有蹄类食草哺乳动物和一些大型食肉动物，如斑马、长颈鹿、非洲狮。

非洲的热带稀树草原，在世界同类植物中发育最典型、分布最广。

(2) 温带草原景观

温带草原是指由低温、旱生、多年生的草本植物组成的生态系统。开阔的温带草原适宜善于竞走的大型食草动物生活，如野驴、黄羊、野牛和骆驼等。温带草原主要分布于欧亚大陆温带地区，我国集中分布于东北和内蒙古地区。

阅读材料

内蒙古草原

图 4-25 内蒙古草原

我国内蒙古草原东起大兴安岭和苏克斜鲁山，西至甘肃省河西走廊西北端的马鬃山，南沿长城，北接蒙古人民共和国，是我国最典型的温带草原，海拔1000多米，地势起伏和缓（见图4-25）。

中国著名历史学家和考古学家翦伯赞曾在其名著《内蒙访古》一文中描述，“一出居庸关，经过了一段崎岖的山路以后，便在我们面前敞开了一片广阔的原野，一片用望远镜都看不到边际的原野，这就是古之所谓塞外。”“天苍苍，野茫茫，风吹草低见牛羊。”内蒙古草原天高野阔，宁静悠远，给人以无限遐思。

(3) 高寒草甸景观

高寒草甸以温冷生中生草本植物为主，草层低矮，盖度大，根系浅而密集。我国青藏高原上分布的高寒草甸，仲夏时节，百花盛开，水草丰美，黝黑的牦牛、矫健的骏马以及奔跑的野驴、野牛、藏羚羊等多种珍稀动物，构成了一幅别致生动的高原风情画。

阅读材料

青藏高原高寒草甸

我国青藏高原高寒草甸是世界上海拔最高、气候最寒冷、自然条件最为严酷的草原（见图4-26）。

图 4-26 青藏高原高寒草甸

青藏高原是我国第一级地形阶梯，其海拔在3000米以上。这里气候寒冷、太阳辐射强、多风，土壤被强烈风化，且土层浅薄，植物生长期短。在青藏高原有大面积的能适应这种高寒气候的以蒿草为主的草地，如西藏东部、青海东南部以及阿坝等地区。

青藏高原的这种高寒草甸草质柔软，营养丰富，食口性强，是很好的牧场，家畜也具有特色，牦牛、藏羊就是其代表。但由于长期以来的重农轻牧，以及重家畜而轻草场的观念，青藏高原高寒草甸也面临着严重的退化问题。

（九）植物园与种植业景观

植物园是指调查采集、鉴定引种、保存利用植物物种的科研单位。植物园同时也是普及植物科学知识、供人们游憩的园地。种植业即植物栽培业，是指通过栽培各种农作物以取得小麦、水稻等植物性产品的产业。

1. 植物园

在植物园内，植物种类丰富，观赏植物及奇特植物比比皆是；且园内空气清新、风光绮丽，使植物园的功能由研究和科普扩大到旅游。世界各地著名的大植物园都是人们向往的旅游胜地，各国各地区的小型植物园也是人们休闲的好去处。

（1）中山植物园

中山植物园（见图 4－27）始建于 1929 年，是我国最早建立的植物园，同时也是我国面积最大的植物园。为纪念孙中山先生，植物园选址在南京中山陵附近，取名为中山植物园。一进中山植物园，左为开阔的 200（约 8 万平方米）亩前湖，风景秀丽；右为平坦的观赏植物与水生植物园；纵贯南北的主干道的行道树为广玉兰；园内西北角为一丘陵，顶部是郁郁苍苍的针叶树园，汇集了 70 多种针叶树；山腰为筹建中的濒危树木园；山麓稍平坦的地方按树木的地理分布划分为中亚热带树木园和北亚热带树木园，整个丘陵已基本形成树木园的轮廓。树木园东侧为面积 60 亩（2.4 万平方米）的植物分类区，植物按植物分类系统在空间排列种植，堪称一部活的植物分类教科书。另外还有展览温室、引种驯化区等。

图 4－27　中山植物园

图 4－28　庐山植物园

（2）庐山植物园

庐山植物园（见图 4－28）原名为庐山森林植物园，始建于 1934 年，是我国继中山植物园之后的第二个植物园。庐山以海拔较高、夏季凉爽宜人而成为长江中下游地区的避暑胜地。该地原有的植物种类本就极为丰富，建园后在原有基础上专门研究亚热带山地植物的开发利用与引种驯化。建有树木园、松柏区、岩石植物园、草花园、药用植物区、茶园、猕猴桃试验区、温室区和自然保护区，占地面积 300 公顷。园内丘陵起伏、溪泉涓涓、松柏参天，每年夏季游人如织。

（3）北京植物园

北京植物园于 1955 年建园，位于北京西郊香山附近，现属中国科学院。经 50 多年的建设已具一定规模，全园规划面积 400 公顷，一半为展览区，一半为实验研究区。展览区又分为园林植物展览区和经济植物展览区。园林植物展览区设有温室（见图4－29），可供热带、亚热带植物展出。北京植物园明确提出充分发挥其科研、科普和游览三大功能，每年接待游客10万余人次。

图4－29　北京植物园温室

2. 种植业景观

人们根据所生活地域自然条件的不同，选择了适合本地区的农业种植活动，并形成与大自然协调的田园风光，充满美学价值，对旅游者尤其是城市旅游者具有较强的吸引力。

例如，橡胶在南亚等热带地区以及我国的海南和云南等地均有大面积种植。橡胶林高大、排列整齐，形成了与天然林一样的林木景观。桃、梨、苹果等这些温带水果，在我国河北、山东、陕西等省均有成规模种植的果园。春之花、秋之果，不仅具有观赏价值，更有品赏意义。

种植农业景观中最引人注目、面积最大的要数禾稻的种植。生长在辽阔平原上的小麦，一望无际，春季绿油油、夏季金灿灿，随风起伏、麦浪滚滚，好一派田园风光；山区的水稻梯田，沿等高线形梯田拾级而上，弯弯曲曲的田埂和如镜的田水，使梯田极有韵律，在蓝天白云衬托下似仙境般迷人。我国云南元阳的梯田堪称人间一绝，有“元阳梯田甲天下”之美誉。另外，金灿灿的万亩油菜花、布满山头的荞麦花等也都是极具美学价值的种植业风光。

阅读材料

元阳梯田

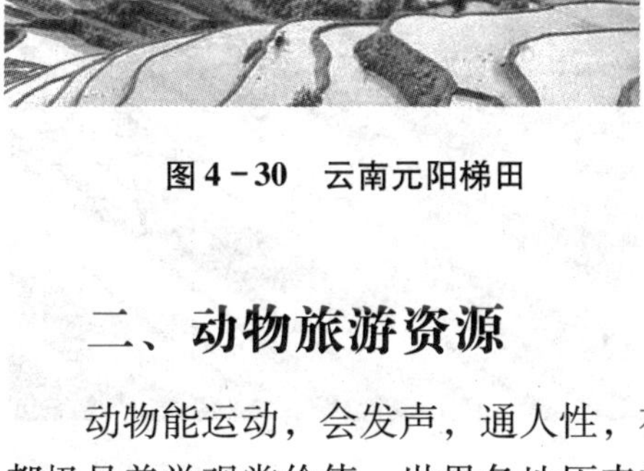

图4－30　云南元阳梯田

元阳梯田（见图4－30）位于云南省元阳县的哀牢山南部。梯田规模宏大，气势磅礴，绵延整个红河南岸的红河、元阳、绿春及金平等县，仅元阳县境内就有17万亩梯田，是红河哈尼梯田的核心区。

元阳梯田是哈尼族人世世代代留下的杰作。元阳境内全是崇山峻岭，哈尼族人随山势地形变化开垦梯田，因地制宜，坡缓地大则开垦大田，坡陡地小则开垦小田，甚至沟边坎下石隙也开田，因而梯田大者有数亩，小者仅有簸箕大，往往一坡就有成千上万亩。

二、动物旅游资源

动物能运动，会发声，通人性，在自然界中最具活力。不少动物的体态、色彩和声音都极具美学观赏价值，世界各地历来就有观赏动物的传统。在与环境的关系上，动物能主动改变其生活场所，形成壮观的迁徙现象。

（一）观赏动物

观赏动物是指动物的体态、色彩、运动和发声等方面的特征能引起人们美感的动物。根据观赏动物的主要美学特征可将其划分为观形动物、观色动物、观态动物和赏声动物。

1. 观形动物

动物的体形可以说是千奇百怪、各具特色，特别是一些体形奇异的动物，蕴涵着一种气质美。

虎——体形雄伟，给人以王者之气，我国的东北虎颇有山中之王的气度。

图 4－31　麋鹿

雄狮——体形高大，发威时头部之毛发根根竖立，其王者风范一点不亚于老虎。

大象——四腿如柱，身躯魁梧的长鼻子大象，虽大却不称王，给人以沉稳之感。

麋鹿（见图 4－31）——尾巴似马而非马、角似鹿而非鹿、蹄似牛而非牛、颈似骆驼而非骆驼，俗称“四不像”，其体形耐人寻味，极具观赏价值。

更为有趣的是海南岛的坡鹿——背部有一条黑褐色的条带，条带下面点缀着若干平行排列的白斑，肋和腿呈土黄色，腹、胸、脚趾则呈一片雪白，色彩极为美观。

2. 观态动物

动物的行动也能产生引人注目的美感，猛虎下山之威武，鱼游水中之自由，骏马奔腾之矫健，猿猴攀缓之灵巧，象出深林之雄壮，雁过蓝天之整齐，熊猫行走之憨态，以及孔雀开屏之美丽，常令人赞叹不已。猴、熊、狗和海狮等聪明的动物，经过人们的精心训练，可进行杂技表演，更是老少皆宜的旅游娱乐项目。

3. 赏声动物

动物发出的悦耳之声能激发人们的听觉美。“鸟语花香”一词道出了绝大多数鸟是大自然“歌唱家”的奥秘。夜莺之鸣声，悠扬婉转、娓娓动听；黄山八音鸟之鸣声，音调尖柔多变，音色清脆悦声，一声能发出八个音；善仿人言的鹦鹉更历来受人宠爱。有的动物能发出奇特的声音，云南鸡足山的念佛鸟能发出类似“阿弥陀佛”的叫声；峨眉山万年寺的弹琴蛙，叫声如委婉动听的古琴声。

（二）迁徙动物

许多野生动物为繁殖、捕食和寻找更为适宜的生存环境，都有集体随季节变化而迁徙的本能。

昆虫的迁飞最著名的要数蝴蝶。美洲的彩蝶王，每年春天从中美洲长途跋涉迁飞到加拿大过夏，秋天又从加拿大返回中美洲，途经 4 万多公里，历时几个月。迁飞途中，千百万只彩蝶王在碧空长天中与飞云竞驰，和流霞争艳，蔚为壮观。

图 4－32　蝴蝶谷中的彩蝶

台湾高雄的蝴蝶谷（见图 4－32），云南大理的“蝴蝶会”也是引人入胜的旅游佳景。

候鸟随栖息地气温的季节性变化而迁徙。在北半球，候鸟夏季在凉爽的北方居住，秋天到温暖的南方越冬，春天又飞回北方。春燕可说是我国人民最熟悉的夏候鸟，每年春天从印度等地千里迢迢飞回我国各地，在屋檐和房梁上筑巢、安家、生儿育女，幼燕长大后，深秋季节又陆续飞往印度越冬。

水中鱼类的周期性迁移通常称为鱼类洄游。鱼类和其他动物一样，在其生命过程的不同阶段要求不同的环境条件，如产卵期和育肥期以及越冬期鱼类所要求的环境条件各不相同。这些因素导致鱼类在不同生活时期进行迁移，如中华鲟鱼、俄罗斯的大马哈鱼等。

知识拓展

中华鲟

中华鲟是我国特产鱼类，体呈纺锤形，体表披五行硬鳞，尾长，口腹位，歪尾（见图 4－33）。这是一种海栖性的洄游鱼类。每年 9～11 月间，由海口溯长江而上，到金沙江至屏山一带进行繁殖。孵出的幼仔在江中生长一段时间后，再回到长江口育肥。每年秋季，当中华鲟溯江生殖洄游时，在各江段都可捕到较大数量的中华鲟，故有“长江鱼王”之称。

图 4－33　中华鲟

不同种群的动物出于生殖、觅食等的需要，往往迁移群居于一地，形成壮观的动物集聚现象。如青海湖地区由于独特的自然条件，每年夏季会吸引大批的鸟类在此集聚，形成奇特的鸟岛景观。每年当印度洋上的暖流涌来时，侨居南亚诸岛的鸟禽越过喜马拉雅山向北迁徙来到青海湖鸟岛，筑巢垒窝。到了产卵季节，岛上的鸟蛋一窝连一窝，密密麻麻数不胜数，所以人们也把这里称为蛋岛。到了九十月间，幼鸟长大了，此时西伯利亚的寒流又渐渐南侵，岛上的鸟儿们又纷纷向南移居，到印度、尼泊尔、孟加拉、泰国、新加坡等南亚诸国避寒。

近年来，由于我国城市生态环境的改善，城市植被的恢复，一些城市也出现了候鸟的集聚现象。如昆明的翠湖公园、济南大明湖公园冬季都吸引了大批的鸟类集聚。翠湖公园位于人口密集的昆明市区内，自 1985 年冬季开始，成千上万的海鸥来这里过冬。白天约有 1.5 万只海鸥汇聚于此，夜间又飞往滇池、抚仙湖等处过夜。这些海鸥体大如鸽、羽毛洁白、嘴红如血，故称红嘴鸥。由于昆明四季温暖如春，加之昆明人视鸥如友，昆明市政府还做出不准捕捉海鸥、不准放爆竹惊吓海鸥的规定，红嘴鸥与昆明结下了深厚的友情。每年 11 月，它们就飞来昆明过冬，次年 3—4 月，又离开昆明飞往我国东北及西伯利亚等地。

（三）珍稀动物

珍稀动物指野生动物中具有较高社会价值、现存数量又极为稀少的动物。这些动物深受世界各国人民所喜爱。

我国幅员辽阔、环境多样，拥有不少珍禽异兽。中国政府极为重视野生动物的保护，据1987年9月1日公布的《国家保护野生动物名录（草案）》，我国一类保护动物68种，二类保护动物53种，三类保护动物27种。其中一类保护动物中的大熊猫、金丝猴、白鳖豚和白唇鹿被视为我国的国宝。

阅读材料

我国珍稀动物

大熊猫是世界上最珍贵的动物之一，主要分布在我国的四川、甘肃和陕西的崇山峻岭中，数量十分稀少，被称为“中华国宝”。

金丝猴是地球上稀有的珍贵动物之一，世界上的金丝猴仅有4种，分别是川金丝猴、滇金丝猴、黔金丝猴和越南金丝猴，前三种都产于我国。

图4-34 白鳖豚

白鳖豚为中国特产动物，主要生活在长江中下游及与其连通的洞庭湖、鄱阳湖、钱塘江等水域中。白鳖豚（见图4-34）是鲸类家族中的小个体成员，身体呈纺锤形，全身皮肤裸露无毛，长吻。白鳖豚已存在有2500万年，喜欢群居，视听器官严重退化，声纳系统特别灵敏，能在水中探测和识别物体。现已濒临灭绝，被誉为“水中的大熊猫”。

图4-35 白唇鹿

白唇鹿又名岩鹿、白鼻鹿、黄鹿、“哈马”（藏语），为大型鹿类，体型大小与水鹿、马鹿相似。唇的周围和下颌为白色，为中国特产动物（见图4-35）。白唇鹿是一种典型的高寒地区的山地动物，药用价值十分高。它不仅肉可食，皮能制革，而且它的鹿茸、鹿胎、鹿筋、鹿鞭、鹿尾、鹿心和鹿血都是名贵的药材。

（四）表演动物

动物不仅有自身的生活习性，而且在人工驯养下，某些动物还会模仿人的动作或在人们指挥下做出某些技艺表演。例如，香港海洋公园的海豹、海狮、海豚等能在驯兽员的指挥下，随音乐跳跃、顶球、钻圈。泰国北部有一所大象学校，每年有6头3~5岁的幼象接受“教育”。该校的目的是经过6年时间，把大象训练成“森林产业工人”，教它们驮人，用鼻子和象牙砍树、拖木头等。

（五）动物园

动物园是指由人工饲养繁育不同地域的代表性动物的场所。随着旅游业的发展，动物园的科普教育、观赏游览功能引起了广泛重视。它们参与性强、观赏性高，吸引着四方游客。

1. 综合性动物园

综合性动物园饲养有不同地域、不同种属的各类动物。例如，北京动物园是我国最大的动物园之一，饲养着各种珍稀动物和来自世界各地的代表性动物500多种，建有犀牛馆、河马馆、熊猫馆等专属场馆。目前，上海、杭州、福州、大连、沈阳等地均建有综合性动物园。

2. 专门性动物园

专门性动物园指专门饲养、繁育某一种或某一类动物为主的场所。例如，无锡凤鸣谷鸟园，是继广州白云山、大连老虎滩之后的目前国内规模最大的鸟园。占地约2万平方米，园内有孔雀、天鹅、八哥、画眉、丹顶鹤等40多个品种的数千只鸟。此外，我国青岛海洋博物馆，美国西部圣迭戈城的海洋世界、檀香山的海生动物园，都养殖着各种供研究观赏用海生动物。

3. 野生动物园

野生动物园可以是综合性的，也可以是专门性的。前者如上海野生动物园（见图4－36），饲养着种类众多的飞禽走兽。野生动物园的特点是动物散居于园中，游客须在车内或其他特定场所观赏禽兽。

图4－36　上海野生动物园

4. 狩猎场

狩猎是一项集健身、探险、旅游为一体的活动。狩猎场的动物既有野生的，也有人工养殖的。例如，我国甘肃省哈尔腾、哈什哈尔、康龙寺三个狩猎场，均属高山草原天然野生动物狩猎场。浙江宁波南方狩猎俱乐部，开发了近海的5个荒芜海岛，以放养人工养殖的“野生动物”为特色，可猎“野猪”、“野鸡”、“野鸭”、“野兔”、“角鹿”、“果子狸”等各类动物。

第三节　生物旅游资源的保护与开发

地球表层生物圈里的动植物形成了独特的、绚丽多姿的生物旅游资源。由于现代人对逃离城市喧嚣的向往和对原始自然生态的追求，对生物旅游资源的开发利用显得日益重要。建立自然保护区成为保护、开发和利用生物旅游资源的一种重要手段。

自然保护区是地球上自然生态系统保存相对较完整的地段。世界各国的许多名胜地均位于自然保护区内。随着旅游需求的增长，更多的自然保护区将成为旅游开发的对象。

一、自然保护区的概述

自然界哺育了人类，而人类不合理地利用自然使森林遭砍伐、动物遭捕杀、环境污染、土地退化，许多野生动植物濒临绝灭。自然保护区是为了保护重要的生态系统、拯救濒于灭绝的物种、保存自然历史遗产而划定的，由国家法律强制进行专门管理，得到长期保护的特殊地域的总称。1872 年世界上第一个自然保护区——美国黄石国家公园建立。

二、自然保护区的旅游开发与保护

（一）自然保护区的功能

世界各地自然保护区的保护对象各不相同，但“保护”是其共同的首要功能。除极少数绝对保护区外，大多数自然保护区都向着保护、科研、教学、旅游、生产多功能发展。

（二）自然保护区的开发利用与发展

由于自然保护区拥有优美的自然景观、珍贵的动植物，所以对旅游者有很大的吸引力。特别是以保护自然景观为主要目的的自然保护区更是旅游者的向往之地。许多著名的旅游胜地都位于自然保护区内，如美国的黄石国家公园，日本的富士山，法国的阿尔卑斯山，中国的九寨沟、张家界、西双版纳等。

随着旅游业的发展，自然保护区的旅游接待压力越来越大，旅游开发强度也越来越大，若利用和开发不当必然会导致自然保护区遭受破坏。因此，开发自然保护区旅游功能的同时要注意开发与保护并重，使旅游资源真正得到永续利用，经济得到持续发展。

（三）中国自然保护区

1956 年，我国在广东省肇庆市建立了我国第一个保护南亚热带季雨林为主的自然保护区——鼎湖山自然保护区。1973 年在福建建立了万木林自然保护区，1985 年在云南西双版纳建立了勐养、勐龙、勐仑和勐腊自然保护区。截止到 2007 年，全国各类自然保护区已达 2300 多处，其中国家级的有 303 处，被列入联合国教科文组织“人与生物圈计划”的保护区有 26 个。如新疆博格达峰自然保护区、内蒙古锡林郭勒自然保护区、福建武夷山自然保护区、广东鼎湖山自然保护区、四川卧龙自然保护区、湖北神农架自然保护区、贵州梵净山自然保护区和吉林长白山自然保护区等。

阅读材料

广东鼎湖山自然保护区

图 4－37 广东鼎湖山自然保护区

鼎湖山自然保护区（见图 4－37）位于广东省肇庆市东部，横贯广东中部的罗平山脉，于 1956 年成立，是中国第一个自然保护区。它是北回归线沙漠带上的一块绿洲。与鼎湖山同一纬度上的其他地区，除太平洋、印度洋和大西洋的无边海面外，几乎全部为沙漠。而在这条横贯整个地球的沙漠带上，竟然保存下这块绿色的宝石，自然十分宝贵。1979 年保护区被列入“人与生物圈”保护区网，成为国家级自然保护区。

鼎湖山因山巅有湖而得名。由于它包括了江、湖、山、峡、瀑、潭、洞等多种天然景致，被称为“风景集锦”，兼有桂林的山、杭州的湖、黄山的雾、庐山的瀑。鼎湖山自然保护区，护卫着西江的水源，发挥着水源林的作用。

专题活动

大熊猫的乐土——王朗自然保护区

王朗自然保护区成立于 1965 年，是我国最早成立的四个大熊猫自然保护区之一。根据 1989 年的调查，这里是大熊猫分布最密集、人为干扰最少、栖息地质量最好的区域。区内还有着种类丰富的鸟类资源，植物物种也十分丰富。完整独特的生态系统、丰富的动植物资源和大熊猫的特殊吸引力是王朗开展生态旅游的天赋条件。

王朗的生态旅游从 1997 年开始启动，在经过最初三年的规划筹备之后，从 2000 年 10 月开始正式对外运营。入区旅游者人数在 2001 年即超过 1 万人，旅游收入达 40 万。并在此后的几年中保持持续增长的势头。与此同时王朗的生态旅游以它鲜明的特色迅速得到了国内外的关注。2001 年王朗的生态旅游顺利通过了国际著名的生态旅游认证机构——澳大利亚生态旅游认证项目（NEAP）的生态旅游认证，2002 年王朗的生态旅游被作为发展中国家生态旅游的典型案例受到当年在加拿大召开的“国际生态旅游大会”的推荐，王朗的生态旅游开始有了国际性影响。

问题讨论

在生物旅游资源开发中存在突出的矛盾，如自然保护区的生态保护与旅游开发的矛盾，旅游开发商与当地居民的矛盾等。如果这些矛盾不能得到很好的解决，生态旅游可能无法持续开展下去。王朗是目前我国生态旅游开发较好的自然保护区。请同学们依据上例探讨我国目前生物旅游资源在开发上取得成功的案例，并思考如何在生物旅游资源开发上做到保护与开发的协调发展。

知识归纳

我国的生物旅游资源丰富。生物以及由生物所构成的景观给人以形、色、声等各种感官的美的享受，并引人遐思。近些年来，随着生态旅游的日益兴盛，自然保护区越来越成为人们所向往的远离城市喧嚣、亲近自然的旅游目的地之一。

思考题

1. 生物旅游资源有哪些类型?
2. 生物旅游资源有哪些特点？并举出实例说明。
3. 植物旅游资源包括哪些类型？请举例说明。
4. 简介我国的十大名花。
5. 动物旅游资源包括哪些类型？请举例说明。
6. 简介我国珍稀动植物。
7. 请举例说明我国的自然保护区。
8. 如何合理开发生物旅游资源?

第五章
气象、天象与气候景观

教学目的和要求

(1) 了解什么是气象、气候、天象。

(2) 掌握气象、气候、天象与旅游的关系。

(3) 了解不同的气象、天象景观。

(4) 熟悉我国著名避暑、避寒胜地。

关键词汇

气象；气候；天象；气象景观；天象景观；避寒胜地；避暑胜地

引子

天象、气候与人类生活密不可分，与旅游活动同样休戚相关。旅游者外出旅游，多数会选择旅游目的地的最佳气候时节，以达到最佳的旅游效果和旅游享受。而作为最富活力的构景要素，天象、气候具有造景的直接功能，它又有育景的间接作用，这种随着地点、时间、光线、季节、气候等因素而瞬息万变的景色，给旅游者以不同的美感和多变感。

第一节　气象、天象、气候与旅游

一、气象、天象、气候的概念

气象是地球外围大气层中经常出现的大气物理现象和物理过程的总称，包括冷、热、干、湿、云、雨、雪、霜、雾、雷、电、虹、霞、光等。

天象是指发生在地球大气层外的现象，如太阳出没、行星运动、日月变化、彗星、流星、流星雨、陨星、日食、月食、激光、新星、超新星、月掩星、太阳黑子等。

气候是指某一个地区多年天气状况的综合，不仅包括该地相继稳定发生的天气状况，也包括偶尔出现的极端天气状况。

二、气象、天象、气候对旅游的影响

（一）影响景观的季相变化

自然风景是由山、水、林木花草和气象等各要素共同构成的。其中山、水、动植物等

因素只影响空间景观形态，唯气象和气候，既影响一地的空间景观结构，又影响自然风景的季相变化。这是由气温、降水、风向风速等天气现象在一年四季内有不同的变化所致。大气是构景因素中最活跃、最富变化的因素，它不仅以自身的千变万化形成多姿多彩的奇特景象，还赋予自然山水以生机，增添了大自然的神韵，和煦明媚的阳光、晴朗的天空、奇特多彩的天气现象，宜人的气候都是旅游资源的重要组成部分。同时，它又通过水文、土壤、动植物等间接影响一个地区的旅游效果，春夏秋冬四季的更迭，造成了植物、水面景观的变化：植物“春花、夏荣、秋萧、冬枯”，水面“春水绿而潋滟，夏津涨而弥漫，秋潦尽而澄清，寒泉涸而凝滞”，形成了四时律动节奏，使自然界表现出“春山淡冶而如笑，夏山苍翠而如滴，秋山明净而如妆，冬山惨淡而如睡”的景观。气候条件还决定当地的农业生产方式和经营种类，影响到民居的结构形式，甚至于民间的服饰与饮食都与气候密不可分。

（二）影响旅游流的时间和空间分布

旅游流的时间和空间上的分布不平衡，原因是多方面的，但气象和气候因素是基本的因素。在世界范围内，旅游热点多在地中海沿岸和加勒比海一带，因为那里气候温暖，有充足的阳光和适度的海水，为欧洲寒冷、潮湿、少阳光地区的人们提供了避寒、娱乐的佳境，在此，气候成为决定性的因素。而在我国，昆明、广州及太湖地区，之所以成为旅游热点地区，除了旅游资源丰富、旅游设施较为完善等原因外，还有气候的因素，这些地区气候宜人，风光明媚，对旅游者有着极大的吸引力。海滨城市夏季凉爽，可以避暑，也与气候因素息息相关。五岳名山，佛教圣地，夏季游人如织，除了丰富的历史文化景观吸引外，还有气候凉爽、适宜消夏避暑这一重要因素。总之，由于气象、气候的影响，在世界各国范围内，都出现了一些旅游热点热线，同时也出现了一些冷点冷线，形成游客空间分布的不均衡性。

三、气象与气候旅游资源的特点

（一）气象旅游资源的特点

1. 多变性

大气中的物理现象和过程往往是瞬息万变、变幻无穷的。如刚刚是倾盆大雨，即时就晴空万里，这些变化常常影响着景观的色彩和明快度，给旅游者以不同的美感和多变感。

2. 瞬变性

气象要素变化迅速，如日出、霞光、佛光、蜃景等气象景观。

3. 组合性

气象景观的出现常常要与其他一些旅游资源相配合，以其他景观为背景，如高山云海、海上日出、沙漠蜃景、名山佛光等。

4. 地域性

各种气象景观的出现都有一定的地域性，一些特殊景象必须在特定的地点才可显现，如吉林雾凇、峨眉佛光、江南烟雨、大理“下关风”等。

5. 时间性和季节性

气象景观有明显的季节变化和时间变化，如冰雪景观只出现于冬季，而蜃景和佛光等一般见于中午或下午。

（二）气候旅游资源的特点

1. 持续性和有限性

气候旅游资源是一种可再生、可持续利用的资源。一个地区的气候旅游资源，每年都有一定量，不及时开发利用就会造成资源的浪费。

2. 季节性和地域性

气象学上以 5 天为一候，用候平均气温来划分四季，小于 10℃为冬季，大于 22℃为夏季，10～22℃为春秋季。每个季节呈现不同的景观。故气候旅游资源在时间上有季节性特点，空间分布上具有地域性特点，包括了纬度地带性、经度地带性和垂直地带性。

3. 整体性和脆弱性

气候旅游资源与旅游地其他自然景观、人文景观互为补充，形成天、地、人、物四维立体的旅游资源。气候旅游资源的脆弱性表现在两个方面：一方面是季风气候的不稳定性，导致气候旅游资源的有效性低，开发风险大；另一方面是人类的旅游活动破坏了旅游地原有的小气候环境。

第二节　气象、天象景观

一、大气景观

（一）云、雾、雨

云、雾时聚时散，时飘时停，时浓时淡，时厚时薄，给人以丰富的遐想和感受。淡云、薄雾好似奇妙的轻纱，赋予了大自然一种朦胧美。透过云、雾观看风景时，景物若隐若现，模模糊糊，虚虚实实，令人捉摸不透，产生恍如仙境的虚幻和神秘的美感，让人思绪绵绵。宋代画家郭熙曾言“山无云则不秀”。云、雾成了我国许多风景名胜区的重要景观，如黄山云海、庐山瀑布云、苍山玉带云等。黄山云海（见图 5－1）是黄山四绝之一，“黄山自古云成海”，景区也分别被命名为东海、西海、前海、后海和天海。

图 5－1　黄山云海

生活和旅游中，人们常常遇到下雨，雨不仅是气象的主要因素，而且是具有观赏功能的自然美景之一。雨丝可以唤起人们的多种情感和遐想，春雨贵如油，秋雨几多愁，雷雨成灾，雨助苗茁，雨后春笋，雨意绵绵等。“雨中看山也莫嫌，只缘山色雨中添”、“水光潋滟晴方好，山色空濛雨亦奇”都是用来赞颂雨景的佳句，说明了雨在整个景观配置中的作用。我国著名的雨景资源有江南烟雨（见图5－2）、梅雨赏梅、巴山夜雨等。还有许多以八景、十景命名的古景中，其中不少都有雨景，如峨眉十景之一的“洪椿晓雨”、蓬莱十景之“漏天银雨”、羊城八景之“双桥烟雨”，等等。我国江南雨期较长，常常细雨如丝，呈烟雾状态，配以山林小景、小桥流水、炊烟缭绕，其意境十分耐人寻味。

图5－2　江南烟雨

知识拓展

云、雾天气的形成

大气中的水分是由地表的河流、湖泊、海洋等蒸发和植物蒸腾作用而来的。据估计，从海洋表面上蒸发到大气中去的水汽，每年约有4.5万亿吨之多。水汽进入大气后，由于本身的分子扩散和气流的输送而分散于大气中。人们在日常生活中，有时感到天气很干燥，有时感到很潮湿，这种感觉正是大气中水分含量或多或少的反映。大气中水汽含量的多少，即大气的潮湿程度，称为湿度。湿度是因时因地而变的，湿度的不均匀分布是造成各地区天气差异的重要因素之一。在一定湿度下，单位体积空气中能容纳的水汽数量有一定的限度，如果空气中水汽含量达到了这个限度，空气就呈饱和状态，这时的空气称饱和空气，此时的水汽压称为饱和水汽压。饱和水汽压随温度升高而增大，随温度降低而减小。当大气达到饱和或过饱和状态，且大气中有凝结核的存在时，大气中的水汽会凝结出来，产出云、雾、霜、露等天气景象。水汽凝附于地表或地表物体上，则为霜和露；水汽在低层大气中的凝结现象，称为雾；相对雾而言，云是高空大气的凝结现象。

（二）冰、雪、雾凇

冰、雪是高寒地区或寒冷季节才能见到的气象景观。我国江南在冬季寒潮来临之际才可能降雪，“断桥残雪”是西湖胜景之一。降雪往往使大自然形成银装素裹的冰雪世界。如果配以高山、森林等自然景观，可构成奇异的冰雪风光，如东北“林海雪原”、关中“太白积雪”、长沙“江天暮雪”等。素有“冰城”之称的哈尔滨，是我国冰雪艺术的发祥地，每年1月5日的国际冰雪节都举行大型冰雕比赛、冬泳比赛、冰球赛、冰上速滑赛、冰雪节诗会、冰雪摄影展等活动，吸引了全国各地的游泳者。

图5－3　吉林雾凇

雾凇俗称树挂（见图5－3），是雾气在低于0℃时，附着在物体上而直接凝华生成的白色絮状凝结物。它集聚包裹在附着物外围，漫挂于树枝、树丛等景物上，十分美观。我国雾凇出现最多地区的是吉林省吉林市。该地区位于松花江畔，冬季气温可降至零下20℃，由于气温低，多偏南风，空气湿度大，加之丰满水电站泄水增温影响，使水蒸气不断排放，水汽附在过冷的物体上，形成雾凇景观。

（三）佛光景观

当光线在传播过程中遇到障碍物时，光线离开原来直线传播的方向，穿过障碍物的边缘或孔隙，发生绕射现象，在物理学上称做光线的衍射作用。佛光是由光线的衍射作用产生的。在水汽丰富的山势高峻地区，半山腰常分布有白茫茫一片云海。当人站在山上，若光线从他背后射来，由于光线的衍射作用，会在他前面的云幕上出现人影或头影，影外围绕有彩色的光环，似佛像头上的彩色光圈，故称佛光。当人站在太阳与光环之间，三者在一条直线上时，会出现人行影亦行的奇景。四川峨眉山金顶是观赏佛光之地，人们常称其为“峨眉佛光”（见图5－4）。在山西五台山、安徽黄山等地，也常见到佛光。

（四）蜃景景观

蜃景，即海市蜃楼奇景。它有上现蜃景与下现蜃景之分。春夏时节的白天，海面上的空气温度比陆地上低，空气密度较大，当陆地上暖空气流向海面上时，在海面上形成了上下密度不同的空气层结，当阳光穿过空气层时会产生折射和反射，下层密度大的空气像镜子一样把地面景物反射到半空中，于是在远处海面的半空中会突然出现山峦、树木、楼阁等地面景物，缥缈不定，好像空中楼阁。这种幻景位于物体上面的，称上现蜃景。山东蓬莱仙境（见图5－5）就是上现蜃景。下现蜃景主要发生在沙漠、干旱草原烈日当空的旷野，

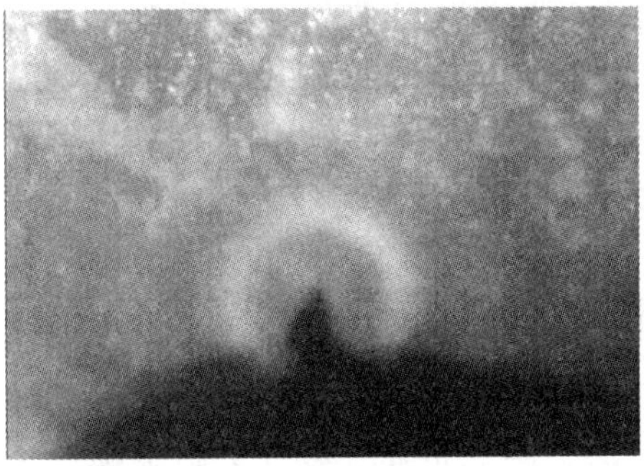

图5－4　峨眉山佛光

图5－5　山东蓬莱海市蜃楼

这里贴近地面的低层空气温度高、密度小，高层密度大，当光线穿过密度大的空气，逐渐向下层密度小的气层中折射，并产生全反射时，半空中会出现前方物体的倒影。

知识拓展

气象景观观赏时机

云海、日出、佛光等气象景观从出现到消失往往只有很短时间，可谓是稍纵即逝，这类景观非常难得，观赏活动必须要把握时机。到黄山、庐山等名山欣赏云海景观，夏季最宜。因为夏季雨水多，山中多云雾，景色多丰富并有变化；同时还可以避暑。日出日落，朝晖夕照，一方面使自然景观带有朦胧美，另一方面霞光丰富了景观的色彩美。如泰山观日出、黄山观日出，游览海拔较高的风景名山，选择雨过天晴的时机最佳。因为这时不仅能观赏云海，还能观赏到日出日落。而我国出现佛光次数最多的峨眉山佛光，观赏奇观的

重要条件是大气结构的稳定，峨眉山地处四川盆地边缘，以冬季大气层最为稳定。据当地气象数据证实，观看佛光的最佳时间就是每年1月初到2月底的下午最佳。

二、天象奇观

（一）日出、日落与月色景观

日复一日，太阳天天东升西落。但日出奇观，始终吸引着众多旅游者。观赏日出，成为许多风景名胜区的重要一景。旅游者去北戴河度假，争登鹰角亭观日出；上泰山、黄山，观日出（见图5－6）也是多数旅游者热衷的活动。由于各地自然环境的差异，日出的形与色也会有变化。例如黄山，观赏的是云海日出。黄山云海常铺，薄雾犹如屏幕，适量的水汽和尘埃，能使阳光散射成多种色彩，衬映出遥远天穹中日出的景致。人们所看到的是红日从这薄雾淡云的“海洋”中喷薄而出的景象。若在海边观日出，能观赏到红日从海平线上冉冉升起，红日色彩也渐渐变幻，金光万道，光彩夺目。

图5－6　泰山日出

当日落西山时，近地平线处的红光照射云层，许多风景名胜区的群峰与烟云都被披上多彩的霞光，形成为霞海奇观。在黄山等地看晚霞，旅游者能真切地感受到“夕阳无限好”的美妙意境。

在大自然的景物里，月亮是很具有浪漫色彩的。苏东坡的一曲“人有悲欢离合，月有阴晴圆缺，此事古难全。但愿人长久，千里共婵娟”，寄明月表达对人的美好祝愿，也使人产生丰富的联想。中秋赏月已成传统习俗。“洞庭秋月”（岳阳）、“三潭印月”（杭州）、“二泉映月”（无锡）、“风花雪月”（大理）等都是月色胜景。

（二）极昼、极夜、极光奇景

地球按照背向太阳的不同，分为两个半球。向太阳的半球，接受太阳光辉，称昼半球；背太阳的半球，被地球本身的阴影所笼罩，称夜半球。如果地球既不自转又不公转，地球上的昼夜半球，永不变化。由于地球既有公转又有自转，所以昼夜两半球在不断地相互交替。同一日期的昼夜长短，因地理纬度而不同。在南北极圈以内的地区，会出现连续24小时的白昼和黑夜，它们分别被称为极昼和极夜。在南北两极，极昼和极夜各约半年；在南北纬80°处，极昼和极夜各有3个多月；在南北纬70°处，极昼和极夜各约2个月。这种天象景观，已成为高纬度地区一些国家或城市争相开发利用的旅游资源。

图5－7　极光

极光（见图5－7）是由于太阳带电粒子（太阳风）进入地球磁场，在地球南北两极附近地区的高空出现的灿烂美丽的光辉，多呈带状、弧形等，发生在夜间。北半球在距地磁极

22°~27°处有一极光带，我国在黑龙江漠河和新疆阿尔泰，每年也能看到极光。

（三）"日月并升"奇景

每逢农历十月初一清晨，数以千计的游人、香客登上浙江海盐南北湖畔云岫山（又称鹰窠顶）之巅，观"日月并升"奇景，素为南北湖风景区的一大奇观。这里可以同时看到太阳和月亮从海的尽头冉冉升起，像两颗硕大无比的明珠颤颤然离水，生霞光万道，撒彩帷漫天。对此，科学工作者给出了多种解释，有人认为这是一种光学现象，类似于海市蜃楼，可能是海面水汽和云雾被阳光照射后产生的幻影。平湖乍浦镇九龙山顶、杭州市葛岭初阳台、苏州天平山莲花洞、苏州市洞庭西山山顶也出现过该奇景。

（四）日食、月食

日食是月球运动到太阳和地球中间，如果三者正好处在一条直线时，月球就会挡住太阳射向地球的光，月球身后的黑影正好落到地球上，这时发生日食现象，在地球上的人们看到阳光逐渐减弱，太阳面被圆的黑影遮住，天色转暗，全部遮住时，天空中可以看到最亮的恒星和行星，几分钟后，从月球黑影边缘逐渐露出阳光，开始发光、复原。日食分为日偏食、日全食、日环食，其中日全食是一种相当壮丽的自然景象。2009 年 7 月 22 日，我国长江流域发生了 500 年内最为壮观的日全食现象，日偏食也覆盖我国全境，这一现象吸引了成千上万的天文爱好者。

月食指当月球运行至地球的阴影部分时，在月球和地球之间的地区会因为太阳光被地球所遮闭，就看到月球缺了一块。中国古代迷信的说法又叫做"天狗吃月亮。"月食可以分为月偏食、月全食和半影月食三种。月食只可能发生在农历十五前后。

（四）流星雨与陨石奇景

流星雨的成因与彗星有关，彗星是由冰块及沙石组成的球体，当彗星接近太阳时，彗星会因太阳的热力而使表面物质升华，这些升华了的物质就是日后的流星体，在彗星绕日运转中，部分流星体会和彗星分离，遗留在彗星的轨道上，流星体由于太阳光压及行星作用力，会不断扩散，互相远离，而且范围逐渐增大。当地球的运行轨道与彗星轨道相交时，流星体受地球地心吸力影响，会闯入地球大气层并且燃烧，而燃烧时所产生的火焰亮光，就是人们看到的流星雨了。如果散布在彗星轨道上的流星体又多又广的话，往往在彗星回归后的几年内，仍可看到由该彗星所产生的流星体所造成的流星雨。

图 5-8 狮子座流星雨

阅读材料

流星雨之王——狮子座流星雨

每年 11 月 14 日至 21 日，尤其是 11 月 17 日左右，都有一些流星从狮子座方向迸发出来，这就是狮子座流星雨。狮子座流星雨产生的原因是由于存在一颗叫坦普尔·塔特尔的彗星。这颗彗星绕太阳公转，同时，它不断抛散自身的物质，在它行进的轨道上散下许多小微粒，但这些小微粒分布并不均匀。有的地方稀薄，有的地方密集，当地球遇上微粒稀薄地方，出现的流星就少；遇到密集的地方，出现的流星就多。这些小微粒很容易受各种因素的影响而慢慢飘散，但在彗星回归时，地球会经过它近期释放出的颗粒稠密区。这时地球上的人们便会看到大规模的流星雨。由于坦普尔·塔特尔彗星的周期为 33.18 年，所以狮子座流星雨是一个典型的周期性流星雨，它的的周期约为 33 年。

知识拓展

七大流星雨——狮子座流星雨、双子座流星雨、英仙座流星雨、猎户座流星雨、金牛座流星雨、天龙座流星雨、天琴座流星雨。

我国是世界上最早发现陨石的国家之一。早在石器时代就发现了陨石，只是当时不称为陨石，而称“陨星”。所谓陨石是大的流星在经过地球大气层时没有完全燃毁，部分掉在地面上。所以古代也有称之为“流星石”的。现代科学根据陨石化学成分的不同，将陨石划分为三大类：铁陨石，主要成分为铁、镍金属；石铁陨石，主要成分为铁、镍金属及硅酸盐；石陨石，主要成分为硅酸盐。

专题活动

你看到过流星雨吗？如果有，请描述一下你所看到的景象以及看到此奇景时的感受，并与其他同学交流。

第三节　气候景观

一、我国气候的基本特征

（一）季风特征

我国大部分地区属季风区。这是由于地理位置，主要是海陆的配置，提供了两种不同热力性质的下垫面，影响大气的能量收支和运动状态的变化而造成的。冬季，在严寒的亚洲内陆形成高气压。温暖的海洋上形成低气压；夏季，高温的大陆上形成了低气压，凉爽的海洋上形成了高气压。气流不断地从高压流向低压，这就是我国冬季盛行偏北风，夏季盛行偏南风的主要原因。我国东部是典型的季风气候，产生明显的季节风，盛行风向交替变更。全国大部分地区的盛行风向是冬季偏北；夏季偏南；秋季各地多吹稳定的偏北风；春季北方地区仍以偏北风占优，南方地区的盛行风向主要偏南风。

（二）温度特征

我国冬季大部分地区在极地大陆气团控制之下，东部平原地区的气温主要由太阳辐射所决定。我国冬季气温低，南北温度差异大，这主要是冬季风把高纬度的极地寒冷气团输送到低纬度来的结果。

夏季，北方太阳高度角虽偏低，但白昼时间却比南方长，部分地弥补了太阳高度角低引起的能量不足。因此，南北之间的温度差异远较冬季小。

（三）降水特征

我国东部地区雨季的长短起止和雨量的多少，都与夏季风雨带的进退、移动和停滞有关。夏季风的雨带通常5月中旬开始于华南沿海，并一直维持到6月中旬。从6月中旬末开始，华南雨量迅速减少，季风雨带北上，6月下旬移到北纬30°~31°，此时长江中下游北部地区，开始了这里的梅雨季节。但是雨带停留时间不长，7月上旬雨带就北上至北纬33°~36°，此时长江中下游地区因雨带北上而开始出现伏旱。7月中旬季风雨带继续北上，华北和东北地区进人全年雨季最盛期，一直持续到8月上旬，从8月中旬开始减少，季风雨带北界迅速南撤，9月上旬撤到北纬35°，9月中旬到10月上旬在淮河附近停滞，形成相对多雨带。9、10月份华北和华中地区都是秋高气爽的天气，华西地区则是秋雨连绵。

二、我国以气候闻名的旅游胜地

（一）气候优越的旅游城市

1. 昆明

昆明属于低纬度高原山地季风气候，素有“春城”之称，气候宜人，冬暖夏凉。年平均气温为14.5℃，一年中最热的一般是7月，平均气温为19.7℃，最冷的时间是1月，平均气温为7.5℃，年温差仅为12~13℃。同时，昆明出现绝对低温和绝对高温的次数比较少，持续时间也不长，所以四季的界限不很明显。除了气温适宜，这里的另一个气候特点是日照时间长，雨量充沛，温湿适度。正因为气候的原因，昆明的度假旅游业发展得很快，它是冬天避寒、夏天避暑的好地方。

2. 青岛

青岛位于海边，海洋性气候决定了青岛是个冬暖夏凉的城市。在炎热的夏天，东南风吹来海上的凉风，海水又帮助地表吸收了大量的热，使青岛的夏天并不是很热；而冬季海水吸收的热量使青岛在冬天温度并不是很低。另外青岛的纬度（温带季风气候）决定了青岛的气候。同时青岛位于山东半岛南部的中间，北面陆地，三面面海，也造就了青岛迷人的气候。

图5-9　昆明市中心的海鸥

（二）著名避寒胜地

1. 北海

北海是我国著名的海滨旅游城市，地处亚热带，气候温和，年平均气温22.6℃，无严寒酷暑，四季如春，风光绮丽，且空气负离子含量非常高，很适宜人们度假、养生。北海拥有丰富的旅游资源，有浪柔沙细的十里银滩、惊涛拍岸的冠头岭、风景奇幻的涠洲岛、保持原始生态的斜阳岛、亚洲最大的海底花园——世界贝类珊瑚馆，等等。尤其是冬季，更是避寒、观光的旅游胜地。

2. 三亚

三亚市位于海南省最南端，地处低纬度地带，属热带海洋季风气候，年平均气温 25.4 ~ 28.8℃，全年日照时间为 2563 小时，年降雨量 1279 毫米。三亚属南海海域，海域广阔，市内聚集着“阳光、海水、沙滩、气候、森林、动物、温泉、岩洞、风情、田园”十大风景资源，融汇一体，巧夺天工，堪称一绝。三亚旅游资源在中国得天独厚，在世界上也是不可多得的，是中国热带海洋旅游资源最密集之地，也是冬季避寒度假休闲的首选之地。

图 5－10　三亚亚龙湾海滨

（三）著名避暑胜地

1. 莫干山

莫干山位于杭嘉湖平原的德清县境内，是美丽富饶的沪、宁、杭金三角的中心，南距杭州 60 公里。东北距上海 200 公里，距苏州 145 公里，距无锡 180 公里。因春秋末年，吴王派莫邪、干将在此铸成举世无双的雌雄双剑而得名，是国家级风景名胜区，江浙沪最近的名山，上海经济区唯一的避暑胜地。莫干山虽不及泰山雄伟、黄山神奇，但却以独具魅力的江南山水神韵，竹、云、泉“三胜”和清、静、凉、幽“四优”驰名中外。与庐山、鸡公山、北戴河齐名，并称为“中国四大避暑胜地”，素有“清凉世界”的美誉。

2. 庐山

庐山（见图5－11），位于中国江西省北部，北濒一泻千里的长江，南襟烟波浩渺的鄱阳湖，大江、大湖、大山浑然一体，险峻与秀丽刚柔相济，素以“雄、奇、险、秀”闻名于世。庐山地处中国亚热带东部季风区域，面江临湖，山高谷深，具有鲜明的山地气候特征，年平均降水 1917 毫米，故山中温差大，云雾多（年平均雾日 191 天），千姿百态，变幻无穷。年平均相对湿度 78%，每年 7 至 9 月的平均温度为 16.9℃，夏季极端最高温度 32℃，夏季凉爽宜人。而几千万年前的地壳运动，又造就了庐山叠嶂九层、崇岭万仞的赫赫气势，伴生出峰诡不穷、怪石不绝的阳刚之美。到此消暑，环境幽静，烦热顿消，成为全国著名的避暑胜地。

图 5－11　庐山

3. 鸡公山

鸡公山（见图5－12）自然保护区位于河南信阳，海拔不高，但位置独特，有高山气候，却无高山反应，特别适宜疗养避暑。它是由奇峰怪石、泉溪瀑布、奇花异草、山村田园和风韵殊异的楼台亭榭等诸多因素构成的自然风景区，被誉为“中国避暑胜地，豫南云中公园”。鸡公山盛夏无暑，气候凉爽，夏季平均气温 24℃，“午前如春，午后如秋，夜如初冬”，享有“三伏炎蒸人欲死，清凉到此顿疑仙”之美誉。不仅如此，由于地质构造运动，形成了鸡公山千姿百态的奇峰怪石，大者嶙峋耸峙，小者造化精灵，皆具怪、巧、奇、美的特点。同时它又是天然的动植物园，这里植被丰茂，种类繁多，1700 多种植物在这里安家落户，鸡公山种类繁多的森林植被为各种珍禽异兽提供了繁衍栖息的天然场所。

图 5－12　鸡公山

4. 北戴河

北戴河海滨避暑区西起戴河口，东至鹰角亭，东西长约 10 公里，南北宽约 1.5 公里。北戴河海滩沙质比较好，坡度也比较平缓，是一个优良的天然海水浴场。北戴河周围的环境也很美，海滩背靠联峰山。清光绪年间，有些住在北京的外国人发现了这处避暑地，要求在这里建造别墅。清光绪二十四年（1898 年），清政府正式将北戴河海滨开辟为“各国人士避暑地”。1938 年，这里已有别墅 700 多栋，并建有饭店、酒吧、跳舞厅等娱乐设施，成了一个带有殖民地色彩的避暑佳地。新中国成立后，北戴河又新建了不少休养所、疗养院、饭店、宾馆，规模比过去更大，成了规模较大、设施比较齐全的海滨避暑胜地。现在每年夏季都要接待上百万前来旅游、度假的旅游者。

阅读材料

承德

承德是一个为了避暑而生的城市，或许是心情，或许是它久负盛名，中国有名的避暑城市很多，但却没有一个敢抢去承德的风光。承德毗邻北京、天津，西顾张家口，东接辽宁，北倚内蒙古，南邻秦皇岛、唐山，是燕山腹地、渤海之滨重要的区域性城市。承德地处亚温带向亚寒带过渡地带，半湿润半干旱，夏季多温凉，冬季少严寒，雨量适中；号称“塞外京都”，曾是清朝的第二个政治中心，康熙、乾隆、嘉庆、道光、咸丰 5 个皇帝先后在此处理政务。在那个“普天之下，莫非王土”的年代，承德是帝王们避暑的首选。

承德和北京的一马平川不太一样，承德北部是七老图山脉，有茫茫林海，广袤草原；中部属燕山山脉，为低山丘陵区；南部则属燕山山脉东段之延续，峰峦重叠，峡谷幽深。和北京的人潮汹涌也不同，承德街道上的人都是闲适的、逍遥的，即使是叫卖旅游商品的摊贩，也不像别的旅游景区那么嘈杂。

图 5－13　避暑山庄

避暑的地方离不开山和水，承德的河流有潮河、滦河、柳河、老牛河等。清美甘甜的潮河水和滦河水，源源不断地流往北京和天津。承德市最高峰雾灵山海拔 2118 米，环绕市区的山峦属丹霞地貌，奇峰异石自然天成，千姿百态，形成了独特的磬锤峰、罗汉山、天桥山、双塔山等十大景观。避暑山庄（见图 5－13）是承德旅游资源的精华，如果你是一个在北方居住过多年的人，你会感叹在这塞外风沙之地怎么会出现这样一片江南的小巧园林。

专题活动

我国还有很多气候优越的旅游景区，如大连、九寨沟、鼓浪屿等。你还能列举出多少？它们有什么特点？请通过查阅相关资料，然后与老师、同学进行交流。

思考题

1. 什么是气象？什么是气候？二者之间的差别是什么？
2. 气象、气候旅游资源的特点是什么？
3. 哪些气象类旅游资源对你有较大吸引力？为什么？
4. 说说你所知道的世界著名避暑、避寒胜地。

第六章 历史古迹与建筑

教学目的和要求

（1）掌握历史古迹的内涵，熟悉文化遗址、古都名城、宫廷与礼制建筑、帝王陵寝的基本知识、基本类型、特点和分布。

（2）了解古代建筑的基本构件和特点。

（3）掌握园林的分类、组成要素、构景手法，了解我国著名的园林。

（4）了解中国长城的历史发展及中国古代四大水利工程、古代著名桥梁和楼阁。

关键词汇

历史古迹；古代建筑；古都；宫殿建筑；礼制建筑；园林；陵寝；长城；水利工程；桥梁；楼阁

引子

历史古迹与建筑记载了一个民族、一个国家的成长历程，凝聚着人类智慧，昭示着特定的历史特征，是当地历史文化的反映。中国是世界文明古国之一，有文字记载的历史已达5000年以上，中国历史所经历的每个阶段都为后人留下了宝贵的历史古迹与建筑。这些古迹与建筑成为今天旅游业发展的重要资源，它们是旅游者抚今思昔、增长知识的凭借，也是历史学家研究人类起源和人类进化过程的珍贵史料。

第一节 历史古迹

中国的历史古迹旅游资源不仅包括古人类的活动遗迹，还包括赤壁之战那样的恢弘战场；不仅包括名人故里，还包括对近代中国有深远影响的事件发生地。历史的沧桑感与民族的智慧在历史遗迹中得到了完美的展现。

一、历史古迹的内涵

遗迹遗址是人类在发展过程中留下的历史遗迹、遗址、遗物，是古代人们适应自然、利用自然和改造自然的结果，是人类历史的载体和见证。历史遗迹遗址是古代文明活的灵魂，它具有以下特点。

（一）社会性

人类在进化发展的过程中，通过不懈努力，创造生产工具，利用和改造自然，创造出绚丽多彩的社会物质和精神财富。人类的社会活动经历了数百万年的发展历史，在地球表面留下了分布广泛、形式多样的活动痕迹。没有人类的存在，就不可能有历史遗迹的出现，历史遗迹是人类社会活动的产物。

（二）时空性

人类社会活动随着历史进程的延续，范围不断扩大，内容不断丰富，形式不断增多，形成了历史阶段的演替。从时间的角度讲，在不同的历史阶段，人类活动的发展水平、表现形式和主观追求不同，对自然环境的改造利用必然产生不同的后果，历史遗迹是人类历史发展阶段性的具体反映；从空间的角度看，在不同地区，由于气候、地理条件的差异，人们生活方式有别，所留存下来的历史遗迹也各具特色。

（三）文化性

人类社会历史是一部文化发展史，是一部人类物质财富和精神财富的创造史。历史遗迹自身是以物质形态存在的，是古代人类物质财富的重要组成部分，能够准确反映和体现古代物质文明的状况。但与此同时，历史遗迹又能够向现代人传达十分丰富的精神文化信息，如哲学理念、道德规范、科学技术、文化艺术、社会习俗等，是历史意识形态和上层建筑的载体。历史遗迹具有物质文化和精神文化的双重性，是历史文化的具体体现。

二、古人类文化遗址

古人类文化遗址是指从人类形成到有文字记载历史以前的人类活动遗址，包括古人类化石、原始聚落遗址等。这些遗址反映了几百万年的人类进化史，通常划分为旧石器时代和新石器时代两个阶段。

（一）旧石器时代人类文化遗址

旧石器时代是指距今约 250 万年到距今约 1 万年的历史时期。当时原始人以石器为主要工具，过着原始采集和狩猎生活。由于技术条件极端落后，没有能力开凿或修建居住的住所，这一时期人类主要是以天然岩洞穴居。目前在我国已发现旧石器遗址 200 多处，有旧石器时代早期的猿人遗址，包括重庆巫山人化石、云南元谋人化石、陕西蓝田人化石、北京周口店北京人化石等；旧石器时代中晚期的古人遗址，著名的有陕西大荔人、广东马坝人、湖北长阳人、山西丁村人等遗址；中石器至新石器时代的新人遗址，以北京山顶洞人遗址最具代表性，著名的还有内蒙古河套人、广西柳州人等遗址。

知识拓展

周口店北京人遗址

周口店北京人遗址位于北京市西南 48 公里房山区周口店村的龙骨山。这里地处山区和平原交接处，东南为华北大平原，西北为山地。周口店附近的山地多为石灰岩，在水力作用下，形成许多大小不等的天然洞穴。山上有一东西长约 140 米的天然洞穴，俗称“猿人洞”。1929 年在此洞中首次发现古代人类遗存后被称为“周口店第一地点”。

周口店遗址区是中国华北地区重要的旧石器时代遗址，其中最为著名的是周口店第一地点——“北京人”（见图 6-1）遗址。1918 年被瑞典地质学家安特生发现并进行试掘。1927 年加拿大学者步达生对周口店遗址进行正式发掘，并将在周口店发现的三枚人的牙齿正式命名为“中国猿人北京种”。1929 年 12 月 2 日，我国古人类学家裴文中发掘出土了第一颗完整的“北京人”头盖骨，这一发现，震惊了世界。

周口店遗址历经 80 余年时断时续的发掘，科考工作目前仍在进行中。第一地点现已发掘了 40 余米，但还不到洞内堆积的一半。在周口店北京人遗址出土的猿人化石、石制品、哺乳动物化石种类数量之多以及用火遗迹之丰富，都是同时代其他遗址所无法比拟的。北京人化石从第 2 层至第 3 层均有发现，出土的人类化石包括 6 件头盖骨、15 件下颌骨、157 枚牙齿及大量骨骼碎块，代表约 40 个北京猿人个体，为研究人类早期的生物学演化及早期文化的发展提供了实物依据。

图 6-1　北京人复原像

在这里还发现了用火遗迹，把人类用火的历史提前了几十万年。遗址中发现有 5 个灰烬层、3 处灰堆遗存以及大量的烧骨，灰烬层最厚处可达 6 米。这些遗迹表明北京人不仅懂得用火，而且会保存火种。遗址中还出土了数以万计的石制品，原料均来自于遗址附近，石制品多为小型器，器型种类繁多。早期石器较粗大，砍砸器居重要地位；中期石器形制变小，尖刃器发展迅速；晚期石器更趋小型化，石锥是这一时期特有的石器。

根据出土物可以证明，北京猿人在距今 70~20 万年的时期内居住于周口店地区，过着以采集为主、狩猎为辅的生活。北京人是属于从古猿进化到智人的中间环节的原始人类，这一发现在生物学、历史学和人类发展史研究上有着极其重要的价值。

周口店遗址地质时代从早上新世至晚更新世，年代范围从 500 万年前到距今 1 万多年前为止。在漫长的历史岁月中，这里曾生活着距今 70 万年至 20 万年前的“北京人”、距今 20 万年至 10 万年的第四地点早期智人、距今 4.2 万年至 3.85 万年前的田园洞人、距今 3 万年左右的山顶洞人。这些古人类、古文化和古脊椎动物化石地点，被统称为“周口店遗址”。

1987 年周口店北京人遗址被联合国教科文组织列为“世界文化遗产”。

（资料来源：新华网）

（二）新石器时代人类文化遗址

新石器时代大约开始于距今 10000~5000 年前，由于没有文字记载，相关事迹以传说形式流传下来，像盘古开天、伏羲女娲兄妹成亲、蚩尤大战等。当时社会生产的主流，已由原始的渔猎和采集，逐渐转变为较固定的农业耕作，并出现了纺织、制陶等手工业和一定的社会劳动分工。社会结构也由单纯血缘组合与人数较少的原始人群，进化到关系复杂与人口较多的氏族部落。在建筑方面，已知有群居的聚落，供生产与生活用的窑址、公共房屋、住所、窖穴和畜圈，供防御的垣墙、壕沟，原始崇拜所需的祭坛、神庙和神像以及公共墓地等。目前新石器遗址已发现1000多处，分布几乎遍及全国。由于起迄年代、文化内涵、生产水平和自然条件的不尽相同，使得它们的发展产生若干区别。

1. 黄河流域新石器文化遗址

黄河流域新石器文化遗址属新石器文化早期遗址，有河南新郑的裴李岗遗址（公元前5550～前4900年）、河北武安的磁山遗址（前5400～前5100）、甘肃秦安的大地湾遗址（前5200～前4800）等。它们共同的特点是，聚落面积不甚大，一般为1～2万平方米，已经使用半地穴房屋，墓葬集中置于聚落近旁。这些文化遗址大体散布在甘肃东部、陕西西部、河南中部及河北南部一带。

图6－2 仰韶文化的彩陶

新石器中期以仰韶文化（前5000～前3000年）为代表，它首先发现于河南省渑池县仰韶村。该文化分布范围很广，西至青海、甘肃交界处，北抵长城沿线及黄河河套地区，东及河南东部，南达湖北西北。仰韶文化的制陶工艺相当成熟，器物规整精美，多为细泥红陶和夹砂红陶，器物上常有彩绘的几何形图案或动物形花纹，是仰韶文化的最明显特征，故仰韶文化也称彩陶文化（见图6－2）。有代表性的遗址除仰韶村外，还有陕西西安的半坡、临潼的姜寨，河南郑州的大河村、陕县的庙底沟，山西石楼的岔沟等。所发现聚落遗址均有一定的规模和布局以及多种建筑类型。

龙山文化最早发现于山东章丘龙山镇城子崖，是仰韶文化的继续，分布在今山东全境、河南大部、陕西南部与山西西南一带。因其遗址中多出土黑陶，所以龙山文化又称“黑陶文化”（见图6－3）。与仰韶文化的住房相比较，这时有相当多房屋的面积有所缩小。但这时的某些聚落已扩大为城市。建筑除半地穴外，还出现了地面房屋。建筑的室内地面与墙面涂以白粉，个别建筑的下面还使用了夯土台基。这种夯土技术的扩大使用，表现为城子崖的古城围垣。

图6－3 龙山文化黑陶双系罐

就黄河地区而言，仰韶文化中期和龙山文化中晚期，是新石器文化辉煌发展的最高阶段。

2. 长江中下游新石器文化遗址

长江中游的新石器时代文化有首见于湖北京山县的屈家岭文化、湖北天门县的石家河文化。其时代应该处于仰韶文化与龙山文化之间，分布范围大抵在湖北中部、湖南北部及河南西南。建筑已大多为平面方形或长方形房屋，并有套间及长达三十间的连屋，结构用草泥垛墙及木柱梁。值得注意的是，还发现大规模的聚落与密集聚落群，以及最大占地面积达 1 平方公里的古城多座，这些古城大多已建有夯土城墙、护城河及水门。

长江下游则以浙江余姚河姆渡文化（前 5000—前 4000）及嘉兴马家浜文化、余杭良渚文化（前 3300—前 2200）为代表。它们分布在杭州湾、舟山群岛及太湖沿岸一带，其特点是使用了有异于中原的干栏式建筑。这种下部架空的结构，适合于炎热潮湿和多虫蛇蚊蚋的江南水乡，其渊源可能来自远古的“构木为巢”的巢居形式。此外，余杭瑶山遗址的夯土祭坛，也是十分重要的发现。早在河姆渡时期，人们已开始栽培水稻，从事以稻作为主的农业经济活动；在良渚文化时期，农业生产已相当发达，水稻的栽培进入犁耕时代。

三、古战场与军事遗址

古战场与军事遗址是指发生过军事活动和战事的地方。古战场，一般都有险要据守的地形，并留下一些战争遗迹。在一场战争中，往往既有惊心动魄的事件，又有令人深思的故事。例如，宜昌、江陵、赤壁和武汉一带，有张飞的擂鼓台、庞统献锁连环计的凤雏庵、曹操败走的乌林、诸葛亮借风的七星台，还有关公败走的麦城、玉泉的关陵以及令东坡怀古的赤壁等胜迹。

军事遗址中，有一类是近现代革命遗址和纪念地。中国自鸦片战争以来近现代革命战争所遗存的旧址，较著名的有广东三元里平英团遗址、广州黄花岗七十二烈士墓、武昌起义军政府旧址、北伐汀泗桥战役旧址、南昌八一起义指挥部旧址、井冈山革命遗址等。

（一）武昌起义军政府旧址

图 6-4　武昌起义军政府旧址

辛亥革命武昌起义军政府旧址位于湖北省武汉市武昌蛇山南麓的阅马场北端，旧址现保存完好，因其主体建筑为红色楼房，因此又被称为“红楼”（见图 6-4）。红楼原为清政府于宣统元年（1909 年）所建的湖北省谘议局大楼，此楼 1908 年筹建，1910 年落成，占地 28（约 11200 平方米）亩，共有房 11 栋，建筑面积 6000 余平方米。1911 年 10 月 10 日，辛亥革命在武昌打响第一枪。武昌起义取得成功后，革命党人在此设立湖北军政府，后改为鄂军都督府，并颁布第一号布告，宣告废除清朝宣统年号，结束统治了中国人民两千多年的封建帝制。并向全国各省发出通电，号召各地武装起义响应，推翻满清王朝，建立中华民国。辛亥革命武昌起义军政府在南京临时政府成立前近三个月内，曾一度代行中华民国中央政府的职权。武昌起义军政府旧址作为中华民族推翻帝制建立共和的历史里程碑，具有重要的文物价值。

现大门和主楼上端匾额均为宋庆龄题写，院门外正前方立有孙中山铜像，仪表庄严安详。1981 年，为纪念辛亥革命 70 周年，辟为辛亥革命博物馆，复原了军政府大门、军政府会堂、黎元洪起居室和会客室、孙中山驻鄂会客室、黄兴召开军事会议的会议室和宋教仁起草《中华民国鄂州临时约法草案》的军政府秘书处等历史迹点，再现了当年的历史场景，同时馆内也保存、陈列有起义的相关历史资料和革命文物。

（二）井冈山革命纪念地

井冈山位于罗霄山脉的中段，湖南和江西两省的交界处。这里层峦叠嶂，群山环抱，地势险要。1927 年 10 月，毛泽东率领湘赣边界秋收起义的工农革命军来到井冈山，创建了农村革命根据地，留下大小革命遗址共 13 处，分布在江西省的宁冈、永新、遂川、莲花四县和湖南省的酃县（今炎陵县）、茶陵两县。陈列开放的革命旧址共有 7 处，均被列为国家重点文物保护单位。

图 6－5　井冈山革命烈士纪念碑

茨坪是井冈山革命纪念地的中心景区，是一块四面青山环绕的山中盆地，是当年中共湘赣边界特委和红四军军部所在地。井冈山博物馆建于此。博物馆展览由序厅、井冈山根据地的创立、根据地的发展、根据地的恢复、坚持井冈山的斗争和影视厅 6 个部分组成，全面介绍了以毛泽东为代表的中国共产党人从 1927 年 9 月到 1930 年 2 月在根据地艰苦斗争的伟大历史。井冈山革命烈士陵园位于茨坪北面的北岩峰上。陵园按“佛”形山体因山就势兴建，占地面积 400 亩（约 16 万平方米）。陵园纪念堂内瞻仰大厅正面汉白玉墙面的“死难烈士万岁”六个大字是毛泽东 1946 年为革命烈士题写的。正面玻璃柜内存放着井冈山革命烈士的名册。坐落在陵园最高处的纪念碑（见图 6－5），由基座、碑座和主碑三部分组成，碑身上的字由邓小平亲笔题写。主碑造型远看像一团火焰，寓意井冈山的“星星之火，可以燎原”；近观如林立的钢枪，寓意“枪杆子里面出政权”。此外，这里还有茨坪毛泽东旧居（中共井冈山前敌委员会旧址）、红军第四军军部旧址、中国红军第四军军械处、湘赣边界防务委员会旧址，等等。

四、名人故居

名人故居是指名人出生和青少年时期所居住过的地方，或者是指名人在人生中最为关键或是最有成就的岁月所居住的寓所，后者必须要有很高的社会认同感。

对历史名人故居和活动遗址的开发方式主要有两种：一是建筑物以原样保存，室内用具陈设依历史名人使用时的原样布设，以突出历史名人的生活工作场景与历史背景；二是以原建筑物为基础，通过适当的空间重组，建立故居式博物馆、展览馆、纪念馆等，通过图片、文字、文物展示历史名人的生平经历。纪念历史名人的故居较有名的有上海的孙中山故居、湖南韶山的毛泽东故居、江苏的周恩来故居、浙江绍兴鲁迅故居和三味书屋等。

（一）毛泽东故居

毛泽东故居（见图6-6）名上屋场，坐落在韶山风景区茂林修竹、青翠欲滴的小山冲中。房屋是泥砖青瓦，土木结构，坐南朝北，背山面水，是南方常见的“一担柴”式普通农家住房。故居东头十三间半瓦房，是毛泽东家的。西头五间半砖茅房是邻居的。1893年12月26日，毛泽东诞生于此，并在此度过了童年和少年时代。在长期的革命生涯中，他曾几次回故乡。1925年偕夫人杨开慧到韶山开展农民运动，建立了中共韶山支部。1927年回乡考察农民运动。1959年回到阔别了32年的故乡探望，并写下了著名诗篇《七律·回韶山》。1966年是毛泽东最后一次回到韶山。1929年4月，国民党没收了毛泽东在韶山的全部房屋和财产，故居受到严重破坏。1950年以后经多次修葺才恢复原貌。1982年经党中央批准，将“旧居”改为“故居”。故居门上“毛泽东同志故居”七个黑底镏金大字为邓小平题写。室内陈设基本上按照毛泽东当年在此居住时的原样布置，有些用具是原物。故居后院台地上有毛泽东少年时代劳动过的田地、禾场。屋前荷花塘和南岸塘相毗邻。故居附近有南岸、毛氏宗祠、毛震公祠等革命遗址和毛泽东同志纪念馆、毛泽东图书馆、毛泽东纪念铜像等建筑。

图6-6 毛泽东故居

（二）周恩来故居

周恩来故居位于淮安市楚州区附马巷7号，占地1960平方米。周恩来祖父周骏龙与其二哥周骏昂于清咸丰年间从浙江绍兴移居江苏淮安做官时，合买了东西相连的32间房屋。1898年3月5日周恩来诞生在这里，并在这里度过了童年12个春秋。故居于1979年3月5日对外开放。故居大门匾额“周恩来故居”由邓小平题写，修复后的故居基本上恢复了1910年的原貌。它分东西两个宅院，东院为周恩来祖父的住房，大小房屋20间，有周恩来的诞生地、童年读书的家塾、厨房、使用过的水井及祖堂屋等。新陈列展览室主要介绍周恩来及邓颖超的生平事迹；西院为周恩来二祖父的住房，有房屋12间，现在是“周恩来同志纪念展览陈列室”。里面展出了照片近200张，实物90多件，其中有周恩来少年时代使用过的小柳斗、裁纸刀和油灯；有周恩来为《淮安日报》题写的报头，给淮安县委的题字和给当时副县长王汝祥同志的一封亲笔信。

阅读材料

中国伟大文学家故居——鲁迅故居

鲁迅是我国现代伟大的文学家，他一生写了很多表现出爱国主义和彻底的民主主义思想特色的作品：《狂人日记》、《呐喊》、《彷徨》、《朝花夕拾》、《阿Q正传》，等等。

鲁迅故居位于浙江省绍兴市都昌坊口周家新台门西首。1881年9月25日鲁迅就出生在这里，直到18岁去南京求学，后来回故乡任教也基本上居住此地。新台门是周家多年聚族而居的地方。新台门整座屋宇是江南特有的那种深宅大院，它是老台门八世祖周熊占(1742—1821)在清朝嘉庆年间购地兴建的，同时建造的还有过桥台门。鲁迅曾高祖一房移居新台门，世系绵延，到了清光绪、宣统年间，整个周氏房族逐渐衰落。1918年，经族人共议将这群屋宇连同屋后的百草园卖给了东邻朱姓。房屋易主后，原屋大部分拆掉重建，但鲁迅家居住的地方主要部分幸得保存。解放以后，人民政府多次拨款整修，已经恢复旧观，原来的家具也多数找回，并按原样陈列。现鲁迅故居占地4000平方米，坐北朝南，砖木结构，房舍多达百间。进门有小天井和厅堂，厅堂北面隔天井是5间楼房，为鲁迅早年的住处。楼上东面一间是鲁迅与朱安的新房。楼下有鲁迅母亲鲁瑞及祖母蒋氏的房间。再往北是灶间，鲁迅在此认识章运水（闰土）。最后面即为百草园，分大小园两部分，面积2000平方米，鲁迅以此为素材写下了著名的散文《从百草园到三味书屋》。

专题活动

红色旅游是把红色人文景观和绿色自然景观结合起来，把革命传统教育与促进旅游产业发展结合起来的一种新型的主题旅游形式。你所在的省有哪些革命遗址及纪念地？请查阅资料，设计出一条精品红色旅游线路。

第二节　古代建筑

建筑是一种以一定物质材料与结构形式，与一定自然环境相结合，使一定社会生活内容抽象地展现于空间，具有实用、认知、审美有时兼崇拜诸种社会功能，同时渗融着艺术等人文因素的科学技术。中国古建筑以其独特的取材、巧妙的结构和别具风格的造型艺术在世界建筑体系中独树一帜，是我国古代灿烂文化的重要组成部分。

一、古代建筑的基本构件

（一）台基

为防潮、防腐，或弥补中国古建筑单体建筑不甚高大雄伟的弱点，古代建筑师们将各式各样的建筑建在一个高高的台基上。台基造高以后，还筑有台阶（宋代称踏道，清代称踏跺）。皇宫正殿有三座台阶，中央的台阶叫陛，皇帝的尊称“陛下”即由此而来。

台基又称基座，大致有四种。

（1）普通台基

用素土或灰土或碎砖三合土夯筑而成，约高一尺，常用于小型建筑，民居建筑普遍采用。

（2）较高级台基

较普通台基高，常在台基上边建汉白玉栏杆，用于大型建筑或宫殿建筑中的次要建筑。

（3）更高级台基

更高级台基即须弥座，又名金刚座。“须弥”是古印度神话中的山名，相传位于世界中心，系宇宙间最高的山，日月星辰出没其间，三界诸天也依傍它层层建立。须弥座用作佛像或神龛的台基，用以显示佛的崇高伟大。中国古建筑采用须弥座表示建筑的级别。一般用砖或石砌成，上有凹凸线脚和纹饰，台上建有汉白玉栏杆，常用于宫殿和著名寺院中的主要殿堂建筑。

（4）最高级台基

最高级台基由几个须弥座相叠而成，从而使建筑物显得更为宏伟高大，常用于最高级建筑，如故宫三大殿和山东曲阜孔庙大成殿。

（二）木头圆柱

木头圆柱指用松木或楠木制成的圆柱形木头，置于石头（有时是铜器）为底的台上。多根木头圆柱，用于支撑屋面檩条，形成梁架，是木结构房屋建筑的最基本、最重要的构件。

（三）开间

四根木头圆柱围成的空间称为“间”。建筑的迎面间数称为“开间”，或称“面阔”。建筑的纵深间数称“进深”。中国古代以奇数为吉祥数字，所以平面组合中绝大多数的开间为单数；而且开间越多，等级越高。北京故宫太和殿、北京太庙大殿开间即为十一间。

（四）梁

梁即横梁，架于木头圆柱上的一根最主要的木头，以形成屋脊。常用松木、榆木或杉木制成，是中国传统木结构建筑中骨架的主件之一。

（五）斗拱

斗拱是中国古代建筑独特的构件。方形木块叫斗，弓形短木叫拱，斜置长木叫昂，总称斗拱（见图6－7）。它的产生和发展有着非常悠久的历史。从两千多年前战国时代采桑猎壶上的建筑花纹图案，以及汉代保存下来的墓阙、壁画上，都可以看到早期斗拱的形象。

图6－7　斗拱

斗拱在中国古建筑中起着十分重要的作用，主要有三个方面：① 它位于柱与梁之间，由屋面和上层构架传下来的荷载，要通过斗拱传给柱子，再由柱传到基础，因此，它起着承上启下、传递荷载的作用。② 它向外出挑，可把最外层的桁檩挑出一定距离，使建筑物出檐更加深远，造型更加优美、壮观。③ 它构造精巧，造型美观，如盆景，似花篮，是很好的装饰性构件。

建筑等级中，同一时代的建筑，有斗拱的建筑高于没有斗拱的建筑，斗拱多的建筑高于斗拱少的建筑。斗拱层数越多，建筑等级越高。普通百姓的民居基本不用斗拱。

（六）彩画

彩画原是为木结构防潮、防腐、防蛀而做，后来才突出其装饰性，宋代以后彩画已成为宫殿建筑不可缺少的装饰艺术。清代彩画可分为三类，即苏式彩画、旋子彩画、和玺彩画。

1. 苏式彩画

苏式彩画又称园林彩绘，是等级最低的彩画，但布局灵活，绘画的题材较自由，画面多为山水、人物故事、花鸟鱼虫等，典型的苏式彩画有北京颐和园长廊彩画。两边用“《 》”或“（ ）”框起。“（ ）”被建筑家们称作“包袱”，苏式彩画，便是从江南的包袱彩画演变而来的。

2. 旋子彩画

旋子彩画等级高于苏式彩画。画面用简化形式的涡卷瓣旋花，有时也可画龙凤，两边用“《 》”框起，可以贴金粉，也可以不贴金粉。一般用于次要宫殿或寺庙中。

3. 和玺彩画

和玺彩画是等级最高的彩画。其主要特点是：中间的画面由各种不同的龙或凤的图案组成，间补以花卉图案；画面两边用“《 》”框住，并且沥粉贴金，金碧辉煌，十分壮丽。北京故宫中的外朝（太和殿、中和殿、保和殿）和内廷（乾清宫、交泰殿、坤宁宫）用的都是和玺彩画。

（七）屋顶

屋顶古称屋盖，被誉为中国古建筑冠冕的屋顶（见图6-8），形式千变万化，瑰丽多姿，不仅在美观上为中国古建筑增添神韵，而且严格地表现了古建筑的等级制度。中国传统屋顶中以重檐庑殿顶为最高等级，依次为重檐歇山顶、重檐攒尖顶、单檐庑殿顶、单檐歇山顶、单檐攒尖顶、悬山顶、硬山顶、盝顶等。

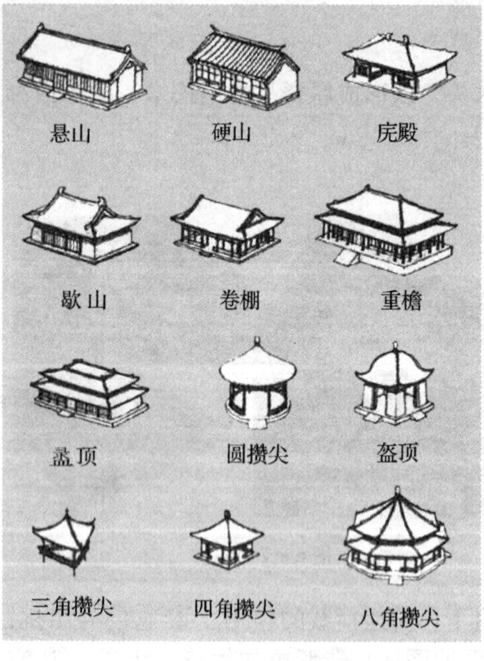

图6-8 各种形式的屋顶

1. 庑殿顶

四面斜坡，有一条正脊和四条斜脊，屋面稍有弧度，又称四阿顶、五脊殿。用于皇宫、庙宇等主殿，有单檐和重檐之分，重檐为贵，代表建筑有太和殿、大成殿等。

2. 歇山顶

庑殿顶和硬山顶的结合，即四面斜坡的屋面上部转折成垂直的三角形墙面。由一条正脊、四条垂脊、四条戗脊组成，所以又称九脊顶。歇山顶的山墙有搏风板、悬鱼等，是装饰的重点。有单檐和重檐之分，重檐为尊。目前的古建筑中如天安门、太和门、保和殿、乾清宫等均为此种形式。

3. 攒尖顶

平面为圆形或多边形，上为锥形的屋顶，没有正脊，有若干屋脊交于上端。有单檐和重檐之分，檐多为贵。常用于面积不大的建筑，如亭、阁、塔等，代表建筑有中和殿、祈年殿、皇穹宇等。

4. 悬山顶

屋面双坡，两侧伸出山墙之外的屋项。屋面上有一条正脊和四条垂脊，又称挑山顶。多见于民间建筑。

5. 硬山顶

屋面双坡，两侧山墙同屋面齐平，或略高于屋面。多见于大型建筑群中小殿配房、一般民居和寺庙。

6. 卷棚顶

屋面双坡，没有明显的正脊，即前后坡相接处不用脊而砌成弧形曲面。

7. 盝顶

屋顶上部为平顶，下部为四面坡或多面坡，垂脊上端为横坡，横脊数目与坡数相同，横脊首尾相连，又称圈脊。如故宫的钦安殿。

（八）山墙

山墙即房子两侧上部成山尖形的墙面。常见的山墙有风火山墙，其特点是两侧山墙高出屋面，随屋顶的斜坡面而呈阶梯形。

（九）藻井

藻井是中国传统建筑中室内顶棚的独特装饰部分。“藻井”，含有五行以水克火，预防火灾之意。一般做成向上隆起的井状，有方形、多边形或圆形凹面，周围饰以各种花纹、雕刻和彩绘。多用在宫殿、寺庙中宝座、佛坛等最重要部位的上方。现存最早的木构藻井，是蓟县独乐寺观音阁上的藻井，建于公元984年。北京故宫太和殿上的蟠龙藻井（见图6－9），是在八角井上设一圆井，当中为一凸雕蟠龙，垂首衔珠，称为龙井，是清代建筑中最华贵的藻井。

图6－9 太和殿蟠龙藻井

（十）吻兽

吻兽是中国古建筑屋面上的一种特殊饰件，它既是建筑构件又是珍贵的艺术品。位于正脊两端，面朝里、口衔正脊的，名叫正吻，亦称大兽。在垂脊上有垂兽，在岔脊上有截兽，这些统称“兽头”。在兽头前面，垂脊和岔脊的末端，常常排着一队小兽，称为蹲兽，领头的是一个“骑凤仙人”，而后依次为龙、凤、狮子、天马、海马、狻猊、押鱼、獬豸、斗牛、行什。它的数量依建筑物的等级高低和规模大小而定，太和殿上十样俱全（仙人不计在内）（见图6－10），其他地位和规模稍低的殿堂，则相应减少。

图6－10 太和殿的吻兽

二、中国古代建筑的特点

（一）巧妙而科学的木框架结构

中国古代建筑惯用木框架结构作为房屋的承重结构。木构梁柱系统约在春秋时期已初步完备并被广泛采用，到了汉代发展得更为成熟。此结构方式由立柱、横梁、顺檩等主要构件建造而成，各个构件之间的结点以榫卯相吻合，构成富有弹性的框架。

木构架结构有很多优点。首先，承重与围护结构分工明确，屋顶重量由木构架来承担，外墙起遮挡阳光、隔热防寒的作用，内墙起分割室内空间的作用。由于墙壁不承重，这种结构赋予建筑物以极大的灵活性。其次，有利于防震、抗震，木构架结构类似今天的框架结构，由于木材的特性，同时构架的结构所用斗拱和榫卯又都有若干伸缩余地，因此在一定限度内可减少由地震对建筑的损伤。“墙倒屋不塌”形象地表达了这种结构的特点。再次，便于就地取材和加工制作。

（二）实行单体建筑标准化

中国古代的宫殿、寺庙、住宅等，往往由若干单体建筑结合配置成组群。无论单体建筑规模大小，其外观轮廓均由阶基、屋身、屋顶（屋盖）三部分组成。下面是由砖石砌筑的阶基，承托着整座房屋；立在阶基上的是屋身，由木制柱额作骨架，其间安装门窗隔扇；上面是用木结构屋架造成的屋顶，屋面做成柔和雅致的曲线，四周均伸展出屋身以外，上面覆盖着青灰瓦或琉璃瓦。

单体建筑的平面通常都是长方形，只是在有特殊用途的情况下，才采取其他形状如方形、八角形、圆形等；而园林中的观赏建筑，则多采取扇形、万字形、套环形等平面。屋顶有庑殿、歇山、悬山、硬山、攒尖等形式，每种形式又有单檐、重檐之分，进而又可组合成更多的形式。各种屋顶各有与之相适应的结构形式。各种单体建筑的各部分乃至用料、构件尺寸、彩画都有相应的标准，在应用上要遵照礼制的规定。

（三）庭院式布局

中国古建筑以“间”为单位构成单体建筑，再以单体建筑组成庭院，进而以庭院为单元组成各种形式的组群。中国古代建筑的庭院与组群布局，一般采用对称的方式，沿着纵轴线与横轴线设计。一般将主要的建筑物布置在纵轴线上，次要建筑物则布置在主要建筑物的两侧，东西对峙，组成为方形或长形的院落。这种院落布局既满足了生活需要，也符合中国古代社会宗法和传统礼教的思想。根据封建的宗法和等级观念，尊卑、长幼、男女、主仆之间的差别在住房上也很明显地体现出来。这种庭院式的组群布局被称做卷轴式布局，必须一段段地展开，不可能看到全部；庭院与庭院之间也并非同一种感觉，从庭院这一头到那一头，景色不断变换，给人以深刻印象。庭院的另一种布局与对称相反，不求整齐划一，不用左右对称，因地制宜，相宜布局。风景园林及民居房舍等大都采用这种方式。

（四）丰富的雕刻装饰

中国木结构建筑的梁柱框架，需要在木材表面施加油漆等防腐措施，由此发展成的建筑油饰、彩画也为中国古建筑文化添加了瑰丽的一笔。春秋时期，建筑上已有彩画。但在古代色彩的使用是有限制的，如明清时期规定朱、黄为至尊至贵之色。彩画多出现于内外檐的梁枋、斗拱及室内天花、藻井和柱头上，构图与构件形状密切结合，绘制精巧，色彩丰富。明清的梁枋彩画最为瞩目。此外，琉璃制品的使用也很广泛。北魏开始使用琉璃瓦，至明清时期琉璃制品的产量、品种大增，出现了更多的五彩缤纷的琉璃屋顶、牌坊、照壁等，使中国建筑灿烂辉煌。

雕饰也是中国古建筑艺术的重要组成部分，包括墙壁上的砖雕、台基石栏杆上的石雕、金银铜铁等建筑饰物。雕饰的题材内容十分丰富，有动植物花纹、人物形象、戏剧场面及历史传说故事等。例如故宫保和殿后台阶上的“云龙石雕”（见图6－11），高16.57米，宽3.07米，厚1.7米，重达200多吨。石雕四周都是卷草纹，下端是海水江牙纹，中央是飞云簇拥的九条龙。其中九条游龙，五座浮山，寓意是“九五之尊”。

图6－11　保和殿的云龙石雕

（五）建筑物与环境协调

建筑本身就是一个供人们居住、工作、娱乐、社交等活动的环境，因此不仅内部各组成部分要考虑配合与协调，而且要特别注意与周围自然环境的协调。中国古代的设计师们在进行建筑设计时都十分注意周围的环境，对周围的山川形势、地理特点、气候条件、林木植被等，都要认真调查研究，使建筑布局、形式、色调等跟周围的环境相适应，从而构成为一个大的和谐的环境空间。

专题活动

参观学校附近的古建筑，观察这些建筑的台基、屋顶、装饰与彩绘，尝试指出其区别。选择其中一个建筑，向大家介绍它的建筑风格。

第三节　古都名城

所谓古都名城，是指在历史上的某一时期或某些时期有着重要的政治、经济、文化或交通地位，至今仍有较大的城市规模，并保存了较多的文物古迹的城市。历史文化特色是古都名城的生命支柱，每一座古都名城都是一部史书，折射着兴亡发展，记载着沧桑巨变。中国古代城市不仅历史悠久，而且规模宏大，数量很多。这些城市在漫长的历史发展过程中，不断形成独特的民族特色。

一、中国古代城市建设模式

中国古代的城市，特别是都城和地方城市行政中心，往往是按照一定的制度进行规划和建设的。《周礼·考工记》所记载的宫城营建模式和建筑等级制度对中国古代都城营建产生了直接而深远的影响。具体来说，中国古代城市建设具有以下特征。

（一）重视城市的选址

中国古代城址的选择是十分讲究的，尤其是作为历代王朝政治中心的国都，它不仅是国家规模的象征、文化精神的寄托，而且与其国家和民族的生死存亡休戚相关。中国古代城市选址原则可以概括为以下几个方面：选择适中的地理位置，即择中原则；考虑可持续发展的因素，即“度地卜食，体国经野”的原则；考虑自然景观及生态因素，提出“国必依山川”的原则；考虑设险防卫的需要；考虑水源及交通问题，往往选择水陆交通要冲。

（二）围绕的城垣

中国古代城市，上自天子王侯的都城，下至郡、州、府、县的治所，都有城墙和护城河围绕，由城门、城楼、角楼、墙台、敌楼、堞墙、垛口等构成一整套的城防体系。

（三）采用中轴线对称的平面布局

中国古代城市采用中轴线对称的平面布局。中国古代城市以宫殿、衙署或钟楼等公共建筑为中心采用中轴线的规划布局，反映了统治阶级严格的等级观念和秩序感。春秋战国的都城将宫室置于中轴线上；汉末的邺城为方便交通将宫室移于全城纵轴线的北部；隋唐长安城（见图6－12）的基本原则是将宫室、坛庙和重要的官署等置于南北纵轴线的北端及两侧；北宋都城开封宫城位于内城的中央而稍偏西北；元、明的京城虽然宫室、坛庙、官署位于城的南部，但整个规划仍以对称整齐为基本原则。

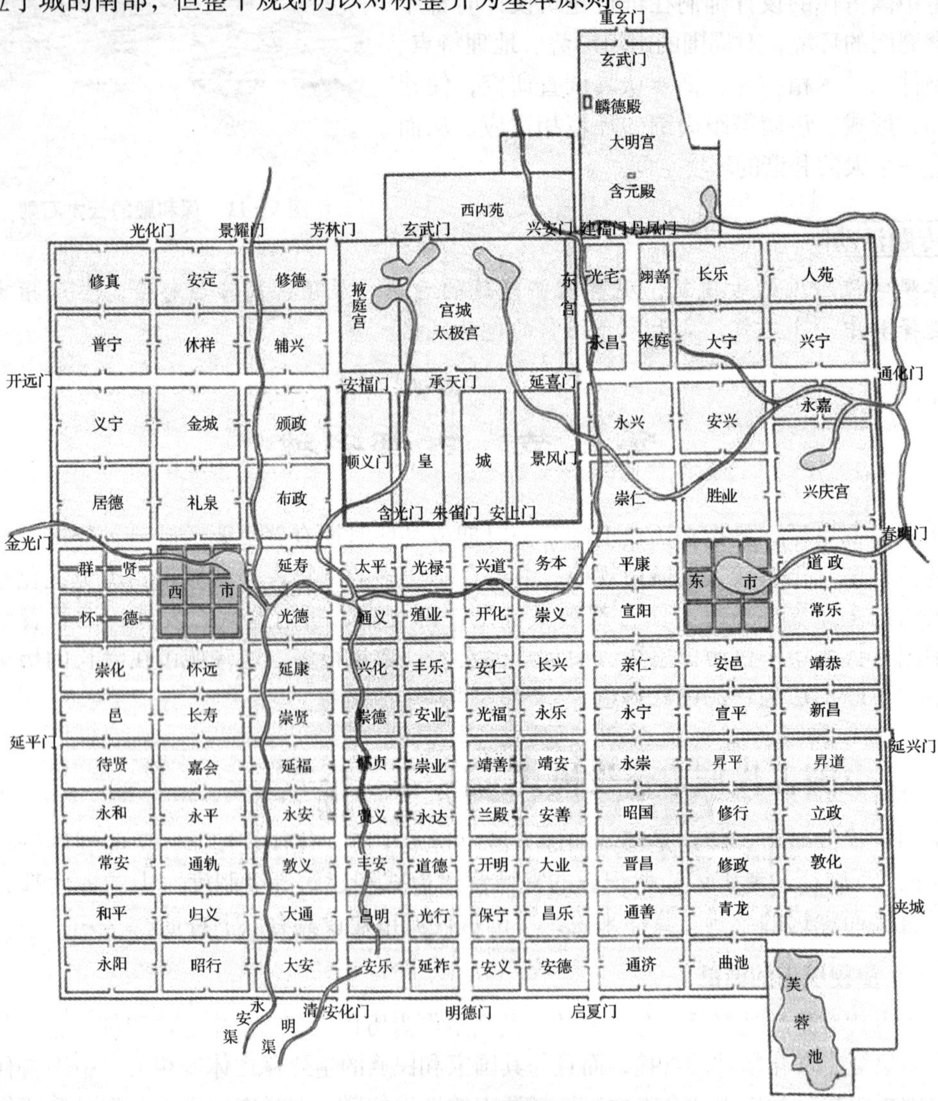

图6－12　唐长安城平面图

（四）以方格网街道系统为主，区划整齐

中国古代城市的道路网多为方格形，这种街道便于交通，街坊内便于布置建筑。从战国到北宋初年，官府为加强对城内居民的控制，实行市里制度，把城内居住区划成许多坊里，坊里内有街巷，四面用高墙围起，四面各开一门，由官吏管理，并实行宵禁。城内商业也集中设在一两个小城中，定时开放，有专职管理，这种封闭的市里制度由于城市经济的发展而被取消，如北宋开封城将道路和商业结合起来，沿街设店，形成繁华的商业街。

（五）重视水源的利用和城市的绿化

中国古代城市规划重视水源的利用和城市的绿化。如元大都自玉泉山引水入城，注入太液池，为金水河，此河提供皇宫用水；开凿通惠河使江南货物粮船直达什刹海码头。城中绿化根据汉以来的传统，在主要大道两侧植槐。洛阳从隋朝起，以樱桃、石榴作行道树，河岸则植柳。

二、我国八大古都

在我国，曾经成为全国都城的城市最初有著名的“四大古都”之说，即北京、西安、洛阳、南京；后来有“六大古都”之说，增加了开封、杭州；20 世纪 80 年代，形成了“七大古都”，安阳跻身其中；现在，郑州市也以郑州商城为平台，进入了“八大古都”的行列。

（一）北京

北京是我国的首都，是世界历史文化名城和古都之一。北京城地处燕京要塞，西拥太行，北枕燕山，东濒渤海，南面敞向华北大平原，是连接我国东北、西北和中原的枢纽。

早在 70 万年前，北京周口店地区就出现了原始人群落“北京人”。北京最初见于记载的名字为“蓟”。公元前 11 世纪成为蓟国都城，春秋中期，燕国吞并蓟并迁都蓟城。从公元前 221 年秦始皇统一中国到公元 937 年，北京一直是中国北方的重镇和地方政权的都城。公元 938 年，统治中国北方的辽以北京（时称燕京）为陪都；此后，金、元、明、清各代都以此地为首都。在作为都城的漫长历史中，各个朝代的帝王及其谋臣们为了维护帝王统治，使帝王江山永固、国运长久，对北京进行了精心规划和设计，建设了一系列具有象征意义的城市建筑，力图通过完善的都城建设，达到“自天佑之，吉无不利”的目的。明清两代尤为突出。名胜古迹现主要有故宫、北海、天坛、颐和园、八达岭、十三陵等。

（二）西安

西安市是陕西省的省会，位于关中平原中部偏南，北临渭河，南依终南山，周围曲流环绕，有“八水绕长安”之说。

西安古称“长安”，与雅典、罗马、开罗并称为世界四大古都，是华夏文明的发源地。早在 100 多万年前的旧石器时代，就以西安的蓝田猿人为代表，揭开了人类文明的一页。到六七千年前的新石器时代，先民们在此建造了村落——半坡村，成为中国母系氏族公社繁荣时期的典型代表。西安的建城史有 3100 多年，历史上西周、秦、汉、唐等十三个王朝在此建都，历时 1100 多年。其中汉、唐两代，更是西安历史上的鼎盛时期。自古以来，西安一直是中国与世界各国进行经济、文化交流的重要城市，闻名遐迩的古“丝绸之路”也是从这里开始的。深厚的历史文化积淀和浩瀚的文物古迹遗存使西安享有“天然历史博物馆”的美称。这里有全世界保存最完整、规模最宏大的古城墙（见图6－13）；周秦汉唐四大遗址；“世界第八大奇迹”秦始皇陵兵马俑、半坡遗址、大雁塔、小雁塔等珍贵的文化遗产。

图6－13　西安古城墙

（三）洛阳

洛阳位于河南省西部，因为地处洛水之阳而得名。洛阳三面环山，北依邙山、黄河，南临洛河，它东面的虎牢关和西面的函谷关是古代东西交通的咽喉，北面的孟津是古代黄河的重要渡口，南面的轩辕关是洛阳通往江汉平原的重要关口，地理位置十分显要。所以，在中国几千年的历史长河中，洛阳既是兵家的必争之地，也是历代帝王建都筑城的理想场所。自公元前770年周平王迁都洛邑起，又有东汉、曹魏、西晋、北魏、隋、唐、后梁、后唐、后晋诸朝在此建都。洛阳素以“九朝古都”闻名中外，它在隋唐时期发展到巅峰，人口达百万，是当时世界上最繁华的大都市之一。现拥有著名古迹白马寺、龙门石窟等。洛阳唐三彩闻名于世，市花牡丹花素有“甲天下”之誉。

（四）南京

南京简称宁，古有金陵、建邺、建康等名称，位于江苏省西南部，横跨长江两岸，素有“钟山龙蟠，石城虎踞”、“江南佳丽地，金陵帝王州”之称。公元前472年，越王勾践灭吴后，在今中华门西南建越城，开创了南京的城垣史，迄今已有2400多年。公元3世纪以来，先后有东吴、东晋、宋、齐、梁、陈（史称六朝），以及南唐、明、太平天国、中华民国等10个朝代或政权在这里建都立国，因此，历史上称其为“六朝胜地、十代都会”。

南京文化古迹遍布，从中可以探寻历史的源头：中山陵依山而建，结构严整，浩然之气油然而生；夫子庙建筑群古色古香，漫步其间，可品味明清时代的市井繁荣；中华门气势宏伟，设计巧妙，置身城内，壁垒森然，耳边似有战马嘶鸣；此外还有灵谷寺、石象路、三国东吴所筑石头城遗址、明代朱元璋的陵墓（明孝陵）以及革命纪念地雨花台等。

（五）开封

开封市位于河南省东部黄河南岸，曾被称为大梁、汴梁、东京、汴京等。自建城至今已有2700多年的历史。战国时期的魏国，五代时期的后梁、后晋、后汉、后周以及北宋和金七个王朝在此建都，故称“七朝都会”。北宋时达到鼎盛，不仅是全国政治、经济、文化的中心，也是当时世界上最繁华的大都市之一，有“汴梁富丽天下无”的美誉。画家张择端的《清明上河图》和孟元老的《东京梦华录》，生动地描绘了古都开封当时的繁华景象。悠久的历史和灿烂的文化给开封留下了众多的文物古迹和风景名胜，其中著名的古迹有相国寺、龙亭、包公祠、禹王台、开封铁塔等。此外，开封的“汴绣”亦闻名全国。

（六）杭州

杭州市是浙江省省会，位于钱塘江下游北岸、京杭大运河的南端，古称钱塘，南宋时称临安。杭州城历史悠久，在新石器时代，便有良渚文化在此发展。春秋时期，这里是吴越两国必争之地。公元前221年时，秦始皇统一中国之后，便在此建钱塘县，一直到公元589年才称为杭州。随着京杭大运河的开凿，杭州地势愈显重要，最后成为南北交通和贸易的枢纽。杭州以其得天独厚的秀丽山水和历史悠久、内涵丰富的人文景观著称，享有“人间天堂”美誉，成为闻名中外的风景旅游城市和历史文化名城。杭州名胜古迹很多，大部分集中在西湖及其周围，如灵隐寺、岳王庙、六合塔等，形成西湖风景名胜区。

（七）安阳

安阳市位于河南省最北部，地处南北交通要冲，东接齐鲁，西倚太行，北濒幽燕，南望中原，自然环境优越，自古人杰地灵，历史文化积淀深厚。这里是甲骨文的故乡，《周易》的发源地，上古颛顼、帝喾二帝的陵墓所在地，被誉为“文字之根、文化之根、人祖之根”。

约公元前14世纪，在2.5万年前的旧石器时代晚期，人类就在这里留下了活动的遗迹，创造了著名的“小南海文化”。约公元前1300年，商王盘庚自奄（今山东曲阜）迁都于殷（今安阳市区小屯村），安阳遂为殷商国都。商王朝在安阳共传8代12王，历254年，直到武王灭商。这一时期的商王朝疆域辽阔，国力空前强盛，开创了中国上古史的新纪元，也成为公元前14世纪至公元前11世纪世界青铜文明的重要代表。此后，相继有三国时期的曹魏，十六国时期的后赵、冉魏、前燕，北朝时期的东魏、北齐等在此建都，殷都废而邺都起，邺都衰而相州继，相州改而彰德立，古都文明的薪火，在安阳这片土地上传承不断。

▶ 阅读材料

甲骨文的发现

图6-14　甲骨文

甲骨文（见图6-14）是中国已发现的古代文字中时代最早、体系较为完整的文字。甲骨文主要指殷墟甲骨文，又称为“殷墟文字”、“殷契”，是殷商时代刻在龟甲兽骨上的文字。古代甲骨上的刻划痕迹被确认为是商代文字是19世纪末、20世纪初的中国考古三大发现（另外两个是敦煌石窟、周口店猿人遗迹）之一，可是它的发现过程，却是十分偶然而又富于戏剧色彩的。

清末光绪二十五年（1899年）秋，时任国子监祭酒（相当于中央教育机构的最高长官）的王懿荣（1845—1900）得了疟疾，派人到宣武门外菜市口的中药店买回一剂中药，王懿荣无意中看到其中的一味叫龙骨的药品上面刻划着一些符号。龙骨是古代脊椎动物的骨骼，在这种几十万年前的骨头上怎会有刻划的符号呢？这不禁引起他的好奇。对古代金石文字素有研究的王懿荣便仔细端详起来，觉得这不是一般的刻痕，很像古代文字，但其形状又非籀（大篆）非篆（小篆）。为了找到更多的龙骨作深入研究，他派人赶到中药店，以每片二两银子的高价，把药店所有刻有符号的龙骨全部买下，后来又通过古董商范维卿等人进行搜购，累计共收集了1500多片。他对这批龙骨进行仔细研究分析后认为 它们并非什么“龙”骨，而是几千年前的龟甲和兽骨。他从甲骨上的刻划痕迹逐渐辨识出“雨”、“日”、“月”、“山”、“水”等字，后又找出商代几位国王的名字，由此肯定这是刻划在兽骨上的古代文字。从此这些刻有古代文字的甲骨在社会各界引起了轰动。

（八）郑州

郑州是河南省省会，地处中华腹地，九州通衢，北临黄河，西依嵩山。郑州历史悠久，这里发现有距今8000多年的裴李岗文化遗址，距今5000年的大河村、秦王寨等多种类型的仰韶文化与龙山文化遗址。3600年前，这里是商王朝的重要都邑之一，其建筑规模之大，规划布局之严整，文化内涵之丰富，堪称当时世界之最。以商都为代表的郑州地区还发现了西山、新砦、古城寨、大师姑等一批古代城址，春秋战国时期的郐国、虢国、郑国、韩国等诸侯国也曾先后定都于此，这些都表明郑州所在地域存在一个庞大的古都群。

悠久的历史给郑州留下了丰富的文化积淀，这里有商代遗址、我国最早的天文建筑周公测景台和元代观星台、中国宋代四大书院之一嵩阳书院、我国现存最大的道教建筑群中岳庙、“天下第一名刹”少林寺等；人文始祖轩辕黄帝、道家名师列子、郑国名相子产、诗圣杜甫、诗人白居易等都出生于郑州。

三、著名古城

（一）丽江古城

丽江古城位于云南省丽江纳西族自治县，又名大研镇。因其居丽江坝中心，四面青山环绕，一片碧野之间绿水萦回，形似一块碧玉大砚，故而得名。古城始建于元初忽必烈南征云南大理之时，于南宋时期初具规模，自古就是西南政治、经济中心，四方街、丽江军民府（木家院）是历史的见证。中国明代著名旅行家徐霞客曾在丽江游记中写道“宫室之丽，拟于王者”，“民居群落，瓦屋栉比”，是对当年丽江古城之繁盛景观的真实写照。

有别于中国其他古城，丽江古城未受“方九里，旁三门，国中九经九纬，经途九轨”的中原建城体制影响，城中无规矩的道路网，无森严的城墙。在古城中心有一个方形街市，四周均是整齐的店铺，俗称“四方街”。从四方街四角延伸出四大主街，直通东南西北四郊，又从主街岔出众多街巷，如蛛网交错，往来畅便。街道全用五彩石铺砌，平坦洁净，晴不扬尘，雨不积水。清澈的玉泉水分东、西、中三股流入古城，随街绕巷，穿墙过屋。水边杨柳垂丝，柳下小桥座座，形成“家家流水，户户垂杨”的独特风貌。城内早年依地下涌泉修建的白马龙潭和多处井泉至今尚存，人们创造出“一潭一井三塘水”的用水方法，即头塘饮水、二塘洗菜、三塘洗衣，清水顺序而下，既科学又卫生。居民还以水洗街，只要放闸堵河，水溢石板路面顺势下泄，便可涤尽污秽，保持街市清洁。依山就水的丽江大研镇，既无高大围城，也无轩敞大道，但它古朴如画，处处透出自然和谐。纳西族是一个古老的民族，他们曾创造了灿烂的古代文化——东巴文化。东巴文化包括象形文字、东巴经、东巴绘画、东巴音乐舞蹈等，其中东巴象形文字是被誉为目前世界唯一存活着的象形文字。1997 年 12 月 3 日，联合国教科文组织将丽江古城列入《世界遗产名录》。

（二） 平遥古城

平遥古城（见图6－15）位于山西省中部，是一座具有2700 多年历史的文化名城，是中国目前保存最为完整的一座古代县城。1997 年 12 月被列入《世界遗产名录》。

图 6－15 平遥古城

平遥古城始建于西周宣王（前 827—前 782）时期，为西周大将尹吉甫驻军于此建成的。自公元前 221 年秦政府实行“郡县制”以来，平遥城一直是县治所在地，延续至今。现在看到的古城，是明洪武三年（1370 年）进行扩建后的模样。

平遥古城是一座完全按照中国汉民族传统城市规划思想和布局程式修建的县城。扩建后的城墙周长 6. 4 公里，城墙上有 72 个观敌楼，墙顶外侧有垛口 3000 个，以此象征孔子三千弟子及七十二贤人。在封闭的城池里，以市楼为中心，有四条大街、八条小街及七十二条小巷经纬交织在一起，它们功能分明，布局井然。城内古居民宅全是清一色青砖灰瓦的四合院，轴线明确，左右对称，特别是砖砌的窑洞式民宅更是具有很浓的乡土气息。迄今为止，古城的城墙、街道、民居、店铺、庙宇等建筑仍然基本完好，原来的形式和格局大体未动，它们同属平遥古城现存历史文物的有机组成部分。

平遥古城素有“中国古建筑的荟萃和宝库”之称，这里除了古城墙之外，还有始建于北汉天会七年（963 年）被列入我国第三位的现存最珍贵的木结构建筑镇国寺万佛殿；始建于北齐武平二年（571 年）、被誉为“中国古代彩塑艺术宝库”，现存宋元明清彩塑2052 尊的双林寺；有中国宋金时期文庙的罕见实物——文庙大成殿；有中国金融业开山鼻祖，被誉为“天下第一号”、“汇通天下”的“日升昌”票号；有始建于唐显庆二年（657 年），国内古建筑中罕见的“悬梁吊柱”奇特结构清虚观。同时，平遥古城也是中国古代民居建筑的荟萃中心之一，古城内现存4000 处古、近代民居建筑中，有 400 余处典型地体现着中国古、近代北方民居建筑的风格和特点。

专题活动

五千年的历史，五千年的文化，五千年的风雨，铸就了中国诸多历史文化名城。迄今，中国已将109座城市列为中国历史文化名城，并对它们进行了重点保护。你所在的省有哪些城市被列入了历史文化名城？查阅资料，寻找这些城市的历史足迹。

第四节　宫廷与礼制建筑

一、宫廷建筑

宫，在秦以前是居住建筑的通用名；殿，原指大房屋。秦汉以后，宫殿成为帝王居所中重要建筑的专用名。宫殿建筑在营建时，为了突出和强化皇权的至高无上，往往采用了最严整的建筑布局、最宏伟的建筑规模、最高的建筑等级和最豪华的建筑形式，所以宫殿建筑最能体现那个时期的科学、技术以及文化艺术的最高水平。

（一）建筑布局

中国的宫殿建筑从商代开始，一直发展到明永乐十八年（1420年）在北京营造的规模宏大的紫禁城为止，中间经历了三个高潮，即秦、隋唐和明清。其延续一致的建筑布局特点如下。

1. 中轴对称

为了表现君权受命于天和以皇权为核心的等级观念，中国的宫殿建筑采取严格的中轴对称的布局方式。中轴线上的建筑高大华丽，轴线两侧的建筑低小简单。这种明显的反差，体现了皇权的至高无上；中轴线纵长深远，更显示了帝王宫殿的尊严华贵，如北京故宫（见图6－16）。

图6－16　故宫全景图

2. 左祖右社

中国古代的礼制思想，有一个重要内容，即崇敬祖先，提倡孝道；祭祀土地神和粮食神。历代帝王都提倡以德化治国，推崇孝道，同时也明确有土地才有粮食，“民以食为天”，“有粮则安，无粮则乱”。左祖右社正是这一思想的体现。左祖，是在宫殿的左前方设祖庙，是帝王祭祀祖先的地方，因为是天子的祖庙，故称太庙；右社，是在宫殿的右前方设社稷坛，社为土地，稷为粮食，社稷坛是帝王祭祀土地神、粮食神的地方。古代以左为上，所以左在前、右在后。

3. 三朝五门

根据帝王朝事活动内容的不同，朝事分别在不同规模的殿堂内举行，自古就确立了三种朝事活动的殿堂，即三朝制。三朝，是指大朝、内朝、外朝。以北京故宫为例，与三朝相对应的建筑是太和殿、中和殿、保和殿。五门制，是在举行大型朝事活动的宫殿庭院前，沿中线以五道门及辅助建筑构成四座庭院，作为大朝宫殿的前导空间，为突出三朝进行层层铺垫。这五道门由外向内依次为皇城前导门（大清门）、皇城门（天安门）、宫城前导门（端门）、宫门（午门）、朝门（太和门）。

4. 前朝后寝

前朝即宫殿的前半部分，是帝王上朝理政、举行大典的地方；后寝指宫殿的后半部分，是帝王与后妃及其子女生活起居的地方。

此外，宫殿建筑往往利用硕大的斗拱、金黄色的琉璃瓦、绚丽的彩画、高大的盘龙金柱、雕镂细腻的天花藻井、汉白玉台基、栏板、梁柱等，以充分显示宫殿的豪华富贵。

知识拓展

宫殿外的陈设

为显示帝王的威严和皇权的至高无上、唯我独尊，在宫殿的庭院里或殿堂内还有许多独特的陈设。

1. 华表

华表是中国古代设在宫殿、城垣、桥梁、陵墓前作为标志和装饰用的大柱。一般为石制，柱身通常雕有蟠龙等纹饰，上为方板和蹲兽。华表高高耸立，既体现了皇家的尊严，又给人以美的享受。竖立于皇宫或帝王陵园之前，将其作为皇室建筑的特殊标志。

2. 石狮

宫殿大门前都有一对石狮（或铜狮）。石狮（或铜狮），有辟邪的作用；又因为狮子是兽中之王，所以又有显示尊贵和威严的作用。按中国文化的传统习俗，成对石狮是左雄右雌，亦可以从狮下所踩之物来辨别雄雌。爪下踩着球，象征着统一环宇和无上权力，必为雄狮；爪下踩着幼狮，象征着子孙绵延，必为雌狮。

3. 日晷、嘉量

日晷即日影（见图6－17），它利用太阳的投影和地球自转的原理，借指针所生阴影的位置来显示时间。嘉量是我国古代的标准量器，含有统一度量衡的意义，象征着国家统一和强盛。

图6－17 日晷

4. 吉祥缸

吉祥缸指置于宫殿前盛满清水以防火灾的水缸，有的是铜铸的。古代称之为“门海”，比喻缸中水似海可以扑灭火灾。

5. 鼎式香炉

有盖为鼎，无盖为炉，是古代的一种礼器，举行大典时用来燃檀香和松枝。

6. 铜龟、铜鹤

龟和鹤是中国文化中的神灵动物，用来象征长寿，庆贺享受天年。

（二）中国现存的皇家宫殿

从秦始皇开始，宫廷建筑就成了中国建筑的重要组成部分。从历史文献中，我们知道秦的阿房宫，汉的未央宫、长乐宫、建章宫，唐的太极宫、大明宫、兴庆宫等都曾规模宏大、富丽堂皇，只是这些宫殿都在王朝更替或争夺皇位时，毁于无情的战火或后代的焚毁。如今，保存完好的宫殿建筑只有两处：一处是明清的皇宫——北京故宫（紫禁城），一处是清朝的陪都——沈阳故宫。

1. 北京故宫

北京故宫，又称紫禁城，是明、清两朝的宫殿，位于北京市区中心。它始建于明永乐四年（1406 年），历时 14 年至永乐十八年（1420 年）完工，先后有 24 个皇帝在此登基执政。故宫是世界上现存规模最大、最完整的古代木构建筑群，也是世界上最大的皇宫。

故宫建筑严格按左祖右社、前朝后寝、三朝五门及中轴对称的古制。宫殿分前后两部分，即前朝和内廷。前朝是皇帝举行大典、召见群臣、行使权力的场所。主要建筑是中轴线上的三大殿：太和殿、中和殿、保和殿。太和殿又称金銮殿，皇帝即位、诞辰以及节日庆典和出兵征伐等重大国典在此举行。中和殿是皇帝在前往太和殿途中小憩，接受内阁、礼部及侍卫执事人员朝拜的地方。保和殿是皇帝宴请外蕃王公贵族和京中文武大臣之处。故宫建筑的后半部叫内廷，内廷宫殿的大门——乾清门，左右有琉璃照壁，门里是后三宫。内廷以乾清宫、交泰殿、坤宁宫为中心，东西两翼有东六宫和西六宫，是皇帝处理日常政务之处也是皇帝与后妃居住生活的地方。后半部在建筑风格上不同于前半部。前半部建筑形象是严肃、庄严、壮丽、雄伟，以象征皇帝的至高无上；后半部内廷则富有生活气息，建筑多是自成院落，有花园、书斋、馆榭、山石等。

1911 年辛亥革命后，清统治结束，末代皇帝溥仪仍居内廷，直至 1924 年被逐出宫。1925 年，故宫博物院成立，延续至今。馆藏文物 150 多万件，是我国最大的文物艺术宝库。1987 被列入《世界遗产名录》。

2. 沈阳故宫

沈阳故宫是中国现存仅次于北京故宫的最完整的皇宫建筑。在建筑艺术上承袭了中国古代建筑的传统，集汉、满、蒙古族建筑艺术为一体，具有很高的历史和艺术价值。

沈阳故宫是清朝初期的皇宫，入关前称盛京宫阙，入关后称奉天行宫，始建于后金天命十年（1625 年），历时 11 年建成，乾隆、嘉庆年间有所扩建。整座宫殿布局具有浓厚的民族和地方特色。沈阳老城内的大街呈“井”字形，故宫就建在“井”字形大街的中心。沈阳故宫的主要建筑有东路的大政殿，是左右翼王和八旗大臣办公的地方；中路的崇政殿（见图6－18）俗称金銮殿，是沈阳故宫最重要的建筑，它是处理军政要务和接待外国使臣的地方；西路的文渊阁，建于乾隆四十七年（1782年），是藏书和皇帝读书看戏的地方。沈阳故宫现已辟为沈阳故宫博物院。

图6－18　崇政殿

二、礼制与祠祀建筑

在中国的奴隶社会与封建社会时期，“礼”是规定社会行为的法则、规范、仪式的总称。礼制建筑是服务于精神世界的、非生活实用的特殊建筑类型，人们只是在其中举行特定的祭祀、纪念活动。凡这些活动是由“礼制”要求产生、并被纳入官方祀典的，其建筑便称为礼制建筑；凡是民间的、主要以人为祭祀对象的，其建筑可称为祠祀建筑。

礼制和祠祀建筑可大略分为三类：祭祀天地社稷、日月星辰、名山大川的坛、庙；从君王到士庶崇奉祖先或宗族始祖的庙、祠；为统治阶级所推崇、为人民所纪念的名人专庙、专祠。

（一）坛

坛，是中国古代用于祭祀天、地、社稷等活动的台形建筑。最初的祭祀活动是在林中空地的土丘山上进行，后逐渐发展成用土筑坛。规模由简而繁，体形随天、地等不同祭祀对象而有圆有方，后又由土台变为砖石砌高台，并发展成宏大的建筑群。

1. 天坛

天坛位于北京崇文区正阳门外、永定门东侧，始建于明永乐十八年（1420年）。其建筑由内外两重坛墙环绕，南边坛墙成方形，北边坛墙左右两角成弧形，以象征古人“天圆地方”的观念。天坛由四组建筑组成：圜丘、皇穹宇、祈年殿、斋宫，其中以圜丘、祈年殿为主体，前者在南，后者在北，中间以丹陛桥（或称海漫大道）相连，大道宽约30米，长360米，高2.5米。圜丘是祭天时设祭的地方，坛呈圆形，以象征天，因为中国人偏爱“九”这个数字，圜丘坛每层的台阶数和坛面所铺的石块数及周围栏杆数都是九或九的倍数。祈年殿（见图6－19）则是帝王祈求丰收的地方。建筑周围广植柏树，有一种肃穆宁静的氛围。

2. 社稷坛

社稷坛是帝王祭祀土地神和粮食神的地方，位于天安门右侧，与太庙左右对称。主体建筑为坐落在中轴线上的社稷坛和拜殿。社稷坛为汉白玉砌成的三层方坛，用五色土覆盖于上层坛面，中央为黄，东方为青，南方为红，西方为白，北方为黑，以象征“普天之下，莫非王土”和祈求全国风调雨顺，五谷丰登。拜殿原为皇帝祭祀时休息和遇雨时行祭的地方，为面阔五间、单檐歇山顶的大殿。1925年孙中山先生逝世后，曾在此停灵，1928年改名“中山堂”。园内还有许多古柏，大多是明代建坛时所栽，古木虬枝，是祭坛环境的重要组成部分。

图6－19　天坛祈年殿

（二）宗庙、宗祠

宗庙是礼制建筑中分布最广泛的一类，是祭祀祖先的地方。礼制要求将营宫室，宗庙为先；庶人无庙则祭于寝，可见宗庙建筑的重要与普及程度。皇家宗庙称太庙，民间称家庙或祠堂。庙、祠中只设神主不设像。对祖先的祭祀表达了古代中国人的三重意愿：首先是表达对先人的追慕，其次是表达对祖先神明的敬畏，第三则希望得到祖先福佑。

1. 太庙

太庙按周制应置于宫城左前方，现存太庙以北京明清两朝太庙最为著名。

太庙位于北京市天安门的广场东北侧，是明清两代皇帝祭奠祖先的家庙。始建于明永乐十八年（1420年），是根据中国古代“敬天法祖”的传统礼制建造的。太庙是皇帝举行祭祖典礼的地方，大殿两侧各有配殿十五间，东配殿供奉着历代的有功皇族神位，西配殿供奉异姓功臣神位。大殿之后的中殿和后殿都是黄琉璃瓦庑殿顶的九间大殿，中殿称寝殿，后殿称祧庙。此外还有神厨、神库、宰牲亭、治牲房等建筑。外墙四周遍植翠柏，强调了追思先人的纪念建筑性质。

2. 晋祠

为一个地方作出贡献而被该地百姓奉为共同祖先设祠祭祀，也是一种宗祠。山西太原晋祠（见图6－20），是为纪念周武王次子叔虞而建，后多次扩建。北宋天圣年间（1023—1032）又为叔虞之母邑姜修建了圣母殿，成为现存晋祠中最古老也是最重要的建筑。圣母殿面阔七间，进深六间，重檐歇山顶，殿内空间高敞。殿内宋塑侍女，姿态自然传神，是宋塑珍品。圣母殿前，宋代鱼沼飞梁、金代献殿、宋代金人台、明代水镜台

图6－20　晋祠

（戏台）排成晋祠主轴线，表现了民间祠庙建筑的双重作用：拜献先祖和娱乐集会场所。晋祠院内还有祠、庙建筑多组，著名的周柏隋槐，涌流不息的难老泉，形成了历史氛围浓郁的文化园林。

（三）名人专庙、祠

名人专庙规格最高的是孔庙。孔庙又称文庙、夫子庙、孔圣庙等，是祭奠孔子的建筑。作为思想家、政治家、儒家学派创始人和中国第一位大教育家，孔子自汉代以后备受历朝统治者尊崇，祭孔列入国家祀典，孔庙也均为官方建筑。除曲阜孔庙以外，唐宋以来全国各大都邑都建有文庙。宋代开始了将官学和文庙并建一处的制度，左庙右学，文庙成为儒生祭孔并学习礼仪的场所。

图6－21　曲阜孔庙

曲阜孔庙（见图6－21）最初是就孔子故宅建立的简朴祀庙，后经历朝扩建修缮形成现在的规模。这是中国连续存在时间最长的一座古建筑群。现存孔庙占地327.5亩（约13.1万平方米），建筑物466间，前后有九进院落，纵向轴线贯穿整座建筑，左右对称，布局严谨，气势宏伟。前三进院落布置导向性建筑物，如门或牌坊。第四进院有一座三重檐的高阁奎文阁，其中藏有历代皇帝赏赐的图书。第七进院落中有“杏坛”，据说是孔子生前讲学处。孔庙的主殿大成殿高31.89米，宽54米，进深34米。廊下有28根石柱，每根石柱都用整块石材雕成。前廊下的十根石柱用深浮雕的手法雕成双龙对舞，衬以云朵、山石、涛波，造型优美生动，是罕见的艺术瑰宝。孔庙中还存有大量的碑刻及画像砖，是研究中国古代书法和文化艺术的宝贵资料。

名人祠多是就名人故居、庐墓或名人业绩斐然之地兴建，往往由地方官吏首倡、民间集资共建，多有文人雅士参与其事。各地名人祠数量很多，影响较大的有北京于谦祠、杨椒山祠；山西运城解州关帝庙；四川成都武侯祠、杜甫草堂，眉山三苏祠；陕西韩城司马迁祠；江苏扬州史可法祠，等等。

专题活动

你家附近有没有祠、庙建筑？查阅相关的文献资料，探访周围的老人，了解该祠庙建筑的历史。总结成一篇介绍短文，与同学进行交流。

第五节　古典园林

中国园林是为游览观赏、起居养性而建的，是包括山石、水体、建筑、动植物在内的综合自然整体，它融建筑、绘画、雕塑、文学、金石等艺术形式于一体，被誉为中国文化的四绝之一，在世界园林中独树一帜，极具艺术魅力。

一、中国古典园林的发展

（一）先秦时期——古代园林的雏形

据有关典籍记载，我国造园应始于商周，那时园林称为“囿”。从有关记载如《周礼》的“园圃树果瓜，时敛而收之”；《说文》的“囿，养禽兽也”；《周礼地官》的“囿人，……掌囿游之兽禁，牧百兽”等文字中，可以看出囿的作用主要是放牧百兽，以供狩猎游乐。在园、圃、囿三种形式中，囿具备了园林活动的内容。据《孟子》记载：“文王之囿，方七十里”，“囿”中养有兽、鱼、鸟等，不仅供狩猎，同时也是周文王欣赏自然之美的场所。可以说，囿是我国古典园林的一种最初形式，特点是以自然景色为主，少事人工。

（二）秦汉时期——古代园林的生成时期

在秦汉时期，“囿”改称“苑”，它是古代帝王的园林。与先秦相比，这一时期苑囿有了较大的发展，这与大统一帝国的出现、经济的繁荣是分不开的。

秦始皇完成统一中国的大业后，连续不断地营建宫、苑，大小不下三百处，其中最为有名的应推上林苑中的阿房宫，周围 300 里，内有离宫 70 所，“离宫别馆，弥山跨谷”。可以想见，规模是多么宏伟。汉代继续修建上林苑，将其范围扩充至周围 300 余里，宫苑内饲养珍禽异兽，多植花木，凿池堆山。汉武帝为求长生，听信术士之言在建章宫内开凿太液池，池中堆筑蓬莱、方丈、瀛洲三岛，以象征传说中东海上的三座仙山，从而开创了皇家园林“一池三山”的主要模式。同时期亦有私人园林出现。该时期为中国园林的奠基时期，这一时期的园林以模拟自然山水为特色。

（三）魏晋南北朝时期——自然山水园林形成时期

魏晋南北朝时期是中国古典园林史上的一个重要转折时期。在这一阶段，社会的动荡和政治的分裂并未禁锢人们的思想，造园活动在帝王至贵族这一特定人群中十分活跃，园林发展相当快速，并最终形成皇家、私家、寺观园林三大主流类型共同进步的局面。

这一时期因连年战争，社会动荡，文人雅士厌烦战争，玄谈玩世，礼佛养性，寄情山水，风雅自居，豪富们纷纷建造私家园林。如西晋石祟的“金谷园”，是当时著名的私家园林。随着佛教的广泛流传，出现了大量的寺院建筑。佛教建筑在总的布局上，有供奉佛像的殿宇和附属的园林部分，因此构成佛寺园林。佛寺园林的建造，都需要选择山林水畔作为参禅修炼的洁净场所。这个时期的园林是山水、植物、建筑相互结合组成的山水园林，大多采用写实手法再现山水，可称之为自然山水园或写实山水园。

（四）唐宋时期——山水园林繁荣发展时期

隋唐结束了魏晋南北朝长期的战乱状态，社会经济一度繁荣。尤其是唐王朝的建立，开创了中国历史上一个意气风发、充满活力的全盛时代。园林的发展也相应地进入了它的兴盛期。园林艺术方面，因官僚及文人墨客参与造园，从而促进了山水诗、山水画与园林艺术的相互渗透，使得这一时期园林自然美与艺术美达到高度、巧妙结合，中国园林进入了成熟时期。著名的皇家园林有大明宫、兴庆宫、华清宫、艮岳、琼林苑、玉津园等；私家园林有王维的辋川别业、李德裕平泉山庄和丛春园、沈尚书园等。唐朝长安还出现了我国历史上的第一座公共游览性质的大型园林——曲江池。

（五）明清时期——巅峰时期

明清时期，中国园林艺术达到巅峰。这一时期，造园理论有了重要的发展，出现了明末吴江人计成所著的《园冶》一书，这一著作是明代江南一带造园艺术的总结。园林规模空前，以圆明园、颐和园、避暑山庄等皇家园林为代表的北方园林和以苏州、杭州、无锡等地的私家园林为代表的江南园林都蓬勃发展起来。在园林艺术和技术方面，都达到了最高的水平。尤其是江南园林的艺术境界极高，最能体现文人墨客所追求的“诗情画意”，也使其成为北方皇家园林模拟和仿造的对象。

到了清末，由于外来侵略、西方文化的冲击、国民经济的崩溃等原因，园林创作由全盛快速跌至衰落。但中国园林的成就却被西方所认识，其造园手法被西方所推崇和模仿，中国园林成了全世界所公认的“园林之母”。

二、中国古典园林的艺术特征

中国古典园林除了满足人们生活、起居和宴饮的需要，更重要的是追求在小小的天地中，在有限的空间里，尽量再现大自然的山水美景，塑造出一个抒情寄志的生活空间。

（一）生境

生境就是自然美，园林的叠山理水，要达到虽由人作，宛若天成的境界。中国古典园林是典型的自然山水园，是人工与自然相结合的产物。中国文人自古就热爱大自然，崇尚大自然，以天地之美为美，故而山川形胜、万千景象莫不成为造园创作的蓝本和不绝的源泉。因此在造园时，无论聚石引泉，还是开涧植林，总是最大限度地再现自然山水，力求自然野致，旷达风流，从而体现“移天缩地在君怀”的意蕴。

追求生境主要体现在两个方面：一是园林的总体布局要合乎自然。即园林的选址要与周围的环境相协调，因地制宜，因势利导；园林中山、水、石、木、花、草等各要素的组合，要符合自然山水的组合规律，充分体现自然山水之美，让人身处其中，有回归自然的感觉。二是园林中每一山水要素的形象组合也要合乎自然规律。例如，堆砌假山，石与石之间的叠砌要符合天然岩石的纹脉，尽量减少人工拼叠的痕迹；园林中的水，应随形而弯，就势而曲；树木花草的配置应疏密相间，妙趣大成。

（二）画境

画境就是艺术美。自唐宋以来，诗情画意就是园林设计思想的主流，明清时代尤甚。园林将封闭和空间相结合，使山、池、房屋、假山的设置排布，有开有合，互相穿插，以增加各景区的联系和风景的层次，达到移步换景的效果，给人以“柳暗花明又一村”的印象。

任何园林，它的实际空间都是有限的，而艺术意境则要求无限。造园专家要想在这有限的空间里创造出丰富多样、各具个性的景观和不尽的意境，首先就得在宏观上加以把握，充分运用抑景、漏景、框景、借景等艺术手法，将园林空间进行分割，以增加风景的层次感，在视觉上扩大其空间感。

1. 抑景

中国传统艺术历来讲究含蓄，所以园林造景也绝不会让人一走进门口就看到最好的景色，最好的景色往往藏在后面，这叫做“先藏后露”、“欲扬先抑”、“山重水复疑无路，柳暗花明又一村”。采取抑景的办法，才能使园林显得有艺术魅力。例如，苏州多数园林的入口处都用假山、小院、漏窗等作为屏障，适当阻隔视线，使人们一进园门只能隐约地看到园景的一角，几经曲折才能见到园内山池亭阁的全貌。

2. 漏景

园林的围墙上，或走廊（单廊或复廊）一侧或两侧的墙上，常常设以漏窗，或雕以带有民族特色的各种几何图形，或雕以民间喜闻乐见的葡萄、石榴、腊梅、修竹等植物，或雕以鹿、鹤、兔等动物，透过漏窗的窗隙，可见园外或院外的美景，这叫做漏景。

3. 框景

框景就是园林中一些精妙巧雅的景观通过一定的方式框起来，造成一幅立体的画面。据说框景最初是由清代戏剧家李渔首先试做的。他曾设计了一种供游览的小船，船舱全部封闭，只在左右两边开设两个扇形小窗，人们见此情景，大惑不解。李渔却笑而不答，让人一试。果然，人坐舱中，透过小窗往外看，只见两岸的水光山色、寺庙宝塔、丛林竹园，还有那樵夫、渔翁、醉汉、仕女，连人带马一齐进入这小小的扇面窗内，宛如一幅幅天然图画，人们无不为之赞叹。此后李渔将此法移用到自家的园林里，在“浮白轩”厅堂中央开了一扇窗户，用彩纸装裱窗框四周，做成一个画框；然后在窗外不远处栽竹置石。透过窗框望去，俨然一幅堂画。他将此种窗画称为“尺幅窗”、“无心画”。江南园林中几乎随处可见这种尺幅窗。另外，通过园林中的洞门也可以形成美妙的框景。最典型的莫过于扬州瘦西湖的钓鱼台（见图 6－22）了。此亭四面各有一圆形洞门，从亭内中部外望，一洞含五亭桥，一洞含莲性寺白塔，若在特定位置，则两个洞中各含一景，且同时尽收眼底，一彩一素，一横一立，堪称绝妙。

图 6－22　扬州瘦西湖的钓鱼台

4. 借景

大至皇家园林，小至私家园林，空间都是有限的。在横向或纵向上让游人扩展视觉和联想，才可以小见大，最重要的办法便是借景。所以计成在《园冶》中指出：“园林巧于因借”。借景有远借、邻借、仰借、俯借、应时而借之分。

（三）意境

简单说来，意即主观的理念、感情，境即客观的生活、景物。意境产生于艺术创作中此两者的结合，即创作者把自己的感情、理念融入客观生活、景物之中，从而引发鉴赏这之类似的情感激动和理念联想。这种意境在建筑中往往以构景、命名、楹联、题额和花木等来表达。

江南的私家园林大多为封建时代的官员、文人、士大夫所筑，在园林建筑中普遍蕴涵着天人合一的人生观和虚静淡泊的隐逸思想，他们把园林看作“一片冰心在玉壶”的壶中天地。例如，苏州怡园中有座“锄月轩”，“锄月”二字取自陶渊明的诗句：“晨兴理荒秽，带月荷锄归。道狭草木长，夕露沾我衣。沾衣不足惜，但使愿无违。”陶诗的原意是显而易见，隐逸乡间，自耕为食，不与当时的官场社会同流合污。怡园主人与陶渊明的隐居思想不谋而合，产生共鸣，故从陶诗中摘取“锄月”二字，以名其轩，以明其志。又如拙政园内遍植荷花（见图 6－23），主厅远香堂及其他亭阁的命名如“荷风四面亭”、“听雨轩”、“香洲”等均与荷花有直接关系，这正体现了园主以荷花“出污泥而不染”来自比高尚的品格。

图 6－23　拙政园的荷花

所以，中国文人园林的创作过程是：首先创造自然美和生活美的“生境”，再进一步通过艺术加工上升到艺术美的“画境”，最后通过触景生情达到理想美的“意境”，达到三个境界互相渗透、情景交融的高潮，以此来体现“天人合一”的造园理念。

三、中国古典园林的分类

（一）按所有者的身份分类

1. 皇家园林

皇家园林起源最早，在奴隶社会便已出现了，是专供帝王休憩享乐的场所，有的还是处理政务的地方。皇家园林往往利用真山真水，并且集中了各地建筑中的精华。黄色的琉璃瓦，朱红的廊柱，洁白的玉石雕栏，精美的雕梁画栋，色彩浓烈，装饰富丽堂皇。传统皇家园林力求形成“一池三山”的意境，这是中国皇家园林自汉代以来的传统模式，象征海上三山，表示帝王身在园中犹如置身神仙世界。至今保存尚完好的著名皇家园林有北京颐和园、北海公园、承德避暑山庄等。

2. 私家园林

私家园林又称“府宅园林”、“宅园”，是供文人雅士，尤其是王公贵族、富豪商贾游乐之所。多依附于府宅院内。私家园林因财力有限，规模较小，一般占地 2～3 亩（800～1200 平方米），大者可达几十亩。面积虽小，然营造精心，故艺术水平较高。园林中常用假山假水，建筑小巧玲珑，色彩淡雅素净。典型代表有：北京的恭王府、上海的豫园、苏州的网狮园等。

3. 寺宗教园林

宗教园林是指附属于宗教建筑、祭祀场所和陵寝的园林。多建于城郊旷野之处，以获得肃穆清静的环境。园林总体布局独具匠心，且广植松柏银杏等特定品种树木，以造就肃穆、庄严、神秘的意境，达到对人产生强烈感应的目的。典型代表有：苏州的通玄寺、寒山寺，杭州的灵隐寺，扬州的大明寺等。

（二）按园林所处的地理位置分类

1. 北方园林

北方园林大多集中于北京、西安、洛阳、开封等古都，尤以北京皇家园林和王侯府邸园林最为典型。因北方地域宽广，又大多位于古都，因此面积广袤，建筑高大，装饰富丽堂皇；又因受自然条件所局限，河川湖泊、园石及常绿树木都较少，风格比较粗犷，多野趣，各种人工建筑厚重有余，委婉不足。当然也不乏仿效江南私家园林的小巧之作，如颐和园中的谐趣园便是模仿江苏无锡寄畅园的杰作。

2. 江南园林

江南园林大多集中于南京、上海、无锡、苏州、杭州、扬州等地，其中尤以苏州最为典型。由于江南地区气候温润，自然风光秀丽，盛产叠山所需之湖石、黄石等，造园条件明显优于北方。而且自唐宋以来，江浙一带经济发达，商业繁荣，人口密集，文化昌盛，自古即以文人才子迭出著称。其中许多文人士大夫往往亲自参与园林的营造，因而使得江南园林成为典型的文人园林。

江南园林多属私园，以宅园为主。规模虽小但充分利用一切空间造景，即使墙角、路面也精心点缀，故屈曲多致，虽小而足供观赏。多奇石秀水，玲珑纤巧，轻盈秀丽，色调朴素淡雅，粟柱粉墙，灰砖青瓦，韵味隽永，富有田园情趣，身入其境舒适恬淡，称之为“城市山林”最为贴切。苏州、杭州、无锡、扬州、镇江以“园林城市”而闻名。苏州的沧浪亭、拙政园、狮子林和留园被誉为“四大名园”。

3. 岭南园林

最早的岭南园林可上溯到南汉时的“仙湖”，它的一组水石景“药洲”尚保留至今。清初岭南地区经济比较发达，文化水准提高，私家造园活动开始兴旺，逐渐影响及于潮汕、福建和台湾等地，到清中叶以后而日趋兴旺。

岭南园林以宅园为主，多为庭院和庭园的组合。其发展历史比较晚，曾师法北方与江南园林，因而风格在二者之间。其建筑物高而宽敞，色调艳丽多彩，纤巧繁缛。因地处珠江三角洲，受商业和外来文化的影响，在建筑和布局上显出某些外域色彩。不仅某些局部和细部的做法如西洋式的石栏杆、西洋进口的套色玻璃和雕花玻璃等，甚至个别园林的规划布局亦能看到欧洲规整式园林的模仿迹象。顺德的清晖园、东莞的可园、番禺的余荫山房、佛山的梁园号称岭南四大名园，它们都完整保存下来，可视为岭南园林的代表作品。其中以余荫山房最为有名。

▶阅读材料

余荫山房

余荫山房，又名余荫园，位于广州市番禺区南村镇。余荫山房为清代举人邬彬的私家花园，始建于清代同治六年（1867 年），距今已有 140 多年历史。园占地面积 1598 平方米，以小巧玲珑、布局精巧的艺术特色著称。

余荫山房坐北朝南，以廊桥为界，将园林分为东、西两个区域。它吸收了苏杭庭院建筑艺术风格，整座园林布局灵巧精致，以“藏而不露”的手法，在有限的空间里分别建筑了深柳堂、榄核厅、临池别馆、玲珑水榭、来薰亭、孔雀亭和廊桥等。在面积并不大的山林里，浓缩了园林的主要设施和景致，使有限的空间注入了幽深广阔的无限佳景。其后门的对联“余地三弓红雨足，荫天一角绿云深”正是此园点题之句。

四、园林的组成要素

中国古典园林自然风景以山、水地貌为基础，植被做装点，但绝非简单地模仿这些构景的要素，而是有意识地加以改造、调整、加工、提炼，从而表现一个精练概括浓缩的自然。它既有“静观”又有“动观”，从总体到局部包含着浓郁的诗情画意。这种空间组合形式多使用某些建筑如亭、榭等来配景，使风景与建筑巧妙地糅合到一起。

（一）筑山

山体构成园林的地形骨架，决定园林空间的形态。园林中的山有真有假。一般说来，皇家园林规模宏大，以真山居多；私家园林空间有限，以假山为主。造园艺术家们以土、石为材料，对自然山水加以艺术的提炼和夸张，“浓缩”成假山和置石。

假山体量大，将园林分割成不同的空间或坡度，以适当地布置景物，可游可观，使游人有如置身于山林之感。计成在《园冶·掇山》中，列举了园山、厅山、楼山、阁山、书房山、池山、内室山、峭壁山、山石池、金鱼缸、峰、峦、岩、洞、涧、曲水、瀑布17种形式，总结了明代的造山技术。清代造园专家，创造了穹形洞壑的叠砌方法，用大小石钩带砌成拱形，顶壁一体，酷似天然洞壑。现存假山中，苏州环秀山庄的湖石假山（见图6-24）极具有代表性，它是由清代常州叠石名家戈裕良精心设计建造的。假山整体富于气势，局部处理细腻，形态逼真，结构精致。在有限的空间里，表现出高峰、危径、飞梁、绝壁、洞壑、石室、水谷等多变的山水空间个性，给人以不尽的审美品位。

图6-24　环秀山庄的湖石假山

（二）理水

为表现自然，理池也是造园最主要因素之一。园林中的泉、溪、瀑、池、湖等都是根据不同的组景需要设计的，与建筑、山石结合在一起，形成动与静、刚与柔、虚与实的对比。

自然式园林以表现静态的水景为主，以表现水面平静如镜或烟波浩渺的寂静深远的境界取胜。人们或观赏山水景物在水中的倒影，或观赏水中怡然自得的游鱼，或观赏水中芙蕖睡莲，或观赏水中皎洁的明月……自然式园林也表现水的动态美，但不是喷泉和规则式的台阶瀑布，而是自然式的瀑布。池中有自然的矶头、水口，以表现经人工美化的自然。正因为如此，园林一定要造池引水。古代园林理水之法，一般有三种。

1. 掩

以建筑和绿化，将曲折的池岸加以掩映。临水建筑，除主要厅堂前的平台，为突出建筑的地位，不论亭、廊、阁、榭，前部皆架空挑出水上，水犹似自其下流出，用以打破岸边的视线局限；或临水布蒲苇岸、杂木迷离，造成池水无边的视角印象。

2. 隔

或筑堤横断于水面，或隔水净廊可渡，或架曲折的石板小桥，或涉水点以步石，正如计成在《园冶》中所说，“疏水若为无尽，断处通桥”，如此则可增加景深和空间层次，使水面有幽深之感。

3. 破

水面很小时，如曲溪绝涧、清泉小池，可用乱石为岸，怪石纵横、犬牙交错，并植配以细竹野藤、朱鱼翠藻，那么虽是一洼水池，也令人似有深邃山野风致的审美感觉。

（三）动植物

花木犹如山峦之发，水景如果离开花木也没有美感，植物是叠山理水不可缺少的因素。自然式园林着意表现自然美，对花木的选择标准，一讲姿美，树冠的形态、树枝的疏密曲直、树皮的质感、树叶的形状，都追求自然优美；二讲色美，树叶、树干、花都要求有各种自然的色彩美，如红色的枫叶，青翠的竹叶、白皮松，斑驳的狼榆，白色的广玉兰，紫色的紫薇等；三讲味香，要求自然淡雅和清幽。最好四季常有绿，月月有花香，其中尤以腊梅最为淡雅、兰花最为清幽。

花木对园林山石景观起衬托作用，又往往和园主追求的精神境界有关。如竹子象征人品清逸和气节高尚，松柏象征坚强和长寿，莲花象征洁净无暇，兰花象征幽居隐士，玉兰、牡丹、桂花象征荣华富贵，石榴象征多子多孙，紫薇象征高官厚禄等。另外，古树名木对创造园林气氛非常重要。古木繁花，可营造古朴幽深的意境。

中国古典园林重视饲养动物。最早的苑囿中，以动物作为观赏、娱乐对象。魏晋南北朝园林中有众多鸟禽，使之成为园林山水景观的天然点缀。唐代王维的辋川别业中养鹿放鹤，以寄托“一生几经伤心事，不向空门何处销”的解脱情趣。宋徽宗所建艮岳，集天下珍禽异兽数以万计，经过训练的鸟兽，在徽宗驾到时，能乖巧地排立在仪仗队里。明清时园中有白鹤、鸳鸯、金鱼，还有天然鸟蝉等。在中国古典园林中的所有小动物为主题的景致中，鱼的地位最高。无论是南方的文人园林，还是北方的宫苑花园，无论是寺庙园林还是公共风景园林，总是不乏临池观鱼处。园中动物可以观赏娱乐，可以隐喻长寿，也可以借以扩大和涤化自然境界，令人通过视觉、听觉产生联想。

（四）建筑

亭、台、楼、阁、厅、榭、轩、舫、桥廊是中国园林建筑的主要形式。有人把建筑看作是园林的“眼睛”，像人一样，有了眼睛，才能有神采。建筑是人工所造，有了建筑，也就有了艺术之美。融自然美、建筑美、艺术美于一体的园林建筑布局讲究自然之趣，使建筑与周围环境融入一体，将亭台楼阁分散、穿插于山水风景中，处处成景，人工美与自然美水乳交融。

以常见的亭、廊、桥为例，它们所构成的艺术形象和艺术境界都是独具匠心的。例如，亭不仅造型非常丰富多彩，而且在园林中起着“点景”与“引景”的作用，如苏州西园的湖心亭、拙政园的别有洞天半亭、北京北海公园的五龙亭。

再如长廊，它在园林中间既是引导旅游者游览的路线，又起着分割空间、组合景物的作用。当人们漫步在北京颐和园的长廊之中，便可饱览昆明湖的美丽景色；而苏州拙政园的水廊，则轻盈婉约，人行其上，宛如凌波漫步；苏州怡园的复廊，用花墙分隔，墙上形式各异的漏窗，使园有界非界，似隔非隔，景中有景，小中见大，变化无穷，这种漏窗在江南古典园林中运用极广，是古代建筑匠师们的杰出创造。

图 6－25　颐和园的十七孔桥

至于中国园林中的桥，则更是丰富多姿，在世界建筑艺术上大放异彩。最突出的例子是北京颐和园的十七孔桥（见图 6－25）、玉带桥，它们各以其生动别致的造型，把颐和园的景色装点得更加动人。此外，江苏扬州瘦西湖的五亭桥、苏州拙政园的廊桥又是另一种风格，成为这些园林中最引人注目的园景之一。

（五）匾额、楹联与刻石

每个园林建成后，园主总要邀集一些文人，根据园主的立意和园林的景致，给园林和建筑物命名，并配以匾额题词、楹联诗文及刻石。匾额是指悬置于门振之上的题字牌，楹联是指门两侧柱上的竖牌，刻石指山石上的题诗刻字。不论是匾额楹联还是刻石，不仅能够陶冶情操，抒发胸臆，也能够起到点景的作用，为园中景点增加诗意，拓宽意境。而且题额不同，人的感受也会产生很大差异。例如，苏州拙政园内有两处观赏荷花的地方，一处建筑物上的匾额题为“远香堂”，另一处则题为“听留馆”。前者得之于周敦颐咏莲的“香远益清”句，后者出自李商隐“留得残荷听雨声”的诗句，一样的景物，由于题额的不同却给人以两般的感受，物景虽同而意境则殊。拙政园西部有一高轩，上有隶书的题额：“与谁同坐轩”，其语出自苏东坡词《点绛唇》：“与谁同坐？清风，明月，我。”题额者把答案藏匿起来，非常耐人寻味。

五、中国古代著名园林

（一）颐和园

颐和园（见图 6－26）位于北京西北郊海淀区。是利用昆明湖、万寿山为基址，以杭州西湖风景为蓝本，汲取江南园林的某些设计手法和意境而建成的一座大型天然山水园，也是保存得最完整的一座皇家行宫御苑。

图 6－26　颐和园

颐和园原是清朝帝王的行宫和花园。乾隆十五年（1750 年），乾隆皇帝在这里改建为清漪园。咸丰十年（1860 年），清漪园被英法联军焚毁。光绪十四年（1888 年），慈禧太后以筹措海军经费的名义动用约 3000 万两白银重建，改称颐和园，作消夏游乐地。到光绪二十六年（1900 年），颐和园又遭“八国联军”的破坏，许多建筑物被烧毁。光绪二十九年（1903）年修复。

颐和园景区规模宏大，占地面积 290 公顷，主要由万寿山和昆明湖两部分组成，其中水面占四分之三（约 220 公顷）。园内建筑以佛香阁为中心，园中有景点建筑物百余座、大小院落 20 余处，面积 70000 多平方米，共有亭、台、楼、阁、廊、榭等不同形式的建筑 3000 多间。古树名木 1600 余株。其中佛香阁、长廊、石舫、苏州街、十七孔桥、谐趣园、大戏台等都已成为家喻户晓的代表性建筑。

园中主要景点大致分为三个区域：以庄重威严的仁寿殿为代表的政治活动区，是清朝末期慈禧与光绪处理内政、进行外交政治活动的主要场所；以乐寿堂、玉澜堂、宜芸馆等庭院为代表的生活区，是慈禧、光绪及后妃居住的地方；以万寿山和昆明湖等组成的风景游览区；以万寿前山、昆明湖、后山后湖长廊沿线、后山、西区组成的广大区域，是供帝后们澄怀散志、休闲娱乐的苑园游览区。

1998 年，颐和园以其丰厚的历史文化积淀、优美的自然环境景观，卓越的保护管理工作被联合国教科文组织列入《世界遗产名录》。

（二）承德避暑山庄

承德避暑山庄又名承德离宫或热河行宫，位于河北省承德市中心北部，是清代皇帝夏天避暑和处理政务的场所。承德避暑山庄始建于 1703 年，历经清朝三代皇帝：康熙、雍正、乾隆，耗时约 90 年建成。山庄占地 564 万平方公里，是我国现存规模最大的古代皇家园林。

山庄的建筑布局大体可分为宫殿区和苑景区两大部分。宫殿区是皇帝处理朝政、举行庆典和生活起居的地方，由正宫、松鹤斋、万壑松风和东宫四组建筑组成。正宫是宫殿区的主体建筑，包括九进院落，分“前朝”、“后寝”两部分。主殿叫“澹泊敬诚”，是用珍贵的楠木建成的，因此也叫“楠木殿”，各种隆重的大典都在这里举行。其后的殿堂分别叫“四知书屋”、“烟波致爽”、“云山胜地”等，是皇帝处理朝政、读书和居住的地方。苑景区又可分成湖区、平原区和山区三部分。湖泊区在宫殿区的北面，有 8 个小岛屿，将湖面分割成大小不同的区域，层次分明，洲岛错落，碧波荡漾，富有江南水乡的特色。东北角有清泉，即著名的热河泉。平原区在湖区北面的山脚下，地势开阔，碧草茵茵，林木茂盛。山峦区在山庄的西北部，面积约占全园的五分之四，这里山峦起伏，沟壑纵横，众多楼堂殿阁、寺庙点缀其间。整个山庄东南多水，西北多山，是中国自然地貌的缩影。

（三）苏州四大名园

“江南园林甲天下，苏州园林甲江南。”苏州素以园林美景享誉全国，这些园林可分为宅地园林、市郊园林和寺庙园林三大类。苏州园林多为宅地园林，由贵族、宦官、富商等所建，精致优雅，并反映出历代园林的不同风格，同为中国园林艺术的代表作。

1. 沧浪亭

沧浪亭（见图 6－27）位于苏州城南，占地 1.1 公顷，是苏州最古老的一座园林，为北宋庆历年间（1041—1048）诗人苏舜钦所筑，以《楚辞·渔父》之意题园名。南宋初年为名将韩世忠的住宅。以崇阜广水为特色，园内古木参天，山石嶙峋。园外小河相傍，自然开朗。山巅沧浪亭为清康熙年重建，柱联“清风明月本无价，近水远山皆有情”十分有名。

图 6－27　沧浪亭

沧浪亭造园艺术与众不同，未进园门便见一泓绿水绕于园外，漫步过桥，始得入内。园内以山石为主景，迎面一座土山，隆然高耸。山上幽竹纤纤、古木森森，山顶上便是翼然凌空的沧浪石亭。山下凿有水池，山水之间以一条曲折的复廊相连，廊中砌有花窗漏阁，穿行廊上，可见山水隐隐迢迢。假山东南部明道堂是园林的主建筑，与明道堂东西相对的是五百名贤祠。园中最南部的是建在假山洞屋之上的看山楼，看山楼北面是“翠玲珑馆”，再折而向北到“仰止亭”，出“仰止亭”可到“御碑亭”。

沧浪亭清幽古朴，适意自然，如清水芙蓉，洗尽铅华，无一丝脂粉气息。

2. 狮子林

狮子林位于苏州城内东北部。元代至正二年（1265 年），名僧天如禅师维则的弟子“相率出资，买地结屋，以居其师”因园内“林有竹万固，竹下多怪石，状如狻猊（狮子）者”；又因天如禅师维则得法于浙江天目山狮子岩普应国师中峰，为纪念佛徒衣钵、师承关系，取佛经中狮子座之意，故名“狮子林”。

狮子林的湖石假山（见图 6－28）多且精美，建筑分布错落有致，主要建筑有燕誉堂、见山楼、飞瀑亭、问梅阁等。全园结构紧凑，长廊贯通四周，曲径通幽，古树挺秀。东南多山，西北多水，四周高墙峻宇，气象森严。大型湖石假山群外表雄浑，内部空灵，洞壑幽深，曲折盘桓，犹如迷阵。

图 6－28　狮子林假山

3. 拙政园

拙政园位于苏州娄门内，占地 4.1 公顷，是苏州最大的一处园林，也是苏州园林的代表作。明正德四年（1509 年），官场失意的御史王献臣还乡建造此园，取晋代潘岳《闲居赋》中“灌园鬻蔬，以供朝夕之膳，是亦拙者之为政也”之意，名“拙政园”。后屡易其主，多次改建。现存园貌多为清末时所形成。

拙政园布局主题以水为中心，池水面积约占总面积的五分之一，各种亭台轩榭多临水而筑。全园分东、中、西、住宅四部分。中部是拙政园的主景区，为精华所在。其总体布局以水池为中心，亭台楼榭皆临水而建，有的亭榭则直出水中，具有江南水乡的特色。以荷香喻人品的“远香堂”为中部拙政园主景区的主体建筑，位于水池南岸，隔池与东西两山岛相望，池水清澈广阔，遍植荷花，山岛上林荫匝地，水岸藤萝粉披，两山溪谷间架有小桥，山岛上各建一亭，西为“雪香云蔚亭”，东为“待霜亭”，四季景色因时而异。

西部主要建筑为靠近住宅一侧的三十六鸳鸯馆，是当时园主人宴请宾客和听曲的场所，厅内陈设考究。晴天由室内透过蓝色玻璃窗观看室外景色犹如一片雪景。三十六鸳鸯馆的水池呈曲尺形，其特点为台馆分峙，装饰华丽精美。回廊起伏，水波倒影，别有情趣。西园北半部还有浮翠阁、笠亭、与谁同坐轩、倒影楼等建筑。东部原为“归去来堂”，后废弃。

4. 留园

图 6-29　冠云峰

留园位于苏州阊门外，原是明嘉靖年间太仆寺卿徐泰时的东园。园内假山为叠石名家周秉忠的大作。清嘉庆年间，刘恕以故园改筑，名寒碧山庄，又称刘园。园中聚太湖石十二峰，蔚为奇观。咸宁年间，苏州诸园颇多毁损，而此园独存。光绪初年为盛康所得，修葺拓建，易名留园。现全园占地约 50 亩，分四个景区：中部以山池为中心，风景明净清幽；东部则厅堂宏丽轩敞，重楼叠阁；西部是土山枫林，景色天然清秀；北部是田园风采。其间以曲廊相连，迂回连绵，达 700 余米，通幽度壑，秀色迭出。

全园建筑布局结构严谨，尤以建筑空间处理得当而居苏州园林之冠。留园中特别值得一提的是著名的留园三峰：冠云峰居中，瑞云峰、岫云峰分立左右。冠云峰（见图 6-29）高 6.5 米，玲珑剔透，相传为宋代花石纲遗物，系江南园林中最高大的一块湖石。留园以宜居宜游的山水布局、疏密有致的空间对比、独具风采的石峰景观，成为江南园林艺术的杰出典范。

阅读材料

扬州个园

图 6-30　个园

清代扬州的盐商开始营造园林，至今还保留着许多优秀的古典园林，其中历史最悠久、保存最完整、最具艺术价值的，要算坐落在古城北隅的个园了。个园（见图 6-30）是一处典型的私家住宅园林。从住宅进入园林，首先映入眼帘的是月洞形园门。门上石额书写“个园”二字，“个”者，竹叶之形，主人名“至筠”，“筠”亦借指竹，故以“个园”命名，点明主题。

园门两侧各种竹子，枝叶扶疏，“月映竹成千个字”，与门额相辉映；白果峰穿插其间，如一根根苗壮的春笋。主人以春景作为游园的开篇，想是有“一年之计在于春”的含意吧！透过春景后的园门和两旁典雅的一排漏窗，又可瞥见园内景色，楼台、花树掩映其间，引人入胜。进入园门向西拐，是与春景相接的一大片竹林。竹林茂密、幽深，与那几颗琼花一同展现出了生机勃勃的春天景象。

值得一提的是个园的叠石艺术，采用分峰用石的手法，运用不同石料堆叠出了“春、夏、秋、冬”四景。四季假山各具特色，表达出“春景艳冶而如笑，夏山苍翠而如滴，秋山明净而如妆，冬景惨淡而如睡”和“春山宜游，夏山宜看，秋山宜登，冬山宜居”的诗情画意。个园旨趣新颖，结构严密，是中国园林的孤例，也是扬州最富盛名的园景之一。

专题活动

仔细阅读上则案例，说说个园的主人采用了哪些造园手法来凸显该园的意境，反映了主人怎样的心境。

第六节　帝王及名人陵墓

陵墓建筑是中国古代建筑的重要组成部分，中国古人基于人死而灵魂不灭的观念，普遍重视丧葬，因此，无论任何阶层对陵墓皆精心构筑。在漫长的历史进程中，中国的陵墓建筑得到了长足的发展，产生了举世罕见的、庞大的古代帝后墓群；且在历史演变过程中，陵墓建筑逐步与绘画、书法、雕刻等诸艺术门派融为一体，成为反映多种艺术成就的综合体。

一、陵墓的构成及发展

在中国几千年的墓葬史中，帝王陵墓规模宏大，体制完善，是典型的代表。一座完整的帝王陵墓一般分为两部分，即地下部分和地面部分。地下部分包括墓室结构和随葬品，地面部分包括封土和其他陵园建筑。

（一）地面部分

1. 封土形制

据文献记载和考古发掘，中国中原地区，最初墓葬是没有坟丘的，大约从周代开始，出现了“封土为坟”的做法，即在墓上堆筑土丘，而统治者的陵墓封土无疑是最大的。

（1）“方上”

早期帝王的陵墓，是在地宫上用黄土层层夯筑而成，呈覆斗形。因为陵墓的上部是方形平顶，犹如方形锥体被截去顶部，故名“方上”。这种封土形制沿用朝代最多，自周朝一直延续到隋朝，尤以秦始皇陵为典型代表。宋代恢复“方上”的形式，但是其规模比秦汉时代要小得多。

（2）“以山为陵”

到了唐代，李世民认为平地筑起高坡太劳民伤财，同时为了防止水土流失和盗墓，改为“以山为陵”的形式，即利用山峰作为陵墓坟头，在山丘上造陵。唐乾陵是典型代表。

(3)“宝城宝顶”

明清两代的皇陵形制由汉唐两宋的方形改为圆形，在地宫上砌筑高大的圆形砖墙，于砖墙内填土，使之高出城墙成圆顶，这一圆顶即为宝顶；城墙上设垛口和女儿墙，犹如一座小城，即为宝城。宝城上建有明楼，楼内立石碑，刻着皇帝的庙号和谥号。

2. 陵园建筑

帝王陵园的地面建筑除上述封土外，主要有以下三个部分。

(1) 祭祀建筑区

祭祀建筑区建在陵冢前方，是封闭的多进庭院建筑群，供祭祀之用。早期称“享殿”、“献殿”、“寝殿”、“陵殿”等。秦始皇陵北部设有寝殿，开创了帝陵设寝的先例。明代帝王陵园祭祀建筑区由棱恩门、棱恩殿、配殿、廊庑、祭坛、朝房、值房等建筑组成。清代改棱恩门、棱恩殿为隆恩门、隆恩殿。

图 6－31 明十三陵神道

(2) 神道

神道是从陵园大门直达棱恩门的大道，又称“御路”、“甬路”。唐以前神道并不长，在道旁置少量石刻，在神道入口设阙门。唐朝陵前神道石刻增多，形成大型“石像生”石刻群。到了明清时期，帝王陵神道发展达到高峰，明十三陵神道（见图 6－31）长 7 公里，清东陵神道长 5 公里。

(3) 护陵监

护陵监是专门保护和管理陵园的机构，是为帝王守护陵墓的官吏值守居住的地方。为防止盗掘和破坏，每座皇陵均有护陵监。护陵监外有城墙围绕，里面有衙署、市街、住宅等建筑。

（二）地下部分

墓室使用木、砖、石三种材料构造。大型木椁墓室从殷商开始直到西汉达到高潮，出现了“黄肠题凑”的形式。砖筑墓室始于战国末年，此后砖的种类越来越多，出现了空心砖、画像砖等。西汉晚期开始出现石室墓，五代时已经盛行，从明朝开始地宫建筑发展到顶峰，用巨型条石建造大型拱券墓室。墓室中雕刻画像，故称“画像石墓”。

二、中国古代著名陵墓

一、帝王陵墓

1. 秦始皇陵

秦始皇陵位于陕西临潼骊山脚下，是我国第一座皇陵，在历代单葬制帝王陵墓中规模最大。作为中国历史上第一个封建王朝的统治者，秦始皇从即位（前 246 年）起就开始为自己筑建陵墓，前后长达 36 年，动用刑徒 72 万人。

陵墓封土呈方上形，原高 115 米，底部南北长 515 米，东西长 485 米，经两千多年风雨洗刷仍有 76 米，如山峰屹立于临潼县骊山北麓。陵园建制仿都邑，陵墓周围呈回字形，筑有内外两重城垣，目前探明的大型地面建筑有寝殿、便殿、园寺吏舍等基址。

图 6-32　兵马俑

陵墓地宫中心是安放秦始皇棺椁的地方，陵墓四周有陪葬坑和墓葬 400 多个。主要陪葬坑有铜车、马坑、珍禽异兽坑、马厩坑以及兵马俑坑等。兵马俑（见图 6-32）仿真人、真马制成，面目各异，服饰各异，再现了秦军统一寰宇的壮阔历史画卷。1980 年发掘出土的一组大型的两乘彩绘铜车马——高车和安车，是迄今中国发现的体形最大、装饰最华丽、结构最复杂、驾具最全的古代铜车马，被誉为“青铜之冠”。1987 年秦始陵及兵马俑被列入《世界遗产名录》。

2. 汉茂陵

汉茂陵是汉武帝刘彻（前 157 ~ 前 87 年）的陵墓，位于陕西兴平县东 15 公里处。因茂陵在西汉时属槐里县茂乡，故得此名。汉武帝在中国历史上声名显赫，他将西汉王朝推向鼎盛，强大的国力为他长期大规模修建陵墓创造了条件。

茂陵是西汉帝陵中规模最大的一座，始建于汉武帝即位后第二年（前 137 年），历时 53 年才修成。形似覆斗，高 46.5 米，底基 240 米见方，超过汉帝陵高 30 米的规则。

图 6-33　马踏匈奴

茂陵周围有李夫人、卫青、霍去病等陪葬墓 12 座。其中霍去病墓封土为祁连山形，反映了他西征匈奴收复河西的丰功伟绩。墓前陈列着一系列大型石刻石人和石兽等，其中以“马踏匈奴”（见图 6-33）最为著名。这些雕刻寓意深刻，刀法洗练，形神兼备，浑厚古朴。该墓祁连山形状的封土和生动传神的石像生，艺术地再现了霍去病这位征战匈奴、屡建奇功的大将风采。

3. 唐代帝陵

唐代历 290 年 20 帝，其中 18 位皇帝葬于渭水之北、北山之阳，东西绵延 120 多公里，号称唐十八陵。唐太宗李世民的昭陵以九嵕山为陵丘，首开唐代以山为陵的先例。地宫开凿于山南半腰绝壁处，昭陵六骏原置于玄武门内，为著名石刻艺术品。昭陵南侧有 167 座陪葬墓，使陪葬从葬成为定制。

乾陵位于西安附近乾县梁山地区，建于公元 684 年，是唐高宗李治和皇后武则天的合葬陵。因处于长安西北方、八卦的乾位而称乾陵。乾陵所在的梁山海拔 1047 米，三峰耸立，北峰最高，为陵寝所在地。南二峰较低，东西对峙，成为乾陵的天然门阙。所以，乾陵不仅是唐陵以山为陵的典型，而且以山为阙，十分奇特。陵园分为内外两重城垣，外周 5800 米，四座阙门分别命名为“青龙”、“白虎”、“朱雀”、“玄武”；中轴线上有阙楼、回廊、献殿等建筑。墓道长 2 公里，旁置华表、翼马、鸵鸟、石狮、石人等大型雕刻。高高耸立的“述圣碑”与“无字碑”浑朴巍峨。这些大型石雕造型精美，被誉为“盛唐石刻艺术的露天展览馆”。陵寝位于梁山山腰，墓道由条石封闭并用铁拴板加固，其缝又以铁锡汁灌铸，坚固无比。乾陵是关中唐十八陵中唯一没有被盗的陵，等到地宫重见天日之时，必定会成为又一个世界奇迹。

4. 北宋帝陵

北宋帝陵位于河南巩县境内。北宋九个皇帝，除徽、钦二帝被金虏后囚死漠北外，其他七帝八陵（包括赵匡胤父亲赵宏殷墓）均设于此，并附葬皇后20余位，陪葬宗室及王公大臣如寇准、包拯等墓300多座。

北宋帝陵一改居山面河居高临下的布局传统，面朝嵩山，背负洛阳，南高北低，陵台封土最低，这是因为赵姓在五音中属角，“吉自高山来”的风水思想影响所致。宋陵规制整齐划一，由南向北依次为鹊台、乳门、华表、石像生、上宫及陵台、后陵、下宫。石刻数量多且保存完好。

南宋帝陵位于浙江绍兴一带，因思归葬中原，故营造简陋，今尚存遗迹。

5. 元代帝陵

元代帝王驾崩，多运草原深埋，马踏去迹，不封不树，难觅其所在。现今的成吉思汗陵乃是一座衣冠冢，它经过多次迁移，直到1954年才由湟中县的塔尔寺迁回故地伊金霍洛旗，北距包头市185公里。这里绿草如茵，一派草原特有的壮丽景色。成吉思汗陵（见图6－34）由三座蒙古包式大殿和廊庑构成，中央纪念堂高20米，上穹隆顶下八角形，中为成吉思汗坐像，两廊为事迹壁画，后为灵柩寝宫。每年农历三月十七日举行公祭大典。

图6－34 成吉思汗陵

6. 明代帝陵

明代帝陵包括南京明孝陵、北京明十三陵和景泰陵、湖北钟祥明显陵。

北京昌平明十三陵是一个规划完整、气势宏大的陵墓群。就单座建筑的形制来看，它沿用了前朝的部分做法；但就群体设计来看，它取得了前朝从未取得过的巨大成功。

明十三陵自永乐七年（1409年）开始兴建，5年后完成了十三陵中的第一座、也是最主要的一座帝陵——长陵。长陵背倚天寿山，建在山脚下。明代称墓室为玄宫，玄宫上覆坟山称宝顶。宝顶夯筑为圆形，四周用城墙环绕，称宝城。宝城正南置蹬道、明楼。这组建筑属于“墓葬”，相当于前朝的陵台、陵丘，置于陵园最后方。前方三进院落均为祭祀而设，其性质相当于前朝献殿，只不过改为宫殿建筑的形式。陵门是三个门洞的砖石大门，门前方立有无字碑亭。门内第一进院正中是面阔五间的祾恩门。门内第二进广庭中是中心建筑祾恩殿（见图6－35）。殿面阔九间，重檐庑殿顶，坐落在三层汉白玉石台基上。殿内32根直径超过1米的楠木巨柱为国内仅有的一例。祾恩殿后，穿过内红门进入后院。院内只有牌坊和石刻五供两组小品，衬托着巍峨的宝城明楼。

图6－35 长陵祾恩殿

长陵模式为后代各陵所遵循，13座陵园各依一座山峰，以统一的风格与面貌，分布在长陵周围，隐现于山林环境中。

陵区的四野，群山环抱，南面在龙、虎两座小丘之间敞开，建陵区正门——大红门。

门外约1公里处建有面阔五间的大石牌坊，其中轴线正对11公里以外的天寿山主峰，神道即从这里开始。大红门北有一座巨大的神功圣德碑楼，此后夹神道列石柱和18对石兽、石人，止于棂星门。这条神道是十三陵的主神道，其后由支线通向各陵。神道的设置表现并强调了陵区的整体感，使方圆20多公里的陵区成为一个非常完整的构图，反映出了明代特大型建筑群的规划水平。

7. 清代帝陵

清代帝陵共分四个陵区：永陵在今辽宁新宾，为清太祖以前的肇、兴、景、显四陵；清太祖福陵和太宗昭陵在今辽宁沈阳附近；清东陵位于河北遵化，包括孝陵（顺治）、景陵（康熙）、裕陵（乾隆）、定陵（咸丰）、惠陵（同治）及诸后妃陵；清西陵位于河北易县，包括泰陵（雍正）、昌陵（嘉庆）、慕陵（道光）、崇陵（光绪）及诸后妃陵。

清东、西陵的平面布置沿袭了明代诸陵的旧制，只是其坟丘上部增设了月牙城。清东陵以孝陵为中心，其他陵墓依山势在孝陵东、西两侧呈扇形展开，左右对称形成子孙陪护之势。整座东陵在木构和石构两方面都有精湛的技巧，可谓集清代宫殿建筑之大成，其中孝陵的石像生最多，多达18对，造型多朴实浑厚；乾隆帝的裕陵规模最大、最为堂皇；而慈禧的普陀峪定东陵则是首屈一指的精巧建筑。目前，清东陵15座陵园中，只开放了裕陵和东、西太后陵及香妃墓四处供游客参观。

图6－36 清西陵

清西陵（见图6－36）以泰陵为中心，其他帝陵分布在东西两侧。泰陵的神道，由三层巨砖铺成，两边植满苍松翠柏，从南往北分布着40多项大大小小的建筑。第一座建筑物是进入陵区的一座联拱式五孔桥，桥北有三座高大的石牌坊，巍然矗立。牌坊的建筑庄重、美观，色彩调和。这三座石坊，都是五间、六柱、十一楼形式，用青花石筑成，上刻有山、水、花、草、禽兽等图形，形态生动，被视为西陵建筑艺术中具有代表性的作品。

（二）其他陵墓

1. 黄帝陵

黄帝陵（见图6－37）在今陕西省黄陵县城北桥山上。黄帝是传说中的中华民族的祖先、五千年文化古国的奠基者，被尊奉为“人文初祖”。司马迁在《史记·五帝本纪》中记载：“黄帝崩，葬桥山”，故在全国各地所有关于黄帝纪念性的陵墓中，桥山的黄帝陵可信度最高。另据《史记·封禅记》所载，汉武帝于元封六年（前105年）冬，北巡朔方后曾到桥山祭奠黄帝陵，并在陵前筑土台，后世称其为“汉武仙台”。

图6－37 桥山黄帝陵

桥山黄帝陵现高3.6米，周长48米，有砖墙护卫。其南面是一块明嘉靖十五年（1536年）立的碑石，刻有“桥山龙驭”四个大字。再西南有四角攒尖顶祭亭，内立郭沫若手书“黄帝陵”石碑。桥山山麓有黄帝庙，始建于唐代宗大历七年（公元722年），历代多次重修。庙后正厅大殿挂有黄帝造像，门首挂“人文初祖”金匾。庙院古柏参天，其中最大的一颗高达19米，下围约10米，相传为黄帝亲手所植，迄今依然枝繁叶茂，苍劲挺拔。大殿西侧尚有一棵满是鳞斑的古柏，相传为汉武帝远征朔方后还祭黄陵时曾挂甲于此树，故称“挂甲柏”。从严格意义上讲，黄帝陵属于纪念性意义的帝王陵墓。

2. 孔林

孔林，亦称“至圣林”，位于曲阜城北，是孔子及其家族的墓地，也是目前国内最大的家族墓地。孔子死后，他的弟子们把他葬于鲁城北泗河岸边。那时，还是“墓而不坟”，即并不用土筑起坟头。直到秦汉时期才将坟高筑，但仍只有少量林地和几户守林人。随着孔子地位的日益提高，孔林的规模也越来越大。据统计，自汉以来，历代对孔林重修增修13次，增植树株5次，扩充林地3次。今孔林林墙长达7.25公里，墙高3~4米，总计面积3000余亩（约120万平方米）。墙中古木参天，茂林幽深。相传孔子的弟子，各以其故乡的树木种植于孔林之内，因而树种极多。孔林至今有各种古树10万余株，四时不凋，是中国最大的人造园林（见图6-38）。

进入孔林后，要经过长1200米的墓道，然后穿过石牌坊、石桥、甬道到达孔子墓前。孔子的坟墓封土高6米，墓东是孔子之子孔鲤和他的孙子孔伋的坟墓。2000多年来，孔子后裔及孔氏族人死后多埋葬于孔林，从未间断，逐渐成为迄今为止中国规模最大、年代最久、保存最完整的氏族墓葬群。林中碑碣估有三四千块，集书法、篆刻、墓葬之大成，墓碑多为历代书法家和历史名人刻石题写，如李东阳、何绍基、翁方纲、康有为等，是一座贯通古今的碑刻、石雕、墓葬博物馆。在这里既可考春秋之墓，又可研究我国历史、文化的发展和丧葬风俗的演变，是一部形象的孔氏家庭编年史。

图6-38　孔林

（3）中山陵

中山陵（见图6-39）是中国近代伟大的政治家孙中山先生的陵墓。中山陵坐落于紫金山南麓，坐北朝南。

图6-39　中山陵

中山陵自1926年春动工，至1929年夏建成。面积共8万余平方米。主要建筑有牌坊、墓道、陵门、碑亭、祭堂和墓室等。从空中往下看，中山陵像一座平卧在绿绒毯上的“自由钟”：山下中山先生铜像是“钟”的尖顶，半月形广场是“钟”顶圆弧，而陵墓顶端墓室的穹隆顶，就像一颗溜圆的“钟”摆锤。陵墓入口处有高大的花岗石牌坊，上有中山先生手书的“博爱”两个金字。从牌坊开始上达祭堂，共有石阶392级、8个平台，台阶用苏州花岗石砌成。祭堂呈仿宫殿式，门楣上刻有孙中山手书“天地正气”四字。堂中有中山先生大理石坐像，高4.6米，逼真生动，是世界名雕刻家保罗·朗特斯基的杰作。坐像东西四周有反映中山先生革命事迹的浮雕。祭堂东西护壁大理石刻着中山先生手书的遗著《建国大纲》。堂后有墓门两重，两扇前门用铜制成，门框则以黑色大理石砌成。上有中山先生手书“浩气长存”横额。二重门为独扇铜制，门上镌有“孙中山先生之墓”石刻。进门为圆形墓室，直径18米，高11米。中央是长形墓穴，上面是中山先生的汉白玉卧像，下面安葬着孙中山先生的遗体。墓穴深5米，外用钢筋混凝土密封。

知识拓展

中国古代墓葬的主要特点

1. 鲜明的政治等级

墓葬制度所表现出的封土高低大小、棺椁重层多少、墓穴大小形制、随葬品的多少、墓前石刻规格等，都是死者身份的象征、生者权势的体现，具有十分明显的等级性。

2. 强烈的宗法观念

中国古代墓葬与宗法制度密切相关，是宗族伦理观念的反映，又约束人的行为观念，形成强烈的宗族墓地（祖坟）情结。不肖子孙不得入祖坟被认为是最严厉的惩罚，祖坟被毁被认为是最大的耻辱，很多人客死他乡也有葬归祖坟的心愿，即为明证。

3. “事死如事生”的表现形式

以死者生前生活情形来安排死者的墓葬，在中国古代墓葬中表形十分突出。历代帝王公侯陵墓多重墓室，尽显生前的宫殿庭堂风采；秦始皇陪葬有象征秦军的兵马俑；唐陵前的石像生、石翁仲，如皇帝御下的满朝文武；仿木结构、墓室壁画、画像砖石以及随葬品都如现实生活的再现。

4. 深受“堪舆学说”的影响

相地之术——堪舆学说对墓地选址及布局影响之大，远过阳宅之风水。迷信认为阴宅风水的好坏，与子孙福祸密切相连。帝王陵墓要反复踏勘确定，讲究聚气纳势，依山带河，以求王气永存。

第七节 长城

长城是中国古代军事工程体系中最大的防御工程，也是堪称世界奇迹的伟大工程之一，其修筑历时之长，规模之大，体系之全，保存之好，世所罕见。

一、中国长城的历史发展

长城作为古代社会最宏伟、持续修筑时间最长、最系统的军事防御工程，在我国有着2000多年的悠久历史。长城“上下两千年，纵横十万里”，不仅是举世闻名的历史遗迹和古代劳动人民聪明智慧的结晶，更是中华民族自强不息、热爱和平的精神力量的象征。从其修筑历史和建筑形制及其附属设施的发展演变分析，长城大体经历了初级型、基本型和完备型三个阶段。

（一）初级型

长城的修建最早可追溯到公元前7世纪的西周。春秋战国时期，列国纷争，各诸侯国之间为互相防御，同时还须防止北方游牧民族的南侵，纷纷修筑长城，主要有齐、楚、燕、韩、赵、魏、秦、郑等国修建的长城。其中许多长城是利用河流堤防改造而成的。如齐长城就起于济水之旁的防门（今山东长清西南），齐国曾经“堑防门而守之广里”。楚长城又称“连堤”，《吕氏春秋·下贤篇》言：“（魏文侯）南胜楚于连堤。”秦国曾“堑洛”、“堑河”，即利用洛水和黄河堤防抵御魏国进攻。燕国南长城是由易水堤防扩建而成的，当时即以“易水长城”称之。这是由于当时人们不断修筑堤防来防止日益频繁的洪水侵害，堤防普遍出现，工程比以前坚固，尤其是夯筑技术的发展逐渐成熟，使修筑连续的、大规模的堤防成为现实。由于各国多以河为界，故堤防逐渐被改造为军事防御工程。各国长城的另一特点为多利用堤防连接山脉而建成，以齐长城、楚长城、燕南长城最为典型。墙体在山上为石砌或土石混砌，在平地则用土夯筑，均较单薄，墙体有收分，横断面呈梯形。长城沿线开始设关城、障城、烽燧等附属设施，屯田戍边制已开始实行。此时不论是长城的建筑还是边境防御体系的设置都还处于初创阶段，均较简单、不完备，但“因地形，用险制塞”作为守备疆土的设防措施已得到普遍应用。目前在陕西韩城市南马凌庄附近所发现的魏长城，是我国保留的最早的古长城遗址。

（二）基本型

该阶段的长城指秦汉至隋唐时期长城，是封建制度在中国逐渐确立并发展到兴盛的时期。秦始皇统一六国之后，为防止北方少数民族的入侵，大举筑城，令蒙恬率30万大军修起了一条西起临洮（今甘肃岷县杀王城）、东止辽东，延袤一万余里的长城。“万里长城”之名始由此而来。但秦长城并非从零开始，而是把原燕、赵、秦三国北边长城加固连接并向外扩展而成。此为中国历史上修筑长城的第一个高峰期。值得注意的是，秦始皇在修筑长城的同时，还拆毁过境内长城，以利于境内统治和交通。秦长城目前保存下来的有山西大同北部一段、内蒙古包头附近一段及甘肃临洮附近一段。史传秦始皇为修长城大量征集民伕，激起民怨，故民间流传有孟姜女哭长城的故事。

汉代立国之后，始终以匈奴入侵为大患，故在大力开展军事外交活动，打通了陆上丝绸之路的同时，在秦长城之外大规模修筑外长城，以为丝绸之路北部的屏障。汉长城西起罗布泊，东止鸭绿江，绵延一万余公里，为我国历史上规模最大、长度最长的长城。这一时期，长城沿线附属设施增多，关城、坞堡、障城、亭燧遍布长城沿线，与边地郡县紧密结合。边地形成完备严密的梯次型军事指挥系统，屯田制度广泛推广，成为长城沿线驻军和边民最重要的后勤生活保障，避免了长途运输带给内地的巨大负担。此外，此时的烽燧制度已建立完备，有了专门的“烽火台”。长城的基本功能和形态在这一时期都已具备。

（三）完备型

该阶段分为前后紧密衔接的两个时代，即金代和明代。金长城又称界壕、壕堑，主要为了对付崛起于蒙古高原、行动迅速的蒙古骑兵。金长城的墙体虽仍为夯土砌筑，但墙体外侧普遍挖掘一道象护城河一样的壕沟，重要地段双墙、双壕连续并列，形成外壕、副墙、内壕、主墙的布局，有些地方还设有支线。墙体外侧增筑马面、烽燧，内侧设关城、边堡戍守。同时还在长城沿线设西北、西南、临潢、东北四路招讨使。

明代朱元璋立国之初，因天下初定，外患仍频，乃定下三大国策，第一条即是“高筑墙”。自建国第一年即派大将徐达筑构长城，直至清兵入关，山海关的工程仍未完工。一般常说明长城西起嘉峪关，东至山海关，全长6350余公里，实际上延伸至山海关外的辽东鸭绿江畔。明代在长城防御体系的建设和建筑工程技术等方面都达到了高峰。它以一道或多道绵延伸展的墙体为干线，以一重或多重关堡和烽燧为支撑点，构成一个从中央政权通过各级军事、行政机构，联系最基层军事单位以及守城戍卒的完整的、多层次的、纵深的防御体系。明代在长城沿线设九镇，确立了分段修筑、分段管理、分段防守的制度。明长城是我国历史上工程质量最坚固、设计最科学、结构最完善、保存最完好、旅游价值最高的长城。目前长城主要旅游点如北京八达岭（见图6－40）、慕田峪、河北山海关、金山岭、甘肃嘉峪关等几乎都是明代长城。

图6－40　八达岭长城

回顾中国修筑长城的历史，从春秋战国列国开始，历经秦、汉、西晋、北魏、东魏、北齐、北周、隋、唐、北宋、辽、金、明等十几个朝代，延续了2500余年，几乎贯穿了整个封建社会阶段。所修长城分布于今新、甘、蒙、宁、晋、陕、京、津、辽、吉、黑、鲁、冀、鄂、湘等十几个省、市、自治区，总长度超过5万公里。工程规模之大，持续时间之长，令人惊叹。尤其是长城在历史上对捍卫国家的疆域，保卫人民的安宁所起的作用不容低估。

二、中外长城的比较

长城的修筑是为战争服务的，因此其修建年代都同各国当时的政治军事形势有密切的联系，其分布也都在敌我双方势力的分界线上，其结构也都以有利于防御为主。除中国外，有些国家在不同历史时期也曾修建过长城。如朝鲜于1033—1044年修筑长城，系王建高丽政权为防止辽国进犯而建，全长500余公里。德国长城并非一次性建成，公元1世纪时，古罗马人曾在莱茵河与多瑙河之间修筑了一道“防御墙”，其后陆续扩建，使其总长达564公里。第二次世界大战后，原德意志民主共和国曾在被分割的东西柏林之间修建了一道界墙。英国长城又称哈德良长城，从泰恩河至索尔韦湾，再延伸到坎布里亚海岸，全长117.5公里。但无论是在修筑的持续年代、工程量、结构的周密方面，中国长城均堪称翘楚，其他任何国家的长城都难以同其相媲美。因此，任何其他国家的长城也没有中国长城在国家和民族历史上所发挥的作用巨大。

三、对中国长城的评价

长城作为汉民族王朝的北方屏障，内外表现出鲜明的差异：南方是以汉民族为主体的农耕文明为特征，北方是以蒙、维、女真等民族的游牧文明为特征。如果说长城在军事与政治上更多地表现出南北民族的对抗和冲突，那么在文化上则更多地体现了南北文化的交流与融合。早在3000年前的战国时期，“七雄”之一的赵国便提出“胡服骑射”的治国方略，将北方朴素、实用的文化习俗作为强国精兵的良策。此后近3000年来，南北文化的冲突和交流使长城成为一道有形的文化界碑，沿长城的周边地区形成一条与其他地区存在显著区别的文化地带。在这一特殊的文化地带上，边疆民族文化逐渐与先进的汉文化融合，许多少数民族相继加入中华民族之列。

民族文化的漫长融合过程为长城及沿线地区留下了浩如烟海的人文遗迹。长城不仅是凝聚非凡物力的巨大工程，还是一项蕴涵着无穷智慧的艺术杰作。从许多关隘的券门上，我们可以看到不少精彩的古代雕饰。不论是砖雕还是石刻，其工艺之精湛、装修之富丽，都可以反映出当时工艺美术的极高技艺。长城历代留下的匾额题签也堪称一绝，文辞雄浑，书法刚劲，是中国文化史上的豪放之笔。

第八节　其他古迹

一、我国古代四大水利工程

我国历史上先后兴建了众多的水利工程，它们对地区乃至全国的政治、经济发展曾起过重大作用，有些至今仍在发挥巨大的效益。它们是古代劳动人民科学改造自然的见证，典型代表有京杭大运河、都江堰、灵渠、坎儿井等。

（一）京杭大运河

京杭大运河是世界上里程最长、工程最大、最古老的运河之一，北起北京，南至杭州，全长1794公里，纵贯北京、天津、河北、山东、江苏、浙江六省市，沟通了海河、黄河、淮河、长江、钱塘江五大水系。大运河的历史，可追溯到公元前5世纪的春秋末期，吴王为北上争霸而开“邗沟”（今淮安至扬州），此即大运河的前身。战国初期，魏国也曾开“鸿沟”（沟通黄河和淮河）。真正大规模修建是在隋、元两代，先后通达洛阳和北京。建成之后的大运河，在历史上对我国南北方之间的政治、经济、文化的交流起过重要作用，因为我国的能源基地集中在北方，而江南是富饶的鱼米之乡，在没有铁路的古代，北方的煤炭、南方的大米及其他农副产品都是靠大运河来源源不断地运输。直至今天，大运河仍在发挥巨大的效益，尤其是江南段，既是江浙两省的黄金运输线，又是一条黄金旅游线。

知识拓展

世界三大运河

世界三大运河是指中国的京杭大运河、埃及的苏伊士运河和巴拿马的巴拿马运河。

（二）都江堰

都江堰水利工程（见图6－41）位于四川省灌县境内的岷江，历经2000多年而不衰，是当今世界年代最久远、唯一留存、以无坝引水为特征的宏大水利工程。它是中国古代历史上最成功的水利杰作，更是古代水利工程沿用至今，“古为今用”、硕果仅存的奇观。

都江堰建于公元前250年的战国末期，由秦蜀郡太守李冰父子主持修建。此项工程由分水鱼嘴、飞沙堰溢洪坝、宝瓶口引水渠三部分组成，三者之间相互配合形成设计科学、调度有序的水利工程。鱼嘴是修建在江心的分水堤坝，把汹涌的岷江分隔成外江和内江，外江排洪，内江引水灌溉；飞沙堰起泄洪、排沙和调节水量的作用；宝瓶口控制进水流量，因口的形状如瓶颈故称宝瓶口。内江水经过宝瓶口流入川西平原灌溉农田。都江堰建成之后，既可引岷江之水浇灌田园，又能有效分洪减灾，还有航运、流送木材之效益。正是得益于都江堰的自流灌溉，使成都平原自此“水旱从人，不知饥馑”，成就其“天府之国”的美名。

图6－41　都江堰

（三）　灵渠

灵渠又称湘桂运河，也称兴安运河，位于广西壮族自治区兴安县境内，是中国和世界最古老的人工运河之一。灵渠是秦始皇为统一岭南，命史禄于公元前219年至前214年兴修。以后历代有修建。主要工程包括铧嘴、大小天平石堤、南渠、北渠、陡门和秦堤。大小天平石堤起自兴安城东南龙王庙山下，呈“人”字形，左为大天平石堤，伸向东岸与北渠口相接；右为小天平石堤，伸向西岸与南渠口相接。铧嘴位于“人”字形石堤前端，用石砌成，锐削如铧犁。铧嘴将湘江上游海洋河水分开，三分入漓，七分归湘。天平石堤顶部低于两侧河岸，枯水季节可以拦截全部江水入渠，泛期洪水又可越过堤顶，泄入湘江故道。南渠即人工开凿的运河，在湘江故道南，引湘水穿兴安城中，经始安水、灵河注入大榕江入漓。因海洋河已筑坝断流，又在湘江故道北开凿北渠，使湘漓通航。灵渠把湘江与漓江连接起来，沟通了长江与珠江两大水系，从而促进了中原与岭南的经济与文化交流。

（四）坎儿井

坎儿井是分布于我国西北干旱地区的一项特殊水利工程，其方法是在山前地下水丰富的地带，通过若干竖井、引水暗渠、地上明渠把地下水引到适宜地点，用于生产和生活。这种方法既有效地避免了渗漏和蒸发，又保持了水质的纯净，是沙漠地区绿洲赖以存在的基础。历史上坎儿井的总长度逾万公里，现存仍有1100多条，总长3000多公里，以吐鲁番为最多。不愧为一项工程奇迹。

二、古代桥梁

（一）赵州桥

赵州桥又名安济桥（见图6－42），位于河北省赵县境内。赵州桥为隋朝工匠李春设计并主持建造，距今已有近1400多年历史。桥长50.82米，跨径37.02米，券高7.23米，

图6－42　赵州桥

两端宽9.6米，中间略窄，宽9米，由28道石拱券纵向并列砌筑而成。因桥两端肩部各有两个小孔，不是实的，故称敞肩形，这是世界造桥史的一个创造（没有小拱的称为满肩或实肩形）。其建筑结构之奇特，自古有“奇巧固护，甲于天下”的美称，不仅有高度的科学性，而且具有我国独特的民族艺术风格，是我国古代建筑的伟大作品。

（二）北京卢沟桥

卢沟桥位于北京西南丰台区的永定河上。初建于金，现桥为康熙三十七年（1698年）重建。桥长266.5米，宽7.5米，下分11个涵孔，整个桥身都是石体结构，关键部位均由银锭铁榫连接，是我国北方最大的古代石桥。桥身两侧护栏、望柱雕有精美的石狮，大小相连，难计其数，故老北京曾流传“卢沟桥的石狮——数不清”的歇后语。1961年北京文物部门用编号清点的办法，确定卢沟桥的石狮共计为485只。桥东碑亭内立有清乾隆题“卢沟晓月”碑，“卢沟晓月”自金代起即为燕京八景之一。1937年7月7日，日本帝国主义在此挑起“卢沟桥事变”，发动侵华战争。

（三）福建洛阳桥与安平桥

洛阳桥在泉州东北洛阳江上，宋皇祐五年（1053年）兴建，嘉祐四年（1059年）建成。现长834米，宽7米，47孔石梁横架，为我国古代多孔梁式石桥的代表。因建桥处海潮汹涌，江宽流急，建桥工程非常艰巨。为此，当时采用了一种新型建桥方法，即在江底随桥的中线铺满大石头，筑起一条宽达25米的水下长堤，然后在石堤上用条石横直垒砌桥墩，成为现代桥梁工程中“筏型桥基”的先驱。同时又大量种植牡蛎以固桥基，开生物固桥之先河。

安平桥位于福建省晋江市安海镇和南安市水头镇之间的海湾上，为我国现存古代最长的石桥。安平桥于1138年开工，1152年完工，工程历时15年。全长2255米，桥面宽3～3.8米，共361墩，以巨型石板铺架桥面。桥上建有5座“憩亭”，供行人歇息；两侧水中筑有对称的四方石塔4座、圆塔1座；桥头白塔为五层六角空心建筑，高达22米。

（四）广西程阳风雨桥

程阳风雨桥（见图6－43）是古代建筑的集大成者，集桥、廊、亭三者于一身，在中外建筑史上独具风韵。程阳桥又叫永济桥、盘龙桥，建于1916年，是侗寨风雨桥的代表作，也是目前保存最好、规模最大的风雨桥。这座横跨林溪河的大桥，为石墩木结构楼阁式建筑，二台三墩四孔。墩台上建有五座塔式桥亭和十九间桥廊，亭廊相连，浑然一体，十分雄伟壮观。桥面架杉木，铺

图6－43　程阳风雨桥

木板；桥的两旁镶着栏杆，好似一条长廊；桥中有5个多角塔形亭子，飞檐高翘，犹如羽翼舒展；桥的壁柱、瓦檐、雕花刻画，富丽堂皇。它的建筑惊人之处在于整座桥梁不用一钉一铆，大小条木，凿木相吻，以榫衔接。全部结构，斜穿直套，纵横交错，却一丝不差。桥上两旁还设有长凳供人憩息。

三、著名楼阁

楼阁为两层或两层以上的古代木构建筑，二者在建筑形制上无多大差别。在我国古代，不管是佛、道、儒这些宗教门派，还是皇家贵族，都把楼阁看作是神圣、尊贵和威严的象征。在修建的众多楼阁中用于观景、赏景的楼阁很多，也分布很广。南方有，北方也有，但是南方居多。这些楼阁一般临水而建，湖光山色，波光粼粼，景色秀美。所以，这些楼阁也是文人雅士的汇聚之所，许多文学名篇也因这些楼阁而诞生，而这些楼阁也因这些文章的流传而声名远扬。其中比较有代表性的则要数被称为江南三大名楼的滕王阁、黄鹤楼和岳阳楼了。

（一）黄鹤楼

黄鹤楼（见图6－44）耸立于武昌蛇山之巅，始建于三国时期吴黄武二年（223年），传说是为了军事目的而建。孙权为实现“以武治国而昌”，筑城为守，建楼以瞭望。至唐朝，其军事性质逐渐演变为著名的名胜景点，历代文人墨客到此游览，留下不少脍炙人口的诗篇。历代名士崔颢、李白、白居易、贾岛、陆游、杨慎、张居正等，都先后到这里游乐，吟诗作赋。而崔颢的《黄鹤楼》诗，一直被认为是千古佳作。

图6－44 黄鹤楼

黄鹤楼原址在湖北武昌蛇山黄鹤矶头，千百年来，黄鹤楼七建七毁，最后一次被毁是在清光绪十年（1884年）。新楼于1985年建成开放，以清同治楼为蓝本，系钢筋混凝土仿木结构，楼体以72根圆柱支撑，五层攒尖顶，黄色琉璃瓦覆盖，楼高51.4米，高大雄伟，檐角突出，犹如一只展翅归来的黄鹤，极富民族风格。顶层正面“黄鹤楼”三个大字的匾额，由书法家舒同书写。楼内每层大厅墙面上都镶嵌着以黄鹤楼神话故事、历史传说、人文活动、兴废沿革、楚天风光为题材的大型壁画。登顶可远眺武汉三镇、长江大桥及长江景色。

知识拓展

黄鹤楼

崔　颢

昔人已乘黄鹤去，此地空余黄鹤楼。
黄鹤一去不复返，白云千载空悠悠。
晴川历历汉阳树，芳草萋萋鹦鹉洲。
日暮乡关何处是，烟波江上使人愁。

与史郎中钦听黄鹤楼上吹笛

李　白

一为迁客去长沙，
西望长安不见家。
黄鹤楼中吹玉笛，
江城五月落梅花。

（二）岳阳楼

岳阳楼（见图6－45）位于湖南省岳阳市西门，紧临洞庭湖，登楼眺望，可饱览八百里洞庭美景，历来有“洞庭天下水，岳阳天下楼”的赞誉。岳阳楼的前身为三国时期东吴将领鲁肃的水师阅兵台。唐开元四年（716年），岳州太守张说修葺了楼台，称其为岳阳楼。岳阳楼的出名，在很大程度上缘于北宋著名文学家范仲淹（989—1052）的《岳阳楼记》。据说当时巴陵郡守滕子京集资重修了岳阳楼，范仲淹应滕子京之请，为岳阳楼作记。《岳阳楼记》共360字，文情并茂，感人肺腑。文中许多警句已成为后人处世待人的格言，其中“先天下之忧而忧，后天下之乐而乐”两句，更为人所传诵。

图6－45　岳阳楼

岳阳楼在古代建筑上也是个奇迹。整个建筑没有用一颗铁钉，没有用一道巨梁。楼高21.35米，三层，纯木结构，斗拱飞翘，檐牙高啄，楼中四根楠木金柱冲天而立，直贯楼顶。楼顶覆盖着黄色琉璃筒瓦，造型奇伟，曲线流畅，陡而复翘，宛如古代武士的头盔，所以叫盔顶。

（三）滕王阁

滕王阁原是唐永徽四年（653年）唐太宗之弟李元婴为饮宴歌舞而创建，因李元婴被封为滕王，因此而得名。洪州都督阎公于上元二年（675年）第一次重修，“初唐四杰”之一的王勃写下了誉贯古今的《滕王阁序》，阁以文著，从此名满天下。滕王阁在1300多年漫长岁月中，屡毁屡建，前后达28次之多。最后一次焚于1926年的军阀混战。直至1983年，南昌市人民政府作出重建滕王阁的决定，1989年重阳节，恢弘壮丽的楼阁重新屹立在赣江之畔。重建的滕王阁占地43公顷，背城临江，主阁之外，还有庭园、假山、亭台、荷池等。历史上的滕王阁高30米，楼高3层；重建后的滕王阁高57.5米，9层，规模远远超过了历代的滕王阁。抬头仰望，高阁碧瓦重檐，雕梁画栋，斗拱层叠，流金溢彩。南翼的“压江亭”，北翼的“挹翠亭”和主阁浑然一体。楼内有古匾、巨联及大型壁画。登高送目，远山如画，烟波浩渺，飞阁流丹，在夕阳余晖中领略“落霞与孤鹜齐飞，秋水共长天一色”的诗情画意，令人心旷神怡。

专题活动

江南三大名楼不仅景色宜人，更因诗文而名藻天下。请同学们查阅相关资料，找到与此相关的诗文，重新领略一下诗文的意境。此外，讨论一下还有哪些著名景点是因诗文而得名的。

知识归纳

中国历史古迹与建筑以其宏伟的规模、惊人的数量、绚丽多彩的风姿、独特的民族风格屹立于世界艺术之林。本章重点介绍了我国的历史古迹、古城建筑、宫殿建筑、陵寝建筑、古典园林、军事建筑、水利工程、桥梁建筑和楼阁建筑等，这些古迹与建筑是中华民族历史文化极其珍贵的遗产，其浓厚的文化艺术具有鲜明的人文主义特征，是中国传统伦理观、审美观、价值观和自然观的深刻体现。

思考题

1. 历史古迹旅游资源有哪些类型？列举代表性的旅游景点并说出其特点。
2. 中国古代建筑的构件包含哪些？具有哪些特点？
3. 你喜欢什么形态的中国古建筑屋顶？并举出实例。
4. 中国古代城市有哪些建设模式？与中国人文思想有什么联系？
5. 中国八大古都的旅游特色及其历史遗存有哪些？
6. 以故宫为例，说明中国宫殿建筑的布局特点是什么。
7. 中国古代园林有哪些艺术特征？
8. 试述中国皇家园林与私家园林的差异，并举出实例。
9. 古代帝陵有哪几部分构成？并简述其演变历程。
10. 中国的长城建设经历了哪几个阶段？谈谈你对长城的评价。
11. 简介中国四大古水利工程、四大古桥、江南三大名楼的名称、分布及其旅游价值。

第七章 宗教文化

教学目的和要求

(1) 了解宗教的概念与起源。
(2) 了解宗教与旅游的联系及中国宗教概况。
(3) 掌握佛教、道教、基督教和伊斯兰教产生和发展的过程。
(4) 掌握佛教、道教、基督教和伊斯兰教的经典和派别、供奉对象、宗教圣地。

关键词汇

宗教；佛教；道教；基督教；伊斯兰教

引子

宗教是人类历史上一种古老而又深邃的社会文化现象。它和文学、美术、建筑等元素相结合，构建了悠久而璀璨的宗教文化。宗教，至今仍对各国、各民族的社会生活、政治结构、文化传统等产生着多方面的影响。时至今日，宗教文化旅游资源已经成为综合旅游资源中不可缺少的一部分。宗教旅游资源吸引旅游者的不仅是其恢弘的建筑、精美的绘画和雕塑，更深的是隐藏在这些资源背后的历史渊源与文化踪迹。因此，宗教文化旅游资源正在以越来越多样的艺术形式、深厚的历史文化背景、神秘的宗教习俗氛围吸引着众多来自世界各地的旅游者。

第一节 宗教概述

一、宗教的概念

（一）宗教的定义

宗教属于一种社会意识形态，是阶级社会普遍存在的历史文化现象，是社会发展的产物。它支配人们的思想、心理和生活，是对客观世界的一种虚幻的反映，相信在现实世界中存在超自然、超人间的力量。它要求人们信仰和崇拜一定的神灵，相信因果报应，将希望寄托于“天国”、“来世”。在英语中为 region，意为“人与神的再结”或“敬神”。在中国，宗教意为“宇宙神祇所居”，即宗教为敬神祇祖先之教。从广义上讲，宗教是一种文化现象，是一种存在于特定阶段的普遍的社会历史文化现象，是一个历史范畴。宗教与其他文化形式相结合而产生出宗教文学、宗教音乐和宗教建筑等，是一个民族历史文化的重要组成部分。要想了解一个国家、一个民族的社会生活、历史文化和心理素质，就必须了解其宗教文化。因此只有在广义的前提下去了解宗教文化，才能对其有全面的认识。

（二）宗教的起源

宗教是人类社会发展到一定阶段的一种历史现象。它既不是从来就有的，也不是永恒存在的，而是有它发生、发展和消亡的过程。对于宗教的起源和形成，只能从社会的物质生活条件和与此相适应的人类对自然和社会的认识水平方面，才能找到真正的原因。原始社会的后期，由于人们对很多自然现象无法理解，因而产生了“万物有灵”的观念和对超自然力量的崇拜，并从自然崇拜发展至图腾崇拜、祖先崇拜和神灵崇拜，这样就产生了宗教。进入阶级社会后，阶级剥削和阶级压迫是宗教存在和发展的主要根源。在阶级社会中，人们不仅对自然崇拜，而且发展到认为所有社会现象都由神来主宰，故而希望通过对神的顶礼膜拜，求得死后进入天堂，得到神的恩赐和褒赏。这样种类繁多、内容复杂的各种宗教就应运而生，如佛教、基督教、伊斯兰教、道教、神道教、印度教、犹太教等。其中佛教、基督教和伊斯兰教被称为“世界三大宗教”。

二、中国的宗教概况及宗教政策

（一）中国的宗教概况

中国是一个多民族多宗教的国家，历史上的历代统治者对宗教采取支持、扶植的宽容态度，但从来没有哪个宗教曾占有“国教”的地位，且我国的宗教人口只占少部分。西北、西南的一些少数民族曾经有过政教合一的时期，直到现在，宗教徒在这些民族中仍占绝大部分。而佛教、基督教、伊斯兰教都是外来宗教，一经传入，便与中国的传统文化相结合，成为独具中国特色的宗教。它们与中国土生土长的道教一起合称为中国的“四大宗教”。

（二）中国的宗教政策

为了调动一切积极因素建设社会主义，促进我国各民族人民大团结，加强国际统一战线，我国用法律的形式保护正常的宗教活动，努力促进国际间宗教信徒的友好往来。我国宪法第三十六条规定：“中华人民共和国公民有宗教信仰自由。任何国家机关、社会团体和个人不得强制公民信仰宗教或不信仰宗教，不得歧视信仰宗教的公民和不信仰宗教的公民。国家保护正常的宗教活动。任何人不得利用宗教进行破坏社会秩序、损害公民身体健康、妨碍国家教育制度的活动。宗教团体和宗教事务不受外国势力的支配。”

第二节　中国的四大宗教

一、佛教

（一）佛教的产生、传播及分布

佛教创建于公元前 6 至前 5 世纪的古印度，是世界三大宗教之一，在三大宗教中创建时间最早。其创始人释迦牟尼，姓乔达摩，名悉达多（约前 565—前 486），是古印度北部（今尼泊尔境内）小城邦国家迦毗罗卫国的太子。相传他自幼受传统的婆罗门教育，其父净饭王对他寄予厚望。但他感到人世间充满苦难，变幻无常。为摆脱人生苦难，29 岁时出家修行，6 年后在佛陀迦耶菩提树下得道成佛，得道后在鹿野苑初转法轮，并在印度河、恒河流域向大众宣传自己悟出的真理，从而拥有更多的信徒。80 岁时，在拘尸那城附近的娑罗双树下圆寂。

释迦牟尼是佛教徒对乔达摩·悉达多的尊称，意为释迦族的圣人，简称释尊、佛陀、佛，即三觉圆满的智者。释迦牟尼既是创立佛教的教主，也是佛教崇拜和供奉的对象。人们将释迦牟尼的出生地蓝毗尼花园、成道地菩提伽耶、初转法轮地鹿野苑、涅槃地拘尸那称为四大佛教圣地。

阅读材料

释迦牟尼诞生地蓝毗尼花园

蓝毗尼花园，位于尼泊尔西部。蓝毗尼是梵文“可爱”之意。这里因迦毗罗卫国的王后摩耶夫人在花园里的娑罗树下从腋下诞生释迦牟尼而闻名。在释迦牟尼诞生处，今建有两层的白色方形摩耶夫人庙，庄严肃静。庙旁有一泓池水明澈如镜，池边长着一颗娑罗树，树身粗十三四米，倒映水中。每年释迦牟尼诞生日，这里都要举行盛大庙会，佛教徒云集朝觐。尼泊尔王国政府为了保护历史古迹和发展宗教旅游，对蓝毗尼进行了复兴建设。蓝毗尼于 1997 年根据世界文化遗产遴选标准被列入《世界遗产名录》。

佛教产生以后，在印度于公元前 3 世纪孔雀王朝阿育王时期非常兴盛，逐渐分裂成大乘佛教和小乘佛教两大教派，并由印度向外传播，共分三条线路。

1）北传佛教：从古印度经帕米尔高原传入中国，再由中国传入朝鲜、日本、越南等国，以大乘佛教为主，称北传佛教。

2）南传佛教：从古印度向南传入斯里兰卡，又由斯里兰卡传入缅甸、泰国、老挝、柬埔寨等国及中国云南少数民族地区，以小乘佛教为主，称南传佛教。

3）藏传佛教：从印度及中国内地传入青藏高原，与当地原始宗教苯教结合，形成了藏传佛教。

如今，佛教已传播到世界各地，但仍主要集中在东亚、东南亚地区。

（二）佛教的基本教义

佛教的基本教义有“四谛”（苦谛、集谛、灭谛、道谛，所谓“谛”即“真理”的意思。

1. 苦谛

佛教认为人的一生是由各种苦恼贯穿的，全无幸福欢乐可言。

2. 集谛

人生苦有种种，根本原因在于人生所具有的情欲，由于人的欲望，从而产生各种行为，由此带来一连串苦恼。

3. 灭谛

灭谛告诉人们一定要灭除情欲，无所追求，无所欲望，便可脱离痛苦获得精神上的解脱，达到涅槃的境界。

4. 道谛

道谛即达到寂灭解脱。“道”含有方法和途径两种含义，具体分为“八正道”（正见、正思、正悟、正业、正命、正精进、正念、正定）、“十二因缘说”（无明、行、识、名色、六处、触、受、爱、取、有、生、死）、“三法印”（诸行无常、诸法无我、涅槃寂静）、“生死轮回、因果报应”等。其总的思想是宣扬世界虚幻不实，人生充满苦难，要摆脱痛苦，只有依据经、律、论三藏，修戒、定、慧三学，改变世俗欲望和认识，超脱生死轮回，达到涅槃境界。

（三）佛教的经典和标记

佛教经典为《大藏经》，其内容包括经、律、论三藏。“藏”的原意为可以盛放东西的竹筐，有容纳、收藏的含义，佛教用以概括全部佛教经典。“经藏”是指释迦牟尼的言论集，“律藏”是指佛为弟子修行制定的清规戒律，“论藏”是佛门弟子对“经”的解说集，故《大藏经》又称《三藏经》。藏传佛教大藏经分为《甘珠尔》和《丹珠尔》。《甘珠尔》意为佛语部，《丹珠尔》意为论语部。

佛教的标记有法轮（见图7－1）、“卐”字和莲花。法轮是全世界公认的佛教的标志，意即佛之法轮如车轮辗转可摧毁众生烦恼。佛教的旗帜或佛像的胸间，往往有标记，武则天将其定音为“万”，意为光芒四射的太阳或燃烧的火，后作为佛教吉祥的标记，“卐”表示吉祥万德。莲花也是佛教的标志，莲花出淤泥而不染，象征佛教的清净庄严。

图7－1　法轮

（四）佛教供奉的对象

1. 佛

佛是“佛陀”的简称，意译“觉者”、“知者”、“觉”。佛是佛教修行的最高地位，佛有三种含义：自觉、觉他、觉行圆满者。小乘佛教只有一个佛，即释迦牟尼；大乘佛教则宣扬三世十方处处有佛。寺院经常供奉的佛有以下几种。

（1）三身佛

据天台宗说法，佛有三身，即法身佛毗卢遮那佛，代表佛教真理凝聚所成的佛身；报身佛卢舍那佛，指以法身为因，经过修习得到佛果、享有佛国之身；应身佛释迦牟尼佛，指佛为超度众生，来到众生之中，随缘应机呈现的各种化身，特指释迦牟尼之生身。三身佛在寺庙中布局如下所示：

释迦牟尼佛	毗卢遮那佛	卢舍那佛

或

卢舍那佛	毗卢遮那佛	释迦牟尼佛

（2）三世佛（又名竖三世佛）

三世佛从时间上体现了佛的传承关系，表示佛法永存，世代不息。三世佛指过去、现在、未来三世佛。过去佛指伽叶诸佛，寺院塑像中一般指燃灯佛；现在佛为释迦牟尼佛；

未来佛为弥勒佛。其布局是正中为现在世佛，即释迦牟尼。左侧为过去世佛，以燃灯佛为代表。据佛经上说，约3900亿年以前，释迦牟尼前世未成佛时曾借花献给燃灯佛，燃灯佛为他“授记”（预言他将成佛接班）。右侧为未来世佛，即弥勒佛。弥勒佛现在还是菩萨，据佛经说，他还在兜率天内院（弥勒净土）中修行，释迦牟尼预言弥勒将在56.7亿年以后降生印度，在华林园龙华树下得道成佛接班，并分批超度一切众生，故称为未来世佛。寺院中弥勒佛造像有佛像、菩萨像（天冠弥勒）和化身像（大肚弥勒）三种。其在寺院大殿中布局如下：

未来世佛	现在世佛	过去世佛
弥勒佛	释迦牟尼佛	燃灯佛或伽叶佛

阅读材料

大肚弥勒的来历

相传大肚弥勒名契此，为五代梁朝时期明州（今宁波）奉化人，他两耳垂肩，袒胸露肚，开口常笑（见图7-2）；但出语无定，寝卧岁初，常以杖荷一布袋，终日奔走，劝化人信佛，人称布袋和尚。贞明二年（916年），他在岳林寺圆寂时口念一偈：“弥勒真弥勒，分身千百亿，时时示世人，世人自不识。”这时人们才醒悟其为弥勒佛的化身。天王殿中有“开口常笑笑天下可笑之人，大肚能容容世上难容之事”的楹联，描绘其皆大欢喜的形象。相传其道场在宁波雪窦山。

图7-2 大肚弥勒佛

（3）三方佛（又名横三世佛）

三方佛体现净土信仰。佛教称世界有秽土（凡人所居）和净土（圣人所居佛国）之分，每个世界有一佛二菩萨负责教化。世界十方都有净土，但最著名的净土为西方极乐世界、东方净琉璃世界和上方的弥勒净土。在寺庙中，三方佛尊的布局如下：

三方佛

西方极乐世界教主	娑婆世界教主	东方净琉璃世界教主
阿弥陀佛	释迦牟尼佛	药师佛

2. 菩萨

所谓菩萨，即指自觉、觉他者，其地位比佛低一等，所以常立于佛的两旁。寺院中常见的菩萨有文殊菩萨、普贤菩萨、观世音菩萨、地藏菩萨、大势至菩萨。他们又分别组合为“三大士”（文殊、普贤、观世音）、“四大士”（文殊、普贤、观世音、地藏）和“五大士”（文殊、普贤、观世音、地藏、大势至）（见表7－1）。

表7－1 五大菩萨一览表

名称	别号	法器	道场
文殊菩萨	大智菩萨	宝剑（宝卷）	山西五台山
普贤菩萨	大行菩萨	如玉棒	四川峨眉山
观世音菩萨	大悲菩萨	净瓶、杨柳枝	浙江普陀山
地藏菩萨	大愿菩萨	如意珠、锡杖	安徽九华山
大势至菩萨		宝瓶	江苏狼山

（1）文殊菩萨

文殊菩萨是释迦牟尼的左胁侍，极具智慧，以大智闻名。其塑像多手持利剑，骑在狮子身上。道场在山西五台山。

（2）普贤菩萨

普贤菩萨是释迦牟尼的右胁侍，遍具众德，以大德闻名。道场在四川峨眉山。

（3）观音菩萨

观音菩萨亦称观世音、观自在、光世音。他能随时观听世人的声音。有困厄危难的人只要诵念他的名号，他就会“观其音声”而前去解救。他还能满足信徒生儿育女的愿望，求男得男，求女得女。观世音在印度本为男性，传入中国后逐渐由男变女，成为象征慈母之爱、具有大慈大悲女性之美的女菩萨。按照佛教的说法，凡已成佛或菩萨者，便是非男非女的金刚身，是没有性别的。一般我们看到的菩萨像，既有女性的柔美婉丽，也有男性的慈祥和顺。我们今天在寺庙所看到的多数观音塑像是披着大氅、目光慈祥的女性。有的寺庙是千手千眼观音，除两手两眼外，上身左右再各出二十只手，手中各一只眼，成四十手四十眼，分别配上二十五“有”（佛教所说的生存环境），即千手千眼。道场在浙江普陀山。

（4）地藏菩萨

他受释迦牟尼临终之托，在弥勒佛降世之前普度众生。他发大愿要尽度众生后再升为佛，因此深受中国下层百姓崇拜。他的形象与观音、文殊、普贤不同，一般为坐像，僧人装束，右手拿锡杖，左手拿如意宝珠。道场在安徽九华山。

（5）大势至菩萨

以智慧光普照一切，令离三途（指地狱、恶鬼、畜生‘三恶趋’）得无上力，是故号此菩萨名“大势至”。相传其道场在江苏南通的狼山。

阅读材料

中国信徒心中的观音菩萨

观世音菩萨也称观自在，光世音等。为避唐太宗李世民讳，故又称观音。其左手持净瓶，右手持杨柳枝，因其大慈大悲，救苦救难，广大灵感，人称大悲菩萨。观音作为菩萨本无性别，但在南朝后，为更好地体现大慈大悲和方便闺房小姐供奉，产生女身观音像。

为普济众生，观音可以示现三十三身。为中国百姓所喜闻乐见的还有千手千眼观音，有两种：一种为四十只手，每只手上有一眼睛，每只手和眼睛有二十五种功能，相乘后得千手千眼；一种为一面二百五十只手，四面则一千只手，每只手上一只眼，为实际的千手千眼。（见图7－3）

图7－3　千手观音

3. 罗汉

罗汉全称阿罗汉，即自觉者。已灭尽一切烦恼、不食人间五谷、应受天人供奉者，他们永远进入涅槃不再生死轮回，并弘扬佛法。寺院中常有十六罗汉、十八罗汉和五百罗汉。民间传说的济公也在罗汉之列。

阅读材料

济公

济公，原名李修元（1130—1209），南宋天台永宁村人。他出生权贵世家，少年时受到释道二教的熏染。父母双亡以后，他先是进国清寺拜法空一本为师，接着又参访观音寺道净，最后投奔杭州灵隐寺，拜在高僧慧远的门下，受具足戒“道济”。慧远圆寂后，他转到净慈寺，后渐渐显出不凡的道行，给后人留下生动记载的便是他在净慈寺的所作所为。表面上，他活脱脱是一幅“游戏人间”的面貌：破貌破扇破鞋垢衲衣，似丐似氓，非僧非道，他又被人们称作“颠僧”。相传济公为罗汉转世，但去罗汉堂报到已晚，加上辈分不高，只得站在过道里，甚至让其蹲坐在梁上，一般供在罗汉堂。据说济公是一幅阴阳脸：正面看是笑脸，右侧看是苦脸，左侧看是哭脸。

4. 护法天神

护法天神本是古印度神话中惩恶扬善的人物，佛教称之为“天”，是护持佛法的天神。著名的护法天神有四大天王、韦驮、二王尊、伽蓝神关羽等。

（1）四大天王

佛经称，世界的中心为须弥山，须弥山四方有四大部洲，即东胜神洲、南赡部洲、西牛贺洲、北俱卢洲。四大天王住须弥山山腰的犍陀罗山，其任务是各护一方天下，故又称“护世四天王”。其具体的称谓、手持法器等见表7－2。

表7－2　四大天王一览表

名称	服色	代表意义	法器及其意义	中国化的法器及其意义
东方持国天王	白色	代表尽职尽力主持国家事务	琵琶：代表做事要合乎中道、恰到好处	碧玉琵琶：职调
西方广目天王	红色	代表“多看”	龙（蛇）：象征世上一切人和事变化无常	紫金龙花狐貂：职顺

续表

名称	服色	代表意义	法器及其意义	中国化的法器及其意义
南方增长天王	青色	代表“天天进步”	宝剑：代表斩断世间烦恼	青光宝剑：职风（与“锋”谐音）
北方多闻天王	绿色	代表“多听”	宝伞：代表遮挡世间上的种种污染	混元珠伞：职雨

（2）韦驮

韦驮原为南方增长天王手下神将。韦驮曾亲受佛祖法旨，周统东、西、南三洲巡游护法事宜，保护出家人，护持佛法，也称“三洲感应”。相传释迦牟尼涅槃后，帝释天手持七宝瓶准备取下佛牙舍利回去建塔供养，时有罗刹鬼躲在帝释天身后乘人不备突然窃去佛牙舍利，韦驮奋不顾身夺回佛牙舍利。故韦驮通常置于天王殿大肚弥勒像背后，脸朝大雄宝殿，时刻守卫着释迦牟尼。汉化韦驮的形象是一身穿甲胄的少年武士形象，手持法器金刚杵。

（3）二王尊

二王尊在印度原为密迹金刚，是释迦牟尼五百持金刚卫队的卫队长。其中，右尊合口，手持金刚杵，目光如剑，似乎随时准备惩罚敢于违反寺规之人；左尊开口，满面喜色，左手捧册，右手执笔，仿佛在细心纪录入寺者之功过。二将专门把守山门，被民间称为“哼哈二将”。

（4）伽蓝神关羽

关羽是最著名的汉化的伽蓝神。相传关羽大意失荆州，败走麦城，被吕蒙部将杀害后托梦给湖北当阳玉泉寺普净大师：“还我头来，还我头来！”大师点化说，：“你过五关斩六将，这些人的头向谁去讨还？”关羽顿然觉悟，皈依空门，成了伽蓝神。关平成了其左胁侍，周仓成了其右胁侍。

（五）佛寺的布局

中国佛寺带有明显的民族特色，由数进四合院组成，中轴对称。中轴线上主要建筑（见图7-4）依次有：山门（或三门）、天王殿、大雄宝殿、法堂、方丈堂、藏经阁等，其中的天王殿、大雄宝殿、藏经阁为佛寺的主要建筑。

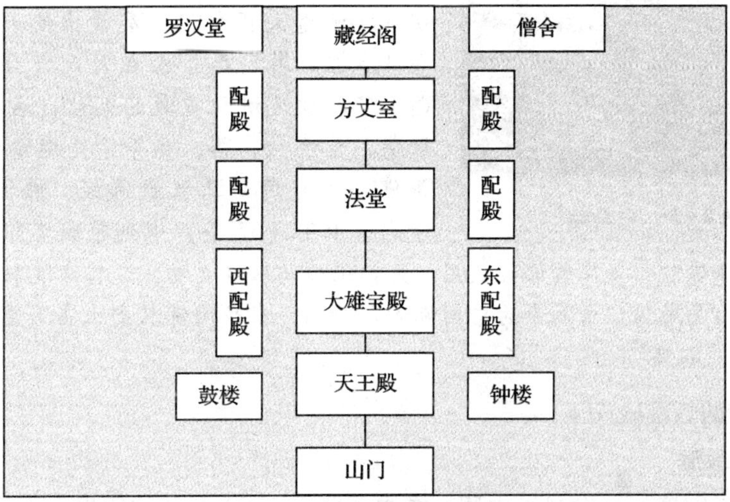

图7-4 汉传佛寺的平面布局

1）山门为佛寺大门，因有空门（中）、无相门（东）、无作门（西），象征三解脱，故又称三门。空门两侧立有哼哈二将。

2）入山门后第一座大殿为天王殿，正中供奉的是弥勒佛，袒胸露腹，大肚开怀，笑迎天下客。背后供韦驮天，为佛寺的护法神，两侧供奉风、调、雨、顺四大天王。

3）大雄宝殿为佛寺正殿，又称“大殿”。有供奉一佛、三佛、五佛、七佛等情况，以三佛居多，供五佛、七佛的较少。供一佛常见的有“释迦三尊”、西方三圣、东方三圣、华严三圣或释迦牟尼及其弟子阿难、迦叶。供三佛常见的有三身佛、三方佛或三世佛。释迦牟尼像背面一般为海岛观音壁塑图。大殿东西两侧，常供十六罗汉或十八罗汉。

4）大殿之后为法堂，是演说佛法皈戒集会之处。

5）法堂之后为方丈室，是佛寺方丈居住、说法与接客之处。

6）中轴线最后一进一般为藏经阁，是佛寺珍藏佛像、文物、经卷之所，一般为两层，下层为千佛阁，正中供毗卢遮那佛，沿壁塑小佛龛供上千座小佛像。楼上主要贮藏经书。

我国佛寺建筑非常普遍，古语云：“名山多古刹”、“天下名山僧占尽”，正说明佛寺之多且风景幽美。著名的佛寺有：洛阳白马寺为中国第一座佛寺，历有“释源”之誉；南京栖霞寺、天台国清寺、山东灵岩寺与湖北玉泉寺，合称“天下丛林四绝”。其他还有少林寺、五祖寺、法门寺、大明寺等，数不胜数。

阅读材料

白马寺

图7-5　白马寺

白马寺（见图7-5），位于洛阳东郊，北依邙山，南临洛水，是佛教传入我国内地兴建的第一座寺院。始建于东汉明帝永平十一年（68年），距今已有1900多年的历史。相传，汉明帝刘庄“夜梦金人，身有日光，飞行殿前，欣然悦之。明日，传问群臣，此为何神”，有臣答曰，此神即“佛”。明帝即派遣大臣蔡愔、秦景出使天竺（今印度）寻佛取经。蔡、秦等人在月氏（今阿富汗一带）遇上了在该地游化宣教的天竺（古印度）高僧摄摩腾、竺法兰。蔡、秦等于是邀请佛僧到中国宣讲佛法，并用白马驮载佛经、佛像，跋山涉水，于永平十年（67年）来到京城洛阳。汉明帝敕令仿天竺式样修建寺院，供高僧译经之用。为铭记白马驮经之功，遂将寺院取名“白马寺”。并于寺门外塑白马雕像。白马寺为中国佛寺之开端，在我国佛教史上占有重要地位，被尊为“释源”和“祖庭”。

（六）佛教的教派和节日

1. 佛教的教派

佛教产生于印度，却发展于中国。在中国已有2000多年的历史。由于传入的时间、途径、地区、民族文化及社会历史背景的不同，中国佛教形成了三个派别，即汉地佛教

（汉语系、大乘佛教）、藏传佛教（藏语系）、云南上座部佛教（巴利语系、小乘佛教）。

（1）汉地佛教

佛教之传入中国，始于公元前2年的西汉，大月氏王使臣伊存向中国博士弟子景卢口授《浮屠经》，史称“伊存授经”，为佛教初传中国的历史标志。而佛教传入中国确切事件应是“永平求法”。公元64年，汉明帝因夜梦金人，派蔡愔、秦景西行求经，蔡愔等偕天竺僧人摄摩腾、竺法兰以白马驮经至洛阳。公元68年，敕建白马寺，供西域僧人寓此译经，史称“永平求法”。此即中原佛教的开端。“伊存授经”与“永平求法”同为佛教初传中国的两大历史事件。

白马寺乃中原地区最早的佛寺。在此之前，西域地区已有佛教留传。早期佛教广泛吸收印度、尼泊尔宗教艺术，至隋唐时期，逐渐被吸收改造，与中国文化相融合，形成了中国化的佛教，并形成禅宗、净土宗、三论宗、天台宗、华严宗、法相宗、律宗、密宗八大宗派，佛教艺术臻于成熟。唐代以后，汉地精英佛教停滞衰退，而大众佛教长足发展，至元明时期出现“家家观世音，户户阿弥陀”的局面，其他宗派逐步衰微，而以禅宗和净土宗成为主流。近代汉地佛寺，多为禅宗佛寺。

佛教传入中国，多赖西域和印度僧人来华传经，但他们往往口传经文，转译失真，或篇章不全，不能满足佛教发展之需要。于是，在中国僧人中出现了冒险西行、舍身取经的热潮，其中最著名的是东晋的法显和唐代的玄奘。

（2）藏传佛教

佛教约在7世纪中叶从印度、中原两个方向传入西藏地区。吐蕃赞普松赞干布与唐朝的文成公主和尼泊尔的尺尊公主联姻，这两位公主各从家乡带来佛像、法物、经典和替她们供佛的僧人。于是佛教从内地和尼泊尔两个方向正式传入吐蕃，并与当地原始宗教苯教结合，形成了藏传佛教。在教义上，藏传佛教是大、小乘兼容而以大乘为主；大乘中显密共修，先显后密，尤重密宗，并以无上瑜珈密为最高修行，形成藏密。具有咒术性、对喇嘛异常尊崇、活佛转世思想、政教合一四大特征。

藏传佛教分四大派系：宁玛派（因该派僧人穿红色袈裟，故俗称红教）、萨迦派（因该派寺院墙上涂有红白黑三色花纹，故俗称花教）、噶举派（因该派僧人穿白色僧衣，故俗称白教）、格鲁派（因该派僧人戴黄色桃形僧帽，故称黄教）。其中格鲁派为宗喀巴创立，其后世弟子形成两大活佛转世制度，为藏区执掌政权的教派，势力最大。

上述藏传佛教四派加上当地原始宗教苯教（因该派僧人穿黑色僧衣，故俗称黑教），合称西藏五大教派。

（3）云南上座部佛教

上座部佛教主要分布于云南省的西双版纳、德宏、思茅、临沧、保山等地，主要通过泰国、缅甸传入，傣族、德昂族、阿昌族、布朗族、佤族的大多数群众信仰上座部佛教，信徒约有100多万。上座部佛教对这些民族的文化、政治生活和习俗都有深刻影响。如傣族每个男子都要在少年时期当一次和尚，3至7年后还俗；有些人成为终身僧侣。没当过和尚的男子会被人瞧不起。

2. 佛教的主要节日

（1）佛诞节（浴佛节）

佛诞节即纪念释迦牟尼诞生的节日，时间为阴历四月初八。是日，以香水沐浴佛像。

（2）涅槃节

时间为阴历二月十五，即纪念释迦牟尼逝世的节日。

（3）盂兰盆节（鬼节、中元节）

时间为阴历七月十五，佛教徒追祭祖先的节日。“盂兰盆”为梵文音译，意即“救倒悬”——救度亡灵倒悬之苦。相传释迦牟尼的十大弟子之一目连，用天眼看到他的母亲因生前诋毁佛道，死后堕入地狱饿鬼道中受倒悬之苦，惨不忍睹。目连十分悲伤，请求释迦牟尼教给他解脱母亲厄难的方法。释迦牟尼说：“七月十五是僧尼安居结束之时，你可在盆里盛上百味食品，供养十方僧众。这样不仅你母亲可能解脱倒悬，也可以使你的七世双亲免去地狱之苦，享受快乐。”目连按照释迦牟尼的指示去做了，果然他的母亲解了倒悬之苦，地狱中的七世双亲也不再受难。后来这一天成为佛教徒追祭祖先的节日。

（4）佛成道节

时间为阴历十二月初八，是纪念释迦牟尼得道成佛的节日。后每至这一天，老百姓要以“腊八粥”供佛。

（七）佛教圣地

1. 佛教名山

我国佛教名胜非常之多，山西五台山、浙江普陀山、四川峨眉山、安徽九华山，合称四大佛教名山（又称四大道场），为明代以来禅僧和信徒集中参拜的地方。其中，五台山为文殊菩萨道场、普陀山为观音菩萨道场、峨眉山为普贤菩萨道场、九华山为地藏菩萨道场。

2. 石窟

我国兴建石窟寺大约始于公元3世纪，后经北朝、盛唐、两宋三个石刻高潮时期的发展，遍布于全国各地，拥有极其丰富的石雕、泥塑和壁画，成为中华民族的艺术宝库。以敦煌石窟、大同云冈石窟、洛阳龙门石窟、天水麦积山石窟为代表，合称我国四大石窟艺术宝库。其中，敦煌石窟规模最大，内容最丰富，艺术成就最高，其最大特色是壁画，尤其是唐代壁画艺术著称于世；大同云冈石窟以石雕造像粗犷古朴、气魄雄伟、内容丰富多彩见长；洛阳龙门石窟以盛唐石刻造像端庄健美为特色（见图7-6）；麦积山石窟以敷彩泥塑造像清新秀丽，生活气息浓厚著称，有塑像馆之美誉。此外，凿于唐代的乐山大佛，通高70米，为中国最大石雕佛像（见图7-7）。

图7-6　龙门石窟卢舍那大佛

图7-7　乐山大佛

3. 佛塔

佛塔起源于印度，最初是佛门弟子为供奉佛祖舍利和遗物而建。发展到后来，高僧圆寂之后亦建塔供奉，佛塔的层数一般都是奇数：一层、三层、五层、七层……中型塔多半为七层，大型塔多半为十三层，故俗语：救人一命，胜造七级浮屠。浮屠即梵文中的塔。佛塔传入中国之后，用途更加广泛，除供奉舍利之外，还有登高远眺、瞭望敌情、导航引渡、装点河山之功能。

佛塔的种类依据其结构形式区分，则有楼阁式、密檐式、亭阁式、覆钵式、金刚宝座式等多种形式，我国现存古塔有近万座。著名的有：位于河北定县的开元寺塔，八角十一层，高84米，是我国现存最高的古塔；山西应县木塔，本名佛宫寺释迦塔，因其是全木结构，故通称应县木塔，塔高67.31米，是我国现存最高、最古老也是唯一的木构塔（见图7-8）；北京妙应寺白塔，高50.9米，是我国现存最高的喇嘛塔（见图7-9）。

图7-8　山西应县木塔

图7-9　北京妙应寺白塔

二、道教

（一）道教的产生、传播及分布

道教是中国土生土长的宗教，是在古代巫术、神仙方术、阴阳五行术的基础上逐渐形成的。一般认为，道教产生于东汉时期（公元142年），首创者为张道陵，发源地在四川鹤鸣山。由于当时饥荒严重，规定凡信徒入教须交纳五斗米，故称五斗米道。道教徒以老子为教主，尊为神明，奉《道德经》为主要经典，后逐步发展为天师道。到宋、金对峙时期，因我国南北方政治经济文化的差别，道教分化为正一、全真两大派别。正一道由天师道长期演变与其他派别综合而成，以《正一经》为经典，不重修持，崇拜神仙，相信画符念咒、降神驱鬼、祈福禳灾之术。全真道于公元1176年由王重阳所创立，主张儒、佛、道三教合一，以道教《道德经》、儒教《孝经》、佛教《般若心经》为必修经典。强调清心寡欲，注重修持，主张通过除情去欲来修炼，使精气神结合而得道成仙。

（二）道教的基本教义

道教教义庞杂，但基本内容包括两方面。

1. 宣扬“道”是“万物之母”

道教信仰的核心是“道”，道本是先秦道家的哲学概念。在《道德经》中，道被认为是超时空的永恒存在，是天地万物的根源。宇宙、阴阳、万象皆由此而化生。“道生一，一生二，二生三，三生万物……”（《道德经》）。道教相信道可以“因修而得”，只要按照道教所规定的一系列道功道术认真修炼，自有得道成仙之日。

2. 追求长生不老，肉身成仙

道教有一整套修炼的方法，分为内养、外养等。内养即道教气功，即运用一定方法，使人体内固有的精、气、神三者归一，达到长生和成仙的目的；外养指运用外在的力量达到养生目的，主要通过服食丹药和草木药等以使身体健康而至长寿。

（三）道教的经典和标记

道教派系庞杂，故道教经典也颇繁杂。但大多数奉老子的《道德经》为经典，从南北朝时期起，就有人将其汇成总集，后受佛教影响，人们用藏来称谓汇集在一起的道教经典，《道藏》随后成为道教经书总集的名称。流传至今的是《正统道藏》和《万历续道藏》为集道教文化之大成者，涉及诸子百家、天文地理、生物化学、医学保健等内容，是中国古代文化遗产的重要组成部分。

图 7－10　八卦太极图

道教的标记为八卦太极图（见图 7－10）或名阴阳八卦轮，中为太极，红色为阳，青色为阴，阴阳左右盘绕称之太极，外为八卦，象征自然界的天、地、水、火、雷、风、山、泽八种自然现象。

（四）道教供奉的对象

道教供奉的神灵主要有尊神、俗神和神仙。

1. 尊神

（1）三清

三清是指玉清、上清、太清的合称，是道教最高层的神灵。据《道教宗源》称：玉清元始天尊，住清微天之玉清境；上清灵宝天尊，住禹余天之上清境；太清道德天尊（即太上老君），则无世不在，无世不存，住大赤天之上太清境。

（2）四御

四御指地位次于三清尊神的四位天帝，即总执天道的玉皇大帝；协助玉皇大帝执掌天地经纬、日月星辰、四时气候的中央紫微北极大帝；协助玉皇大帝执掌南北极与天、地、人三才，统御诸星并主持人间兵革之事勾陈上宫天皇大帝；执掌阴阳生育万物之美，大地山河之秀的后土皇地祇。

（3）四方护卫神

四方护卫神即东青龙、西白虎、北玄武、南朱雀。

2. 俗神

俗神是指流传于民间而被道教信奉的神祇。如与自然相关的雷公、电母、风伯等；带有人间特征的英雄神、文化神、如关帝、文昌等；被认为专门保护个人、家庭和城乡安全的守护神，如门神、灶神、城隍、土地和妈祖等；被认为是特定的行业神和功能神，如药王、财神等。

3. 神仙

老而不死为仙。仙有人仙、地仙、天仙和神仙之分。最初流传多为上古传说人物，汉魏后多为道教人物仙化者，唐宋以来历史人物被仙化者，如八仙（见图 7－11）、天妃娘娘（即妈祖）等。

图 7－11　八仙

阅读材料

妈祖简介

妈祖诞生于宋建隆元年（960 年）三月二十三日。在将要出生前的那个傍晚，邻里乡亲看见流星化为一道红光从西北天空射来，晶莹夺目，照耀得岛屿上的岩石都发红了。所以，父母感到这个女婴必非等闲之女，也就特别疼爱。因为她出生至弥月间都不啼哭，便给她取名林默。

林默幼年时就比其他姐妹聪明颖悟，八岁从塾师启蒙读书，不但过目成诵，而且能理解文字的义旨。长大后，她决心终生以行善济人为事，矢志不嫁，父母顺从她的意愿。她专心致志地做慈善公益的事业，平素精研医理，为人治病，教人防疫消灾，人们都感颂她。她性情和顺，热心助人。只要能为乡亲排难解纷，她都乐意去做，还经常引导人们避凶趋吉。人们遇到困难，也都愿意跟她商量，请她帮忙。

生长在大海之滨的林默，还通晓天文气象，熟谙水性。湄洲岛与大陆之间的海峡有不少礁石，在这里遇难的渔舟、商船，常得到林默的救助，因而人们传说她能“乘席渡海”。她还会预测天气变化，事前告知船户可否出航，所以又传说她能“预知休咎事”，称她为“神女”、“龙女”。

林默十六岁那年，有一次父兄出海未返，天气突变，飓风大作，狂涛怒威。她预感这次父兄航海必然凶多吉少，急得痛哭流涕。不久，风浪稍息，她便驾舟出海寻觅父兄。父亲果然被她救了回来，但其兄尸体尚未找到。于是，她安慰了父亲后，自己又奋勇驾舟出海寻找兄尸，终于在茫茫大海中，把其兄尸捞回安葬。乡亲们对林默这次救父寻兄的行动，无不啧啧称赞。宋太宗雍熙四年（987 年）九月初九，年仅二十八岁的林默与世长辞。这一天，湄洲岛上群众纷纷传说，他们看见湄峰山上有朵彩云冉冉升起，又恍惚听见空中有一阵阵悦耳的音乐。从此以后，航海的人又传说常见林默身着红装飞翔在海上，救助遇难呼救的人。因此，海船上开始流行供奉林默神像（人称妈祖），以祈求航行平安顺利。

（五）道教建筑及布局

道教建筑一般称观、庙、道院，有特殊地位的道观称宫。道教建筑与仪式多借鉴佛教，但以墙壁、柱子、门窗等皆用红色为特点。布局亦与佛教相近，中轴线上主要殿堂依次有：山门、灵官殿、三清殿、玉皇殿、三官殿等。山门为道观的大门，一般供奉青龙神和白虎神。中轴线上第一座大殿为灵官殿，内供王灵官。三清殿是道观中最主要的大殿。玉皇殿供奉玉皇大帝或供四御。三官殿供奉天官、地官、水官（又称三元大帝），天官赐福，地官赦罪，水官解厄。

（六）道教圣地

用“山不在高，有仙则名”来形容道教的名山宫观，可以很好地体现出其自然与人文、宗教的有机交融。许多宫观建筑超凡脱俗，又体现出风水宝地的绝好气韵。

1. 道教名山

因道士的理想是修炼成仙，故道观通常选址于深远幽静、奇峰异石、花木繁茂之地。其中著名的有“三山五岳”、“十大洞天”之说。“五岳”即：东岳泰山、西岳华山、中岳嵩山、南岳衡山和北岳恒山。五岳是远古山神崇拜、五行观念和帝王巡猎封禅相结合的产物，后为道教所继承而成为道教名山。“三山”则指江西之庐山、广东之罗浮山和浙江之天台山。四川青城山、陕西终南山为道教发祥地。江西龙虎山，贵溪县天师府，湖北武当山为道教之最大道场。此外，山西太原龙山石窟为最重要的道教石窟，福建泉州老君岩为道教最大造像。

阅读材料

武当山金殿

图 7－12　武当山金殿

武当山金殿坐落在海拔 1612 米的武当七十二峰之首的天柱峰顶，坐西朝东，建于明永乐十四年（1416 年）。面阔进深均为三间，高 5.54 米，长 4.4 米，宽 3.5 米，全部为铜铸鎏金，是我国现存最大的铜铸建筑（见图 7－12）。金殿重檐迭脊，檐角飞举，脊饰吻、龙、凤、鱼、马、狮等珍禽异兽，下设圆柱 12 根，门拱檐椽，结构精巧，额坊及天花板上，雕铸流云、旋子等图案，线条柔和、流畅。殿内神案、供器、几案，中间供奉真武大帝，两侧侍金童玉女，神案下置“龟蛇二将”等，皆为铜铸鎏金，工艺精湛。殿内藻井上，悬挂着铜质鎏金宝球，相传此球能镇住山风，不让它进殿门，确保神灯长明不灭，故称“避风珠”。殿外山风呼啸，殿内神灯火苗却一丝不摇。金殿历经500多年风雨雷电，酷暑严寒，仍辉煌如初，实为我国古建筑和铸造工艺之奇迹。

2. 宫观

宫观是道士修道、祀神和举行宗教仪式的处所，为道宫和道观的合称。我国较著名的有：河南鹿邑太清宫、江西贵溪上清宫、四川成都青羊宫、江苏苏州的玄妙观、陕西户县的重阳宫、山西芮城的永乐宫、北京的白云观、广州的三元宫、湖北武汉的长春观等。其中陕西户县的重阳宫（见图7－13）、北京的白云观和山西芮城的永乐宫并称全真道三大祖庭。

图7－13　重阳宫

三、基督教

（一）基督教的产生、传播及分布

基督教产生于公元1世纪，发源地是罗马帝国统治之下的巴勒斯坦。相传，基督教创始人基督耶稣是上帝耶和华的独子，木匠约瑟的未婚妻玛丽亚因圣灵受孕，生耶稣于伯利恒。耶稣自30岁起，开始宣扬上帝的福音，招收十二门徒，并施行许多神术，使瞎子复明、跛子行走、死人复活，拿2条鱼、5个面饼给5000人吃饱等。他的传教吸引了许多民众，但遭到犹太祭司和罗马帝国统治者的仇视。后因十二门徒之一的犹大的出卖，被钉死在十字架上，故后人把十字架作为信仰基督教的标志。据传耶稣死后第三天复活，显现于诸门徒，复活后第40天升天。据称，将来会再降人间，审判死人和活人。因耶稣受难之日是星期五，受难之前最后的晚餐中一共有13人（见图7－14），故西方人忌讳数字“13”和星期五。

图7－14　达·芬奇的《最后的晚餐》

原始基督教产生之后，逐渐受到罗马帝国的认可，公元313年君士坦丁大帝发表《米兰敕令》，宣布基督教为合法宗教。尤其是公元392年，狄奥多西一世定基督教为国教，基督教迅速发展。后经欧洲封建化过程及欧洲资本主义的殖民扩张，广泛传播到世界各地，且分裂为天主教、东正教、新教三个不同教派。到2000年，全世界基督教徒达19.99亿，主要集中欧洲、美洲和大洋洲，为世界第一大宗教。

（二）基督教在中国的传播

历史上基督教四传中国。基督教最早于唐代传入中国，称作景教。后于元代又一次传入。明清之际三传中国，但三次均未成功。鸦片战争后四传中国，在不平等条约保护下强行传教，取得成功，但遭到中国人民的强烈抵制，被斥为“洋教”，未能融于中国文化之中，故基本上以原貌客居中国大地。

1. 一传中国

指流行于中亚的基督教聂斯脱利派从波斯来华传教，时逢唐朝“贞观之治”。获得“景教”之名的聂斯脱利派很快取得“法流十道”、“寺满百城”的成功。后在公元845年唐武宗“崇道毁佛”的风云中，被作为“胡教”与其他外来宗教一起遭到清洗。

2. 二传中国

指景教在元朝的复兴和罗马天主教来华传教。主要对蒙古民族产生了文化影响。随着元朝的灭亡，其传播也迅即消失。

3. 三传中国

指明清之际以天主教耶稣会士为首的西方传教士在华展开的广泛而深入的传教活动。后天主教会内部爆发“中国礼仪之争”，因罗马教皇和康熙皇帝的干预，导致双方直接冲突，康熙遂宣布禁教，驱逐传教士。

4. 四传中国

指鸦片战争之后西方基督教各派传教士蜂拥来华，在不平等条约保护下强行传教，并取得成功。

新中国成立后，基督教（新教）倡导自治、自养、自传的三自爱国运动；天主教和东正教也倡导自主自办的爱国活动；东正教成立中华东正教会，从此基督教各教堂走上健康的发展道路。

（三）基督教的基本教义

基督教强调救赎、慈爱，强调人人平等。认为上帝创造了世界并主宰着世界，耶稣是上帝之子，被派到世上拯救人类。世人应忍耐、顺从、宽恕，如此来世方可升入天国。

1. 上帝创世说

基督教徒认为上帝创造了一切，故上帝是全能的，是真善美的最高体现者，人们必须无条件地敬仰和顺从上帝，否则要受到上帝的惩罚。

2. 原罪救赎说

基督教徒认为，人生来就是有罪的（亚当和夏娃偷吃了伊甸园的禁果，给人类带来了原罪），上帝给了人类赎罪的机会，但人类无法靠自己的力量从罪恶中得救，必须要靠基督的引导，靠自己的忏悔，才可赎罪。

3. 天堂地狱说

基督教徒认为天堂是极乐世界，信仰上帝的人，死后灵魂获得赎罪，可以升上天堂获得永生；而不信仰上帝的人死后灵魂要被丢入地狱，永受惩罚。

（四）基督教的经典和标记

基督教的经典是《圣经》，由犹太教的《圣经》（《旧约圣经》）和基督教的《新约圣经》组成，因而也称《新旧约全书》。《新约圣经》曾被译成1848种语言和方言，对世界文化产生了深远的影响。

基督教的标记为十字架（象征耶稣受难）。

（五）基督教节日

基督教的节日主要有三个。

1. 圣诞节

时间为阳历 12 月 25 日，纪念基督教创始人耶稣诞生的节日，是基督教国家亲人团集、合家欢庆的盛大节日，其隆重程度相当于中国人的春节。节日期间还有丰富多彩的活动如圣诞老人、圣诞树、圣诞箱、圣诞卡等。

2. 遇难节

遇难节是纪念耶稣在十字架上遇难的节日，时间是在复活节前的星期五，故西方人往往称“黑色星期五”。

3. 复活节

复活节是纪念耶稣复活的节日，时间是每年春分月圆后的第一个星期天（3 月 21 日至 4 月 25 日）。

（六）基督教的教堂建筑

基督教的主要建筑为教堂，是基督教举行礼拜和重要宗教仪式的场所。不同时代的教堂有不同的建筑风格。但总体说来，讲究立面效果，采用复杂而精致的结构，使用高耸而细尖的塔楼，直刺蓝天，在视觉上造成飞升的效果，仿佛带领教徒与天主相会。教堂内部空间巨大，流光溢彩，充满神秘的宗教色彩，教徒置身其中深感自己的渺小而不得不乞求上帝的保护。法国的巴黎圣母院、德国的科隆大教堂、梵蒂冈的圣彼得大教堂等皆为此种建筑的典范。我国著名的教堂有上海徐家汇天主堂、圣三一堂，广州圣心大教堂，北京南堂、北堂，哈尔滨圣索菲亚教堂等。

1. 上海徐家汇天主堂

徐家汇天主堂（见图 7－15）位于上海徐汇区蒲西路 156 号，是上海天主教三自爱国会所在地。始建于清光绪三十一年（1905 年），宣统二年（1910 年）告成，1980 年重修，是上海地区最大教堂，也是远东地区最大教堂之一，现为天主教上海教区主教座堂。徐家汇天主堂为中世纪哥特式风格建筑，双尖顶砖石结构，门窗都是哥特尖拱式，嵌彩色玻璃，镶成图案和神像。平面呈长十字形，正面向东，两侧建钟楼，钟楼全高约 60 米，尖顶 31 米，尖顶上的两个十字架，直插云霄，庄严而神秘。

图 7－15　徐家汇天主堂

2. 哈尔滨圣索菲亚教堂

圣索菲亚教堂（见图 7－16）始建于公元 1907 年，是哈尔滨现存最大的东正教堂，属俄罗斯拜占庭式建筑。整座教堂气势恢弘，精美绝伦。教堂的墙体全部采用清水红砖，上冠巨大饱满的洋葱头穹顶，统率着四翼大小不同的帐篷顶，形成主从式布局，四个楼层之间有楼梯相连，前后左右有四个门可出入。正门顶部为钟楼，7座铜铸制的乐钟恰好是7个音符，由训练有素的敲钟人手脚并用，敲打出抑扬顿挫的钟声。巍峨壮美的圣索菲亚教堂，构成了哈尔滨独具异国情调的人文景观和城市风情。同时，它又是沙俄入侵东北的历史见证和研究哈尔滨市近代历史的重要珍迹。

图7-16　哈尔滨圣索非亚教堂

四、伊斯兰教

（一）伊斯兰教的产生、传播及分布

伊斯兰教产生于公元7世纪初的阿拉伯半岛，创始人为穆罕默德。相传穆罕默德于公元570年出生于麦加，年轻时忧虑于麦加人的社会风气，经常进入麦加附近的希拉山洞沉思，专心致力于思索神圣之道。公元610年初步创立伊斯兰教，公元622年他迁往麦地那，建立政教合一的宗教公社。伊斯兰教起初提出反对高利贷、号召赈济、释放奴隶等宣传，吸引了下层人民的支持和信仰，并以“圣战”的方式征服阿拉伯半岛，到公元630年统一了阿拉伯半岛，建立了政教合一的国家和社会。公元632年，穆罕默德逝世于麦地那。伊斯兰教后通过战争、商业活动，传入北非、南亚、东南亚等地。到2000年，全世界穆斯林（伊斯兰教徒称谓，意为“归顺者”）人数达11.88亿，主要分布于西亚、北非、南亚、东南亚等地，为世界第二大宗教。伊斯兰教有许多派别，其中最主要的有逊尼派和什叶派，逊尼派为多数派，人数约占穆斯林总数的85%；什叶派属少数派，流行于伊朗、伊拉克、也门、叙利亚、巴基斯坦等国。

伊斯兰教在我国也称回教、清真教等，约于唐贞观年间经由海路和陆路传来中国，故早期伊斯兰建筑多集中于广州、泉州、杭州、扬州等沿海城市，如广州怀圣寺（狮子寺）、泉州清净寺（麒麟寺）、杭州真教寺（凤凰寺）、扬州仙鹤寺为中国沿海伊斯兰教四大古寺。另外也经陆路由西域传入。伊斯兰教主要分布在我国西北地区，与回族、维吾尔族、哈萨克族等少数民族的历史、文化及世俗生活息息相关，同时也散布在全国各省。

（二）伊斯兰教的教义

伊斯兰教的基本教义是：信奉安拉是唯一的神，穆罕默德是安拉使者。具体包括两方面：在思想理论方面，坚持六大信仰：信安拉、信天使、信使者、信经典、信前定、信后世；在实践和行为方面，规定教徒必须做五功和善行。五功是指念清真言、做礼拜、守戒斋、纳天课、朝觐五项宗教义务；善行是指穆斯林必须遵循的道德规范。这两方面的结合构成基本教义。

（三）伊斯兰教的经典和标记

伊斯兰教的经典《古兰经》（亦名《可兰经》），是伊斯兰教最根本的经典。除《古兰经》外，《圣训》也是伊斯兰教的基本法典。《古兰经》包含着伊斯兰教基本信仰、宗教制度、道德规范及思想学说等，是伊斯兰教国家立法的基础，是穆斯林世界的“永久宪法”。

伊斯兰教的标志为新月。在所有信奉伊斯兰教的国家都可以看到这个标志，这是因为信奉伊斯兰教的国家大都在沙漠附近，所以人们在劳动时只能选择在晚上。在夜间劳作时，人们希望有星星，由月亮照明，久而久之，这也就成为一种幸运的象征。

（四）伊斯兰教的节日和习俗

1. 主要节日

（1）开斋节

我国新疆地区称肉孜节，顾名思义，即庆祝斋戒期满的节日，时间是在伊斯兰教历 10 月 1 日（斋月最后一天寻看新月，见到新月的第二天即行开斋，未见月牙，则顺延，但不得超过三天）。

（2）古尔邦节

在我国新疆地区称宰牲节，时间是伊斯兰教历的 12 月 10 日。穆斯林每年 12 月上旬都要到圣地麦加举行大朝，大朝结束之日举行古尔邦节。关于这一节日的来历，相传穆罕默德为了考验伊斯兰教先知易卜拉欣，令他杀死自己的儿子易斯玛作为献祭。第二天清早，易卜拉欣果真把他的儿子带到麦加附近的米那山谷，正准备举刀要砍的时候，安拉派天使送来了一只羊，代替他的儿子作为献祭，这只羊叫“替罪羊”。后人为了纪念易卜拉欣父子对真主安拉的忠心，便把这一天定为古尔邦节。节日期间，富有的穆斯林纷纷宰羊杀驼，分送穷人。

（3）圣纪（圣忌）

时间是伊斯兰教历 3 月 12 日，为纪念穆罕默德诞生和逝世的节日，相传穆罕默德诞生于公元 570 年 3 月 12 日，62 年之后的同一天逝世于麦地那，故这一天既是他的诞辰纪念日，亦是他的忌日，

2. 主要习俗

1）穆斯林在饮食上有严格的禁食制度，总的原则是“洁净的为适宜，污浊的受禁止”。禁食自死动物、血液、外形丑陋之物，及未经诵经而宰杀的动物，禁止饮酒及含酒精的饮料，牛、羊、驼等必先经诵安拉之名宰杀后方可食用。

2）进礼拜殿前必须做大小净和脱鞋。所谓大净即从头到脚洗干净；小净则洗净脸和手等。如在沙漠，则可用沙洗脸和手。伊斯兰教忌讳赤身露体，进入清真寺，必须穿长衣长裤，否则不得入内 。

3）政教合一的穆斯林国家，对女性的禁锢非常严格，妇女出门须披黑色长袍，罩上面纱，不许露出眼睛以外的身体的任何部位。且不允许妇女与丈夫以外的男性交往。

4）敬茶、端饭、握手均用右手，忌左手。

（五）伊斯兰教的清真寺建筑

伊斯兰教主要建筑清真寺，也称礼拜寺，是穆斯林举行宗教仪式、传授宗教知识的寺院的通称。有礼拜殿、望月楼、邦克楼、浴室等特有建筑，典型的清真寺为阿拉伯式风格，多采用圆形拱顶，犹如苍天笼罩大地万物，结顶部收束为优美的尖塔，同样给人以飞升之感。寺内不设偶像，也不以动物形象作装饰，只是在建筑细部上用阿拉伯经文和花草加强装饰性，一般祭坛设于背向麦加的墙上，以使教徒向着麦加方向朝拜，这种规定有效地强化了圣地麦加在穆斯林心目中的地位。因麦加位于中国的西方，故中国清真寺朝向为坐西朝东，有别于中国传统的建筑。

我国著名的清真寺有泉州清净寺、广州怀圣寺、杭州真教寺、扬州仙鹤寺、北京牛街清真寺、西安化觉寺、喀什艾提尕清真寺等。

阅读材料

喀什艾提尕清真寺

喀什艾提尕清真寺（见图7－17）位于喀什市中心广场，是一座典型的阿拉伯风格的建筑，迄今已有500多年的历史。相传始建于1442年，喀什噶尔的统治者沙克斯米尔扎首先在这里建立一所清真寺，用来祈祷亲友亡灵。后来又经过历代多次扩建和修缮，成为现在的形式和规模，是新疆地区最大的清真寺，也是新疆伊斯兰教最高学府所在地。全寺面积16800平方米，由礼拜堂、教经堂、门楼、水池等建筑物组成。恢弘的气势，宽敞的廊檐、雕花大柱及精美的花卉图案，无不充满了强烈的阿拉伯气息。

图7－17　喀什艾提尕清真寺

知识拓展

伊斯兰教的三大圣寺：麦加清真寺是伊斯兰教第一大圣寺；第二大圣寺是坐落在沙特阿拉伯麦地那的先知清真寺；耶路撒冷的阿克萨清真寺是伊斯兰教第三大圣寺。

第三节　宗教与旅游

在现代社会，宗教和旅游有着密切联系。

一、宗教本身

（一）宗教信仰活动以其特色而在旅游中占据重要地位

宗教活动经过长期历史发展和演变，已经形成一种独特的旅游资源。各类宗教信徒，出于对宗教的笃信和虔诚，不辞辛苦，到宗教名山和寺庙殿宇道观烧香拜佛、祈祷还愿，从而形成庞大的宗教朝觐流。其活动表现出的那种肃静、庄重、神秘的气氛，有着极大的吸引力。此外，不少宗教节日不仅仅是宗教信徒的活动，而且也成为社会各阶层人们共同参与的活动。由其衍生出的各种庙会和娱乐活动以及各种相关的宗教纪念品和特色产品，也吸引着大量旅游者。如伊斯兰教圣地麦加仅每年大朝期间就有几百万穆斯林从世界各地云集于此（见图7－18）。

图7－18　麦加朝觐人潮

2. 宗教活动场所本身往往就是风景优美的名山大川，极具旅游价值

我国以佛教为主体的宗教旅游胜地遍布全国各地，是数量相当可观的旅游资源。如著名的四大佛教名山：山西五台山、四川峨眉山如（见图7－19）、安徽九华山、浙江普陀山；享誉中外的五岳：东岳泰山（见图7－20）、西岳华山、北岳恒山、南岳衡山、中岳嵩山；以及天台山、栖霞山、青城山、武当山、龙虎山等。均山川秀丽，景色宜人，每年都吸引大批旅游者。

图7－19 四川峨眉山

图7－20 东岳泰山

3. 宗教发展是人类社会发展的重要组成部分

宗教文化包罗万象，涉及历史、文学、音乐、美术、建筑等诸多方面，内容丰富，博大精深，遗留下丰厚的文化遗产和实物资料，无论对从事文化和艺术还是历史和建筑等相关科学技术方面的学习与研究，都有无可代替的吸引力和影响力。还可了解到一个国家或地区一定历史时期社会、经济、科技、文学艺术的发展面貌，从而满足求知的欲望。

二、宗教建筑的吸引力

出于人们对神佛的崇拜，著名的宗教建筑几乎都成为当时建筑的典范。它们不仅在结构、用料、装饰、布局等方面体现着时代建筑的艺术高峰，而且易造就庄严、肃穆的气氛，尤其是在与环境关系的处理方面，往往形成强烈、神秘的宗教色彩，提高宗教建筑的心理感应效果。

图7－21 武当山

中国宗教建筑和西方建筑有很大的不同，它从来没有过分地陷入神学的激动和接受超人性的迷狂中，而是要求一种精神的宁静和平和。道教认为炼气，服食丹药是升仙途径，其建筑多在深山壁谷之中。如道教圣地武当山（见图7－21）主峰海拔1612米，建有紫霄宫、太清宫、玉虚宫。禅宗主张在个人的内心中去寻求解脱，深山养息、面壁打坐、寻找平和宁静。而佛教寺庙，多建在高山峭壁，地势险要处，加之密林幽谷、云遮雾绕，寺庙在山中仿佛就是一幅画卷，使人产生恍如隔世的感觉。人们在这里寻求安全，体验解脱，一切都是普通人性所能理解的。

秦砖汉瓦、柱、梁、拱、椽等的交织网络构成的宗教建筑是宏伟而有魅力的。但相对于代表皇权的建筑而言，它始终处于从属地位。在都城，它没有超过皇宫；在郡县，没有超过官府和衙署。我国的佛寺建筑实际就是世俗住宅的扩大或宫殿的缩小。

而西方基督教教堂重在外现人心中的宗教激情，把人内心中的迷惘和狂热、幻想和茫然都化成实在的视觉形象，借助这形象进一步把人的情感推向更高的境界。除希腊神庙外，西方宗教建筑都浸泡在沸腾的激情中，具体表现为超凡的巨大尺度、强烈的空间对比、神秘的光影变幻。因此，西方宗教建筑利用高耸的尖塔、阴冷的石料、巨大的空间、光怪陆离的色彩，形成特殊的宗教意境，使人置身其中顿觉自己的渺小而不得不乞求上帝的保护，这都是宗教建筑艺术对人的影响。尽管有不同程度上的差别，但它们在表达宗教的非理性这一方面是共同的，其作用都在于通过建筑艺术来感染人们，引导人们跟随传教士走向宗教世界。

总的来说，中国建筑在气质上更重精神、重意境，西方建筑重物质、重外观。前者是群体的统一，内在而含蓄；后者是单体的突出，外在而暴露。这个区别，可以从另一角度解读中国人和西方人的艺术趣味之不同，简而言之，前者具有“绘画”之美，而后者更多的带有“雕刻”的意味。因此，对宗教文化资源的开发和利用，有利于形成有特色的旅游产品，开拓新的旅游市场，为旅游注入活力，提高经济效益和社会效益，这对旅游业的发展具有重要的意义。

三、宗教艺术成就

宗教艺术是世界艺术宝库中极其珍贵的一部分。宗教艺术的内容同样有绘画、雕塑、音乐、舞蹈、书法等形式，无不散发着强烈的感染力，为旅游者提供多种美感享受。仅以绘画为例。中国历史上因艺术造诣而闻名的宗教画家，如东晋、南北朝的顾恺之、张僧繇、曹仲达，唐代的吴道子，清代的朱耷、石涛等。顾恺之、张僧繇的画极富神采，尤以眼睛最为生动，中国家喻户晓的成语“画龙点睛”即源于张僧繇为安乐寺作画的故事。曹仲达与吴道子所绘佛像，画艺高超，形象生动，且神态各异。曹仲达所绘神像衣饰紧贴身体，如人从水出，充分体现人体之美；吴道子所绘佛像，衣饰飘扬，如随风起舞，有飘然若仙之感，世称“曹衣出水，吴带当风”。

图 7－22　永乐宫壁画

宗教壁画以特有的魅力展现在世人面前。道教壁画以山西永乐宫（又称纯阳宫）壁画为代表（见图 7－22），永乐宫除山门外，四主殿均绘有精美的道教壁画，总面积达 1000 余平方米，各路神仙惟妙惟肖，特别是巨大的线条流畅而多变，令观者叹为观之。

宗教雕刻更是我国艺术宝库中一颗璀璨的明珠，散布在全国各著名的旅游风景名胜区，以古老的文化、宏大的魄力、精湛的技艺和无与伦比的艺术美感吸引广大旅游者。如敦煌莫高窟（见图7－23）、天水麦积山石窟、洛阳龙门石窟等，其精美绝伦的佛教雕塑艺术，不仅展现出极高的艺术造诣，而且对于历史、宗教、美术等研究均具有极高价值。

图7－23 莫高窟雕塑

佛教对于中国的雕刻与彩塑艺术的发展产生了极大的影响。

东汉末和魏晋南北朝时期，佛教成为占统治地位的意识形态后，统治阶级便借雕塑把他们这种思想人格表现出来。这一时期，雕塑造像上多是秀骨清像，长脸细颈，衣褶繁复而飘动，那种神情奕奕、飘逸自得以及似乎去尽人间烟火气的风度，形成了中国雕塑艺术的理想美的高峰。人们把希望和美好理想都集中地寄托在它身上，它是包含各种潜在的精神可能性的神，内容宽泛而不定。然而它并没有显示出仁爱、慈祥、关怀世间等深情，它所表现的恰好是对人间俗世的完全超脱。尽管身体前倾、目光下视，但对人世似乎并不关怀或动心。相反，它对人世现实的轻视，以洞察一切的睿智的微笑为特征，并且就在那惊恐、阴冷、血肉淋漓的世界中，显示出其宁静、高超、飘逸、睿智的风范。这是魏晋以来统治阶级所追求向往的美的最高标准。例如，山西大同云冈的第20窟大佛，是魏晋南北朝时期的代表作。大佛高13.46米，作入定坐式，佛像袒露右臂的服饰，以及深目高鼻、宽肩细腰的造型，反映出印度佛教雕塑对我国早期佛像的影响。

图7－24 晋祠圣母殿仕女像

至唐代，我国古代雕塑艺术也在此时进入一个全新的高度。唐代雄踞峰巅的代表作是洛阳龙门奉先寺的卢舍那大坐佛。它高达17.14米，结跏趺坐，安详庄重，虽然居高临下，但和蔼可亲，仁慈宽厚，相比魏晋南北朝时期的佛像更富于人情味。宗教的神性和世俗的人性在雕刻中并存，这种特征，从唐代开始延续至宋代呈现出有增无减的趋势。宋代雕塑人像是具体逼真、亲切的，是一种写实风格的再现，也显示出宗教在中国逐渐走向衰落。所以当旅游者走进完成了这一社会转折的敦煌宋代石窟时，就会感到不再是宗教的艺术而是真正的人世生活，就连纯粹形式的图案也是世俗生活的再现。北魏图案的活跃跳动、唐代图案的自由舒展全没有了，有的只是规范化的呆板，整个情景给人的是一派清凉、贫乏、无力、呆滞的感受。宋代雕塑已经没有宗教的热情，又缺乏深刻的思辨，中国的宗教雕塑艺术也于这时走向没落。

而道教最初并不敬奉神像，从魏晋南北朝时期开始，道教造像才逐渐兴起。最初受到佛教造像影响较多，至唐代逐渐形成自己独特的制作模式。现存著名道教造像主要有：西安碑林博物馆保存的唐代老子石刻像；太原晋祠宋代仕女像（见图7－24）；山西晋城玉皇庙金元时代的二十八宿造像等，均为世界著名的中国古代雕塑珍品。

藏传佛教艺术是我国宗教艺术中的一朵奇葩，其中以壁画、唐卡、雕塑、酥油花、堆秀等最为著名。

阅读材料

唐卡

唐卡系藏语，意为用彩缎织物装裱成的卷轴画，是藏传佛教密宗的艺术品，被藏族人民视为珍宝。唐卡（见图 7－25）以色彩绚丽著称，所有原料为传统的有色矿石，画成托裱后，再用彩缎拼接边框作装饰。唐卡所有的颜料全部是手工研制的，过程复杂。由于颜料的纯度高，覆盖力强，画面效果艳丽，可以保存千年而不变色。唐卡之所以受到崇拜，是因为人们在冥想佛尊时，必须借助这些唐卡佛像。完成一幅唐卡需要很长的时间，有的甚至要一年。完成的唐卡都要经喇嘛加持，因此，每一幅唐卡都凝结了画师的心血与众神的庇护。

图 7－25　唐卡

唐卡包括的内容极为广泛：有反映藏传佛教和各种神灵的宗教唐卡；有反映自然科学成就的藏医、藏药、天文历算唐卡；有记载历史事件的史料唐卡；有记录人物的传记唐卡。这些唐卡上的历史事件、人物传记、宗教教义、西藏风土、民间传说、神话故事等，涉及政治、经济、历史、宗教、文艺、社会生活等各个方面，堪称百科全书。这些精湛的艺术品是藏族文明的史诗。

在西藏的宫殿、寺院以及藏族居家、庄园的经堂里，都有悬挂唐卡的习惯。古代画师们创造出许多具有史料价值和艺术价值的壮观画卷，其数量之多，非常惊人。各大寺庙中，都藏有相当数量的唐卡。布达拉宫的大唐卡为 55.80 米 ×46.81 米。为了存放这幅大唐卡，布达拉宫晒佛台脚下，还专门建造了一幢 340 平方米的二层楼房作库房。每年藏历二月三十日拉萨要举行晒宝法会。当天哲蚌寺的几千喇嘛身穿佛衣，手持各种珍贵乐器、祭器、旗帐幡等物，自大昭寺出发，过琉璃桥，到布达拉宫前举行宗教仪式和各种表演。这时，晒佛台上就挂出这幅巨大的唐卡佛像，极为壮观。

专题活动

在了解相关宗教知识后，请同学们列举出自己身边的宗教名山、宗教建筑，并说出它们在旅游业中的地位和作用。

知识归纳

宗教文化是人类历史上一种社会文化现象。从某种意义上说，它几乎包含了人类社会得以维系的全部因素。它至今仍对各国、各民族的社会生活、政治结构、文化传统等产生着多方面的影响。随着旅游业的日益兴起，宗教文化与旅游业之间的联系也日渐紧密。时至今日，宗教文化旅游资源已经成为旅游资源中不可缺少的一部分。中国许多壮丽的山河中蕴涵了丰富的佛教和道教文化，如泰山、黄山、峨眉山、武夷山等，作为世界自然和文化双重遗产吸引着世界各地旅游者去游览观光。

思考题

1. 试填下表。

宗教	创立时间	创立地点	创始人	经典	主要派别	标志
佛教						
基督教						
伊斯兰教						
道教						

2. 请列举出佛教和道教四大名山。
3. 试举几例伊斯兰教和基督教在中国的知名建筑。
4. 我国的佛塔造型有哪几类？各有哪些著名的塔？

第八章
民俗风情

教学目的和要求

（1）了解民族和民俗的概念、民俗风情的基本特点和分类以及我国民俗风情旅游资源的分类情况。

（2）大致了解我国的民俗风情旅游资源。

关键词汇

民俗；节日；工艺品；服饰；民居；美食。

引子

中国是一个多民族的国家，56个民族犹如56朵鲜花，盛开在祖国的大地上。由于地理环境的差异，各民族的生产和生活方式各有不同，历史发展的背景各异，因而形成了各具风采的民族民俗风情。对于那些来自异域他乡的旅游者，尤其是欧美旅游者来讲，异样的民俗、异样的风情，具有特殊的吸引力。从旅游的角度来说，各民族的建筑、服饰、歌舞、节庆习俗等都具有极大的魅力。

第一节　民俗风情与旅游

一、民族与民俗风情

民族是指人们在一定的历史发展阶段形成的有共同语言、共同地域、共同经济生活以及表现于共同的民族文化特点上的共同心理素质的稳定的共同体。中国自古就是一个统一的多民族国家。数千年来，曾有许多民族活跃在各个时期的历史舞台上。经过长期的分化、融合和发展变化，最终形成今天56个民族并存的局面。

而最能显示出各个民族之间的不同之处便是民俗风情。民俗风情是一个民族历史文化的积淀，任何民族的民俗风情，都是一定地域的人群在生产、生活和生存发展中所形成的。中国民族的多样性造就了其民俗风情的丰富性，各民族不同的民俗风情为我们营造出了一个多彩的世界。民俗风情旅游资源，是指那些突出表现了民族特点和其所居住地区地方性特征的因素，从显而易见的建筑、饮食、服饰、礼仪、节庆活动、婚丧嫁娶、文体娱乐、乡土工艺，到需要细心观察、深入体会的思维方式、心理特征、道德观念、审美情趣等。民族的不同是形成民俗风情差异的关键。不同民族如果生活于同一地区，随着时间的推移这种差异会逐渐削弱，各民族之间相互融合、同化，所以当今民风民俗主要表现在地域的差异上。

阅读材料

安塞腰鼓

安塞腰鼓是安塞三绝之一，是陕西各地广泛流传的一种民间鼓舞形式，尤以延安地区的安塞县，榆林地区的横山、米脂等地最为盛行，是陕西民间舞蹈中具有较大影响的舞种之一。

安塞腰鼓是一种非常独特的民间大型舞蹈艺术形式，它源于战争和祭祀，后来演变为民间的娱乐活动，已有2000多年的历史。宋代诗人范成大有诗曰："腰鼓百面如春雷，打彻凉州花自开"，充分证明当时在西北边塞腰鼓的盛行。安塞县文化馆里陈列着一块陕北出土的宋代腰鼓画像砖，砖上人物的打腰鼓动作潇洒刚劲，栩栩如生，证实包括安塞在内的陕北地区打腰鼓的历史源远流长。在安塞农村，上至古稀老者，下至六七岁娃娃，几乎所有的人都会打腰鼓。

安塞腰鼓在长期流传过程中形成了粗犷豪放、剽悍威武、刚劲激昂、气势磅礴、浑厚雄壮、威猛刚烈、铿锵有力、舞姿优美、潇洒大方、流畅飘逸、快收猛放、有张有弛、群而不乱、变化多端等特点，融舞蹈、武术、体操、打击乐、吹奏乐、民歌为一体，集中展现了陕北人夺取胜利和丰收后的喜悦心情，融合了黄土高原人憨厚、实在、乐观开朗的性格，并张扬出独特的艺术个性。因此，它不仅深受广大群众的喜爱，而且名扬海外，堪称"中国一绝"。

安塞腰鼓表演（见图8－1）可由几人或上千人一同进行，磅礴的气势、精湛的表现力令人陶醉，被称为"天下第一鼓"。1996年，安塞县被国家文化部命名为"中国腰鼓之乡"。国家非常重视非物质文化遗产的保护，2006年5月20日，安塞腰鼓经国务院批准列入第一批国家级非物质文化遗产名录。2009年10月1日，安塞腰鼓参加了国庆60周年天安门广场的群众游行演出。

图8－1　安塞腰鼓表演

二、民俗风情的主要特点

（一）地域性

俗谚"十里不同风，千里不同俗"说的就是民俗的地域性，而这种地域性正是民俗风情旅游资源吸引旅游者的地方所在。

（二）社会性和集体性

民俗风情的社会性，是指任何一种民俗，都不是个人的行为，而是社会普遍传承的风尚和喜好。民俗是人们在共同生活中约定俗成的，它是集体创作的结果，即使有的最初是个人或少数人创立和发起的，但它也必须经过集体的同意和反复的履行，才能成为民俗，才有生命力，也才能由集体的行为实现流传。因此，它同时也具有集体性。集体性和社会性是密不可分的。

阅读材料

蒙古族饮茶习俗

蒙古族主要居住在内蒙古及靠近其边缘的一些省、区，喝咸奶茶是他们的传统饮茶习俗。蒙古族喝的咸奶茶，用的多为青砖茶或黑砖茶，煮茶的器具是铁锅。制作时，应先把砖茶打碎，并将洗净的铁锅置于火上，盛水2~3公斤，烧水至刚沸腾时，加入打碎的砖茶25克左右。当水再次沸腾5分钟后掺入奶，用量为水的1/5左右。稍加搅动，再加入适量食盐，等到整锅咸奶茶开始沸腾时，即可盛在碗中待饮(见图8-2)。

图8-2　蒙古族人钟爱的奶茶

煮咸奶茶的技术性很强，茶汤滋味的好坏，营养成分的多少，与用茶、加水、掺奶以及加料次序的先后都有很大的关系。如果茶叶放迟了，或者加茶和奶的次序颠倒了，茶味就很难出来；如果煮茶时间过长，又会丧失茶香味。蒙古族同胞认为，只有器、茶、奶、盐和温度互相协调，才能制成咸香适宜、美味可口的咸奶茶来。在内蒙古，女孩子从懂事起，母亲就会传授煮茶技艺，姑娘出嫁后，在新婚燕尔之际，便要当着亲朋好友的面，显露煮茶的本领。否则，会被认为在娘家缺少家教，不善理家。

（三）历史性

这是民俗发展在时间上或特定时代里显示出的外部特征，这个特征也叫做时代标志的特征。因这种特征是在民俗发展的特定历史中构成，所以叫做历史性。以发式习俗而言，全蓄发、簪发为髻置于头顶，这是明代男子发式；前顶剃光，后脑梳单辫，是清代男子发式；分发、背发平头、剃光，是辛亥革命后的男子发式，直至今日。这便展示出几百年间发式的历史特征。

知识拓展

西班牙扇语

扇语形成于19世纪末20世纪初。当时西班牙贵族小姐外出参加舞会等社交活动时，往往会由母亲或者侍女相陪。陪同者的目的主要是监视小姐们有无越轨行为。为逃避监视又能谈情说爱，扇语传情应运而生。扇语传情主要有以下几种表示。

（1）如果打开扇子在自己胸前慢条斯理地扇动，表示“我仍孑然一身，尚无情人”。

（2）如果把扇子打开又合上，然后放在自己的面颊上，表示“我喜欢你”。

（3）如果用合上的扇子放在自己的鼻尖处，表示“我对你与另外一个女人眉来眼去不悦，我怀疑你脚踏两只船”。

(4) 如果用打开的扇子在自己的胸前短促、快速地扇动，表示“我已有意中人，请你不要打我的主意”。

(5) 如果把扇子放在太阳穴处，同时眼镜向上看，表示“我日夜都在思念着你”。

(6) 如果用合上的扇子敲打着自己的手掌，并神情不安地来回走动，表示“小心，亲爱的，密探过来了”。

(7) 如果将扇子打开又合上，然后用扇子指着花园，表示“亲爱的，你先到花园去等我，我马上去那儿”。

(8) 如果用扇子遮着自己的嘴，且目不转睛地盯着对方，表示“我给你一个吻”，男方即明白自己已经是她的意中人。

（四）传承性和传播性

民俗一旦形成便会世代相传，不会因为社会的变革而中断，因此在其发展过程中具有相对的稳定性。一些古老的民俗就是因此才得以延续下来。与此同时，民俗又会随着各民族间的相互往来而扩散。因此，一些相邻的地域之间往往会有一些相似的民俗。

（五）稳定性和变异性

民俗一旦形成就会被人们世世代代地传承下去，并成为约束行为的标准，形成一定的模式。民俗尽管具有较大的稳定性，但是它在传承、传播、演进的过程中也必然受到社会、经济、文化等因素的影响而呈现出种种变形、变异或消亡的现象。比如，从我国古代婚礼用五谷杂粮撒向新娘做驱邪祝吉仪式，到当代用五彩纸屑撒向新娘以致庆贺，可以看到古代仪礼在传承过程中的变异轨迹。

专题活动

我国的民俗风情旅游资源丰富多彩，近些年来，随着旅游业的日益兴盛，和民俗有关的旅游活动、旅游地也日渐增多。民俗风情对人们具有强大吸引力，但是社会民俗文化现象中精华和糟粕并存，那些具有进步意义的社会民俗风情应该发扬光大，相反那些有伤人们身心健康以及毒化思想的恶习、陋习应加以革除。我国目前有许多优秀的民俗风情旅游资源在开发上取得成功，请你向大家举例介绍。

第二节　绚丽多彩的民俗风情

一、传统节日

我国的民俗传统节日多源于农事。古代中国是一个农业大国，农桑水利，国之根本，为历代统治者所重视，许多科学成就，特别是天文立法，都与农业有关。岁时节令就是广大劳动人民和历代科学家在农事活动中总结出来的生产规律。民俗传统节日就是在岁时节令的基础上发展形成的。

由于民俗传统节日与文化娱乐、饮食起居、礼仪习俗等密切相连，形成了的五彩缤纷的民俗节日，各地各民族又结合自己的地域特点演化出乡土特色，因而每当少数民族欢度佳节时，总会吸引成千上万的中外旅游者与他们共度良辰美景。

（一）时序节日

1. 春节

春节是农历正月初一，又叫阴历年，俗称“过年”。这是我国民间最隆重、最热闹的一个传统节日。春节历史悠久，它起源于殷商时期年头岁尾的祭神祭祖活动。春节到了，意味着春天将要来临，万象复苏，草木更新，新一轮播种和收获季节又要开始。人们刚刚度过冰天雪地草木凋零的寒冬，早就盼望着春暖花开的日子；当新春到来之际，自然要充满喜悦载歌载舞地迎接这个节日。

千百年来，年俗庆祝活动变得异常丰富多彩。每年从农历腊月二十三起到来年的正月十五期间，我国的汉族和大多少数民族都会举行各种庆祝活动，大多以扫灰尘、贴春联、挂年画、祭灶、祭祖、吃年夜饭、守岁、放爆竹、逛庙会、闹元宵等一系列辞旧迎新、消灾辟邪、祈求丰年活动为主要内容。

2. 元宵节

正月是农历的元月，古人称夜为“宵”，所以称正月十五为元宵节。正月十五日是一年中第一个月圆之夜，也是一元复始、大地回春的夜晚，人们对此加以庆祝，也是庆贺的延续。元宵节又称为“上元节”。按中国民间的传统，在这皓月高悬的夜晚，人们要点起彩灯万盏（见图8-3），以示庆贺。出门赏月、燃灯放焰、喜猜灯谜、共吃元宵，合家团聚、同庆佳节，其乐融融。

图8-3 元宵花灯

3. 清明节

清明是我国的二十四节气之一。清明作为节日与纯粹的节气有所不同，节气是我国物候变化、时令顺序的标志，而节日则包含着一定的风俗活动和某种纪念意义。

清明节，又叫踏青节。按阳历来说，它是在每年的4月5日前后，正是春光明媚、草长莺飞的时节，也正是人们春游（古时叫踏青）的好时候。清明节是我国传统节日，也是最重要的祭祀节日，是祭祖和扫墓的日子。扫墓俗称“上坟”，是祭祀死者的一种活动。唐代诗人杜牧的《清明》：“清明时节雨纷纷，路上行人欲断魂。借问酒家何处去，牧童遥指杏花村。”写出了清明节的特殊气氛。

4. 端午节

农历五月初五是我国民间的传统节日——端午节，它是中华民族古老的传统节日之一。端午也称端五、端阳。此外，端午节还有许多别称，如五月节、浴兰节、女儿节、天中节、重五节、龙日等。虽然名称不同，但总体上说，各地人们过节的习俗还是同多于异的。关于端午节的由来说法甚多，但影响最广最深且占据主流地位的还是纪念屈原之说。

时至今日，端午节除了有迷信色彩的活动渐已消失外，其余的多流传我国各地及邻近诸国，如赛龙舟、吃粽子等。

5. 中秋节

每年农历八月十五日，是传统的中秋佳节。在我国的农历里，一年分为四季，每季又分为孟、仲、季三个部分，因而中秋也称仲秋。八月十五的月亮比其他月份的满月更圆、更明亮，所以又叫做“月夕”，“八月节”。此夜，人们仰望天空如玉如盘的明月，自然会期盼与家人团聚。而远在他乡的游子，也借此寄托自己对故乡和亲人的思念之情。所以，中秋节又称“团圆节”。中秋节的风俗活动有许多，如吃月饼赏月、拜月、点塔灯、放天灯、舞火龙（见图8－4）等。

图8－4　舞火龙

（二）少数民族节日

1. 火把节

火把节是彝族、白族、纳西族、基诺族、拉祜族等民族传统节日。彝族、纳西族、基诺族在农历六月二十四举行，白族在六月二十五举行，拉祜族在六月二十举行，节期两三天。佳节之前，各家都要准备食品，在节日里纵情欢聚，放歌畅饮。白天举行斗牛、摔跤等娱乐活动；入夜则点燃火把，成群结队行进在村边地头、山岭田埂，照天祈年，除秽求吉。最后人们汇聚广场，围着篝火唱歌跳舞，一片欢腾景象。

阅读材料

彝族火把节

彝族人认为，过火把节是期盼长出的谷穗像火把一样粗壮。后人以此祭火驱走家中、田中鬼邪，以保人畜平安。节庆期间，家家饮酒、吃坨坨肉，并杀牲以祭祖先。人们穿新衣，开展具有民族特色的文体活动，男人们参加斗牛、羊、鸡及赛马、摔跤活动；女人则唱歌、吹口弦、弹月琴。晚上手持火把在房前屋后游转；第三天晚上成群结队地举着火把遍游山野，火光一片，然后又集中到一处点燃篝火，打着火把，喝酒、唱歌、跳舞，彻夜狂欢。现在，人们还利用集会欢聚之机，进行社交或情人相会，并在节日开展商贸活动。

图8－5　凉山彝族国际火把节

凉山彝族火把节（见图8－5）一年一届，其主会场一般设在普格县或布拖县，凉山彝族自治州首府西昌市设分会场。

2. 泼水节

泼水节是傣族人民的传统节日（见图8－6），也是傣历新年，傣语称“尚健”、“尚罕”，是辞旧迎新的日子，一般在傣历六月中旬（清明节后十月左右）举行。

图8－6 泼水节

泼水节来临之际，傣家人便忙着杀猪、杀鸡、酿酒，还要做许多“毫诺索”（年糕）以及用糯米做成的多种粑粑，在节日里食用。泼水节历时三日。节日期间，彬彬有礼的傣家姑娘一边说着祝福的话语，一边用竹叶、树枝蘸着盆里的水洒向对方。“水花放，傣家狂”，到了高潮，人们用铜钵、脸盆，甚至水桶盛水，在大街小巷，嬉戏追逐，水花飞溅。被人泼得越多，说明受到的祝福越多。另外傣族人民还有放孔明灯、举行龙舟比赛等活动。

3. 那达慕大会

那达慕大会是内蒙古、甘肃、青海、新疆等地蒙古族人民一年一度的传统节日，在每年七八月份这一水草丰茂、牲畜肥壮、秋高气爽的黄金季节举行。

图8－7 赛布鲁

那达慕是蒙语“娱乐”或“游戏”的意思，以表丰收时的喜悦之情。那达慕大会有着悠久的历史。过去那达慕大会期间要进行大规模祭祀活动，喇嘛们要焚香点灯，诵经念佛，祈求神灵保佑，消灾消难。现在，那达慕大会的内容主要有摔跤、赛马、射箭、赛布鲁（即投掷，见图8－7）、套马、下蒙古棋等民族传统节目，有的地方还有田径、拔河、排球、篮球等体育竞赛项目。此外，那达慕大会上还有武术、马球、骑马射箭、马竞走、乘马技巧运动等精彩表演。夜幕降临，草原上飘荡着悠扬激昂的马头琴声，篝火旁男女青年轻歌曼舞，人们沉浸在节日的欢快之中。

阅读材料

赛布鲁

赛布鲁，蒙语意为“投掷”。早在古代，我国北方游牧民族匈奴、契丹就有使用“布鲁”的痕迹。布鲁原是蒙古族狩猎和自卫的工具，后来也成为蒙古族儿童们的投掷器械。平时用于锻炼身体和提高技术，后又逐渐演变为体育运动项目。

布鲁有吉如根布鲁、图拉嘎布鲁、海木勒布鲁三种。吉如根布鲁是用铜或铁打制成心状，将皮条系在布鲁的前部，专用于猎取大野兽；图拉嘎布鲁为圆形，顶部装有铅头或铜、铁箍环，也用于狩猎；海木勒布鲁为镰刀形，用榆木制成，作为日常练习之用。投布鲁比赛分投远和投准两种，投远以距离远近定名次。也可骑马投掷，并可连续投出。

传统的布鲁比赛是在一块长方形的场地上立3根木柱，这3根木柱要离掷线30米，木柱间隔约半尺，比赛时，参赛者在30秒内投掷3次，满分为30分。一次投中所有目标者得10分，间隔投中所有目标者得8分，一次直接投中两根木柱得2分，间接投中一根木柱得1分。这项比赛，由于其既有力量的较量，又有技巧的体现，所以深受蒙古族人民的喜爱。

4. 三月街

白族大理三月街是云南省闻名遐迩的物资交流大会和白族人民的传统节日，每年农历三月十五日起在大理古城西举行，为期五至七天。1991年起，三月街被定为“大理白族自治州三月街民族节”。

三月街又名“观音市”，由于大理自古以来就是滇西的物资交流、集散中心，故而随着白族地区经济的发展，三月街由原来的佛事活动发展成为进行物资交流和群众性文娱活动的盛会。每逢三月街时，街上人山人海，商贸云集，货物琳琅满目。

人们按照传统习惯，白天进行贸易，晚上在宿营地唱歌跳舞，热闹非凡。

三月街在政府的关怀下，更加繁盛，活动内容也更加丰富，白族人民以及附近的汉族、彝族、纳西族、藏族、傈僳族、回族等群众纷纷身着节日盛装，赶着牲畜，手携肩挑着山货药材和农副产品，聚集在苍山脚下的广场上，除进行物资交流外，还举行对歌、跳舞（见图8－8）、射箭、赛马、球类比赛等，还要演出白剧、花灯戏。

图8－8　三月街盛会

专题活动

在我国一些重大的传统节日里，燃放烟花爆竹几乎是不可或缺的。出于安全等原因，一些城市施行了“禁放令”。禁令一出，关于安全和年味、浪费和传统孰重孰轻的热议顿时甚嚣尘上，十多年来一直就没停过。近年来实行多年的“禁放”令改成了“限放”令，然而解禁之后引发的安全事故比比皆是，再次给人们敲响了警钟。请同学们讨论实行“限放”令，给我们生活环境带来了怎样的改变？

二、婚丧习俗

（一）婚嫁习俗

婚嫁作为人口繁衍的一种基本形式，普遍存在于各个民族的社会生活之中。由于每个民族的文化生活、道德传统、社会形式等不一样，也造就了缔结婚姻时所形成的风俗习惯也千差万别、奇异多姿。情趣各异的婚嫁方式常常能引起旅游者的好奇心和探索欲。

我国汉族的婚俗繁文缛节较多，古代讲究“六礼”，即所谓纳采（择偶、提亲、说媒)、问名(讨“八字”)、纳吉(正式提亲)、纳征(送彩礼、聘礼)、请期(议定婚期)、亲迎(娶亲)六个程序。流传过程中基本程序得以保留,但具体的仪式有所改变,赋予了许多新的内涵;少数民族的婚俗更是丰富多彩。

1. 哭嫁

哭嫁是我国汉、土家、藏、彝、壮、撒拉等民族的传统婚姻习俗,即新娘出嫁时履行的哭唱仪式活动。

图8-9 土家族哭嫁

鄂西土家族的哭嫁极具特色(见图8-9),其仪式一般从新娘出嫁的前3天或前7天开始,也有的提前半个月、1个月甚至3个月就已揭开了序幕。不过,开始时都是断断续续进行的,亲族乡邻前来送礼看望,谁来就哭谁,作道谢之礼节。喜期的前一天晚上到第二天上轿时,哭嫁达到高潮。这段时间的哭唱必须按着传统礼仪进行,不能乱哭。总的来看,哭述的内容主要有“哭爹娘”、“哭哥嫂”、“哭姐妹”、“哭叔伯”、“哭陪客”、“哭媒人”、“哭梳头”、“哭祖宗”、“哭上轿”等。“歌词”既有代代流传下来的,也有新娘和“陪哭”的姐妹们即兴创作的。内容主要是感谢父母长辈的养育之恩和哥嫂弟妹们的关怀之情;泣诉少女时代欢乐生活即将逝去的悲伤和新生活来临前的迷茫与不安。如今,哭述的内容逐渐衍化成有一定调式和韵律的曲子,成了“哭嫁歌”。土家人还把能否唱哭嫁歌作为衡量女子才智和贤德的标志。

2. 抢亲

抢亲是彝族、哈尼族、普米族、阿昌族、苗族、傣族等少数民族中曾流行的一种缔结婚姻的方式。

抢亲是古代遗留下来的掠夺婚俗,生活在社会底层的劳动妇女自然是最大的牺牲品和受害者。一般发生在旧时的下层乡村社会,民国年间余姚地区仍存在抢亲习俗,大多为下层的贫困家庭男女。时过境迁,亿万中国妇女在旧制度完结的同时也获得了解放。如今,抢亲已成为婚仪中的娱乐方式。

3. 走婚

走婚是以感情为基础的一种婚姻家庭模式,它可以随便变换伴侣,可以同时拥有多个恋人,起源于母系氏族公社时期,至今还部分保留在丽江泸沽湖的摩梭人、红河哈尼族的叶车人以及大香格里拉鲜水河峡谷的扎坝人中。这些地方基本上没有婚姻制度,一旦发生感情转淡或发现性格不合,随时可以切断关系。

摩梭人仍保留着古代母系社会的遗风——女性当家,因此所生下的小孩归母家生养,生父会在满月时公开举办宴席,承认彼此的血缘关系,避免发生同父乱伦。摩梭女孩13岁举行“成丁礼”(即成年典礼,在农历大年初一这一天举行)后便有自己的花房。男子在18岁以后,可以找自己心目中的“阿夏”(男子称情人为“阿夏”,女子称情人为“阿注”),交换信物后便可在晚上到女方家投宿,第二天清早便回自己家里劳作。

阅读材料

扎坝地区的奇特婚俗

在雅砻江支流鲜水河下游两岸狭长的河谷地带，居住着一个具有独有民俗民风、语言文化的古老藏族部落，他们称自己为“扎坝娃”，他们生长繁衍的地方被称为“扎坝”。

扎坝地区由于交通闭塞与外界隔绝等原因，生活在这里的人们一直保持着“男不娶，女不嫁”的习俗，古老的走婚习俗——“爬房子”尤为神秘（见图8-10）。

扎坝男子通常在十六七岁起便开始谈恋爱，找“呷益”（即恋人）。找到了呷益就开始爬房子，夜晚到女方家走婚过夜，次日清晨回到自己母亲身边生产、生活。最初的走婚是秘密的。青年男子一旦相中了某个女子，必须在白天找机会向所相中的女子表示爱恋，表达的方式一般是抢女孩的头巾或戒指等，对方如果也相中了自己，她就会含情脉脉地跑开，然后在夜深人静之时打开自己阁楼的窗户等待意中人的到来。扎坝人的房子一般高10余米，三至五层不等，墙体笔直，小伙子们必须在夜晚徒手攀爬上楼顶，经事先侦察好的窗户进入意中人的闺房。如果第一次走婚是从大门而入，男方会受到女方及其家人的讥笑；如果攀爬的技术不过硬没能爬上房顶，也只能望墙兴叹，与意中人无缘。这种暮聚朝离的走婚，完全建立在双方感情的基础上，不带半点政治背景和金钱财产的利害关系，也不受神权和族权的约束。如果遇到双方感情不和或因其他原因造成走婚关系不能维持，则以男子不再爬房子或女方拒不开窗而宣告解除，不存在财产纠纷和怨言、嫉恨。爬房子也有规矩，有血缘关系的男女禁止走婚。如果某个男子“爬房子”前未得到女方同意或爬错了则将受到族人的羞辱或严惩。

图8-10 “爬房子”的男子

传统的走婚使扎坝人至今保留着母系时代的遗迹。扎坝人的家庭里没有夫妻，家庭成员以母系一方为主线，几世同堂的大家庭成员少则几人，多则几十人，母亲是家庭的核心。男女恋爱所生子女完全由母亲抚养，父亲没有养育儿女的责任。男子在自己的母系家庭中扮演舅舅的角色，主要是帮助自己的姐妹抚养孩子。

（二）丧葬习俗

由于经济、民族、地域、宗教等方面的差异，在丧葬民俗方面也形成了许多不同的行为仪式。我国的丧葬方式除土葬、水葬、火葬、天葬外，还有悬棺葬、洞穴葬、树葬、塔葬、坛葬等。不论葬俗有多少区别，多数民族都认为人死后还有另一种“生活”，会对生者产生影响，因而要认真处置其遗体，使其灵魂能享受幸福与安宁。

1. 土葬

土葬是我国最通用的形式，不仅汉族以土葬为代表，我国信仰伊斯兰教的10个民族也都有此葬俗。其基本方法是用棺木盛尸，挖葬穴，将棺木深埋土中，以土丘为标志，但蒙古族土葬不见土丘。不同的民族在土葬中存在着各种不同的送葬仪式、墓穴、墓碑、棺椁等。

2. 火葬

火葬最早盛行于印度，在我国传袭久远。目前，除城镇和部分农村的汉族以火葬为主外，还有纳西族、拉祜族、普米族、羌族等。彝族、白族、瑶族、哈尼族、怒族等历史上也曾以火葬为主，但明清后改为土葬。因民族与地域的差异，各地区和民族的做法不一样。有的民族连棺木一起焚烧，如侗族、普米族、畲族等；有的民族火化时不用棺木，如彝族等；有的民族火葬仅适用于凶死者，如赫哲族、鄂伦春族、蒙古族、阿昌族、独龙族等；有的民族火葬仅适用于尊贵者，如门巴族。

3. 天葬

天葬是指将死者遗体置放在露天荒野，任鸟兽啄食。天葬是藏族较普遍的葬俗，天葬就是将死者的尸体喂鹫鹰。鹫鹰食后飞上天空，藏族则认为死者顺利升天。我国部分地区的门巴族和裕固族也实行天葬。蒙古族旧时的“野葬”、锡伯族对亡婴的“野葬”，也属于天葬。还有的民族，如侗族、瑶族、景颇族等对夭折的儿童采取的“树葬”也可认为是天葬。

4. 水葬

水葬是将死者的遗体投入江河湖海中的葬法。多数门巴族和部分藏族有此葬俗。羌族、独龙族和傣族中对乞丐、疯子、传染病人和亡婴也采取此法。在我国东南沿海地区，将亡者葬入大海的“海葬”，也属于水葬。

5. 悬棺葬

悬棺葬是一种非常奇特的葬俗，它是将死者的棺木放在人迹罕至并面临江河的悬崖峭壁上的葬法（见图8－11）。在我国南方一些民族中曾较为流行，如福建的“仙人葬”、湖南的“仙人屋”、广西的“铁船山”等。究其原因，有的是为保护祖先遗体和避灾求福，有的是为某种信仰和宗教意识。千百年来，悬棺葬的起源、目的、方式等引起了中外学者和旅游者的极大兴趣和关注，并被套上层层神秘的光环，是世界公认的“千古之谜”，也被称为“世界文化史上的一大奇观”。

图8－11　悬棺葬

三、民居

以民居为主的各类民用建筑各具特色，它不仅保证了居民的生活需要，也反映了民众利用自然、战胜自然的智慧及建筑艺术。它们既是旅游者的观光对象，又可以作为旅游途中的特色旅舍，具有极强的吸引力。

1. 黄土窑洞

窑洞式住宅流行于我国西北部地区，它是利用黄土高原地带土质坚实的特点而建的（见图8－12）。窑洞式建筑主要分为三种：靠崖窑、下沉窑和独立窑。窑洞防火又防噪声，冬暖夏凉，是因地制宜的建筑形式及我国西北各民族生活图景和自然图景的完美结合。

图8－12　陕北窑洞

2. 四合院

我国流传最广、最为传统的民居多采用院落式构造。院落四四方方，如果不止一个院落，则一般是沿着中轴线向纵横两个方向发展，层层套叠，其最典型的代表就是四合院。对称式布局、封闭式外观的四合院反映了我国传统的家庭观念和家族观念。从陕西岐山凤雏村发掘的已知最早的西周时期建造的四合院住宅遗址到现今保存最好、最为典型的北京四合院（见图8－13），都吸引国内外旅游者的极大兴趣。

图8－13　仿古老北京四合院

3. 蒙古包

蒙古包是草原上牧民居住的一种房子。蒙古包古代称作“穹庐”、“毡包”或“毡帐”。蒙古包呈圆形，顶尖，顶上和四周以一至两层厚毡覆盖。蒙古包看起来外形虽小，但包内使用面积却很大，而且室内空气流通，采光条件好，冬暖夏凉，不怕风吹雨打，非常适合经常转场放牧民族居住和使用。在大草原上，灰白色的蒙古包点缀在绿色的大地上，形成十分美丽的景观（见图8－14）。

图8－14　蒙古包

图8－15　客家围屋

4. 客家围屋

客家围屋也称为“围龙屋”、“转龙屋”，是我国客家文化中著名的特色民居建筑。围屋始见于唐宋，兴盛于明清，是为了防止盗贼的骚扰和当地人的排挤，建造的营垒式住宅（见图8－15）。客家围屋的外形基本分同心圆形、半圆形和方形三种，此外也有椭圆形状的。一间围屋就是一座客家人的巨大堡垒。屋内分别建有多间卧室、厨房、大小厅堂及水井、猪圈、鸡窝、厕所、仓库等生活设施，形成一个自给自足、自得其乐的社会小群体。这种建筑形式主要分布在广东省梅州和潮州客家人居住区，福建省南部和西部，台湾南部屏东、云林，台中东势等。

5. 干栏式民居

居住在广西、贵州、云南、海南岛、台湾等亚热带地区的少数民族，因炎热的多雨气候，地面潮湿，不宜居住，出于通风、防止野兽的目的，采用了下部架空的干栏式构造住宅。其室内较暗，但外廊对此有所补救，出廊深远，能遮挡住强烈的日照。该建筑的结构主要有两种，一为纯木结构，多建在平地或平缓的山坡上，以西双版纳傣族的竹楼最为典型（见图8-16）；二为土木结构，多建在山区，依自然山势而成，以湘西、鄂西地区的土家族吊脚楼和西南山区苗族的半边楼为典型。其鲜明的特色是我国民居中一个卓尔不群的民居样式。

图8-16 西双版纳傣族吊脚楼

四、民间工艺品

（一）陶瓷

陶瓷是中国的伟大发明。在新石器时代，勤劳智慧的先民们就开始烧制各种陶瓷器皿，为人类的文明作出了巨大贡献。享有盛誉的中华古陶瓷成为世界各大博物馆里的明珠，受到广大收藏家和陶瓷爱好者及旅游者的追捧和热爱。

1. 陶器

陶器是用黏土制坯，经过700～800℃（低于1000℃）的炉温焙烧而成的无釉或上釉的日用品和陈设品。按黏土所含成分的不同，坯体呈红、灰、黑、白、青、褐、棕等色。我国著名的陶器有江苏宜兴的紫砂陶、山东淄博的雨点釉陶（雨点釉被称为“中国之奇”、“陶瓷之谜”）、安徽界首的仿唐三彩骆驼陶等。

阅读材料

蛋壳黑陶杯

蛋壳黑陶杯在山东省日照县出土，现藏于山东省博物馆。它是山东龙山文化特有的标志性陶器，也是我国古代制陶艺术的巅峰之作。这类器物超薄的器壁如同蛋壳一般，因此有“蛋壳黑陶”之美誉，而高柄杯是其仅有的一种器形。这件蛋壳黑陶杯的器形可分为三部分：上面是一个敞口深腹的小杯；中间是透雕中空的柄腹，如倒置的花蕾；下面是覆盆状底座，由一根细长管连成统一的整体，形态纤巧秀致，有一种动人的节奏感和韵律美（见图8-17）。

陶杯经轮制而成，杯壁厚度均匀，薄如蛋壳，最薄处仅为0.2~0.3毫米，但质地却极为细腻坚硬，就是今天仿制，也不是易事。而且，胎体表面经长时间打磨，使石英、云母、绢云母等反光物质的颗粒顺着一个方向排列，对光线的反射由漫反射改为平行反射，使得器表熠熠发光。加上采用镂空和装饰纤细的刻划纹，它的制作工艺达到了中国古代制陶史上的顶峰。

图8-17 蛋壳黑陶杯

蛋壳黑陶杯仅仅出土于少数的大中型墓葬之中，说明它在当时就是一种极高贵的用品，并非常人可以享用，极可能是一种显示尊贵身份的礼器，那就意味着社会上已产生阶级分化而即将告别原始的蒙昧。可以说，蛋壳黑陶杯的出现，掀开了人类文明新的篇章。

举世闻名的蛋壳黑陶杯黑如漆、亮如镜、薄如纸、硬如瓷，掂之飘忽若无，敲击铮铮有声，被世界各国考古界誉为“四千年前地球文明最精致之制作”。

2. 瓷器

瓷器是以瓷土（高岭土）或瓷石（由石英、白云母等矿物组成）为原料，经过取土、练泥、制坯、上釉、焙烧等工艺流程制成的器物。其特点是：胎料的瓷土成分是氧化硅和氧化铝，含铁量低；瓷胎烧结后，胎色白，质地致密，胎体吸水率不足1%或不吸水；具有透明或半透明性；叩之能发出清脆悦耳的金石之声。瓷器的烧成温度必须在1000℃以上，胎釉经高温烧结后不易脱落。我国一直被誉为“瓷器之国”，著名瓷器有江西景德镇瓷器（青花瓷、青花玲珑瓷、薄胎瓷、粉彩瓷为景德镇四大名瓷）、湖南醴陵的釉下彩瓷、福建德化的白瓷（被誉为“东方艺术之花”）、浙江龙泉的青瓷、河南禹县的钧瓷，等等。

阅读材料

米色釉鱼耳炉

图8-18 米色釉鱼耳炉

米色釉鱼耳炉（见图8-18）高8.3厘米，口径11.9厘米，现藏北京故宫博物院。此炉是宋代五大名窑之一的哥窑瓷器中的精品，为祭祀用器，仿古青铜器式样。炉通体施釉，釉色素雅莹净，釉层滋润如玉，布满片纹（又称百圾碎），粗线纹色黑如铁，细线纹色黄如金，两色纹线纵横交错（金丝铁线），犹如冬天江河中的冰裂，变化万千，增强了器物古艳别致的气度。其形状为椭圆形，口微敞，鼓腹，圈足，腹两侧各有一鱼形耳，颈腹之间收放自如，变化生动；圈足把器身托起，增加了器形的轻巧感；两只鱼耳把造型气势向横向延展，丰富了全器的虚实关系。整个造型庄重、浑厚、典雅，与庙堂庄严的祭祀气氛极为和谐。

（二）染织

染织是染和织的合称。染即染色，织即织造。我国著名染织工艺品有蜡染、丝绸、缂丝、织锦、地毯等。我国是世界上最早发明丝织的国家，早在公元前3世纪，就以盛产丝织物而闻名于世，被誉为“丝国”。在现代，我国织锦的产地很广，品种繁多，其中最为著名的有南京的云锦（见图8－19）、四川的蜀锦、苏州的宋锦和广西的壮锦，合称“四大名锦”。

图8－19　云锦

图8－20　蜀绣

（三）刺绣

刺绣是以绣针引彩线（丝、绒、线），按设计的花样，在织物（布帛、丝绸）上刺缀运针，以绣迹构成纹样或文字，是我国优秀的民族传统工艺，被誉为“东方艺术明珠”。苏州的苏绣、湖南的湘绣、广东的粤绣、四川的蜀绣（见图8－20）被誉为我国的“四大名绣”。

图8－21　平遥推光漆器

（四）漆器

漆器的制作工艺相当复杂，是用天然生漆涂在各种器物表面，制成具有透明、发亮、防腐、耐酸碱等特点的各种制品。当今漆器以北京雕漆、扬州镶嵌漆器、平遥推光漆器（见图8－21）、福州脱胎漆器、成都雕嵌填彩漆器、贵州大方皮胎漆器为代表。

图8－22　景泰蓝双龙瓶

（五）金属工艺品

以金、银、铜、铁、锡等金属为原料，采用掐、錾、点抽、烧制、镶嵌等工艺，制成各种富丽堂皇或清雅实用的工艺品。其典型代表有：铜器工艺品，如北京景泰蓝（见图8－22）、云南会泽斑铜等；金银器工艺品，如成都银丝制器、蒙古族银器；锡器工艺品，如云南个旧锡制品、福建锡雕；铁器工艺品，如安徽芜湖铁画、浙江龙泉钢剑、新疆英吉沙小刀、云南阿昌刀、甘肃保安刀和藏族腰刀。

（六）雕塑工艺品

雕塑工艺品是以木、玉、石、砖、竹、象牙、兽骨等材料雕刻的和以黏土、油泥、米面等材料塑造而成的小型或装饰性手工艺品，是雕、刻、塑三种制作方法的总称。其典型代表有：玉雕（也称玉器），如北京玉雕、扬州玉雕、苏州玉雕和甘肃酒泉的夜光杯；石雕，以我国三大佳石（福建寿山田黄石、浙江青田冻石、浙江昌化鸡血石）为基础的石雕艺术品十分独特而珍贵；竹刻，如湖南邵阳翻簧竹刻、上海嘉定竹刻、浙江黄岩翻簧竹刻；泥塑，如无锡惠山泥人和天津“泥人张”彩塑（见图8－23）。

图8－23　泥人张彩塑

阅读材料

《大禹治水》玉山

《大禹治水》玉山（见图8－24），是中国玉器宝库中用料最宏、运路最长、花时最久、雕琢最精、器形最巨、气魄最大的玉雕工艺品，也是世界上最大的玉雕之一。

《大禹治水》玉山置于嵌金丝褐色铜铸座上，是用青白二色的新疆和田玉雕成，重5350公斤。“玉山”卓立如峰，峭壁峥嵘，瀑布急涌，古木参天，聚集着凿山导水的劳动大军。玉师以剔地起突的雕琢法，巧妙地结合材料的原有形状，灵活安排山水人物，在山巅浮云处，还雕成一个金神带着几个雷公模样的鬼怪，仿佛在开山爆破，使这件描写现实的作品具有了浪漫主义的色彩。

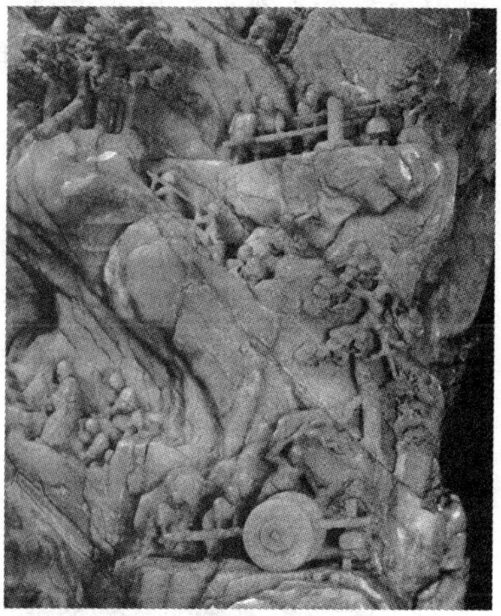

图8－24　《大禹治水》玉山

玉禹山的雕成，在中国工艺美术史上是一次伟大的壮举。它的正面钤刻乾隆的“五福五代堂古稀天子”十字方印，背面刻“八征耄念之宝”方印，下方还有长篇御制诗及注文，可见他对此作品何等骄傲、何等珍视，把它当作自己一生的总结。玉禹山永远是一件无与伦比的艺术珍品和国之瑰宝。

（七）木版年画

木版年画是用传统的木版水印方法印制的年画。开封朱仙镇木版年画是中国木版年画的鼻祖，天津杨柳青（见图8－25）、江苏苏州桃花坞、山东潍坊杨家埠等地年画都受其影响。木版年画以传统技法构图，画面有主有次，对象明显，情景人物安排巧妙，表现出匀实对称的美感。

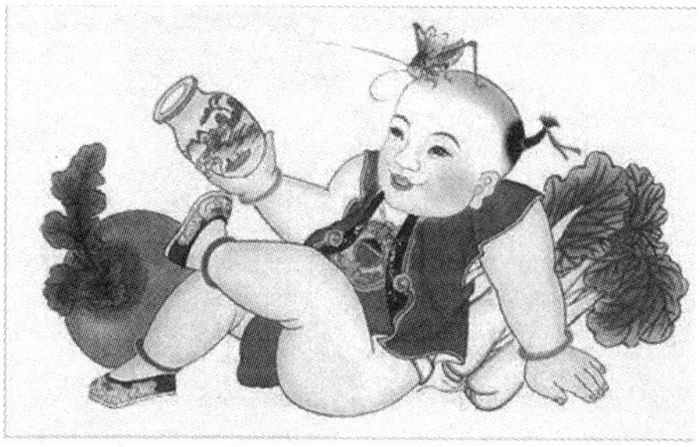

图8－25　杨柳青木版年画

（八）文房四宝

我国的笔、墨、纸、砚素称文房四宝。浙江湖州湖笔、安徽歙县和休宁的徽墨、安徽泾县宣纸和广东肇庆端砚（见图8－26）被称为文房四宝的上品。

“文房四宝”不仅是具有极强的实用价值的文具用品，也是融绘画、书法、雕刻、装饰等为一体的艺术品。在2007年，中国科学院自然科学史研究所、中国文房四宝协会，已向联合国教科文组织申报笔、墨、纸、砚为世界级“非物质文化遗产”。

图8－26　端砚

五、民族服饰

服饰作为人类物质文明和精神文明的重要标志，不仅是御寒遮羞的生活实用品和体现审美追求的艺术品，更是一种具有丰富社会内涵的文化载体。我国地域辽阔，气候环境差异较大，因而各地区各民族服饰风格各具特色，异彩纷呈。民族间服饰的差异性透视着不同民族的审美意义和文化信息。

（一）旗袍

旗袍起源于16世纪中期满族的民族服饰，因当时是旗人穿着，故称“旗袍”。传统的旗袍是上下一条直线，外加高高的硬领（见图8－27）。但现代的旗袍是由汉族女性参考传统旗袍和西洋文化，经过不断的改良设计而成的一种时装。它以右衽大襟的开襟或半开襟形式、立领盘纽、摆侧开衩、单片衣料、收腰、无袖或短袖等设计（见图8－28），体现出浓郁的民族风格。旗袍既有沧桑变幻的往昔，更拥有焕然一新的现在。因此，在现时部分西方人的眼中，旗袍具有中国女性服饰文化的象征意义。

图8－27　传统旗袍

图8－28　现代旗袍

（二）维吾尔族服饰

图 8－29　维吾尔族服饰

维吾尔族的服饰一般比较宽松，男子喜欢穿被称为“袷袢”的长袍，圆领长身，无纽扣，右衽窄袖，腰系长巾。过去妇女多穿连衣裙，外套对襟背心，内穿淡色对裙。现今多穿西式短上衣和裙子（见图 8－29）。未出嫁的女子梳数十根发辫，出门时以花彩帕或白布蒙头，再用网巾遮面，戴帽子。婚后改为两条发辫，辫梢散开或盘成发髻。维吾尔族不论男女老幼都戴绣有各种花纹的多帕（花帽），花帽称得上是维吾尔人的标志。维吾尔族花帽品种繁多，千姿百态，有巴丹姆花帽、塔什干花帽、格来木花帽、曼波尔花帽、吐鲁番花帽等不下 20 个品种。女子喜戴耳环、手镯、项链等装饰物。

（三）苗族服饰

图 8－30　苗族服饰

苗族服饰多达 200 多种，可以同世界上任何一个民族的服饰相媲美。女子大多穿大领对襟的百褶裙或右衽大襟上衣和宽脚裤，配件较多。一条百褶裙的层数很多，有 500 多个褶。银饰是苗族女子服饰上的一大特色，她们从上到下都有可以佩戴的银饰，种类繁多。她们将各种银片、银雀、银铃等银饰品钉缀在衣服上，银光闪闪，令人眼花缭乱（见图 8－30）。男子则一般是短装衣裤，或大襟长衫束大腰带，冬天脚上裹绑腿。

（四）壮族

壮族男子一般着青衣或灰黑衣，在盛大节日时穿红装、束黄丝腰带，以尺帕为头饰。老一辈的男装有右衽与对襟两种。女子一般是无领、左衽的上衣，衣角、袖口镶有银排和绣有花边的图案；下穿绣花宽脚裤；头缠绣花小方巾。老年妇女喜穿一种头上有鼻钩的鞋，俗称“壮古鞋”。壮族妇女喜欢戴金银首饰，主要有手圈、项圈、腰链等。通过她们的头饰我们可以辨别她们是否结婚。比如在广西都安一带，女子头上戴的毛巾折成三四层像手帕大小盖在头上的，表示未婚；把毛巾包头打结的则是已婚。壮族已婚妇女喜欢梳龙凤髻，插上银制或骨质横钗，称为“凤头大髻”。

阅读材料

鱼皮衣

赫哲族世代居住在中国东北乌苏里江、黑龙江、松花江沿岸地带，是我国少数民族中唯一以捕鱼、狩猎为主要谋生手段的民族，也是唯一能用“鱼皮”缝制衣服的民族，史称“鱼皮部”。

鱼皮衣是赫哲族独有的服饰，也是识别这一民族的显象性标志之一。鱼皮衣是把鲑鱼、鲤鱼的皮完整地剥下来，晾干去鳞，再用木棒槌捶打，然后用鲑鱼皮线缝制而成。同时他们还用红、黄、蓝、绿等色彩鲜艳的野花等植物染料将其染上各种颜色。领口边装饰不同颜色鹿皮剪裁而成的各种云纹或其他吉祥图案，使得衣服既有浑朴粗犷的风格，又有美观大方的色彩。鱼皮衣能够起到抗寒、防水、耐磨等特性（见图8－31）。

图8－31 鱼皮衣

鱼皮衣的出现充分证明了赫哲人具有利用自然、改造自然、适应自然的顽强意志，“鱼皮衣”的造型艺术，别致精巧，古朴典雅，充分体现了赫哲人的聪明才智。勤劳勇敢的赫哲族人民在民族服饰文化发展的历史进程中，所创造的文明和贡献是不可磨灭的，其精美的鱼皮服饰款式、精湛的鞣制技艺，是我国民族服饰文化中的一朵奇葩。

六、购物美食

（一）名街名店

1. 北京王府井

王府井大街位于北京市中心，南起东长安街，北至中国美术馆，是北京最有名的商业区，有“中国第一街”之称，也是观光客到北京的必游之地（见图8－32）。它具有悠久的历史，最早形成于元代，在明朝中期这条大街上出现了最早的商业活动。其中的盛锡福、同升和、东来顺、全聚德、四联美发、百草药店等一些老字号记录着历史的沧桑巨变。如今的王府井大街布局为金十字形，以金鱼胡同西口的十字落口为中心，朝东是宾馆饭店一条街，向西是小吃休闲一条街，南是繁华商业步行街，往北是娱乐文化一条街。这条充满现代气息、高品位、高标准的国际化中心商业街，与法国的香榭丽舍大街结为友好姊妹街，使它的国际地位不断提高。

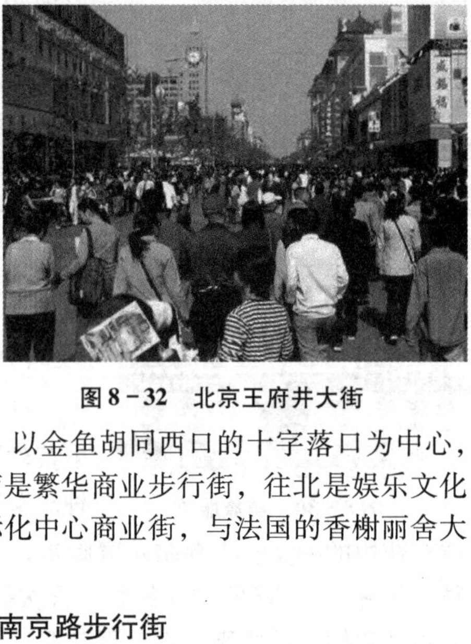

图8－32 北京王府井大街

2. 上海南京路步行街

上海素有“东方巴黎”之称，随着改革开放的不断深入，特别是南京东路步行街的开通，以及世界各国商业界和国内商业界的抢滩，这条经历了一个多世纪沧桑的大街，现已成为名副其实的“中华第一街”。如今，“百年南京路”（见图8－33）焕然一新，成为上海又一处靓丽的城市新景观，也是来上海观光旅游的必到之处。徜徉南京路，从东到西，商店林立，千余家大大小小商店，几乎集全市商业之精华，真是名副其实的购物天堂。南京路正以其步行街的崭新面貌而备受海内外瞩目。

图8－33 上海南京路步行街

（二）风味美食

我国饮食与法国饮食、土耳其饮食并称世界三大饮食，在饮食文化的历史长河中占有极其重要的地位。我国幅员辽阔，各地自然条件、人们生活习惯、经济发展状况不同，因此在饮食烹调和菜肴品类方面也就形成了不同的地方风味。随着饮食业的进一步发展，有些地方愈加凸显其独有特色而自成一派，便有了“八大菜系”，即鲁、川、扬、粤、闽、徽、湘、浙。此外，也有人在八大菜系上增添了京、沪菜系，组成“十大菜系”。

各种地方风味菜中著名的有数千种，它们以其选料考究、制作精细、品种繁多、风味各异的特点在世界上享有很高的声誉。

1. 鲁菜

山东菜简称鲁菜，有“北方代表菜”之称，在黄河流域、华北、东北、京津等地影响颇大，对北方菜和宫廷菜有深远的影响。

鲁菜是由济南和胶东两地的地方菜演化而成的。鲁菜擅长爆、烧、炸、炒，烹制海鲜有独到之处，并且讲究清汤和奶汤的调制，清汤色清而鲜，奶汤色白而醇。鲁菜调味极重纯正醇浓，少有复杂的合成滋味，素有“一菜一味，百菜不重”的特点。另外面食品种极多，小麦、玉米、甘薯、黄豆、高粱、小米均可制成风味各异的面食，成为宴席名点。山东著名风味菜点有德州脱骨扒鸡（见图 8－34）、原壳扒鲍鱼、糖醋黄河鲤鱼、九转大肠、汤爆双脆、烧海螺、烧蛎蝗、烧大虾、清汤燕窝等，还有著名小吃周村烧饼、福山拉面等。

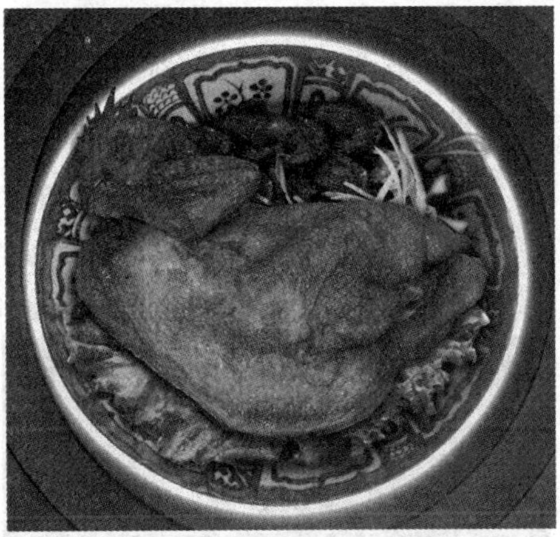

图 8－34　德州脱骨扒鸡

2. 川菜

川菜是由成都（上河帮）、重庆（下河帮）和乐山、自贡（小河帮）等地方菜组成。川菜自古讲究“五味调和”、“以味为本”，拥有用料广博、味道多样、菜肴适应面广三个特征。在烹调方法上，有炒、煎、干烧、炸、熏、泡、炖、焖、烩、贴、爆等38种之多。在口味上特别讲究色、香、味、形，兼具南北之长，以味道多、广、厚著称。

图 8－35　灯影牛肉

川菜历来有三香（葱、姜、蒜）、三椒（辣椒、胡椒、花椒）、七味（甜、酸、麻、辣、苦、香、咸）、八滋（干烧、酸、辣、鱼香、干煸、怪味、椒麻、红油）之说。川菜由筵席菜、大众便餐菜、家常菜、三蒸九扣菜、风味小吃五个大类组成一个完整的风味体系，在国际上享有“食在中国，味在四川”的美誉。其代表的菜品有宫保鸡丁、麻婆豆腐、灯影牛肉（见图 8－35）、樟茶鸭子、毛肚火锅、鱼香肉丝、夫妻肺片等。

阅读材料

灯影牛肉简介

灯影牛肉是四川风味食品，已有100多年的历史。它是把牛后腿腱子肉切片后，经腌、晾、烘、蒸、炸、炒等工序制作而成，麻辣香甜，深受人们的喜爱。因肉片薄而宽、可以透过灯影、有民间皮影戏之效果而得名，是四川达县的传统名食。牛肉片薄如纸，色红亮，味麻辣鲜脆，细嚼之，令人回味无穷。

灯影牛肉的选料和做工都非常讲究。一头牛只能取其后腿腱子肉。用长刀切成十分薄的肉片，配以甘草、丁香、草果及其他10多种香料拌匀后，将肉片铺在竹筲箕上，经曝晒去水分，放进特制的烤炉中，控制温度烘烤至熟，装入用油纸衬里的竹筒或纸罐里，渗满纯香麻油，撒上少许花椒粉密封，待其入味即成。目前，灯影牛肉的主要产地是达州和重庆，两地产品在长期发展中，又各具千秋。有位美国畜牧专家来达州市考察灯影牛肉时曾说，灯影牛肉既是一种别有风味的食品，又堪称一种奇妙的工艺品，完全能在国际市场上占有一席之地。

3. 淮扬菜

江苏菜也称淮扬菜，由淮扬、金陵、苏锡、徐海四个地方风味菜组成，其影响遍及长江中下游广大地区，在国内外享有盛誉。

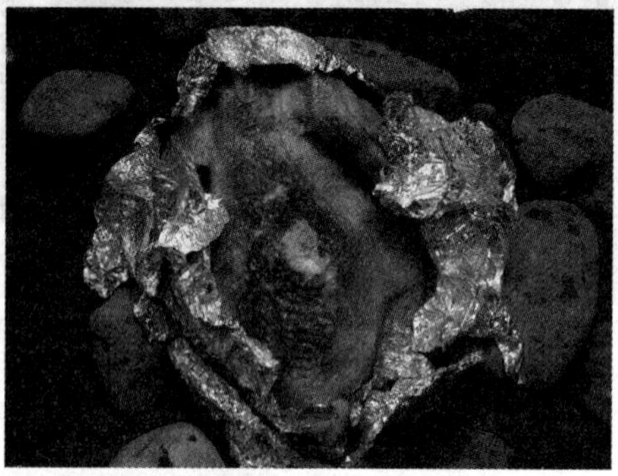
图8-36　叫花鸡

江苏菜的特点是用料广泛，以江河湖海水鲜为主；刀工精细，刀法多变；烹调方法多样，调味也注意变化；重视火候，尤其擅长炖、焖、煨、焐。江苏菜式的组合颇具特色，除日常饮食和各类筵席讲究菜式搭配外，还有“三筵”具有独到之处。其一为船宴，见于太湖、瘦西湖、秦淮河；其二为斋席，见于镇江金山、焦山斋堂、苏州灵岩斋堂、扬州大明寺斋堂等；其三为全席，如全鱼席、全鸭席、鳝鱼席、全蟹席等。江苏菜的代表菜有“镇扬三头”——扒烧整猪头、清炖蟹粉狮子头、拆烩鲢鱼头；“苏州三鸡”——叫花鸡（见图8-36）西瓜童鸡、早红桔酪鸡；“金陵三叉”——叉烤鸭、叉烤桂鱼、叉烤乳猪等。地方风味小吃有常熟莲子血糯饭、黄桥烧饼等。

4. 粤菜

粤菜是以广州、潮州、东江（客家）三地风味菜组成的。粤菜独具特色：一是用料广博奇特，选料精细，配合四时更替；四季时令菜肴重在色、香、鲜、清。二是烹调技术考究，刀工操作精细，常用的有熬、煲、蒸、炖、扣、炒、泡、扒、炸、煎、浸、滚、烩、烧、卤等。三是食味讲究五滋（香、松、肥、脆、浓）六味（酸、甜、苦、辣、咸、鲜），具有浓厚的南国风味。民间又有“食在广州”的誉称。其代表的菜有龙虎斗、白灼虾、烤乳猪、香芋扣肉、狗肉煲、五彩炒蛇丝、烤雁鹅、护国菜、东江焗鸡等。地方风味小吃有广式月饼、蟹黄灌汤饺、鸡仔饼等。

5. 闽菜

闽菜起源于福建闽侯县，它是由福州、闽南（含泉州、厦门）及闽西等地的地方菜发展而成。闽菜以烹制山珍海味而著称，其风味特点是清鲜、和醇、荤香、不腻，注重色美味鲜。烹调擅长于炒、溜、煎、煨、蒸、炸等。口味则偏重于甜酸咸香，特别讲究汤的制作，其汤路之广、种类之多、味道之妙可谓一大特色，素有“一汤十变”之称。闽菜的代表菜是佛跳墙、燕子归巢、太极芋泥、鸡汤氽海蚌、沙茶焖鸭块等。

6. 徽菜

徽菜由皖南、沿江和沿淮三种地方风味构成，素以烹制山珍野味而著称。其菜式特色为“三重”，即重油、重色、重火功；尤以烟熏技术别具一格。徽菜的主要代表菜是黄山炖鸽、火腿炖甲鱼、清炖马蹄鳖、当归獐肉（见图8－37）等。

图 8－37　当归獐肉

7. 湘菜

湘菜由湘江流域、洞庭湖地区和湘西山区三种地方风味菜组成，以品种丰富、味感鲜明而富地方特色，名师辈出，自成一系而闻名于世。

湘菜的特点有：一是刀工精妙，形味兼美；二是擅于调味，以酸辣著称；三是技法多样，尤重煨。辣味菜和烟熏腊肉是湖南菜系的共同风味特点，口味重辣、酸、香、鲜、嫩、软。其代表菜有麻辣仔鸡、东安仔鸡、腊味合蒸、红煨鱼翅、酸辣红烧羊肉、洞庭肥鱼肚等。面点风味小吃以火宫殿油炸臭豆腐、姊妹团子、健米茶等。

8. 浙菜

浙菜体系由杭州、宁波、绍兴和温州四个地方流派组成。浙菜选料求细、特、鲜、嫩；烹调擅长炒、炸、烩、熘、蒸、烧；注重清鲜脆嫩；同时形态精巧细腻，清秀雅丽。其代表菜有西湖醋鱼、东坡肉（见图8－38）、龙井虾仁、宋嫂鱼羹、生爆鳝片、八宝豆腐、荷叶粉蒸肉等。

图 8－38　东坡肉

专题活动

目前，随着人们生活水平的提高，对于在旅游活动中如何吃好、喝好才能更有利于健康的问题，日常生活中出现了两种不同的看法：一部分人认为，现在条件好了，应多吃些鸡鸭鱼肉，认为这些东西吃得越多，身体越好；而另有一部分人则怕吃鸡鸭鱼肉，以蔬菜、水果为每餐的主体，认为这些东西吃得越多，身体就越好。请你根据所知的情况加以简要分析。

知识归纳

我国是一个多民族国家，尽管同属华夏文明，但由于地理环境的差异、生产和生活方式的不同、历史发展背景的差异，形成了各具风采的民族民俗文化。民俗文化旅游具有强大的生命力，因各民族所具有的奇特性和地域垄断性民俗旅游资源可为当今的旅游开发服务，遂成为社会经济发展的基础性文化资源之一。各地丰富多彩的民俗旅游资源可以激发异地旅游者的兴趣，而旅游又让各地的民俗有了相互交流的机会，也促进了多种民族民俗的交融和发展。

思考题

1. 什么是民俗？民俗具有哪些特点？
2. 我国民族旅游资源的成功开发案例有哪些？请举例说明。
3. 民俗风情旅游资源可分为哪几类？举例说明。
4. 阐述民俗风情旅游资源对旅游者具有怎样的吸引力？

第九章 文学艺术

教学目的和要求

（1）了解文学艺术旅游资源的基本特点和所具有的功能，并从中学会欣赏诗词、散文游记、楹联匾额、碑文石刻、书法绘画、戏剧等形式的旅游文学艺术作品。

（2）提高文学欣赏能力，激发爱国热情，增添旅游生活的情趣，提高自身的旅游文化品位。

关键词汇

文学艺术；诗词；散文游记；碑文石刻；楹联；书法；绘画；戏剧

引子

文学艺术是指那些源于生活而又高于生活，以非物质形式表现为主的审美性文化产品。我国许多风景名胜地有不少优秀的文学艺术作品（如诗词、游记散文、楹联匾额、神话传说、绘画、书法、音乐、舞蹈、戏剧、雕塑、影视等），为旅游地增辉添色。人们每到一处游览，若看到优秀的艺术作品，往往会深深地为这些艺术美所陶醉，同时也会引发人们的怀古幽情。

第一节 文学艺术旅游资源特点和功能

一、具有广泛的群众性和强烈的感染力

文学艺术是人类文明的重要组成部分，同其他旅游资源相比，文学艺术在内容上更接近生活，能引起人们的心灵的共鸣，并在形式上更为直观，容易被旅游者所喜爱和接受。文学艺术形式上的多姿多彩，可以满足不同旅游者的欣赏口味，尤其是不同艺术形式之间可相互转换，如小说可改编为电影、戏剧，诗词可改编为音乐、绘画等，使文学艺术具有长久不衰的艺术感染力，这是文学艺术区别于其他旅游资源的一大特点。

二、导致旅游资源的产生

由于文学艺术具有生动、具体、形象的特点，常常成为旅游资源的表现形式。例

如，旅游资源的开发和利用、旅游活动的组织和安排正是通过散文游记、碑文石刻、书法、绘画、戏剧、小说等艺术门类的作品吸引旅游者的注意，以其艺术感染力引发旅游者的观赏兴趣。一旦离开了各种各样的艺术，旅游也就丧失了生动性、趣味性和审美性，无法满足旅游者的精神需求。在我国有许多借助文学艺术的魅力而闻名天下的景点名胜，如三国时的赤壁大战实际发生于蒲圻赤壁，而宋代大文豪苏轼当年贬居黄州时，常在黄州的赤鼻矶游憩，此地断崖临江，形势险要，引得他诗兴大发，先后写下了千古佳作前《赤壁赋》（见图 9－1）和后《赤壁赋》。由于文学的渲染，以至黄州赤鼻名声大噪甚至超过了真正的赤壁，人们不得不称蒲圻赤壁为“武赤壁”，称黄州赤鼻为“文赤壁”或干脆称“东坡赤壁”，以示区别。苏轼这部优秀作品让旅游者充满了联想和想象，可见其影响之大。

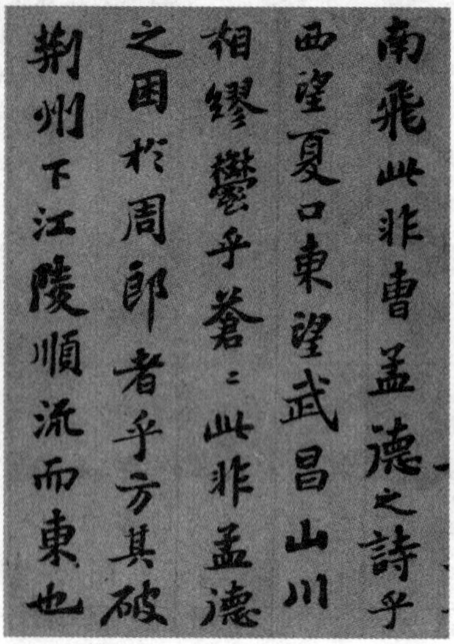

图 9－1　前《赤壁赋》局部

三、渗透到各类旅游资源之中

1. 有形的渗透

有形的渗透即文学艺术的内容以直观的形象出现于其他各类旅游资源之中，如楹联、匾额、书画、题刻等历来是中国古建筑中的点睛之笔。这些艺术形式或因内容精辟，富含哲理，或书法精湛，或言辞隽永，从而增添建筑的文化内涵，赋予其极高的艺术鉴赏价值。例如，四川凌云寺弥勒佛殿的楹联：“笑古笑今，笑东笑西，笑南笑北，笑来笑去，笑自己原来无知无识；观事观物，观天观地，观日观月，观上观下，观他人总是有高有低。”从“笑”、“观”两字进行谈古论今，劝诫人们应有自知之明，知足常乐，其语言妙趣横生，发人深思。

2. 无形的渗透

无形的渗透即文学艺术虽然不以具体的形象出现于旅游资源之中，然而由于它们早已深入人心的艺术魅力，使得这些旅游资源成为“千古胜景”。正是这些文学艺术作品激发起人们前往某地旅游的愿望，或在游览过程中增添了乐趣。这种渗透比有形渗透范围更广、影响更大，尤其是诗词、游记等文学作品，皆因自然景物激发诗人的灵感而写出，而这些作品一经问世又使原有景点更具吸引力。正所谓：文因景成，景借文传。如杭州西湖的扬名是与苏轼的《饮湖上初晴后雨》分不开的。“水光潋滟晴方好，山色空蒙雨亦奇。欲把西湖比西子，淡妆浓抹总相宜”寥寥数语写尽了西湖的美景，并使它获得“西子湖”的美誉。

四、文学艺术具有旅游审美的作用

旅游过程实质上就是一个追求美、发现美、欣赏美的过程，历代文人雅士以较高的文化素养和较高的审美水平，捕捉到大自然的不同之美，并以艺术的手法道出其中的意境。

旅游者在旅游过程中，借助于这些文学艺术作品，可激发人的情趣，产生美的感受，从而达到审美的目的。例如，桂林以山水的奇特而闻名天下，一座座平地而起、如笋如簪的奇峰沿江罗列，山形倒影江中，形成一幅天然的水墨画，奇到极处，也美到极处，真正无愧于“桂林山水甲天下”的美誉。唐代韩愈有诗云：“江作青罗带，山如碧玉簪。”道出了它的奇特之美，留给人们无限的想象。

五、文学艺术修养是旅游从业者尤其是导游人员必备的素质

对旅游从业者来说，提高文学艺术修养，不仅可以激发爱国情感，陶冶情操，还能净化人的心灵，鼓舞人的精神，培养高雅的气质，从而提高服务水平和质量，提升服务档次。

导游人员在旅游活动中担负的主要任务就是向旅游者导游讲解。要完成好这一任务，要求导游人员必须具备较高的文学艺术修养，掌握和旅游景点相关的历史典故、风物传说等，尤其要掌握有关的文学知识。俗话说：“祖国山河美不美，全靠导游一张嘴。”旅游活动中的景物，旅游者和导游人员一样都能看到，但要讲出美之所在，就要求导游人员能将旅游者看不到的文化背景、历史佳话、奇闻趣事等用文学的语言来做生动的讲解。让旅游者在观景同时，深入了解相关的典故传说等背景知识，既能提高游兴，又能开阔视野，增长知识。这对于历史古迹游览地尤为重要，如“古丝绸之路”的游览线路，沿途历史古迹、遗址众多，历史典故知识浩如烟海，这就要求导游人员掌握有关的历史文学知识，具有较高的文学艺术修养，才能为旅游者提供更好的服务，并发挥其作用。

专题活动

导游人员是做什么的？带路？讲解？这远远不够。导游人员应是旅游者的老师、朋友。导游工作是一项与人打交道的工作。有人说：“导游要上知天文，下知地理，无所不晓。”可见，对导游人员知识面的要求有多高。知识是景点导游讲解的素材，是景点导游服务的原料，是景点导游的看家本领。当然，导游人员不可能做到行行通，成为一个全能人物。但是具备广博的知识，却是导游工作对导游人员的一项特殊要求。

第二节　文学艺术旅游资源的类别

如前所述，文学艺术的内容广泛，我们参照文学作品的一般分类方法，按体裁将文学艺术旅游资源分为以下几类。

一、旅游文学

旅游文学是以旅游生活为反映对象，它不是对旅游生活的简单记述，而是抒发旅游者在整个旅游过程中的思想、情绪和审美情趣，是源于旅游生活，但又高于旅游生活的艺术反映。其体裁形式多样，包括了诗、词、辞赋、游记散文、楹联匾额、碑文石刻、神话传说等。由于旅游文学内容体系庞大，根据我们所见所闻就简单地介绍以下几种。

（一）诗

诗是通过有节奏和韵律的语言反映生活，抒发情感。它按照一定的音节、声调和韵律

要求，用凝练的语言、充沛的情感以及丰富的现象来表现社会生活和人们的精神世界。诗分为古体诗和近体诗。古体诗也称“古风”、“往体诗”，分四言、五言、七言古诗，是唐代以前周、秦、汉、魏时代的诗歌。近体诗，亦称“今体诗”，它包括律诗、绝句和排律。我们在欣赏旅游诗时要注意体会其音韵节奏之美。如唐代王维的《汉江临泛》：“楚塞三湘接，荆门九派通。江流天地外，山色有无中。郡邑浮前浦，波澜动远空。襄阳好风日，留醉与山翁。”全诗描绘了汉江浩浩荡荡的气势和湘楚疆域雄浑壮阔的景色，雄丽奇伟，深远阔大。一、二两句写出了汉江所连接地域的广阔，暗寓水多势大；三、四两句写出波澜壮阔的江水，并以迷茫隐现的山色加以烘托隐衬；五、六两句将远观江上的目光收拢到眼前江面的景色——城郭、远空倒映江中，随波荡漾，又与前面的三、四两句的静态形成对比，使静态的辽远阔大与动态的浩大壮美相结合形成鲜明的层次感；被如此美景所倾倒的诗人就在末尾两句中写到了与山翁作一番醉饮的决心。全诗远近、疏密、简繁恰当，布局精细，颇富变化，令广大的旅游爱好者可以从中享受到无穷的美感。

阅读赏析

枫桥夜泊

唐·张继

月落乌啼霜满天，江枫渔火对愁眠。

姑苏城外寒山寺，夜半钟声到客船。

赏析：全诗把多种色彩的景物、深沉悠远的声响和游人淡淡的愁思和谐地组合在一起，营造出一个清远幽深的意境。第一句将所见、所闻、所感的“月落”、“乌啼”、“霜满天”三种密切相关的景象层次分明地写出，既描绘了眼前景色，又为全诗渲染了气氛。第二句写远近、动静、明暗对比的“江枫”与“渔火”构成了船外景色，又与船内游人的“对愁眠”形成对比。后两句诗写诗人卧听半夜传到客船的寒山寺钟声，既衬托了夜的静谧、清廖，又暗示了诗人的不眠与那听到钟声难以言传的感受。

（二）词

词又称为诗余、长短句、曲子、曲子词、乐府等。词产生于唐代，成熟繁盛于宋代，是诗的演进与发展。词与诗比较，更集中于抒情，极少叙事的内容，也很少揭示哲理。

词按字数的多少分为：五十八字以内的小令，不分段；五十九字至九十字的为中调，分段，称上、下阕或上、下片（即“遍”）；九十一字以上的为长调，也分段，有三叠、四叠之分。

词有单调、双调、三叠、四叠的分别。单调就是一首小令，如唐代张志和的《渔歌子》：“西塞山前白鹭飞，桃花流水鳜鱼肥。青箬笠，绿蓑衣，斜风细雨不须归。”擅长绘画的张志和写词往往着意于意境的创造，以精练质朴的语言描画出一幅江南水乡渔歌图（见图9-2）。开头两句描绘出画面的背景，有西塞山、流水、白鹭、桃花、鳜鱼，静中有动，动中有静，色彩明丽，浓淡相宜，生机盎然，跃然纸上。后三句描绘图中“青箬笠”、“绿蓑衣”打扮的渔翁在“斜风细雨”中流连忘返，表现出对春色和垂钓的无限热爱。全词和谐婉转，音节自然简洁，语言清新流畅，色彩淡雅明丽，如同信手拈来，全无斧琢之迹。

双调就是把一首词分为前后两阕。如宋代秦观的《踏莎行·郴州旅舍》：“雾失楼台，月迷津渡，桃源望断无寻处。可堪孤馆闭春寒，杜鹃声里斜阳暮。驿寄梅花，鱼传尺素，砌成此恨无重数！郴江幸自绕郴山，为谁流下潇湘去？”这首词借描写凄迷的景物抒写孤独、寂寞的境遇和彷徨、苦闷的心情。独居孤馆时杜鹃哀鸣令人难免思乡，而远方挚友寄赠的礼物和书信使这思乡之苦更浓，不免怨恨那无情的郴江水弃我而去，既不肯与我做伴，又不能送我还乡。全词寓情于境，情景交融，表现了词人在旅途中思乡之情，抒发了被贬的惆怅和感伤，委婉曲折，感人至深。

图 9－2　渔歌子赏析图

另外，三叠（分三段）、四叠（分四段）的词都是宋代以后文人的作品，由于这些词字数多、节奏缓、韵脚疏，一般词人很少采用，本书不另详述。

▶阅读材料

念奴娇·赤壁怀古

宋·苏轼

大江东去，浪淘尽，千古风流人物。故垒西边，人道是，三国周郎赤壁。乱石穿空，惊涛拍岸，卷起千堆雪。江山如画，一时多少豪杰！

遥想公瑾当年，小乔初嫁了，雄姿英发。羽扇纶巾，谈笑间，樯橹灰飞烟灭。故国神游，多情应笑我，早生华发。人生如梦，一樽还酹江月！

赏析：这首怀古词是苏轼在黄州时所作，借描绘赤壁奇险壮丽的景色，追忆古代英雄，抒发自己不被重用、只能借酒浇愁的无限感慨。词中“乱石穿空，惊涛拍岸，卷起千堆雪”三句集中描绘了赤壁雄奇壮阔的景物：陡峭的山崖直插云霄，汹涌的骇浪猛烈地搏击江岸，滔滔江流卷起千万堆澎湃的雪浪。把读者带入一个奔马轰雷、惊心动魄的奇险境界，令人心胸为之开阔，精神为之振奋。

（三）游记散文

古代游记散文是以轻快的笔调描述山水名胜，借助景物表达作者思想感情的一种记叙文。它作为一种散文体裁，不但具有一般文学散文样式的特征，而且更具有不同于一般散文样式的特点和内涵。我国古代游记散文源远流长，作品浩如烟海，它开启了我国后代旅游文学，是我国文学宝库中的一颗璀璨明珠。当今，人们欣赏这些古代游记散文，是因它不仅描绘山川景物，揭示自然之美，更富情于景，寓理于景，可以给人们莫大的人生启迪。例如，《江水注·三峡》是郦道元《水经注》中脍炙人口的一节，在记述三峡水道情况的同时，还描绘了三峡雄奇壮丽、气势磅礴的景象，并穿插着关于三峡的众多神话传说、风物习俗、民歌民谣，其写景叙事、实虚映衬无不给人以美的享受。“自三峡七百里中，两岸连山，略无阙处。重岩叠嶂，隐天蔽日，自非亭午夜分，不见曦月。至于夏水襄陵，沿溯阻绝，或王命急宣，有时朝发白帝，暮到江陵，其间千二百里，虽乘奔御风，不以疾也。春秋之时，则素湍绿潭，回清倒影，绝巘多生怪柏，悬泉瀑布，飞漱其间，清荣峻茂，良多趣味。每至晴初霜旦，林寒涧肃，常有高猿长啸，属引凄异，空谷传响，哀转久绝。故渔者歌曰：'巴东三峡巫峡长，猿鸣三声泪沾裳。'”他以写意手法对雄奇险绝的三峡风光作一鸟瞰式的总体勾勒，抓住夏天暴涨、春冬美景和寒秋肃杀的景物，从时间、空间变化中依次写出其特征和审美感受，犹如万里长江图中一幅美丽的山水长卷，语言精美，描写生动，如闻如见。通篇以形、色、声、光写景，无一情语，而情自在其中。结尾处所引两句渔歌，凄凉哀婉，更是将情景融合推入奇妙的境界，韵味隽永。

（四）楹联匾额

和旅游有关的最早的一副楹联可能是五代吴越时契盈和尚撰写的《题碧波亭联》：“三千里外一条水，十二时中两度潮”。当时主要是说水运之利，却可算是开我国旅游楹联之先河。

图9－3　眉山三苏祠联

在我国寺庙园林和名胜古迹多有楹联匾额，吸引着大量的旅游爱好者。这些楹联匾额往往寥寥几句，就把当地所独有的景、人、物、事等表现出来。如四川眉山三苏祠联：“一门父子三词客，千古文章四大家”（见图9－3）。此联盛赞了苏家一门文豪（四大家：一指韩愈、柳宗元、欧阳修、苏轼；一指汉代司马相如和杨雄、唐代陈子昂、宋代苏轼。同时也表述了他们这些人在我国文学史上的地位及其产生的深远影响）。

又如北京潭柘寺弥勒佛殿对联：“大肚能容，容天下难容之事；开口便笑，笑世上可笑之人。”此联利用弥勒佛大肚笑口形象，奉劝世人肚量要大，调侃世人愚蠢可笑，诙谐幽默，寓意深刻，一笑之余，使人悟出无穷的人生哲理。

再如苏州网师园的对联：“风风雨雨，暖暖寒寒，处处寻寻觅觅。莺莺燕燕，花花叶叶，卿卿暮暮朝朝。”上联写气候，一年四季风雨冷暖变化，反映出作者的感受，结尾引用宋代李清照《声声慢》首句；下联描绘春光，莺燕贪恋花草，结尾引用宋代秦观《鹊桥仙》的末句，抒发旷世情怀。全联先抑后扬，从沉闷阴霾中看到明媚春光，运用叠字，音韵和谐，构成一幅冷暖相间、明暗协调、动静结合、物我合一的图景。

专题活动

被誉为“天下第一奇联”的“海水朝朝朝朝朝朝朝落，浮云长长长长长长长消”。表面看虽是文字游戏，却包含着人生哲理，让后人产生无限遐想，从中可见中国文化的深厚底蕴和内涵。“天下第一奇联”运用汉语多音字的特点，描绘了海潮早落，浮云常消的景观。这幅妙趣横生的叠字联，请同学们标出此联的正确读音。

知识拓展

“天下第一长联”

云南大观楼长联是乾隆年间名士孙髯翁登大观楼有感而作：

"五百里滇池奔来眼底，披襟岸帻，喜茫茫空阔无边。看：东骧神骏，西翥灵仪，北走蜿蜒，南翔缟素。高人韵士何妨选胜登临。趁蟹屿螺洲，梳裹就风鬟雾鬓；更苹天苇地，点缀些翠羽丹霞，莫辜负：四围香稻，万顷晴沙，九夏芙蓉，三春杨柳。

数千年往事注到心头，把酒凌虚，叹滚滚英雄谁在？想：汉习楼船，唐标铁柱，宋挥玉斧，元跨革囊。伟烈丰功费尽移山心力。尽珠帘画栋，卷不及暮雨朝云；便断碣残碑，都付与苍烟落照。只赢得：几杵疏钟，半江渔火，两行秋雁，一枕清霜。"

长联观物写情，内涵深刻，令人叫绝，被誉为"海内第一长联"、"古今第一长联"、"天下第一长联"等，一直流传不衰。长联挂在"五百里滇池"岸边的大观楼前两百多年，为古今众多名士及广大游人所仰慕及推崇。长联使大观楼名扬四海，大观楼因长联而驰誉九州。

（五）碑文石刻

我国碑文起源于周文王时期，现存最古老的碑文当属现存于北京故宫博物院《石鼓文》。此外碑碣石刻数量浩大，最为驰名的有西安碑林、山东曲阜孔庙的碑林、江苏镇江的焦山碑林与石刻、四川西昌的地震碑林、台湾高雄碑林等。三峡地区著名的碑林、石刻有水下碑林——涪陵白鹤梁和白帝城碑林、万州太白岩碑林、三游洞石刻等，这些碑碣石刻其文多出于名人名篇，或蕴涵典故耐人寻味。此外在我国的许多名山，如泰山（见图9－4）、华山、嵩山、黄山等风景地的摩崖石刻，数量也很多，旅游者在这些地方可以尽情领略和饱览中国文学艺术之大观。

图9－4　泰山摩崖石刻

二、书法和绘画

（一）书法

书法在各种艺术门类中最具独特性，是中国特有的艺术形式。中国文字具有较强的形式美和意境美，因此有着很高的艺术欣赏价值。我国的书法艺术经过历代书法家们的千锤百炼，可以说已达到了炉火纯青的程度。它从殷商甲骨文、金文演变而为大篆、小篆、隶书，至东汉、魏、晋的草书、楷书、行书等体，是世界上独一无二的艺术瑰宝。

图9－5　鹅池碑

书法自古与旅游有着不解之缘，历代书法名家游历名山胜水，在名胜古迹处挥毫泼墨，书写心声，从而为游人提供了欣赏书法艺术的机缘，如绍兴兰亭是后人为纪念书圣王羲之，并按照他的《兰亭序》的内容、意境而建成，汇集了不同书法家临摹《兰亭序》的碑刻，同中有异，异中有同，各显其妙，耐人寻味，而成为我国书法史上的圣地。其中兰亭有一鹅池碑，上书"鹅池"二字（见图9－5），这两个字各成风格，"鹅"字看起来有着南方人的秀气，而“池”字则显出北方人的粗犷，人称“父子碑”，据说是王羲之与其子王献之共同书写的。王羲之的书法笔势飘若浮云，矫若惊龙，点画骨力遒劲，起落转侧如断金切玉，干净明丽，其中《兰亭序》是他典型的代表作，被誉为“神品”，素有“天下第一行书”之称。

（二）绘画

在我国，旅游与绘画紧密相连，绘画已成为旅游的一项重要资源，绘画作品、绘画景观都已成为旅游景观中最具魅力的内容之一。

中国画简称“国画”，历史悠久，源远流长，具有鲜明的民族风格和卓越成就，在世界美术之林独树一帜，是世界画坛艺术峰丛中一座自成体系的高峰。它代表着我们民族艺术创造的精神，也代表着我们民族的审美心理和审美习惯，被誉为中国的三大国粹之一。

图9-6　齐白石《虾》

图9-7　徐悲鸿《马》

中国画特色鲜明，风格独特，其特色主要是通过线条造型，线条的粗细、长短、曲直、刚柔以及墨的干湿、浓淡变化，体现“笔精墨妙”的艺术效果。

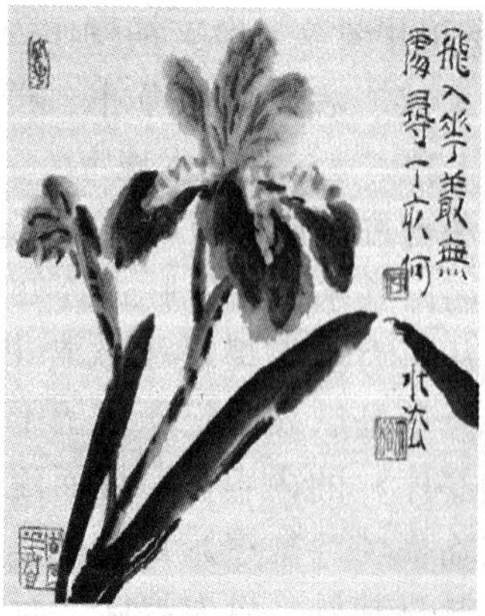

图9-8　黄宾虹《鸢尾》

图9-9　潘天寿的作品

中国画强调写意，追求意境，讲究以景抒情，借物抒怀；中国画十分重视传神，讲究气韵生动；中国画注意诗与画的结合，讲究诗情画意。诗是无形画，画是有形诗。如画家傅抱石有一幅画，画的左上角苍松枝劲，右下角有山一角，一携杖老者与一稚童正语。画面不提一字，但诗意尽出，正是唐代诗人贾岛《山中问答》“松下问童子，言师采药去。只在此山中，云深不知处。”

我国绘画遗迹繁富，灿烂辉煌，从魏晋南北朝的顾恺之的《洛神》到宋代张择端的《清明上河图》；从明清时代的“明四家”、“金陵八大家”、“扬州八怪”到近现代吴昌硕的花鸟、齐白石的《虾》（见图9－6）、张大千的山水、徐悲鸿的《马》（见图9－7）、黄宾虹的花卉（见图9－8）、潘天寿的山水（见图9－9）等，可谓不胜枚举。

阅读材料

《清明上河图》

张择端的《清明上河图》代表了宋代风俗画发展的极高水平。张择端，字正道，东武人（今山东诸城），是活动于北宋后期一位有独特造诣的画家，曾一度在宫廷画院任职。

图9－10　《清明上河图》中间部分

《清明上河图》，绢本，墨笔淡着色，长527.81厘米，宽25厘米，全卷以全景式构图及严谨精细的笔法，展现出北宋都城汴河沿岸及东角门里市区清明节的风貌。画面分为三个部分，第一部分描述了汴京郊区农村的景象，树林、淡雾、茅舍、驮炭的毛驴车队，表现出北国早春的氛围。往前则是萌芽的柳林，交错的乡间小路，扫墓归来的人群，点出了“清明”。中部画面描述了汴河中往来穿梭的船只，吃力前行的纤夫，河上木制“虹桥”上熙攘拥挤的人群、车辆（见图9－10）。最后一部分描写了市区街道，街上车马行人，男女老幼，三教九流摩肩接踵，两边酒楼店铺百肆杂陈，好一个“百家技艺向春售，千里农商喧日昼”的景象。

赏析：《清明上河图》善于选取和描绘一些戏剧性情节，如船只过桥时船夫的紧张劳动吸引桥上和两岸看热闹的群众，以致造成桥面上的交通阻塞，骑马的人和乘轿的人争道，互不相让，赶驴的人慌张躲闪，几乎把牲口赶到一侧的货摊之上。作者运用通俗写实的手法，艺术地再现了宋代城市社会生活的各个方面。它不仅是一幅杰出的绘画艺术作品，而且具有高度的历史文献价值。

三、中国戏剧

戏剧作为表演艺术是旅游中“娱”的主要内容。首先它有很强的观赏性。中国戏剧无论是京剧还是地方剧种，都是文学、音乐、美术、武术、舞蹈、杂技及人物扮演等各种因素的综合艺术，是长期以来劳动人民和戏剧工作者的伟大创造。丰富多彩的形式，被公认为是最具有中华民族特色的文化品种之一。

我国各民族地区的戏曲剧种有360多种。有以一种声腔为主的京剧、豫剧，有几种声腔结合的川剧，有歌舞发展而来的黄梅戏，有从说唱演变而成的越剧等。其中比较流行的有京剧、昆曲、越剧、粤剧、豫剧、秦腔、川剧、评剧、晋剧、汉剧、闽剧、潮剧、河北梆子、黄梅戏、湖南花鼓戏等50多个剧种。在2006年公布的“首批国家非物质文化遗产名录”中，“戏剧”这一项就有92个剧种，由此可见我国戏剧剧种的丰富。流派纷呈的戏剧中尤以京剧流行最广，遍及全国，成为“国粹”。它那精练如诗、韵味十足的唱词，字正腔圆、跌宕起伏的唱腔，那一招一式、舞蹈优美的动作，还有那色彩鲜明、忠奸分明的脸谱，无不令观者如痴如醉。我国传统京剧剧目多达1300多个，常演的也有400多个，尤以《群英会》、《空城计》、《将相和》、《霸王别姬》、《打渔杀家》流行较广，不仅国内群众耳熟能详，很多外国朋友也深爱这一艺术，并以身试“戏”，陶醉其中，外国人演中国戏曲本身就构成了一道美丽的旅游风景。

阅读材料

京剧简介

京剧是在北京形成的戏曲剧种之一，至今已有200多年的历史。它是在徽戏和汉戏的基础上，吸收了昆曲、秦腔等一些戏曲剧种的优点和特长逐渐演变而形成的。徽戏进京是在公元1790年（清乾隆五十五年），最早进京的徽戏班是安徽享有盛名的“三庆班”。随后来京的又有“四喜班”、“和春班”及“春台班”，合称“四大徽班”。

京剧的正式形成大约是道光二十年（公元1840年）以后，此时京剧的各种唱腔版式已初步具备，京剧的语言特点已经形成，在角色的行当方面已出现了新的变化，已拥有一批具有京剧特点的剧目；京剧第一代演员也已经出现：余胜三、张二奎、程长庚被称为老生“三鼎甲”。程长庚是这一时期的代表人物，他在融合汉调、徽调并吸收昆曲加以改造和提高方面作了更多的努力，对京剧表演艺术的形成贡献很大，对后世京剧的发展影响起到了很大的作用。

京剧音乐属于板腔体，主要唱腔有二黄、西皮两个系统，所以也称“皮黄”。其常用唱腔还有南梆子、四平调、高拨子和吹腔。京剧较擅长表现历史题材的政治和军事斗争，故事大多取自历史演义和小说话本。既有整本的大戏，也有大量的折子戏，此外还有一些连台戏。

京剧角色的行当划分比较严格，早期分为生、旦、净、末、丑、武行、流行（龙套）七行；以后归为生、旦、净、丑四大行，每一种行当内又有细致的进一步分工。“生”是除了大花脸以及丑角以外的男性角色的统称，又分老生（须生，见图9－11）、小生（见图9－12）、武生（见图9－13）、娃娃生。“旦”是女性角色的统称，内部又分为正旦（青衣，见图9－14）、花旦（见图9－15）、武旦（见图9－16）、老旦（见图9－17）、彩旦（摇旦——丑婆子）、刀马旦。“净”，俗称花脸，大多是扮演性格、品质或相貌上有些特异的男性人物，化妆用脸谱，音色洪亮，风格粗犷。“净”又分为以唱功为主的大花脸，如包拯（见图9-18）；以做功为主的二花脸，如曹操（见图9-19）。“丑”，扮演喜剧角色，因在鼻梁上抹一小块白粉，俗称小花脸（见图9-20）。

图9-11 老生

图9-12 小生

图9-13 武生

图9-14 正旦

图9-15 花旦

图9-16 武旦

图9-17 老旦

图9-18 “净”大花脸

图9-19 “净”二花脸

图9-20 “丑”小花脸

京剧自形成以来，涌现出了大量的优秀演员，他们对京剧的唱腔、表演及剧目和人物造型等方面的革新、发展做出了巨大贡献。如老生程长庚、谭鑫培、周信芳等；小生程继先、姜妙香、叶盛兰等；“武生泰斗”杨小楼；旦角梅兰芳、程砚秋、尚小云、荀慧生等；净角穆凤山、黄润甫等；丑角刘赶三、王长林、肖长华等。

专题活动

我国的戏曲、歌舞等具有鲜明的地域特色和很强的艺术魅力，对旅游者有着无穷的吸引力，作为旅游中“娱”的主要内容，是一种宝贵的文化旅游资源。而目前，我国许多文学艺术旅游资源的生存状态正面临岌岌可危的境地。那么，在当今的旅游发展态势中我们该如何保护这历史瑰宝呢？

在旅游资源开发与保护上，文学艺术旅游资源不仅在于纯粹的文学艺术价值、历史文化价值以及教育价值，还在“文化即经济”的时代，文学艺术具有巨大的旅游休闲价值，为旅游者所喜爱，为旅游业所利用。因此，在当今我们应该怎样注意文学艺术所描写和表现的实物与地理环境的保护和建设？

知识归纳

文学艺术旅游资源就是指那些能够吸引旅游者前往观光游览，进而产生经济、社会与环境效益的文学艺术作品。文学艺术种类繁多，内容丰富，但并非所有的文学艺术作品都能成为旅游资源，只有能激发起旅游者旅游动机，为旅游业所利用的文学艺术作品才能成为旅游资源。文学艺术旅游资源因其思想性、艺术性、审美性、消闲娱乐性而深受人们喜爱，在旅游活动中发挥着独特的作用。可以单独构景，也可以共同构景；或直接成为观赏娱乐的对象；或创新旅游景观以此提升旅游地的品位。因此，较其他旅游资源更富吸引力与感染力。

思考题

1. 文学艺术旅游资源按照体裁可分为哪几类？
2. 什么是文学艺术？文学艺术与旅游有怎样的关系？
3. 被誉为“神品”的素有“天下第一行书”之称的是什么文学艺术作品？
4. 你家乡有哪些文学艺术旅游资源？根据资源特色你认为应该如何进行旅游开发？

第十章 旅游资源的开发、保护与旅游业可持续发展

教学目的和要求

(1) 掌握旅游开发和保护、旅游业可持续发展的相关知识。

(2) 培养对环境的热爱和保护意识，提高环境意识，进一步树立人类社会应与环境协调发展的观念。

关键词汇

旅游资源；开发；保护；旅游业可持续发展

引子

旅游资源是旅游业发展的前提之一，也是一个地区旅游业发达程度的标志。在旅游业快速发展的过程中，人们对旅游资源的开发和利用日益关注。旅游可持续发展思想是以旅游资源为基础的旅游系统的持续良性运行和发展，包括旅游资源经济效益的持续产出。它既要求在旅游行业内部各机构部门及员工的共同参与和协调努力，又需要横向各相关部门的积极配合并共同营造一种良好而积极向上的旅游发展环境，从而体现旅游产业发展中的生态持续性、经济持续性和社会持续性的有机统一。

第一节 旅游资源的开发与保护

一、旅游资源的开发

旅游开发是指以旅游资源开发为核心，促进旅游业全面发展的社会经济活动。它是一项全面的综合性系统工程，包括旅游资源的调查与评价、旅游项目开发的可行性研究、旅游景区（点）的规划与设计、旅游目标市场的选择与营销、旅游景区（点）建设经营和管理、旅游景区（点）企业文化的建设、旅游地形象的建设与推广、旅游基础设施与服务设施的建设、旅游社会氛围的营造等各方面的内容。

大部分旅游资源仅依靠原始的内在的质量品质是有一定局限的，或达不到吸引人们前来旅游的等级，或使旅游者可望而不可即，或不能适应发展变化了的旅游需求，须经过规划建设，点缀补充，创造鲜明的旅游形象；完善基础设施和旅游接待设施、提高旅游地的

可进入性；挖掘老旅游区旅游资源的潜力、创造新的包括劳务在内的旅游产品等。唯此才能提升旅游吸引力从而增加旅游经济效益和社会效益。

所以，旅游资源开发通常是指旅游经营者为了发挥、改善和提高旅游资源的吸引力而进行的开拓和建设等技术经济活动。

旅游资源的开发包括某一单项旅游资源的开发、多项旅游资源的综合开发、某一旅游点或旅游地的开发。开发的主要内容如下。

1）提高旅游地的可进入性：指旅游资源所在地同外界的交通联系及其内部交通交通条件的通畅和便利程度。

2）建设和完善旅游基础设施：指主要为当地居民使用，旅游者也需要依赖的旅游设施。如供水、电、气系统；道路交通、车站、码头、机场等；医院、银行等。

3）建设旅游上层设施（或服务设施）：主要供外来旅游者使用的服务设施。如饭店、问讯中心、旅游纪念品商店、娱乐场所等。

4）旅游景区、景点的开发建设与管理：包括新景区、景点的开辟，也包括对原有景区、景点的改造和更新。

5）培训服务人员。

二、旅游资源破坏原因及保护

旅游业是随着人们生活水平提高、物质相对丰富而相应发展的产业。近年来开放政策和经济的高速发展为我国旅游业的发展创造了良好条件。我国旅游业得到了迅猛的发展。并由此产生了可观的经济效益。与此同时，我国旅游业资源破坏、旅游区环境质量下降的问题也日益突出。为使旅游业持续、协调发展，有必要分析旅游环境问题产生的原因、影响方式和所造成的结果，为我国旅游业发展的管理、决策提供服务。

（一）旅游环境问题产生的原因

造成旅游环境破坏、环境质量下降的原因是多方面的，概括起来，有如下几种。

1. 人类经济行为的不当破坏了旅游环境

人类经济活动对旅游区环境的影响与破坏可以分为三方面。

1）在经济发展过程中，工业生产排放的废物及产生的噪声污染了旅游区的自然环境，扰乱了旅游区应有的宁静。结果一方面旅游区丧失了以往清新的空气、透明的水体、静谧的氛围；另一方面旅游者游览的兴致因环境污染而降低。

2）不合理的资源利用与农业生产方式破坏旅游区的自然生态平衡，旅游资源直接受到影响。例如森林砍伐、过度开采地下水、开山炸石等活动造成水土流失、游览水体水位下降、奇山丽景惨遭破坏等。

▶材料阅读

开山炸石威胁国家AA级旅游区谁能叫停？

新安晚报讯（张安浩、何显玉）开山炸石威胁国家AA级旅游区淮南上窑森林公园景点。5月3日上午，记者再次前往采访，发现这里开山炸石仍在继续（见图10－1）。

记者在调查中发现，淮南、怀远两地管理部门都说开采区不属于自己管辖，致使局面依旧如此。在上窑森林公园洞山寺后门正对面100米左右外，记者见到又有新的松树被人砍掉，另有一棵松树被连根拔起倒在悬崖边。

在山崖下面，有3名工人正在忙着用电钻打眼安装炸药，另有10多名工人在用大铁锤将大块山石砸开。记者正在用相机拍照，突然靠近左侧的山坳里传出几声“隆隆”的放炮声，10多分钟后，记者绕过山崖，一名拿炸药工人见到记者，慌忙将炸药拎走，不多时，这个山坳里10多名干活的工人全部走光。

图10－1　上窑森林公园景区内开山炸石场景

记者就此处开山炸石的问题向淮南市国土局反映，该局非金属管理所负责人告诉记者，此处属于怀远地界。淮南上窑森林公园负责人也告诉记者，森林公园洞山寺所在的这座山峰，以山峰分水岭为界，西面是淮南地界，东面是怀远地界，而开山炸石的位置在怀远地界，因为开采地不归淮南管辖，森林公园对此很无奈。记者随后打电话找到了怀远县国土局，分管局长介绍，记者反映的位置他们现场看过，地点属于淮南地界，不归他们管辖。那么，此处到底属于哪个地区管辖呢？应该由哪家部门来叫停，才能让风景区不受到威胁呢？

（资料来源：新华网安徽频道　2005-5-7）

3）在经济结构、生产力布局、城市发展规划中，忽视旅游资源的存在，使得区域经济结构类型、生产力布局方式、城市发展方向与旅游业正常、持续发展对环境条件的要求不相适应，如在云南石林旅游区建设大型水泥厂，在北京周口店猿人遗址建设灰窑、煤窑等。

2. 旅游活动对旅游区环境影响

1）旅游活动对旅游区环境的影响主要在于旅游过程产生的垃圾对景点环境的污染以及旅游活动本身对景点自然生态平衡及旅游意境的影响。由于旅游区本身设施的不完善和游客素养不高，随着旅游活动规模的扩大，景点垃圾遗弃量日益增加。

2）旅游区内大量垃圾随意抛弃堆积，破坏了自然景观，污染了景点水体，使旅游区水体富营养化。我国许多旅游区水体都遭到了不同程度的污染，其中相当一部分旅游水体的透明度、色度、嗅味等指标均超过国家规定的旅游水体标准，漂浮物、悬浮物、油迹污染物已经严重影响景区旅游质量，使旅游者兴致降低。

材料阅读

旅游胜地垃圾泛滥

炎炎夏日，旅游胜地大连市各处海滨浴场游人如织。然而，一些游客在这里尽情戏水、休闲之后，却留下一地垃圾（见图10－2）。据大连市付家庄海滨浴场环卫部门负责人介绍，浴场每天要清理出10吨垃圾，20多名环卫工人每天都是24小时轮班工作。环卫部门呼吁，游客应加强自律，倡导文明出游，莫让美丽的海滨成为垃圾场。

图10－2　大连市一海滨浴场沙滩上的垃圾

3）超过景点容纳容量的超规模接待破坏了旅游区自然生态系统平衡。构成自然景观的生态系统对旅游活动本身存在一定的承载能力，这种承载能力由生态系统的结构所确定，超过其承载能力的旅游活动将使旅游区生态系统结构发生变化，旅游区旅游功能丧失。主要表现在大量旅游者将旅游区土地踏实，使土壤板结，树木死亡；大量旅游者在山地爬山登踏，破坏了自然条件下长期形成的稳定落叶层和腐殖层，造成水土流失、树木根系裸露、山草倒伏，从而对旅游区生态系统带来危害。不当的旅游活动本身所带来的问题是严重的，忽视这种影响，只注重短期效益，盲目扩大规模，无限制地接待旅游者，将对旅游业未来的可持续发展带来严重损害。

3. 旅游开发和建设破坏旅游区环境

在旅游资源开发利用过程中，有关设施建设与旅游区整体不协调，造成旅游资源、旅游区生态环境特别是旅游气氛环境破坏。主要表现为古迹复原处理不当，新设项目与旅游区景观不协调，改变或破坏了旅游区所有的且应当保留的历史、文化、民族风格和气氛。对于具体的旅游对象，其旅游价值主要表现在旅游地所蕴涵的独特的历史、文化、民族风格。在开发利用旅游资源时，这些无疑是应当保留且极力保护并充分予以表现的，忽视旅游区的整体协调及其所蕴涵的内涵，盲目开发，只会造成景点的不伦不类，进而丧失其旅游价值，使旅游者的兴致减退。城市建设破坏旅游气氛，主要表现在新建建筑与旅游城市的整体建筑不协调。使本身作为旅游对象的城市失去其本来面目。

（二）旅游环境保护

为使旅游业持续地发展，充分发挥旅游业的经济效益和社会效益，针对旅游业所存在的环境问题建议采取如下措施。

1. 加强旅游环境保护的科研工作和旅游环境保护知识的宣传教育

长期以来，环境科学的研究只是从人类健康需要出发，很少从人类精神、心理需求进行研究，而这正是人类与环境相互联系的一个重要方面，并在人类旅游活动中得到充分体现。

从旅游业对旅游环境的依赖关系，旅游区环境对旅游活动的承载能力，旅游业发展对旅游环境的破坏等方面研究旅游环境与旅游业的关系；从确定景观美学质量标准、自然生态质量标准、满足特种旅游活动的环境质量标准、旅游区环境质量评价方法等方面研究旅游环境保护的方法；从美学、心理学角度出发，研究旅游环境保护的工程方法；还要进行旅游环境保护政策研究，为正确的决策奠定基础。加强旅游环境保护知识的宣传，提高人们的旅游环境保护意识，向全体旅游者、旅游从业人员和区附近居民宣传旅游环境保护知识。

2. 进行旅游资源开发的环境影响评价

不当的旅游开发活动对旅游区环境的破坏是无法弥补的，从保护的角度出发。在开发前对开发活动进行环境影响评价、分析，识别建设、经营过程中可能造成的影响。提出相应的对策，把可能对旅游环境造成的负面影响降低到最低程度。旅游开发的环境影响评价内容包括：旅游区环境承载力分析、旅游规模分析、开发活动对环境的影响识别、旅游过程对环境的影响分析，等等。

3. 在旅游区发展建设中做好旅游环境规划

旅游环境问题的产生、旅游区环境质量下降的主要原因是人类经济活动的不当造成的，因此需要制定具有科学性、严谨性和预见性的旅游环境规划。并严格按规划组织、管理、落实，以保证经济发展和旅游活动持续稳定地进行，防止旅游区环境的破坏。旅游区的环境规划是旅游区的经济发展、旅游业发展和旅游区环境保护的综合性规划，这个规划是从维护旅游区环境美学质量和合理利用旅游资源的角度出发，应用系统工程的原理与方法，遵循经济发展规律与旅游区环境美学规律，对经济活动和旅游活动的结构、规模和布局实行统筹规划，达到既发展经济、扩大旅游又不破坏旅游区环境的目的。

4. 运用经济及其他手段，控制热点旅游区的旅游规模

采取提高热点旅游区的门票价格、划定特殊旅游景点并控制其旅游人数等手段；调整旅游区的旅游规模，在保证一定经济效益的同时使旅游区的环境得到保护。

5. 加强旅游环境立法

完善的法律制度是做好旅游环境保护工作的保证，通过对旅游者和旅游经营者制定行为规范。对破坏行为实行强制性的干涉与惩罚。立法主要内容如下：

1）旅游区建设项目的审批办法和权限。

2）旅游区保护范围和保护内容的确定。

3）对违反者的处罚办法等。

三、文物古迹的保护

文物古迹是指具有历史价值、科学价值、艺术价值，遗存在社会上或埋藏在地下的历史文化遗物和遗迹。国际上文物主要指百年以上并具有历史艺术价值的物品。

1. 文物古迹的种类

中国的文物古迹包括以下内容：

1）与重大历史事件、革命运动和重要人物有关的、具有纪念意义和历史价值的建筑物、遗址、纪念物等。

2）具有历史、艺术、科学价值的古文化遗址、古墓葬、古建筑、石窟寺、石刻等。

3）各时代有价值的艺术品、工艺美术品。

4）革命文献资料以及具有历史、艺术和科学价值的古旧图书资料。

5）反映各时代社会制度、社会生产、社会生活的代表实物。

6）历史罪证。

2. 文物古迹的分级

我国根据文物古迹的价值高低，将文物分为国家级、省（直辖市）级和市县级三级重点文物保护单位。文物古迹特别丰富的城市由国家确定为历史文化名城。因文物古迹是人类历史上宝贵的文化遗产，对科学研究、历史教育、文化发展具有重大意义，故世界上许多国家都十分重视文物古迹的发掘、整理和保护工作。进入21世纪以来，观赏和收藏文物古迹已成为一种广泛的群众性活动。一些著名的文物古迹也是国家和地区的重要旅游资源，如中国北京的长城、故宫，西安的秦始皇陵兵马俑，等等。在发展旅游事业中，必须注意文物古迹的保护与利用。

材料阅读

秦兵马俑一号坑20年后第三度发掘

被称为“世界第八奇迹”的秦始皇陵兵马俑，其一号坑发掘沉寂20多年后将再一次展开发掘。据悉，秦兵马俑博物馆考古研究人员经过详细勘探后，决定于6月13日对一号坑进行发掘，届时中央电视台和陕西电视台将联手直播发掘过程。

图10-3　秦陵兵马俑

这次考古发掘是对一号坑的第三次发掘。1978年到1984年间，陕西省考古研究所秦俑考古队对一号坑进行了发掘，出土陶俑1087件。1985年，考古队对一号坑展开第二次发掘，由于当时技术设备不完善，为更好地保护文物，发掘只进行了一年就停止了。这次考古是秦俑博物馆第一次独立对一号坑发掘，预计发掘的工作区域位于一号坑中间偏北位置，发掘面积200平方米。

据悉，秦俑博物馆选择在今年第三次启动发掘工作的背景是，秦俑博物馆近期取得了国家文物局的考古发掘资质，从能力上来说，具备了对出土文物的保护能力。相比几十年前的前两次发掘，本次发掘将有可能揭开许多未解之谜，比如，一号坑中到底有没有将军俑，除了士兵外，还有没有文官，采取新技术后，原本彩色的兵马俑会不会重现天日？这些都让人对一号坑的发掘充满期待。

目前发掘显示，一号坑为东西向的长方形坑，长230米、宽62米。坑东西两端有长廊，南北两侧各有一边廊，中间为九条东西向过洞，过洞之间以夯土墙间隔。估计在这个坑内埋有约6000个真人真马大小的陶俑。这个坑的俑阵排列象征由步兵和战车组成的矩形混编军队。有专家称，一号俑坑的作战单位和各兵种的位置几乎完全对称，纵向排列有序，展示出一个锋、翼、卫体齐备，组织严密，排列井然的长方形军阵，即古代兵书所谓“前后整齐，四方如绳”的方阵。

（来源：解放网—新闻晨报　2009-6-9）

3. 历史文化遗产保护的方法与原则

（1）原封不动地保存（冻结保存）

原封不动地保存、保持历史文化的原真性，这是联合国提倡的标准。

（2）整旧如故——谨慎修复

对于残缺的建筑（古遗迹）修复应“整旧如故，以存其真”。《威尼斯宪章》提出了世界各国公认的两个修复原则：修复和补缺的部分必须跟原有部分形成整体，保持景观上的和谐一致，有助于恢复而不能降低它的艺术价值、历史价值、科学价值、信息价值；增添部分必须与原有部分有所区别，使人能辨别历史和当代增添物，以保持文物建筑的历史性。此外，加固、维护应尽可能地少，即必要性原则。

（3）慎重重建

一些十分重要的历史建筑物因故被毁，由于它们是地方重要的特征、象征，因此，在条件允许的情况下，有必要重建。重建有纪念意义。但是，重建必须慎重，必须经专家论证。因为重建必然失去了历史的真实性，又耗资巨大，还破坏了遗迹。在更多情况下保存残迹更有价值。

(4) 利用以不损坏遗产为前提

对历史文化遗产的利用以不损坏遗产为前提，以续继原有使用方式为最佳，也可以作为博物馆；作为参观旅游景点要慎重，防止被破坏。

(5) 保持历史街区和古城的格局特征

重点保护好历史街区和古城的平面布局、方位轴线、道路骨架、河网水系等。

(6) 保护特色建筑风格

保护特色建筑风格，包括建筑的式样、高度、体量、材料、颜色、平面布局、与周围建筑的关系等。控制适当的建筑尺度——高度、体量，切记今古不同，不要求高、求大。

(7) 保护历史环境

事物与其存在环境是密不可分的，不可以脱离环境而存在。历史文化遗产环境的意义更重要，重要的。凡与重要历史有关的地形、地貌、原野、水体、花木及其特征都要保护。

第二节　旅游业的可持续发展

一、旅游业可持续发展的内涵

（一）可持续发展思想

人类社会已经在经济增长与环境保护相背离的道路上走过了数百年的历史，而二者的背离又突出表现为人类在追求发展的过程中往往牺牲生态环境来换取经济增长，这种竭泽而渔的做法短期内可能会降低自然资源的恢复和自净能力，长期内则会导致环境恶化、资源枯竭等威胁人类生存的全球性问题。直到 20 世纪 80 年代，人类才开始用一种理性的思维冷却追求经济高速增长的热情，重新审视经济与环境的关系；与此同时，一股以“保护环境、崇尚自然”为宗旨的绿色浪潮也迅速在全球范围内掀起。

人类对经济及其环境影响的关系问题的探讨始于 20 世纪 70 年代。1972 年，罗马俱乐部出版了《增长的极限》一书，警示性地罗列了经济增长所引发的种种环境问题。同年，第一次人类环境会议在斯德哥尔摩举行。1980 年，国际自然与自然资源保护同盟在其制定的世界自然保护大纲中首次提出全新的可持续发展概念。1987 年，世界环境与发展委员会（WCED）出版了《我们共同的未来》一书，首次指出了以可持续发展原则来迎接人类面临的环境与发展问题的挑战。此后不久，世界资源研究所（WRI）、国际环境与发展研究所（IIED）联合声称：“可持续发展为我们的指导原则”。世界银行也在其指南中强调将可持续发展作为开发资助的首选目标。1992 年里约热内卢环境与发展大会上通过了《里约宣言》、《21 世纪议程》等重要文件，签署了《生物多样性公约》，体现了人类社会可持续发展的新思想。中国政府最近制定通过的《中国 21 世纪议程纲要》是中国的可持续发展战略。

《我们共同的未来》一书首次赋予可持续发展完整的含义："既满足当代人的需要，又不损害后代人满足其需要的能力的发展"，并且包含三重含义。

1）满足需要，尤其是世界上贫穷人民的基本需要。对发展中国家来说，可持续发展首先要求实现长期稳定的经济增长并改善增长的质量。

2）"限制"。不可更新资源的数量、可更新资源的承载力和自然环境的容量都是有限的，而人类的社会组织和技术水平会延缓或加剧这种限制。

3）"平等"。可持续发展在很大程度上是资源分配问题，要求在各代人之间和同代人之间实现社会公平。

国际学术界一般认为，可持续性包括生态、经济、社会三个方面。生态可持续性指维持健康的自然过程，保护生态系统的生产力和功能，维护自然资源基础和环境；经济可持续性指保证稳定的增长，尤其是迅速提高发展中国家的人均收入，同时用经济手段管理资源和环境，使仍为经济外在因素的环境与资源内在化；社会可持续性指长期满足社会的基本需要，保证资源与收入的公平（包括代间和代内）分配。

材料阅读

我们共同的未来

《我们共同的未来》是世界环境与发展委员会关于人类未来的报告。1987 年 2 月，在日本东京召开的第八次世界环境与发展委员会上通过，后又经第 42 届联大辩论通过，于 1987 年 4 月正式出版。报告以"持续发展"为基本纲领，以丰富的资料论述了当今世界环境与发展方面存在的问题，提出了处理这些问题的具体的和现实的行动建议。报告的指导思想是积极的，对各国政府和人民的政策选择具有重要的参考价值。中译本于 1989 年出版。

本书分为三个部分："共同的关切""共同的挑战""共同的努力"。报告将注意力集中于人口、粮食、物种和遗传、资源、能源、工业和人类居住等方面。提出了"可持续发展"的概念。

联合国于 1972 年在瑞典斯德哥尔摩召开了"人类与环境会议"。这次大会成立了由挪威首相布伦特兰夫人为首的"世界环境与发展委员会"，对世界面临的问题及应采取的战略进行研究。1987 年，"世界环境与发展委员会"发表了影响全球的题为《我们共同的未来》的报告，它分为"共同的问题"、"共同的挑战"和"共同的努力"三大部分。在集中分析了全球人口、粮食、物种和遗传资源、能源、工业和人类居住等方面的情况，并系统探讨了人类面临的一系列重大经济、社会和环境问题之后，这份报告鲜明地提出了三个观点：

（1）环境危机、能源危机和发展危机不能分割。

（2）地球的资源和能源远不能满足人类发展的需要。

（3）必须为当代人和下代人的利益改变发展模式。

在此基础上报告提出了"可持续发展"的概念。报告深刻指出，在过去，我们关心的是经济发展对生态环境带来的影响；而现在，我们正迫切地感到生态的压力对经济发展所带来的重大影响。因此，我们需要有一条新的发展道路，这条道路不是一条仅能在若干年内、在若干地方支持人类进步的道路，而是一直到遥远的未来都能支持全球人类进步的道路。这一鲜明、创新的科学观点，把人们从单纯考虑环境保护引导到把环境保护与人类发展切实结合起来，实现了人类有关环境与发展思想的重要飞跃。

（二）旅游业可持续发展的内涵

由于“旅游业是一个资源产业，一个依靠自然禀赋和社会遗赠的产业”（Murphy，1985），自然资源和人文资源共同构成吸引旅游者的最根本的力量，并经由旅游经营商整合进旅游产品，向目标客源市场投放，资源因之成为出售对象的组成部分。因此，保持优良的生态环境和人文环境是旅游业赖以生存和发展的重要根基。

然而，由于旅游业“起飞”速度较快，在短短的几十年时间内就一跃成为全球产值较大、吸纳就业人数较多的产业类型，因而对人类经济和思维方式的冲击过于迅猛，致使人们无暇思考发展旅游业的方法论问题。在实践中就表现为受趋利动机驱使，将旅游业发展简单化为数量型增长和外延的扩大再生产，如对资源的掠夺性开发，对旅游景区的粗放式管理，旅游设施的病态膨胀，等等，从而导致环境美学价值损蚀、环境宁静度和舒适度降低等旅游破坏的产生。由于旅游流在时空上相对集中（表现为旅游旺季和旅游热点、热线），旅游破坏因之具有明显的集聚和堆积特征，加上污染源由多方面共同构成，因而“先污染后治理”的事后行为难以奏效，进而引起旅游破坏的恶性循环，西方学者称之为“旅游摧毁旅游”现象。

综上所述，尽管《我们共同的未来》一书没有提及旅游业和旅游资源，但无论是从旅游业对自然禀赋和社会遗赠的依赖还是从旅游破坏的产生来看，都说明旅游业是最需要贯彻也最能体现可持续发展基本思想的领域之一，因而应该成为积极倡导可持续发展的产业。Sadler（1988）认为，由于在许多情况下，旅游业取决于对自然环境及以其自身生存为目的的自然作用的维持，因而是一项应该运用可持续发展概念的活动。

所谓旅游业可持续发展，简言之就是在保持和增进未来发展机会的同时，满足旅游者和旅游地居民当前的各种需要，其实质是要求旅游与自然、文化和人类的生存环境成为一个整体，以协调和平衡彼此间关系，在全球范围内实现经济发展目标与社会发展目标的统一。就目前西方旅游学者对旅游业可持续发展的理解来看，虽然有一定分歧，但却大体都包含有上述思想。

（三）旅游业可持续发展的局限性

在学术界，旅游业可持续发展思想所引来的非议与日俱增，对可持续发展在整个旅游业中所能起到的作用进行评价又成为争议的焦点。多数学者认为，可持续发展的微观（如单个旅游项目）价值大于宏观（整个国家或地区旅游业）价值，例如，Wheeler（1991）指出，由于旅游者人次不断增长以及旅游者流动（由大众旅游向大型旅游方向发展）等问题不断加剧，可持续发展在旅游业中的作用不能不引起人们的质疑，不过，Wheeler 也承认，就单个旅游项目而言，旅游业可持续发展观念似乎有着其潜在的重要性：“我们所见到的充其量是一些小规模的‘成功’范例……（它们是）解决宏观问题的微观途径”，因为只有“微观层次上的旅游业才能施以合理规划，而在宏观层次上，由于任务的规模性和复杂性，旅游业就显得笨重，不可控和不可规划了”；Jones（1992）对可持续发展在整个旅游业中所能扮演的角色亦持怀疑态度，她认为，只有微观层次上的可持续旅游发展才可以提供一些“线索和方法……在大众旅游开发和管理过程中可用来为政策和实践提供信息和建议”。作者认为，可持续发展是旅游业的总体目标，但总体目标的实现，又直接（或只能）依赖于微观尺度上的规划和控制，以及各个旅游企业和游客的环境友好行为。因此，可持续发展既有其宏观价值又有微观价值。但首先，直接地体现在微观价值上，当微观价值在量上积累到一定程度时便自动实现了宏观价值。

在实业界，推广可持续发展首先会受到旅游业自身某些属性的制约，这主要表现在以下几个方面。

1）某些旅游活动具有无形性。在城镇地区，旅游系统往往和其他领域如商业，文体等交织在一起；在乡村地区，旅游开发和建筑集群相距甚远，例如，严格遵循环境伦理的乡村旅游开发不会在生态环境中留下任何破坏性痕迹，游客“只留下几串脚印，带走几张照片”，以人类不曾涉足的处女地带为活动背景的冒险旅游就是如此，其产品完全凭游客的感受去消费。因此，在这种无形的旅游活动面前，旅游可持续发展几乎无从入手，因而可能成为一纸空文。

2）旅游业是一个高度复合型产业，但缺少一个明确的、实力强大的产业领袖。如澳大利亚旅游业由4000独立的小型企业组成，因此，推广可持续旅游成为众矢之的；特别容易遭受来自激进派等绝对保护主义者的抵制。如划定“非进入地带”或自然保护区，严禁旅游活动进入；偏远地区的可持续旅游开发更是首当其冲。

3）在可持续旅游的推广过程中，还会遇到一些方法、途径和措施等具体操作方面的问题。以我国盛行的“分流法”为例：一些环境破坏较为严重的老旅游地为重振雄风，实现可持续发展，普遍采取“扩散负荷，扩散拥挤”的方法，以错开旅游需求因之调节旅游流强度作为解决现有环境问题的途径。有学者认为“解决大区域内旅游超载的问题，只有扩大供给，即建设新的旅游地”，“如果景区容量仍有扩大的潜力，则应尽快予以扩建”（楚义芳，1989）。然而，可持续旅游“防胜于治”，“治胜于移置”等基本思想表明，一旦存在环境问题，只能通过资源管理就地解决，不可以将之再次移置它地，Bulter（1993）将这种“一旦出现问题就撒手不管，并向其他地区挺进”的作法称为“拓荒思想的遗迹”，Smith 和 Jenner（1989）也认为，解决问题的真正途径不是建造一个新型旅游地而在于解决导致现有旅游地问题产生的生态失衡问题，因为如果新旅游地依旧管理不善，破坏行为放纵不羁，亦会遭致同样的命运。

二、可持续发展的内容和旅游业可持续发展原则

（一）可持续发展的主要内容

在具体内容方面，可持续发展涉及可持续经济、可持续生态和可持续社会三方面的协调统一，要求人类在发展中讲究经济效率、关注生态和谐和追求社会公平，最终达到人的全面发展。这表明，可持续发展虽然缘起于环境保护问题，但作为一个指导人类走向21世纪的发展理论，它已经超越了单纯的环境保护。它将环境问题与发展问题有机地结合起来，已经成为一个有关社会经济发展的全面性战略。具体地说：

1. 在经济可持续发展方面

可持续发展鼓励经济增长而不是以环境保护为名取消经济增长，因为经济发展是国家

实力和社会财富的基础。但可持续发展不仅重视经济增长的数量，更追求经济发展的质量。可持续发展要求改变传统的以“高投入、高消耗、高污染”为特征的生产模式和消费模式，实施清洁生产和文明消费，以提高经济活动中的效益、节约资源和减少废物。从某种角度上，可以说集约型的经济增长方式就是可持续发展在经济方面的体现。

2. 在生态可持续发展方面

可持续发展要求经济建设和社会发展要与自然承载能力相协调。发展的同时必须保护和改善地球生态环境，保证以可持续的方式使用自然资源和环境成本，使人类的发展控制在地球承载能力之内。因此，可持续发展强调了发展是有限制的，没有限制就没有发展的持续。生态可持续发展同样强调环境保护，但不同于以往将环境保护与社会发展对立的做法，可持续发展要求通过转变发展模式，从人类发展的源头、从根本上解决环境问题。

3. 在社会可持续发展方面

可持续发展强调社会公平是环境保护得以实现的机制和目标。可持续发展指出世界各国的发展阶段可以不同，发展的具体目标也各不相同，但发展的本质应包括改善人类生活质量，提高人类健康水平，创造一个保障人们平等、自由、教育、人权和免受暴力的社会环境。这就是说，在人类可持续发展系统中，经济可持续是基础，生态可持续是条件，社会可持续才是目的。下一世纪人类应该共同追求的是以人为本的自然—经济—社会复合系统的持续、稳定、健康发展。

作为一个具有强大综合性和交叉性的研究领域，可持续发展涉及到众多的学科，可以有不同重点的展开。例如，生态学家着重从自然方面把握可持续发展，理解可持续发展是不超越环境系统更新能力的人类社会的发展；经济学家着重从经济方面把握可持续发展，理解可持续发展是在保持自然资源质量和其持久供应能力的前提下，使经济增长的净利益增加到最大限度；社会学家从社会角度把握可持续发展，理解可持续发展是在不超出维持生态系统涵容能力的情况下，尽可能地改善人类的生活品质；科技工作者则更多地从技术角度把握可持续发展，把可持续发展理解为是建立极少产生废料和污染物的绿色工艺或技术系统。

（二）旅游业可持续发展的基本原则

1. 满足需要原则

发展旅游业首先是通过适度利用环境资源，实现经济创收，满足东道社区的基本需要，改善东道居民生活水平，在此基础上，再满足旅游者（包括部分东道居民）对更高生活质量的渴望（如获取更多的度假机会），满足其发展与享乐等高层次需要。在发展中国家，由于人类基本需要尚未得到完全满足，因而发展旅游业有别于发达国家经济与文化并重的情形，首先应体现为经济增长取向，把旅游业当作经济特性第一、文化特性第二的行业来加以扶持和培育。正如 Munt（1992）在谈到发展中国家旅游业可持续发展时所言，发展中国家政府在考虑可持续性时，始终首先将之视为一个能保证“可持续”财富增长的概念。在我国，“国家对旅游业的战略要求是多创汇，多回笼货币。同时，中国旅游业在整个国民经济中的地位，也主要取决于为国家创汇的数量”。

2. 环境限制原则

资源满足人类目前和未来需要的能力是有限的，这种限制体现在旅游业中就是旅游环境承载力，即一定时期，一定条件下某地区环境所能承受的人类活动作用的阈值。它是旅游环境系统本身具有的自我调节功能的度量，而可持续旅游的首要标志是旅游开发与环境的协调，因此，作为旅游环境系统与旅游开发中间环节的环境承载力，应当成为判断旅游业是否能够可持续发展的一个重要指标，成为将旅游业可持续发展空间范围由全球转向微尺度的"转换器"。

虽然可持续旅游还取决于其他指标，如旅游者的感受、东道社区经济与居民生活是否得以改善、资源环境的贡献与消耗之比是否最优，但从更深层次上讲，这些指标又都直接或间接受环境承载力所支配。由此可见，只有寻得承载力的一个最优值域并将旅游开发控制在这一范围之内，才能保证环境系统自我调节功能的正常发挥，进而实现可持续旅游。对于可再生资源（如动植物），必须保证其利用（如生态旅游中的赏鸟旅游纪念品的制作）与该资源的"可持续生产"一致，否则会使该物种濒临灭绝，例如，以植物为原材料的旅游纪念品不能超过该物种的"可持续生产"；对于不可再生资源，可持续旅游业与其他产业一样，强调资源的节约利用、再利用和再循环。

3. 平等原则

（1）同代人之间的社会平等

可持续旅游发展必须重视东道社区对旅游者感受所作的贡献，东道居民有权参与本地旅游开发的有关决策，就其所期盼的社区类型出策献计，并分享发展旅游业所带来的收益。而在发展中国家，由于跨国旅游企业大肆渗透，旅游收入受损严重，东道社区在承担旅游业大量外部不经济效应（如拥挤、污染等）的同时，却不能相应分享旅游收入，即便在东道社区内，也很难实现真正的平等。例如，Madrigal（1994）认为"旅游开发通常只能让一部分居民受益"。Ryan 和 Montgomery（1994）指出社区内部对经济收益的不同感受"一般可被概括为'是他人受益，而非我'"。因而，如何保证同代人之间的平等是发展中国家推广可持续旅游的首要问题之一。

（2）不同代人之间的平等

旅游业可持续发展重视环境资源的非利用或"隐藏"价值（例如，Pigram 认为隐藏价值应由存在价值、选择价值、遗赠价值组成），因而旅游业必采取"安全的最小标准"发展模式，加强资源管理，尽可能降低由环境的不可逆转性变化所导致的未来各代人拥有隐藏价值的损蚀风险，从而实现不同代人间的平等。

因此，如何在为当代人创造收入和保护未来各代人的生财资产之间寻求中道，便成为可持续旅游发展的实质性问题。Pigram 基于此，认为可持续旅游发展代表一条步履维艰的道路，因而必须从环境可接受性角度，谨慎地考虑旅游开发的积极性和意愿。

三、旅游持续发展与生态旅游

这些年来旅游产业飞速发展，根据世界旅游组织（World Tourism Organization，WTO）统计，全球旅游产业以每年4%的速度成长，仅1997年一年全球就大约有6亿人次的旅游者，旅游消费额高达4250亿美元，其中自然取向的旅游方式更以每年10%～30%的速度快速飙长。今天，生态旅游的概念迅速普及全球，其内涵也得到了不断的充实，针对目前生存环境的不断恶化的状况，旅游业从生态旅游要点之一出发，将生态旅游定义为“回归大自然旅游”和“绿色旅游”；针对现在旅游业发展中出现的种种环境问题，将生态旅游定义为“保护旅游”和“可持续发展旅游”。同时，世界各国根据各自的国情，开展生态旅游，形成各具特色的生态旅游。

生态旅游的产生有其深刻的社会背景。

首先，生态旅游的产生是人类文明进步的产物。伴随着社会进步和高新科学技术的飞速发展，人们的生活方式和工作方式不断发生变化，特别是都市生活的快节奏和高强度的工作模式，使越来越多的都市人群追求异质的生态环境和更多的关注自身的生活质量，“回归大自然”逐渐成为一种潮流，因此，生态旅游是人类文明进步程度的体现，只有旅游业发展到一定的阶段才促使人类产生更高尚、更远大、更富刺激性的旅游动机。

其次，生态旅游的产生是大自然生态环境保护的急切需要。在全人类面临生存的环境危机的大背景下，随着环境问题的日益突出，人们对天然无污染的良好生态环境的渴求越来越强烈，“返璞归真”的自然享受是每一个人的向往，绿色运动及绿色消费席卷全球，生态旅游作为绿色消费的代表，一经提出便在全球引起巨大反响，受到各个国家和地区人民的喜爱。

再次，探新求异是人类需求动机的本质特点。人类与生俱来的“好奇心”是人类不断进步，不断提高对未知领域探索力度的原动力。这一点同样体现在在旅游的发展历程上，求奇求异的心态促使旅游者不断向未到达的国家和地区迈进，了解不同文化背景，体验异域风情，考察不同社会制度等，这就构成人们外出旅游的主要动机，同样也是“生态旅游热”的内在驱动力。

最后，生态学的发展为生态旅游的发展提供了理论依据。

在此大背景下，生态旅游应运而生。“生态的旅游”最早由贺兹特（Hetzer，1965）提出，即提倡对当地文化与环境最小冲击下，追求最大经济效益与游客最大满足的旅游活动，他认为“负责任的旅游”、“替选旅游”应包括以下几方面。

1）对环境影响最小。

2）对当地文化最大的尊重。

3）让当地居民得到最大实惠。

4）让旅游活动参与者得到最大限度的满意。

“生态旅游”（Ecotourism）一词最早是由加拿大学者克劳德·莫林（Claude Moulin）在其论文《有当地居民与社团参与的生态与文化旅游规划》中首次提出的，国际自然保护联盟（IUCN）特别顾问、墨西哥旅游专家谢贝洛斯·拉斯喀瑞 1983 年正式在文献使用“生态旅游”一词。1990 成立的生态旅游学会与国际自然保育联盟（IUCN），提出一种兼顾自然保育与游憩发展的旅游活动——生态旅游。

世界范围的生态旅游活动兴起于 20 世纪 70 年代。一般认为生态旅游首先在较落后的发展中国家兴起，如东非的肯尼亚和中美洲的哥斯达黎加等国。随即，作为一种新兴的、环保的旅游方式，受到各国的认同，美国、欧洲、日本、澳大利亚、新西兰等经济发达国家和地区，也都根据各自的生态环境特点，开发了生态旅游产品。

生态旅游是在以生态学和可持续发展理论为指导，在不破坏旅游目的地生态系统平衡的前提下，以体验异质生态环境（狭义指自然生态环境，广义指自然生态和人文生态双重环境）为主要目的的，与环境最适宜的一种新的独特的旅游发展模式。

第三节　世界文化与自然遗产

一、世界文化与自然遗产概述

世界遗产是指被联合国教科文组织和世界遗产委员会确认的人类罕见的、目前无法替代的财富，是全人类公认的具有突出意义和普遍价值的文物古迹及自然景观。

图 10－4　世界遗产标志

狭义的世界遗产包括“世界文化遗产”、“世界自然遗产”、“世界文化与自然遗产”和“文化景观”四类。广义的世界遗产，根据形态和性质，可分为文化遗产、自然遗产、文化和自然双重遗产、记忆遗产、人类口述和非物质遗产（简称非物质文化遗产）、文化景观遗产。

截至 2010 年第 34 届世界遗产大会结束时，《世界遗产名录》收录的全球世界遗产总数已增至 911 处。根据最新统计，目前，全球共有 704 处世界自然遗产、180 处世界文化遗产、27 处自然与文化双遗产。

（一）世界遗产发展梗概

1959 年，埃及政府打算修建阿斯旺大坝，但可能会淹没尼罗河河谷里的珍贵古迹。1960 年联合国教科文组织发起了“努比亚行动计划”，50 多个国家集资 4000 万美元，成功地保护了这些世界遗产。阿布辛贝神殿和菲莱神殿等古迹被仔细地分解，然后运到高地，再一块块地重新组装起来。之后，联合国教科文组织联合国际古迹遗址理事会起草了保护世界遗产的协定。

1972 年，联合国教科文组织在巴黎通过《保护世界文化和自然遗产公约》，是参与国家最多的公约。

1973 年，美国最先加入公约组织，到现在有大约 180 个国家加入。

1977 年，联合国教科文组织世界遗产委员会正式召开会议，评审世界文化遗产。世界文化遗产包括：① 文物；② 建筑群；③ 遗址。世界自然遗产包括：① 地质和生物结构的自然面貌；② 濒危动植物生态区；③ 天然名胜。

1992 年，联合国教科文组织世界遗产委员会第 16 届会议提出把“文化景观遗产”纳入《世界遗产目录》中，专门代表《保护世界文化与遗产公约》第一条表述的自然与人类的共同作品。文化景观遗产包括：① 园林和公园景观；② 有机进化的景观（人类历史演变的物证）；③ 关联性文化景观。

1992 年，联合国教科文组织启动一个世界文化遗产的延伸项目“世界记忆遗产”（也叫做“世界记忆工程”或者“世界档案遗产”），目的是抢救和保护文献记录，使人类的记忆更加完整。

1998 年联合国教科文组织通过决议设立“非物质文化（口头和非物质文化）遗产”评选，以便保护文化的多样性，激发创造力。这是跟《保护世界文化和自然遗产公约》保护物质文化遗产并列的项目，一般也被当作世界遗产的整体内容。

1998 年，奥地利塞默林铁路、1999 年印度大吉岭喜马拉雅铁路被列入世界遗产名录，延伸出一个具有旅游开发价值的“线性文化遗产”类型。

2002 年，联合国粮农组织、开发计划署和全球环境基金设立全球重要“农业文化遗产”项目。

2009 年，湿地国际联盟组织开展对国际湿地纳入世界遗产保护战略，设立“湿地遗产”项目。

（二）世界遗产的分类

世界遗产分为自然遗产、文化遗产、自然遗产与文化遗产混合体和文化景观。世界遗产具有明确的定义和供会员国提名及遗产委员会审批遵循的标准。

1. 文化遗产

文物：从历史、艺术或科学角度看，具有突出、普遍价值的建筑物、雕刻和绘画，具有考古意义的成分或结构、铭文、洞穴、住区及各类文物的综合体。

建筑群：从历史、艺术或科学角度看，因其建筑的形式、同一性及其在景观中的地位，具有突出、普遍价值的单独或相互联系的建筑群。

遗址：从历史、美学、人种学或人类学角度看，具有突出、普遍价值的人造工程或人与自然的共同杰作以及考古遗址地带。

其标准如下：

1）代表一种独特的艺术成就，一种创造性的天才杰作。

2）能在一定时期内或世界某一文化区域内，对建筑艺术、纪念物艺术、规划或景观设计方面的发展产生过重大影问。

3）能为一种已消逝的文明或文化传统提供一种独特的或至少是特殊的见证。

4）可作为一种建筑或建筑群或景观的杰出范例，展示人类历史上一个（或几个）重要阶段。

5）可作为传统的人类居住地或使用地的杰出范例，代表一种（或几种）文化，尤其在不可逆转之变化的影响下变得易于损坏。

6）与具有特殊普遍意义的事件或现行传统或思想或信仰或文学艺术作品有直接和实质的联系（委员会认为，只有在某些特殊情况下或该项标准与其他标准一起作用时，此款才能成为列入《名录》的理由）。

2. 自然遗产

从美学或科学角度看，具有突出、普遍价值的由地质和生物结构或这类结构群组成的自然面貌。

从科学或保护角度看，具有突出、普遍价值的地质和自然地理结构以及明确规定的濒危动植物物种生境区。

从科学、保护或自然美角度看，具有突出、普遍价值的天然名胜或明确划定的自然地带。

其标准如下：

1）构成代表地球现代化史中重要阶段的突出例证。

2）构成代表进行中的重要地质过程、生物演化过程以及人类与自然环境相互关系的突出例证。

3）独特、稀少或绝妙的自然现象、地貌或具有罕见自然美的地带。

4）尚存的珍稀或濒危动植物种的栖息地。

3. 文化景观

文化景观这一概念是1992年12月在美国圣菲召开的联合国教科文组织世界遗产委员会第16届会议时提出并纳入《世界遗产名录》中的。

这样一来，世界遗产即分为：自然遗产、文化遗产、自然遗产与文化遗产混合体（即双重遗产）和文化景观。文化景观代表《保护世界文化和自然遗产公约》第一条所表述的“自然与人类的共同作品”。一般来说，文化景观有以下类型：

1）由人类有意设计和建筑的景观。包括出于美学原因建造的园林和公园景观，它们经常（但并不总是）与宗教或其他概念性建筑物或建筑群有联系。

2）有机进化的景观。它产生于最初始的一种社会、经济、行政以及宗教需要、并通过与周围自然环境的相联系或相适应而发展到目前的形式。它又包括两种次类别：一是残遗物（化石）景观，代表一种过去某段时间已经完结的进化过程，不管是突发的或是渐进的。它们之所以具有突出、普遍价值，就在于显著特点依然体现在实物上。二是持续性景观，它在当地与传统生活方式相联系的社会中，保持一种积极的社会作用，而且其自身演变过程仍在进行之中，同时又展示了历史上其演变发展的物证。

3）关联性文化景观。这类景观列入《世界遗产名录》，以与自然因素、强烈的宗教、艺术或文化相联系为特征，而不是以文化物证为特征。此外，列入《世界遗产名录》的古迹遗址、自然景观一旦受到某种严重威胁，经过世界遗产委员会调查和审议，可列入《处于危险之中的世界遗产名录》，以待采取紧急抢救措施。

4. 其他形式的世界遗产

（1）线性遗产

线性遗产是指在拥有特殊文化资源集合的线形或带状区域内的物质和非物质的文化遗产族群，运河、道路以及铁路线等都是其重要表现形式。

1）世界线性遗产：塞默林铁路（奥地利）、大吉岭喜马拉雅铁路（印度）。

2）中国的线性遗产：京杭大运河、丝绸之路、徽商兴起路线、长征。

（2）人类口述和非物质遗产

人类口述和非物质遗产（非物质文化遗产）又称无形遗产，是相对于有形遗产，即可传承的物质遗产而言的概念，是指各民族人民世代相承的、与群众生活密切相关的各种传统文化表现形式（如民俗活动、表演艺术、传统知识和技能，以及与之相关的器具、实物、手工制品等）和文化空间。

2003年10月通过的《保护非物质文化遗产国际公约》指出，非物质文化遗产应涵盖五个方面的项目：

1）口头传说和表述，包括作为非物质文化遗产媒介的语言。

2）表演艺术。

3）社会风俗、礼仪、节庆。

4）有关自然界和宇宙的知识和实践。

5）传统的手工艺技能。

《公约》并指出，非物质文化遗产概念中的非物质性的涵义，是与满足人们物质生活基本需求的物质生产相对而言的，是指以满足人们的精神生活需求为目的的精神生产这层涵义上的非物质性。所谓非物质性，并不是与物质绝缘，而是指其偏重于以非物质形态存在的精神领域的创造活动及其结晶。

目前，我国有国家级非物质文化遗产名录，申报联合国非物质文化遗产需先入国家级名录。

（3）世界记忆遗产

世界记忆遗产（Memory of the World）又称世界记忆工程或世界档案遗产，是联合国教科文组织于1992年启动的一个文献保护项目，其目的是对世界范围内正在逐渐老化、损毁、消失的文献记录，通过国际合作与使用最佳技术手段进行抢救，从而使人类的记忆更加完整。世界记忆遗产是世界文化遗产项目的延伸，世界文化遗产关注的是具有历史、美术、考古、科学或人类学研究价值的建筑物或遗址，而世界记忆遗产关注的则是文献遗产。

目前，我国入选《世界记忆遗产名录》的有纳西东巴古籍文献等4项。

《世界记忆遗产名录》收录具有世界意义的文献遗产，是世界遗产项目的延伸。

（4）世界农业遗产

从2002年起，联合国粮农组织联合国开发计划署和全球环境基金开始启动设立全球重要农业文化遗产项目。

按照粮农组织的解释，世界农业遗产属于世界文化遗产的一部分，在概念上等同于世界文化遗产，世界农业遗产保护项目将对全球重要的受到威胁的传统农业文化与技术遗产进行保护。世界农业文化遗产不仅是杰出的景观，对于保存具有全球重要意义的农业生物多样性、维持可恢复生态系统和传承高价值传统知识和文化活动也具有重要作用。

（5）世界湿地遗产

国际湿地是世界遗产的一部分，2009年，湿地国际联盟组织正式开展了对国际湿地纳入世界遗产保护战略的范畴。目前已经在中国计划开展湿地世界遗产评估的项目有青海湖、洞庭湖、泸沽湖等湿地。

材料阅读

泸沽湖湿地

位于云南省宁蒗县与四川省盐源县交界处的泸沽湖，像一颗晶莹的宝石，闪耀在滇西北高原的万山丛中。那美妙绝伦的湖光山色，那世界罕见的有着若干母系氏族公社特点的民族风情，给这翡翠般的世界蒙上了一层古老而神秘的面纱。

泸沽湖，海拔约2700米，是由断层陷落而形成的高原湖泊，面积约50余平方公里。湖水平均深度约40米，最深处达73米，在云南省的湖泊中，深度仅次于抚仙湖，居第二位。整个湖泊状若马蹄，南北长而东西窄。这里地处偏僻，交通不便，自然环境破坏较小，水质纯净。晨曦初露，湖水如染，一片金红；朝阳徐徐上升，则为翠绿；待夕阳西下，又成一片墨绿。风静时，平滑若镜，积万顷碧玉；微风起处，波光粼粼。湖泊周围山峦起伏，东北，峭拔壁立的肖家火山，海拔3787米；西北，状若雄狮蹲踞的格姆山海拔3755米。湖东，有条山梁蜿蜒而下直插湖心，似条苍龙俯卧湖中汲饮甘泉，形成泸沽湖上一个美丽的半岛，它几乎将广阔的湖面一分为二；半岛尖端与对岸相距仅2公里，成为湖面最狭窄的地方。沿湖村庄错落有致，田地丰饶，稻谷、玉米、燕麦、荞相间，似给泸沽湖镶上了一条五彩花边，泸沽湖成了高原的鱼米之乡。

图10－5 泸沽湖湿地

泸沽湖四周森林茂密，空气清新，由于人烟稀少，是目前全国范围内遭受人为破坏最轻、自然生态保护得最好的地方之一（见图10－5）。由于无污染，泸沽湖水清澈透明，水质略甜，四周风景如诗如画，秀丽迷人。湖内有鲤鱼、细鳞鱼、泸沽裂腹鱼等。

（三）世界遗产的评定

世界遗产的评定标准主要依据《保护世界文化和自然遗产公约》第一、第二条规定。遗产项目要列入《世界遗产名录》，必须经过严格的考核和审批程序。

每年举行一次的世界遗产委员会会议将对申请列入名单的遗产项目进行审批，其主要依据是该委员会此前委托有关专家对各国提名的遗产遗址进行实地考察而提出的评价报告。

对各国提名的遗产遗址考察，主要由该委员会会同国际古迹遗址理事会（ICOMOS）和世界保护联盟（IUCN）组织专家进行。前者总部设在巴黎，成立于1965年，是国际上唯一从事文化遗产保护理论、方法、科学技术的运用与推广的非政府国际机构，有80多个国家会员和4500多名个人会员；后者总部设在瑞士日内瓦，成立于1948年，原名国际自然及自然资源保护联盟，宗旨是促进和鼓励人类对自然资源的保护与永久利用，成员包括分布在120个国家的富方机构、民间团体、科研和保护机构。两者受世界遗产委员会委托，分别对提名列入《名录》的文化和自然遗产地进行考察并提交评价报告。

二、中国的世界文化与自然遗产

自1987年至2010年7月，中国先后被批准列入《世界遗产名录》的世界遗产已达40处。其中文化遗产26项，自然遗产8项，文化和自然双重遗产4项，文化景观2项。

联合国教科文组织世界遗产委员会正式批准我国申请列入“世界遗产名录”的遗产名录见表10－1。

表10－1 中国世界遗产名录

地域名称	批准时间	遗产种类
长城	1987年12月	文化遗产
明清皇宫（北京故宫、沈阳故宫）	1987年12月	文化遗产
陕西秦始皇陵及兵马俑	1987年12月	文化遗产
甘肃敦煌莫高窟	1987年12月	文化遗产

续表

地域名称	批准时间	遗产种类
北京周口店北京猿人遗址	1987 年 12 月	文化遗产
山东泰山	1987 年 12 月	文化与自然双重遗产
安徽黄山	1990 年 12 月	文化与自然双重遗产
湖南武陵源国家级名胜区	1992 年 12 月	自然遗产
四川九寨沟国家级名胜区	1992 年 12 月	自然遗产
四川黄龙国家级名胜区	1992 年 12 月	自然遗产
西藏布达拉宫	1994 年 12 月	文化遗产
河北承德避暑山庄及周围寺庙	1994 年 12 月	文化遗产
山东曲阜的孔庙、孔府及孔林	1994 年 12 月	文化遗产
湖北武当山古建筑群	1994 年 12 月	文化遗产
江西庐山风景名胜区	1996 年 12 月	文化景观
四川峨眉山—乐山风景名胜区	1996 年 12 月	文化与自然双重遗产
云南丽江古城	1997 年 12 月	文化遗产
山西平遥古城	1997 年 12 月	文化遗产
江苏苏州古典园林	1997 年 12 月	文化遗产
北京颐和园	1998 年 11 月	文化遗产
北京天坛	1998 年 11 月	文化遗产
重庆大足石刻	1999 年 12 月	文化遗产
福建武夷山	1999 年 12 月	文化与自然双重遗产
四川青城山和都江堰	2000 年 11 月	文化遗产
河南洛阳龙门石窟	2000 年 11 月	文化遗产
明清皇家陵寝：明显陵（湖北钟祥市）、清东陵（河北遵化市）、清西陵（河北易县）、盛京三陵	2000 年 11 月	文化遗产
安徽古村落：西递、宏村	2000 年 11 月	文化遗产
山西大同云冈石窟	2001 年 12 月	文化遗产
云南三江并流	2003 年 7 月	自然遗产
高句丽王城、王陵及贵族墓葬	2004 年 7 月	文化遗产
澳门历史城区	2005 年 7 月	文化遗产
四川大熊猫栖息地	2006 年 7 月	自然遗产
安阳殷墟	2006 年 7 月	文化遗产
中国南方喀斯特	2007 年 6 月	自然遗产
开平碉楼与村落	2007 年 6 月	文化遗产
福建土楼	2008 年 7 月	文化遗产

续表

地域名称	批准时间	遗产种类
江西三清山	2008 年 7 月	自然遗产
山西五台山	2009 年 6 月	文化景观
登封“天地之中”历史建筑群	2010 年 7 月	文化遗产
中国丹霞	2010 年 8 月	自然遗产

材料阅读

三江并流

三江并流是指金沙江、澜沧江、怒江并肩在崇山峻岭中奔流。三江并流位于滇西北青藏高原南延的横断山脉纵谷地区，包括怒江州、迪庆州、丽江地区、大理州的部分地区。三江并流共同孕育了数千年的“江边文化”。

景区有怒江、独龙江、澜沧江、金沙江等 3 个风景片区、8 个中心景区、60 多个风景区（点），面积 3500 多平方公里。三条大江在滇西北横断山脉纵谷地区并流数百公里，三江相间最近处直线距离 66.3 公里，其中怒江、澜沧江最近处只有 18.6 公里的怒山相隔。景观主要有：奇特的“三江”并流，雄伟的高山雪峰，险要的峡谷险滩，秀丽的林海雪原，幽静的冰蚀湖泊，少见的板块碰撞，广阔的雪山花甸，丰富的珍稀动植物，壮丽的白水台，独特的民族风情，构成了雄、险、秀、奇、幽、奥、叹诸特色，是云南省面积最大，景观最丰富、民族风情多姿多彩，极令人神往但尚示未开发的一个景区。它是联合国教科文组织指名调查，经国务院 1988 年批准，定为国家第二批重点风景名胜区。

图 10－6　三江并流

由于三江并流地区特殊的地质构造，欧亚大陆最集中的生物多样性、丰富的人文资源、美丽神奇的自然景观使该地区成为唯一的、独特的世界奇观。

知识归纳

中国作为世界上旅游资源最丰富、旅游活动开展较早的国家，现代旅游业已经成为我国经济中的一大产业。在我国旅游业迅猛发展的同时，旅游资源破坏、旅游区环境质量下降的问题也日益突出，为使旅游业持续、健康、协调发展，各地政府部门和各旅游企事业单位要通过发动社会公众力量，实施全方位的可持续化管理，从而促使我国旅游业在生态持续性、经济持续性、社会持续性相协调的轨道上运行。

思考题

1. 旅游资源的开发的主要内容是什么？
2. 造成旅游环境破坏、环境质量下降的原因是什么？
3. 应该怎样保护旅游环境？
4. 历史文化遗产保护的方法与原则主要有哪些？
5. 旅游业可持续发展的内涵是什么？
6. 旅游业可持续发展的基本原则有哪些？
7. 我国的世界遗产非常丰富，同学们有没有去过或听说过？如果去过，讲述你的感受。

第十一章 中国旅游地理区划

教学目的和要求

（1）掌握旅游地理区划的概念、目的、任务以及原则。

（2）了解各种有关于中国旅游地理区划方案的简介。

（3）了解本书提出的中国旅游地理区划方案。

关键词

旅游地理区划；目的与任务；区划原则；区划方案

引子

在前面的章节中我们学习了中国旅游地理的概述和自然、人文旅游资源的相关介绍以及旅游资源的开发、保护与旅游业可持续发展等问题。但是在实际旅游活动中，单纯的旅游资源是无法吸引旅游者的，也无力支持旅游活动及行业的持续性进行与发展。要想圆满完成旅游活动中各个要素环节，需要对旅游地进行相应的区分与规划，以便于合理地对旅游资源进行开发、利用与保护，发展当地旅游事业。

阅读材料

湖北重庆三峡旅游合作开启新篇章

困扰长江三峡旅游多年的画地为牢、无序竞争状况，有望划上句点。昨日，鄂渝两地政府发表共同宣言，将以首次联手举办长江三峡国际旅游节等方式，开启三峡区域旅游合作的新篇章。

长江三峡是湖北、重庆共同拥有的一个国际性旅游景区，是我国重要的入境旅游目的地，也是我国吸引入境游客、参与国际市场竞争的拳头产品。

为结束纷争局面，2004 年，鄂渝两地首次联手，探索建立跨省区协作机制，打造无障碍旅游经济区。去年，省委书记罗清泉、省长李鸿忠率队赴渝，两地再度就打破藩篱，实现区域旅游合作发展达成一致。

根据宣言，每年分别在宜昌、重庆举行的长江三峡国际旅游节，将不再“各唱各的戏”，而是合办中国长江三峡国际旅游节。第一届明年 4 月举行，地点在重庆，今后由双方轮流确定举办地。

裹足不前的“共连旅游交通”，也将取得突破。双方昨日约定，打通省际公路通道，将两省景区串联成线。

根据协议，到2010年，双方将建成沪渝高速公路湖北恩施—利川—重庆石柱—忠县—垫江段，同时加快沪蓉、恩施至黔江、利川至万州、奉节至恩施4条高速通道建设。到2012年，新建成神农架至巫溪，巴东至巫山、建始至巫山碚石码头，恩施至奉节、利川至云阳、利川至奉节的公路。届时，我省的神农溪、朝阳观、梭布垭等景区，将分别与重庆的大宁河、神女峰、白帝城串联成线。

两地还首次就旅游设施建设对接达成一致：分别以鄂西生态文化旅游圈投资有限公司、重庆交旅集团为平台，完成各自境内重点景区的整合；在此基础上，再依托三峡总公司，以资产为纽带，进行跨省整合，共同推进干线铁路、支线机场、旅游港口码头建设。

双方还约定，整体营销，以"世界的长江、永远的三峡"为口号，共塑长江三峡国际旅游品牌形象。每年组织一次联合执法检查，联手打击不正当竞争和违法、违规旅游经营行为，共同维护区域旅游市场秩序。

（资料来源：中华人民共和国国家旅游局．2009-11-27）

第一节 中国旅游地理区划概述

中国疆域辽阔，地理与自然环境的差异使中国山川景物千差万别，而悠久的历史、众多民族又使各地人文环境互不相同，中国各行政区域经济发展状况、消费水平以及资源开发程度不一，这些因素都影响着现代旅游业的发展。通过中国旅游地理区域的划分，能更好地了解中国各地旅游资源的分布与利用状况，分析比较各旅游区域的特点和旅游业发展的条件，从而认识旅游资源开发的途径和发展前景。

一、旅游地理区划的目的与任务

（一）旅游区划的概念

中国巨大的经纬跨度和自然环境差异造就了千差万别的自然与人文旅游资源。中国的旅游资源种类繁多，千姿百态，历史悠久，内涵丰富，分布广泛，前景广阔。中国各个行政地区具有的旅游资源独具特色，客观上容易形成不同吸引力的旅游资源区域。旅游资源区域是客观存在的自然与人文地域综合体，是在旅游景观上具有相对一致性、相对集中性、区内联系密切性和区外相对差异显著性的旅游地域单元。一般所指的旅游区，是综合性的旅游区，即指含有若干共性特征的旅游景点与旅游接待设施组成的地线综合体，它不但包括旅游资源，也含有为旅游者实现旅游目的而不可缺少的各种基础设施。

旅游环境虽然随地而异，千差万别，然而从自然和人文两方面地理环境的大体性质来看，总可以分出若干相似性较大而差异性较小的地区。将相似性较大的地区合在一起，以示与其他地区的区别，也即按旅游条件的相似性和差异性加以划分，并按照划分所得的单位分别探讨其各自的旅游环境特征和作为一个旅游区的发展方向，这就是旅游区划的内容。

简单来说，旅游区划就是遵循一定的原则和方法，通过实地考察和综合分析，对客观存在的旅游资源区域进行的区域界定与划分。它是根据旅游资源形成条件、区域特色、数量种类、景观质量、开发方向等的相似性和差异性程度，对旅游地域进行逐级划分和归并，并通过旅游区划找出比较合理的旅游区界，确定各旅游区的性质、特征和地位，确定区内各级旅游经济中心，规划建设相应的旅游点与旅游地，统筹安排交通运输与接待服务设施，组织协调与管理旅游活动，促进区域旅游的发展，指出旅游区域的今后发展方向。

（二）旅游区划的目的和任务

旅游区划是制定区域旅游开发规划和旅游业合理布局的依据，对制定区域旅游发展战略有着重要的指导意义。

旅游区划的目的和任务在于确定各个旅游区的范围和界线，为我国和各地区发展旅游业打下科学的基础。旅游区划可以客观地了解各个旅游区的性质和特征，揭示旅游区的内在规律，充分认识中国旅游资源的区域特色与资源优势，以便因地制宜地开发利用各地的旅游资源，制订与实施中长期的旅游区域发展战略，发展相应的旅游业，建设风格各异的旅游区域，合理地组织既统一完整、又分工协作的全国旅游地域分工体系和网络，以便取得良好的经济、社会、生态效益，促进中国旅游业的可持续性发展。

知识拓展

旅游区划有不同的目的，从而有不同的类型。例如，从资源丰度和旅游资源的供给情况，可进行旅游资源区域分异，即旅游资源区划；按照影响旅游活动时令的节律性，可进行旅游气候区划；按照旅游者产生的地域不同，可进行旅游者产生区划；按照旅游者所感受到的旅游区域大小，可以进行旅游感应区划；按照旅游者从客源地到目的地的旅行模式，可以进行功能区划；按照旅游内容的时序性，可以进行现状旅游区划和远景旅游区划；按照旅游主体、客体和媒体三者之间的关系，可进行综合区划等。

旅游区域进行合理的划分，直接目的和任务就是要确定各个旅游区的范围和界线,，以及区内各级旅游经济中心。其根本目的和任务则是为了客观地了解各个旅游区的不同性质、特征、功能、地位以及优势。界定出不同的旅游资源区域对于了解我国旅游资源的实情，查明其区域的基本优势，揭示旅游区的内在规律，制定区域旅游发展战略规划，统一开发、利用与保护旅游资源，统一安排与管理旅游服务系统，统一进行旅游宣传与引导旅游者进行旅游消费活动，统筹兼顾行业内外经济部门的协调发展，共同促进与发展区域旅游经济，做到人与自然的和谐发展等方面更具现实的指导意义。

阅读材料

李白故里多地相争 争议升至中央

《静夜思》沉浸着李白的思乡之痛，但李白的故乡在何方呢？往事越千年，今天，四川江油、湖北安陆、甘肃天水、吉尔吉斯斯坦的托克马克市，纷纷自称是李白的故乡，点燃了李白故里争夺战。

特别是江油和安陆两地，干脆放弃了学术争鸣，当地政府赤膊上阵，文攻笔战，一个名人故里之争，上升到官方层面，这在国内极其罕见。

李白故里争夺战的导火索是湖北安陆的一则城市宣传片。2009年8月中旬，湖北安陆在央视4套投放城市宣传片，每天播出三次，宣传片内容是“李白故里，银杏之乡，湖北安陆欢迎您。”

8月21日，江油市委宣传部致函中央电视台、湖北省安陆市委宣传部，认为江油才是李白的故里，安陆涉嫌“侵权”，要求该宣传片停播。

8月24日，安陆市政府发专函给江油，希望两地能“共享李白”。

8月28日，江油市文化旅游局向安陆市政府发去律师函，希望对方在10日内，立即停播或删除含有“李白故里”字样的宣传广告片，并保留用法律手段进一步追索的权利。

这一举动，极大激怒了安陆市政府。同日，安陆市委宣传部副部长仰正林公开表态：安陆的宣传片主要为树立城市形象，不是商业行为，故侵权不成立。江油不该“独霸”李白故里。

两地市府的举动，至此彻底白热化，举国震动，央视4套暂停播出该广告。安陆市随即向国家工商总局发函咨询自己是否侵权。

9月15日，国家工商总局商标局给湖北省工商局发文批复，安陆使用“李白故里”不侵权。

而国家工商总局的批复，严重刺激了江油市政府。9月24日，江油市委常委、宣传部长方敏对媒体表示，全国只能够有一个且只有唯一一个“李白故里”，就是四川省江油市。如果国家工商总局的批复确实，江油方面严重质疑此批复的合理性，对此，江油方面将通过法律途径解决此事。

几乎与此同时，一件诡异的事情发生了。10月29日，吉尔吉斯斯坦驻中国大使馆商务参赞朱萨耶夫·古邦访问安陆，称李白故里在吉国的托克马克市，希望托克马克与安陆两个城市能够以李白为纽带，共同担负起弘扬李白文化的责任，并进一步拓展经济、贸易等方面的合作。

事实上，早在2008年10月，吉尔吉斯斯坦文化信息部部长拉耶夫就对中国媒体表示，中国唐朝最伟大的诗人李白的出生地碎叶城，就是吉尔吉斯斯坦境内的托克马克市，现在他们正与中方协商要为李白塑造一个纪念雕像，推动两国李白文化的经济合作。这次朱萨耶夫·古邦造访安陆，更是表明吉方已经认识到李白故里所蕴含的经济价值，力图分上一杯羹。随后，两地草签了一系列文化和经济的合作意向。

吉国插手李白故里之争，更让局面变得微妙起来。江油死守“唯一”原则，吉国托克马克市联合安陆，形成了颇似三国吴蜀结盟以抗曹魏的阵式。

2010年3月，甘肃籍学者雷达撰文，提出李白故里在甘肃天水秦安，当地随即举行了网友签名等活动，颇为热闹，但这些仅限于民间诉求。目前，甘肃天水以“伏羲——世界华人寻根祭祖圣地”为主体旅游品牌，还有一个麦积山景区，市政府正在全力推动麦积山景区跻身“丝绸之路世界遗产项目”。所以，该地旅游业发展的战略重点并不是李白，甘肃天水市政府态度也就始终含糊不清。

至此，围绕李白故里之争，两国四方架起八卦迷局，让人一头雾水。其中，尤其值得注意的是，江油和安陆兄弟阋墙，官方直接出面，甚至拉开一副“对簿公堂、水火不容”的架势，其背后很重要的原因是，考虑到之前两地围绕李白故里开发所投入的大规划、大资本和大项目，使得这一争夺成为两地谁也“输不起”的战斗，李白故里花落谁家，都是牵一发而动全身的事情。

先看江油，“李白故里、华夏诗城”是江油城市旅游形象的定位。其重点措施包括：加大政府投入力度，加快李白文化体系硬件建设步伐，以李白故居为核心，以城区李白纪念馆、大小匡山、戴天山、窦圌山、乾元山、佛爷洞为重点，打造“李白之旅”旅游线路，并在李白故居修建了360亩的太白碑林。

2003年，江油在国家工商总局把“李白故里”注册为商标，由此，江油认定自己是全国“唯一一个”李白故里。正是有了“唯一一个”做底气，江油启动了涉及李白故里的八大项目建设，总投资在7亿元以上。江油寄望通过李白故里撑起当地旅游产业的苦心可窥知一般，此时，安陆充当半路杀出的程咬金，江油之恼怒，可想而知。

而安陆敢于向江油公开叫板，根子亦在安陆当地经济发展的战略规划。安陆在其“十一五”规划中明确提出“把安陆初步建设成李白文化展示传播基地”，且规划背后同样有着大项目的身影——白兆山旅游风景区项目。

白兆山是李白“酒隐安陆、蹉跎十年”之地，该项目2002年启动，总面积804公顷。具体内容包括：接待别墅、唐诗园、诗碑林、桃花岩、仿古一条街、白兆寺、李白茶社等，总投资8000万元。按照规划，建成后，年接待收入2000万元，4年即可收回投资。该项目亦是安陆所在的湖北孝感地区投资最大的旅游发展项目。预计今年，白兆山年接待游客达到20万人次，旅游综合收入达到5000万元。

此外，安陆耗巨资在央视投入城市广告，以提升城市品牌。今年，安陆还乘势上马了“李白纪念馆续建工程项目”，将李白纪念馆扩建成集旅游游览、影视创作、休闲娱乐于一体的文化服务中心和研究李白的资料中心。总投资785万元。建成后，预计年销售收入1000万元，利润175万元。

于是，同打“李白牌”，都针对“李白故里”砸下大项目、大资金，都动用全市之力，大力发展李白文化旅游产业，这如同两颗行星，本来距离遥远，但因为轨道相交，则必然相撞，所以，江油和安陆两地围绕李白故里激烈的争夺乃是两地区域发展的必然结果。

（资料来源：裴钰· 李白故里：两国四方的博弈. 搜狐网2010-14-13）

二、旅游地理区划的原则

旅游区划的根本目的在于为旅游开发服务，这本身也是一项理论性、科学性、实践性很强的工作，而且同时它也是主观性很强的一项工作，不同的应用背景与不同的理解认识都会带来不同的旅游区划结果与行动后果。因此，为了保证旅游业健康、有序和持久地发展，就一定有必要明确对旅游资源进行区划的相关原则。

旅游区划的原则是进行区划的指导思想和依据。旅游区划有不同的目的，从而也导致出不同的类型。旅游区划原则服从旅游区划的目的和要求。不同类型的区划原则不尽相同，这里讨论的是综合性旅游区划的相关原则。

（一）地域性与特色性原则

旅游资源分区涉及自然、历史、文化、经济、政治等诸多因素，它与综合自然区划、综合经济区划有许多共同之处。因此，划分旅游资源区时，首先必须遵循一般地理区划的基本原则。从旅游资源的分布来看，具有明显的区域性特征，即不同的旅游资源具有其存在的特殊条件和相应的地理环境，区域性成为旅游资源最为本质的特征之一。它是旅游资源分区的基础和依据。要想准确地对旅游资源进行分区，必须真正地、科学地、完整地认识旅游资源的区域性。

我国地域辽阔，自然环境复杂多样，社会文化背景各地均具鲜明的特性，形成的旅游资源也具有区域色彩。广大的旅游地理环境和多种多样的旅游资源，受自然地理分异规律和人文历史发展规律的制约，表现出鲜明的区域特色，如北国风光、大漠飞沙、锦绣江南、名草原风情等，差异显著，各具特色，因地而异。地域性与特色性原则决定了旅游资源本身的存在和旅游流的存在。

（二）差异性与相似性原则

文化背景与旅游环境构成在各个旅游区之间应有的显著差异性，与在各个旅游区同内部应有的基本相似性是旅游区划最基本的出发点。正是由于不同区域的旅游资源之间存在差异性，才形成了旅游者的空间流动，从而产生旅游消费行为。

旅游资源相似性原则包括旅游资源成因的共同性、形态的类似性和发展方向的一致性三种含义。具体而言，指旅游资源类型相近者应划在同一旅游区内，或者说处于同一层次中的每一旅游区要保持各自主体旅游资源的相似性。

阅读材料

两地相争秦始皇立碑处　专家称急功近利后人耻笑

史料记载，2000 多年前，秦始皇用“秦篆”刻石记功颂德，一共 7 块，最后一块是踪迹难觅的《会稽刻石》。

“会稽刻石”是秦始皇巡游会稽（今绍兴）时，为了祭奠大禹，宣扬功德，而命丞相李斯手书铭文，刻石记功的石碑，后来被司马迁载入《史记》。另外 6 块刻石是山东省内的《峄山刻石》《泰山刻石》《琅琊台刻石》《芝罘刻石》《东观刻石》和河北省内的《碣石刻石》。

近来，诸暨市认定刻石的立碑处在诸暨枫桥镇鹅鼻山燕子岩头；而绍兴县则认为，立碑处是在绍兴县平水镇的鹅鼻山顶。两地政府都计划重立刻石碑。如果两地都立了碑，就将出现同一山脉有两块石碑遥遥相对的景象。

对此，有的专家认为：“这次查考立碑行动无疑会推动秦始皇碑研究的进一步深入。但是，我们更需要有科学的态度、严谨的论证，不然，急于求成或者急功近利，只会给后人留下遗憾和笑柄。”

“在没有得出一个比较统一的结论之前，不如暂时保持有文无碑的现状。”一位越文化研究者说。

中国秦文化研究会秘书长戴树表示，了解和重立秦始皇会稽刻石碑，意在重新挖掘和利用会稽刻石碑的文史价值和现实意义；究竟原碑址是在会稽山脉哪个山头，在没有翔实史料能充分论证的情况下，争论并无多大实际意义。各方应该携手合作，尽力将秦始皇会稽刻石碑的价值发掘出来，让后人共享，而不是画地为牢。

（资料来源：搜狐网. 2010-09-21）

相似性与差异性是相对的，任何一个旅游区可以由粗到细、由大到小逐级划分。在旅游资源分区时，划分的区域范围内部，其旅游资源相似性最大而差异性最小；而旅游资源区间比较时，则差异性最大而相似性最小。反映在旅游资源地域等级系统中，高级单位区域内部相似性小、差异性大，而低级单位区域内部相似性大、差异性小。就全国旅游区划而论，它所表达的只是旅游环境分异的大体轮廓，不能太笼统太细微，级数和区划单位都不宜过多。

（三）系统性和多级性原则

旅游业是一项涉及面很广的产业，而整体效益又是系统优化的主要目标，因此旅游区划必须从整体上综合衡量，通盘考虑。旅游资源区有无旅游中心地是衡量其完整性的首要条件，一般来说，每个完善的旅游资源区都必须至少有一个旅游中心地作为区域的核心，以之作为旅游业发展的依托，承担区域旅游活动的核心组织功能和综合服务功能。旅游区内旅游点相对集中，交通发达，联系紧密，使旅游者的费用减少到最低程度。

每一个旅游大区内部还可以有不同的多级层次之分，在高层次的区划单位中，旅游中心地可以不只一个，但在低层次的区域单位中，一般则集中为一个。它们形成各具特色、分工合作、协调互补的区内综合性旅游开发体系。

知识拓展

对旅游系统分级的一项工作。从发展旅游的角度出发，根据不同地区的旅游资源以及社会、经济、交通、行政等条件，划分不同等级的旅游区。各国分区原则差异很大。中国一些学者主张将全国旅游区划分为三个层次：旅游大区（旅游地带）、旅游副区（旅游省）、旅游小区（旅游地区）。

（四）认识性与应用性原则

在进行较大范围的区划时，譬如在划分旅游地区时，宜加强认识性的区划工作，即将重点放在旅游资源的形成机制、地域分异规律、旅游区的特征与功能、旅游资源的层次与结构及确定旅游地区的性质、发展规模、旅游中心城市与周围地区的内在联系与相互关系诸方面，以加强对旅游资源全面而深入的了解，为制定区域旅游发展战略作好必要的准备。

在进行较小范围的旅游区划时，如旅游区及其之下的旅游城市、旅游地等，宜以应用性区划为中心内容，因为在一个小的范围内，首先应当考虑的是开发问题，那么这个区划就必须具有实用价值，可以直接为开发效力，而不应当局限于理论的范畴作更多的所谓基础性工作。实际上，地方性区划是一项实用性极强的工作。它的唯一目的，即是为游客服务，为旅游业的发展服务。地方性旅游区划应将游客放在首要位置，即以游览方式和程序为主要方面，而将资源及设施配套诸方面放在第二位，即放在为游客服务的地位予以考虑。

（五）完整性和动态性原则

完整性是指在旅游资源分区时，应考虑相邻地域间的连续，不允许出现遗漏和重叠现象。在实际旅游资源分区中，一般各级旅游资源区应以放眼全国来通盘考虑。各级旅游区能互相衔接，形成点线面紧密联系的旅游区域系统，以利于旅游业发展过程中实行必要的分土和协作。此外各个等级的旅游区都是相对独立的地域综合体，能独立承担一定的旅游职能。旅游区划应保证每一等级的旅游区在地域上和职能上的完整性。

与此同时，旅游区的划分不应是固定的，唯一的，它应当随着社会的发展、游客兴趣的改变、旅游资源的开发而作适当的调整。旅游区是一个动态的、随机应变的相对稳定系统。而旅游区的变更是游客兴趣改变所致。资源的开发是相对于游客兴趣及社会技术发展而言的因素。不研究实际应用效果，不研究游客兴趣趋向及转移变化而闭门对客体进行细致入微的区划，必将影响其实际应用价值，也在不自觉中造成一种浪费。因此旅游区划需要从整体上达到了最优设计、最优机制、最优管理和最优使用，实现综合最优化。

（六）主导性与一致性原则

旅游资源是自然地理各要素在人类的经济活动过程中，经过长期相互作用而形成的。旅游区内部一般由多种类型的旅游资源所组成，各种类型的旅游资源在旅游区内所起的作用是不同的，往往是其中的某种类型的旅游资源起主导作用。使旅游区或以秀丽风光为主，或以文化古迹取胜，主次分明，重点突出，别具特色，有强烈个性，制约着旅游区的属性特征、功能和开发利用方式。在区划时可以突出某种类型的旅游资源作为划分的主要依据，探讨制约旅游资源形成、特征、功能、属性和利用方式的主导因素，从而发挥旅游资源的优势，建设特色突出的旅游资源区。

旅游区划与行政区划有所不同。旅游区是有旅游经济联系的客观地域综合体，而行政区则是人为的主观上层建筑的产物。旅游区的界定可能会超出一般行政区的范畴，但考虑到我国行政区具有组织领导经济建设的职能，现阶段考虑到我国目前国情，确定旅游区界线时，在不影响分区的科学性和完整性的前提下，旅游分区应尽可能在行政区范围内进行，不要轻易打破行政区界限，以便旅游资源的开发管理和保护。同时，进行旅游资源分区时，也要注意交通的便捷性，适当照顾旅游资源区内交通路线的完整，因为它是旅游资源充分利用和进行深入开发的基础。这样符合从旅游业实际出发的要求，能够有利于区域旅游业的发展。

第二节　中国旅游地理区划方案

同自然和经济区划一样，旅游区依其范围大小、隶属关系，分成不同等级层次。进行旅游区划首先要确定等级系统，并制定相应的分区指标体系和分区原则。目前还未建立起理想的区划指标体系和定量的数据收集处理方法，仍以定性分析为主，分区原则差异很大。

迄今为止，中国尚未出现正式的中国旅游地理区划方案。中国有不少学者依照教学需要、各自科研方向或是其他目的，提出过不少中国旅游地理区划的方案。这些区划方案还有待于进一步深入研究和完善。

一、中国旅游地理区划方案简介

郭来喜（1985 年）研究了中国旅游资源特征后提出的中国旅游区划方案，将全国划分为 9 大旅游带，29 个旅游省，149 个基本旅游区；

宋家泰（1985 年）分区方案采用单一区域方位因子命名法，将中国分为东北、华北、华东、东南、华南等 8 大旅游地理区）；

周进步（1985 年）提出了一个中国旅游资源地理区划方案，将全国分为 9 个旅游区；

濮静娟等（1987 年）用舒适度指数和风效指数为指标，进行中国大陆地区旅游季节气候区划研究，将中国大陆地区划分为 3 个旅游气候大区，18 个旅游气候区和 22 个旅游气候小区；

孙仲明（1987 年）根据中国气候带的分布特点把我国分为 10 大气候旅游区；

雷明德等（1988 年）以旅游资源成因类型的共同性原则，将中国划分为 9 个一级旅游地区；

刘振礼等（1988 年）将中国划分为 11 个旅游区；

雷明德等（1988 年）以旅游资源成因类型的共同性原则，将中国划分为 9 个一级旅游地区；

阎守邕等（1989 年）对中国旅游资源区域特征和旅游环境的区域差异性进行定性和定量分析，将中国划分为 8 个一级旅游资源区和 41 个二级旅游资源区；

孙文昌等（1989 年）将全国划分成 9 大旅游地区；

孙大文等（1990 年）以旅游景观的区域分异为基础，以几种主要综合经济区划方案为参照，提出 10 大旅游区的中国旅游区景观——经济区划；

庞规荃（1990 年）将全国划分为 9 大一级旅游区；

陈传康（1991 年）考虑文化的传统与现代结合，将观光游览与科学文化导游相结合，把全国划分为 7 个一级旅游文化区；

钱今昔（1993 年）从旅游资源欣赏的角度，将全国划分为 8 个旅游区；

石高俊（1994 年）依据地貌、气候和人文旅游资源的宏观特征，将全国划分为 10 个旅游资源区；

宋明德等人（1994）主要依据地理位置、资源特色，并照顾区域的旅游协作关系，划分出一级旅游区：地理位置、资源特色、兼顾区域的旅游协作；二级旅游区：旅游中心城市或主要旅游资源的吸引范围；三级旅游区：根据旅游资源的联系性、旅游交通的便捷性、旅游活动的完整性、旅游管理的方便性来划分等等。

二、本书的中国旅游地理区划方案

根据中国旅游地理区划的目的、任务和基本原则，同时广泛吸收众多学者已有的各个区划方案的长处，为充分体现旅游文化在各旅游区域的作用与地位，采取地理位置、资源特色和旅游文化三因素综合分区的方式，将中国分成 11 个旅游地理与文化区域。

本书的中国旅游地理区划方案划分出来的 11 个旅游区分别是燕赵文化旅游区、关东文化旅游区、中原文化旅游区、巴楚文化旅游区、吴越文化旅游区、岭南文化旅游区、西南少数民族文化旅游区、蒙古族游牧文化旅游区、西北少数民族文化旅游区、藏族高原游牧文化旅游区和港澳台中西文化旅游区等（见表 11－1）。

表 11－1　中国旅游地理与文化分区

序号	中国旅游地理与文化分区名称	包含的行政区域范围
1	燕赵文化旅游区	北京、天津、河北
2	关东文化旅游区	黑龙江、吉林、辽宁
3	中原文化旅游区	陕西、河南、山东、山西
4	巴楚文化旅游区	四川、重庆、湖北、湖南
5	吴越文化旅游区	江苏、上海、浙江、安徽、江西
6	岭南文化旅游区	福建、广东、海南
7	西南少数民族文化旅游区	云南、贵州、广西
8	蒙古族游牧文化旅游区	宁夏、内蒙古
9	西北少数民族文化旅游区	甘肃、新疆
10	藏族高原游牧文化旅游区	青海、西藏
11	港澳台中西文化旅游区	香港、澳门、台湾

知识归纳

中国旅游地理区划是旅游地理学的重要内容之一。为了学习、研究和旅游行业的发展，有必要根据一定的基本原则对中国区域内的旅游资源进行划分。为充分体现旅游文化在各旅游区域的作用与地位，采取地理位置、资源特色和旅游文化三因素综合分区的方式，本书将中国区划为燕赵文化旅游区、关东文化旅游区、中原文化旅游区、巴楚文化旅游区、吴越文化旅游区、岭南文化旅游区、西南少数民族文化旅游区、蒙古族游牧文化旅游区、西北少数民族文化旅游区、藏族高原游牧文化旅游区和港澳台中西文化旅游区等 11 个旅游分区（见图 11－1）。

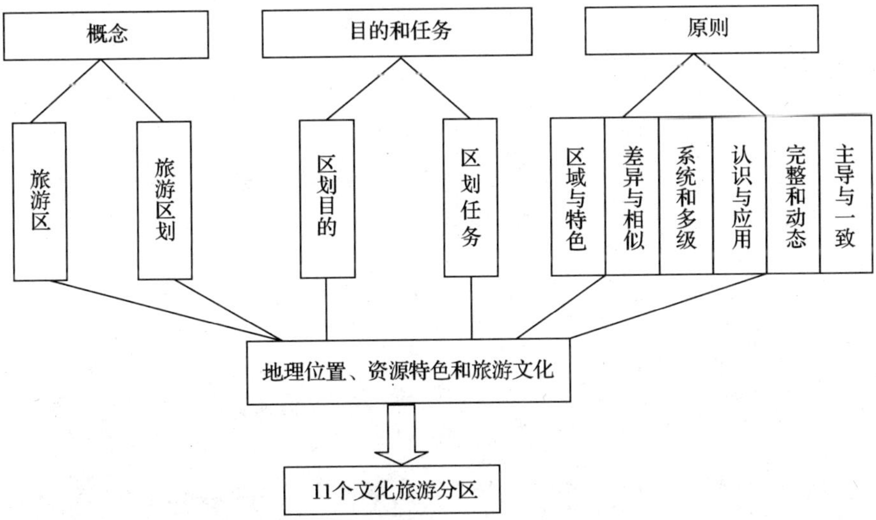

图 11－1　中国区划知识结构图

思考题

1. 什么是旅游区划？
2. 为什么要进行旅游区划？
3. 旅游区划的目的和任务是什么？
4. 旅游区划迄今为止，有哪些比较有代表性方案？
5. 旅游区划的原则有哪些？
6. 旅游区划和行政区划有什么区别？

专题讨论

根据本章节的第一个阅读资料，请结合相关信息分析一下，三峡旅游十六年纷争给两地旅游带来了什么？如何真正利用和发挥好其应有的潜能？

第十二章 中国十一大旅游区概述

教学目的和要求

（1）了解各旅游区地理环境、资源特色和旅游优势。

（2）了解各旅游区重要的旅游景点概况，认识各旅游区今后发展的对象与趋势。

关键词

旅游区划；旅游地理环境特征；主要旅游地

引子

在前面的章节中，我们根据中国旅游地理区划的目的、任务和基本原则，结合众多学者已有的各个区划方案的长处，采取地理位置、资源特色和旅游文化三因素综合分区的方式，将中国分成11个旅游地理与文化区域。划分出来的每一个地理与文化区域中的省、市、自治区都有着独特的区位地域优势、旅游环境特征、旅游地及旅游景区景点。

第一节 燕赵文化旅游区

燕赵文化旅游区包括：北京、天津、河北二市一省，土地面积22万平方公里。北京市是本旅游区所依托的中心城市。本区位于我国东部居中的位置，自然旅游资源多样，历史文化悠久，燕赵文化特色鲜明，经济繁荣，交通发达，是我国旅游热区之一，在我国旅游业中居于极其重要的地位。

一、旅游环境特征

本区地域辽阔，山川壮丽，气候属暖温带半湿润气候，平原、山地、丘陵、高原等地貌形态各具特色，呈并列布局。本旅游区位于华北平原的中北部，北依燕山，西靠太行山，拥有山地、平原、丘陵和盆地等多种地形，地貌类型齐全，基本上分属于太行山地、冀北山地和华北平原三大地貌单元。本区河流均发源于北部、西部山地，以海河水系为主。本区的气候特点为：春季干燥多风，夏季炎热多雨，秋季秋高气爽，冬季寒冷少雪，四季分明，冬夏长而春秋短。本区自然植被属于暖温带落叶阔叶林，因天然植被已遭破坏，以次生植被和人工植被为主。一些山地次生材料较好，如北京的松山、百花山、上房山等，其中百花山自然保护区是北方难得的自然博物馆。

本区资源丰富，工农业发达，是中华民族的发祥地之一，在相当长的历史时期内，该地区是我国政治、经济、文化中心。悠久的历史、灿烂的文化，孕育了无数的历史名胜和文物古迹，也造就了众多的历史文化名城。

本区平原广阔，物产丰富，交通发达，自然与人文旅游资源融为一体。旅游资源数量多，分布广，同时由于本旅游区交通运输发达，拥有以铁路、公路为主，海运、航空为辅的现代化交通运输网。北京是全国铁路网、航空网中心，也是华北地区公路网中心。加上众多的城市和港口，地处中心的区位条件，是来华旅游者的首要集散地，成为我国旅游发展的重点地区。

二、主要旅游地

（一）北京

北京简称京，西北毗邻山西、内蒙古高原，南与华北大平原相接，东近渤海。面积16807.8平方公里，市区面积1040平方公里，人口约为1633万（2007年）。地势西北高东南低，背山面海，西、北、东三面环山。属温带季风性气候。

北京是中国的首都，是世界闻名的历史文化名城和古都之一，是中国政治、经济、文化和交通中心。荟萃了中国灿烂的文化艺术，留下了许多风景名胜和人文景观。文物古迹荟萃是北京旅游资源的最大优势。

北京市共有文物古迹7309项，其中国家级文物保护单位42个，市级文物保护单位222个。目前对外开放的旅游景点有327处。

1. 故宫

故宫，旧称紫禁城，是明清两代皇宫，中国现存最大最完整的古建筑群。1988年故宫被联合国教科文组织列为“世界文化遗产”。故宫占地72万平方米，建筑面积15.5万平方米，为一长方形城池，周围宫墙约3公里，四角矗立风格绮丽的角楼，墙外有宽52米的护城河环绕，形成一个森严壁垒的城堡。

整个故宫建筑群气势雄伟、豪华壮丽，是中国古代建筑艺术的精华。故宫宫殿的建筑布局有外朝、内廷之分。外朝以太和殿、中和殿、保和殿三大殿为中心，是皇帝行使权力、举行盛典的地方。内廷以乾清宫、交泰殿、坤宁宫为中心，是帝王与后妃居住之所。此外还有文华殿、武英殿、御花园等。

图12－1 天安门广场

2. 天安门广场

天安门广场（见图12－1）位于北京市中心，是新中国的象征，也是当今世界最大的城市中心广场，面积为50万平方米。广场及其周围有天安门城楼、中山公园、劳动人民文化宫、人民英雄纪念碑、毛主席纪念堂、中国国家博物馆等宏伟建筑。

3. 北海

北海位于北京市西城区，为我国辽、金、元、明、清历代皇家宫苑，是现存历史最悠久、保存最完整的皇家园林之一。著名建筑有白塔、五龙亭、九龙壁、团城等。

4. 天坛

天坛位于北京城南，是明清两代帝王祭天祈谷之处，是我国现存最大的一处坛庙建筑，占地面积达270万平方米。外围两座坛墙，均为北圆南方，北高南低，象征古代“天圆地方”，“天高地低”的世界观。其中轴线上主要建筑有祈年殿、皇穹宇、圜丘。1998年天坛被评为“世界文化遗产”。

5. 雍和宫

雍和宫（见图12－2）位于北京城区东北部安定门内，占地6.6万平方米，是北京最大的、保存完整的一座藏传佛教寺庙，规模宏伟，辉煌庄严，兼具汉、藏建筑风格。

图12－2 雍和宫

6. 颐和园

颐和园位于北京西北郊海淀区，是利用昆明湖、万寿山为基址，以杭州西湖风景为蓝本，汲取江南园林的一些设计手法和意境而建成的一座大型天然山水园林，也是保存得最完整的一座皇家行宫御苑与皇家园林。1998年11月被评为“世界文化遗产”。颐和园集传统造园艺术之大成，高度体现了“虽由人作，宛自天开”的造园准则。颐和园亭台、长廊、殿堂、庙宇和小桥等人工景观与自然山峦和开阔的湖面和谐、艺术地融为一体，整个园林艺术构思巧妙，是集中国园林建筑艺术之大成的杰作，在中外园林艺术史上地位显著。1998年颐和园被评为“世界文化遗产”。

7. 十三陵

十三陵是明代13个皇帝的陵墓，位于北京西北郊昌平区北天寿山前地带，是目前发现的保存完整、埋葬皇帝最多的墓葬群。

8. 八达岭长城

八达岭长城位于北京西北部延庆县境内，是明长城中现今保存最好的一段，也最具代表性。1987年长城被评为“世界文化遗产”。

9. 圆明园

圆明园曾是我国历史上最美丽、最辉煌的皇家苑囿，号称“万园之园”，1860年被英法联军劫掠一空，并付之一炬，化为焦土，只留下遗址供人们凭吊。

10. 香山公园

香山公园位于西山东麓，是一处富有天然景色的山林公园，四季景色各异，尤以秋季红叶、冬日雪景最为著名。“西山晴雪”为燕京八景之一。

（二）天津

天津简称津，地处华北平原的东北部、海河流域下游，东临渤海，北依燕山，西靠北京。陆地总面积11305平方公里，人口1115万（2007年）。大部分位于海河平原，地势低平，水道如网，属暖温带半湿润大陆季风型气候，有明显由陆到海的过渡特征。

天津旅游资源丰富，历史悠久，人文景观别具特色。古建筑、近代建筑和现代建筑并存，保留着19世纪末到20世纪初东西方各国的各类建筑1000多幢，有“万国建筑博物馆”之称。每年都会举办具有民族色彩和天津特色的各种赛事及娱乐活动，旅游活动丰富多彩。

1. 蓟县区

蓟县主要以名胜古迹为主，如黄崖关长城、独乐寺、八填村、迷魂阵、碑林等。独乐寺位于蓟县城西门里，是我国现存最古老的木结构高层楼阁建筑，其山门屋顶为我国现存最早的庑殿顶山门。寺内巨型辽代泥塑观音像是我国最大的观音塑像。

2. 塘沽区

塘沽主要是以海滨观光为特色，景点有大沽口炮台、古庙潮音寺等。大沽口炮台位于海河与渤海的交汇处，分别保存着以“威”、“镇”、“海”三字命名的三座炮台。

图12－3　盘山

3. 盘山

盘山（见图12－3）位于蓟县城西北，分为上盘、中盘、下盘三部分，平均海拔500米，峰峦峻秀，山水清奇，自古有“京东第一名山”之誉，是历代帝王和名人游憩之地。其中上盘之松、中盘之石、下盘之水，被誉为“盘山三胜”。

4. 水上公园

水上公园位于市区西南，是天津市最大的公园，以水取胜，水面占公园面积的3/5。园内湖水波光粼粼，湖中岛屿缥缈，曲桥相连，亭、台、楼、阁掩映其间，颇具江南水乡风光。

三、河北

河北简称冀。东部濒邻渤海，东南部和南部与山东、河南两省接壤，西部隔太行山与山西省为邻，西北部、北部和东北部同内蒙古自治区、辽宁省相接。地域广阔，面积为19万平方公里，人口6943万（2007年）人。地形西北为山峦，东南为华北平原的一部分。属温带大陆性季风气候。

河北省旅游资源丰富，是我国唯一兼有海滨、平原、湖泊、丘陵与高原的省份，自然资源数量众多，类型齐全。文物资源十分丰富，是全国文物大省之一；文物资源特色突出，品位极高，不少为全国之最，是我国的旅游资源大省。

河北省现有世界文化遗产3处，省级以上文物保护单位680处，其中国家级文物保护单位88处，国家级历史文化名城4座，中国优秀旅游城市4座，国家级AAAA景点23处，全国十大风景名胜2处，全国旅游胜地四十佳3处，国家级风景名胜区5处，国家级森林公园10处，国家级自然保护区3处。

璀璨的历史文化与秀美的湖光山色交相辉映，构成了独具特色的燕赵旅游百花园，使河北成为中国新世纪最具发展潜力的旅游热点地区之一。

1. 承德市

承德市位于河北省东北部，原名热河。四周群山环抱，气候宜人，著名的避暑山庄和外八庙即位于此，是清政府第二政治中心。避暑山庄又名“热河行宫”，俗称“承德离宫”，位于承德市北部山林中，修建于1703至1790年间，是清代皇帝夏日避暑和处理政务之地，是我国现存最大的皇家园林。1994年承德避暑山庄及周围寺庙被评为“世界文化遗产”。

2. 秦皇岛

秦皇岛坐落在渤海北岸，是华北地区通往东北地区的咽喉要道，地理位置十分优越。历史悠久，文物丰富，自然景色壮观，兼具山、海、关、湖、洞之胜，被誉为“优美旅游城”。有山海关（见图12－4）、北戴河、南戴河、昌黎黄金海岸等著名景点。

图12－4　山海关

3. 清东陵、清西陵

清东陵位于河北省遵化市马兰峪西，清西陵位于河北省易县城西的永宁山下。陵区林木葱茏，流水潺潺，风景优美。清东陵、清西陵已于2000年被列入《世界遗产名录》。

4. 赵州桥

赵州桥位于河北省赵县城南的洨河之上，由隋代李春所建，是世界上现存最早的大型单孔敞肩石拱桥，为桥梁建筑中的杰出代表。

5. 白洋淀

白洋淀（见图12－5）位于河北省保定市东部，是华北地区最大的内陆淡水湖泊，总面积366平方公里。水域辽阔，风景秀丽。

图12－5　白洋淀

第二节　关东文化旅游区

本区位于我国东北部，范围包括辽宁、吉林和黑龙江三省。面积约80.21万平方公里，人口约1.0 655亿。西部与内蒙古自治区为邻，西南经辽西走廊和山海关通往华北，北、东两面分别以黑龙江、乌苏里江、鸭绿江和图们江与俄罗斯、朝鲜两国为界，南濒黄海与渤海，是我国纬度最高的一个旅游资源区。

一、旅游环境特征

本区自然地理环境的突出特色是山环水绕，沃野千里，山区森林密布，大部分属于温带、寒温带的湿润、半湿润气候，这是本区自然旅游资源形成的地理基础。本区是我国森林面积最大的区域，加之地处独特的地理位置，构成典型的林海雪原景观，成为本区风景特色的代表。自然奇景与疗养避暑胜地众多，北极风光、火山奇景、动物奇观、白山黑水与温泉胜地等誉满中外。

本区人文地理环境的特征是多元文化复合。本区地处我国东北边疆，历来为我国少数民族游猎与聚居之地，除汉文化以外，以满族、朝鲜族、蒙古族、鄂伦春族、达斡尔族、赫哲族等为代表的少数民族，均保存着各自的风俗习惯，形成了具有各自特色的生产、生活方式与风俗习惯等，在不同历史时期都留下了众多的具有重大价值的历史文化遗产。特别是清代前期及满族文化遗存丰富，成为人文景观的重要组成部分，丰富了人文旅游资源的内容。

本区邻近日本、韩国、俄罗斯等经济较发达国家，境外客源较为充足，交通联系方便，保证了国际旅游客源的供应，进一步发展旅游业的潜力很大。区内交通也很发达，基础设施也不错，发展旅游业的条件相当优越。

二、主要旅游地

（一）辽宁

辽宁简称辽，位于中国东北地区的南部。东北与吉林省接壤，西北与内蒙古自治区为邻，西南与河北省相连，南濒渤海和黄海。陆地面积 14.59 万平方公里，人口 4231.7 万人（2007 年）。中部为辽河平原，其东及东北部为起伏的山地丘陵，南端是辽东半岛，而辽西走廊则依山傍海，是进出山海关的必经之路。辽宁省属于温带大陆性季风气候，受海陆区位及地形影响，各地气候差异较大。

辽宁省是中国文物大省之一，人文历史、自然景观资源十分丰富，兼具山海与人文之胜。名山、秀水、奇石、异洞遍布辽东半岛和辽西走廊。近年来推出了丰富多彩的文化旅游活动，如蒸汽机车旅游、康复疗养旅游和商务旅游等。大连国际服装节等各地举办的民间节庆活动也备受国内外旅游者青睐。现已成为中国旅游业较为发达的地区之一。

辽宁省现有文物古迹 1.13 万处，其中重点文物保护单位国家级 19 处，省级 159 处。2004 年末，全省已批准国家级生态示范区 21 个，自然保护区 10 个。

1. 沈阳市

沈阳是辽宁省省会，也是中国著名历史文化名城，旅游景点丰富多彩。主要有沈阳故宫（见图 12－6）、皇室寝陵、陨石山奇观、沈阳世博园、怪坡风景区、九一八事变纪念馆、植物园、棋盘山风景区、新乐遗址和野生动物园等。

图 12－6　沈阳故宫

2. 千山

千山（见图 12－7）位于鞍山市东南 20 公里处，是全国著名的风景区之一，与吉林长白山齐名，有“东北明珠”之称。自然风光秀丽，人文古迹众多。

3. 大连市

大连是我国北方著名的港口，海滨景区海岸线长达30多千米，水面浩瀚，碧海蓝天，岛屿、礁石星罗密布，气象万千。老虎滩公园、星海公园、棒槌岛、旅顺口等为著名风景区。大连是历史上重要的海上门户，遗存有近代史上中日甲午战争和日俄战争以及日本侵华战争的各种工事、堡垒等战争遗迹多处，是进行爱国主义教育的“课堂”。

图12-7　千山

（二）吉林

吉林简称吉，位于东北地区中部，东部与俄罗斯接壤，南邻辽宁省，西接内蒙古自治区，北与黑龙江省为邻，东南部以图们江、鸭绿江为界与朝鲜民主主义人民共和国相望。陆地面积18.74万平方公里，总人口为2708.5万人。地势东南高、西北低。属温带大陆性季风气候。

吉林省旅游景点已经发展到300多处，形成了以长白山生态旅游区为龙头、净月潭森林旅游区、吉林松花湖风景名胜区、北大湖滑雪场以及通榆县向海草原湿地旅游区等一大批辐射全省的旅游网络体系。旅游产品结构发展成为集观光旅游、度假旅游、特色旅游、民俗旅游、边境旅游、红色旅游等多元化、多层次、各具特色的新格局。特别是以冰雪、森林、湿地为代表的生态旅游及边境异国旅游已经成为最具吸引力的旅游产品。

1. 吉林市

吉林是吉林省著名的旅游胜地。松花江穿城而过，自然景观得天独厚，有“北国江城”之称。主要旅游景点有松花湖、北大湖滑雪场、世纪广场等。

2. 长春市

长春是东北著名的旅游文化城市，有“塞外春城”之称。主要旅游胜地有伪满皇宫、净月潭国家森林公园（见图12-8）、长春电影城等。

图12-8　净月潭国家森林公园

3. 长白山

长白山位于吉林省长白山市。这里有茫茫林海、巍巍高山，自然环境和生态保存完整，是国家重点自然保护区，已被纳入联合国“人与生物圈”保护区网络。主峰周围多火山遗迹，长白山天池为著名的火山口湖。

4. 高句丽王城、王陵及贵族墓葬

高句丽王城、王陵及贵族墓葬位于中国吉林省集安市以及辽宁省桓仁县。主要包括五女山城、国内城、丸都山城、12座王陵、26座贵族墓葬、将军坟一号陪冢等。

（三）黑龙江

黑龙江简称为黑，位于我国的东北部，是我国位置最北、纬度最高的省份。与内蒙古

自治区和吉林省接壤，以黑龙江和乌苏里江与俄罗斯为界。陆地面积约 47.3 万平方公里，人口 3824 万人（2007 年）左右。地势西北高、东南低，以山地、平原为主。属寒温带——温带季风气候。

黑龙江为中国火山遗迹较多的省区之一，火山活动产生了著名的旅游资源，文物古迹颇多，动植物丰富，少数民族风情和欧式建筑风格亦有其吸引力，冰雪、珍稀动植物成为黑龙江旅游的特色。

1. 哈尔滨

哈尔滨是黑龙江省省会。特殊的历史进程和地理位置造就了这座具有异国情调的美丽城市，不仅荟萃了北方少数民族的历史文化，而且融合中外文化，是历史文化名城和旅游城市。主要景点有太阳岛（见图 12－9）、冰雪大世界、极乐寺、中央大街、圣索菲亚教堂等。

图 12－9　太阳岛

2. 齐齐哈尔

齐齐哈尔位于黑龙江省西北部的嫩江平原。旅游资源丰富，人文历史悠久，有独特自然风景、典雅古建筑、悠久历史遗迹。特别是扎龙自然保护区、明月岛、龙沙公园、大乘寺、清真寺、关帝庙、石碑山、塔子城等历史文物遗迹以及冬季冰雕雪景更为旅游者所青睐。

3. 伊春

伊春位于黑龙江省东北部，与俄罗斯隔江相望，集山奇、林茂、水秀景色于一身，聚森林、冰雪、漂流旅游资源于一地，江自然、历史、人文景观于一体的重要的森林生态旅游胜地。主要景点有五营国家森林公园、汤旺河林海奇石风景区、恐龙地质公园、回龙湾、日月峡、屯横山古墓群、小孤山古人类文化遗址及少数民族风情园等景观。

4. 五大连池市

五大连池市位于黑龙江省北部、黑河市南部、小兴安岭与松嫩平原的过渡地带。山秀、水幽、泉奇、石怪、洞异，是集生态旅游观光、度假健康疗养、地质科学考察为一体的高含量、多功能、综合型风景名胜区。主要游览点有五大连池、药泉山公园、火山博物馆乖。

5. 佳木斯

佳木斯俗称“黑瞎子岛”，也是中国的最东方。地处黑龙江、乌苏里江和松花江汇流的三江平原腹地。主要景点有三江口、外滩公园、猴石山旅游区、大亮子河森林公园、向阳山水库、三江湿地保护区、抚远县乌苏镇、东北抗日联军战绩纪念塔、古城遗址、古山寨、古代文化遗址、水源山寺等。

6. 牡丹江市

牡丹江市因江得名，主要景点有火山口国家森林公园、牡丹峰国家森林公园和自然保护区、牡丹峰滑雪场、八女投江纪念雕像、横道河子东北虎饲养场、威虎山猛虎观赏园、莲花湖、镜泊湖等。

7. 亚布力滑雪中心

亚布力滑雪中心位于黑龙江省亚布力滑雪旅游度假区内，是远东地区最大的滑雪场。是国家 AAAA 级生态休闲度假区，最高山峰海拔 1374.8 米，冬季滑雪期长达 120 天。这里的极端最低气温是 -44℃，平均气温 -10℃，每年的 11 月中旬至次年 3 月下旬是这里的最佳滑雪期。由于这里山形地貌独特，雪质丰厚、硬度适中，滑雪中心建有两个雪场，13 条高、中、低级雪道（其中一条是亚洲最长雪道），雪道数量和长度均居全国第一。

第三节　中原文化旅游区

本旅游区位于我国中部黄河中下游地区，古称中原，范围包括山东、河南、山西、陕西四省。总面积 65.7 平方公里，拥有人口 24620 万人。

黄河流域是中华民族的摇篮，是我们的祖先最早生存繁衍的地区之一。在我国 5000 多年的文明历史中，黄河流域长期作为政治、经济和文化中心，因而留下了无数遗迹、遗址、古文物和古建筑，人文景观异常丰富多彩，这是本区发展旅游的突出优势。同时，本区也不乏闻名中外的山水名胜，并具有独特的黄土高原风光。本区不仅旅游资源丰富，而且经济基础雄厚，交通发达，已成为我国重要的旅游区。

一、旅游环境特征

本区自然地理环境地域辽阔，山川壮丽，气候属暖温带半湿润气候，平原、山地、丘陵、高原等地貌形态各具特色，呈并列布局。除汉中盆地以外，皆为暖温带湿润、半湿润季风气候。本区以黄河水系为主，湖泊少而分散。

本区为我国文化发祥地，是中华民族的摇篮，数千年文明史留下了丰富、多样的人文旅游资源。以人文景观为主体的多种旅游资源分布密集。这里还是我国古代文化和佛教的重要发源地和传播地。

本区平原广阔，物产丰富，交通发达，自然与人文旅游资源融为一体。旅游资源数量多，分布广；同时由于受历史文化和政治、经济、交通等因素的影响，形成关中平原、汾河谷地、豫西山地北部和东部山麓、太行山东麓和燕山南麓、山东山地丘陵外围等旅游资源密集带，加上众多的城市和港口，地处中心的区位条件，是来华旅游的主要集散地，成为我国旅游发展的重点地区。

二、主要旅游地

（一）陕西

陕西简称陕或秦，地处中国内陆腹地，北与内蒙古、宁夏接壤，西与甘肃相连，南与四川、重庆、湖北相通，东与山西、河南毗邻。面积 20.58 万平方公里，人口约 3772 万（2009 年）。地形自南而北依次分山地、平原、高原三部分。气候受地形影响，秦岭以南属亚热带气候，其余属温带气候。

陕西是中华民族和文化的主要发祥地，最大的旅游吸引力是丰富的文物古迹。多名山大川，造就了许多著名的风景名胜区。还是中华人民共和国革命的摇篮，成为爱国主义教育基地之一。

陕西是中国文物特大省，文物景点达3575，其中国家重点文物保护单位89处，省级307处，收藏各种文物200万件以上，国家级文物123组件。陕西古遗址、古建筑、古陵墓、碑碣石刻及国家级文物数量之多，居全国之首。现有国家级历史文化名城6座，省级历史文化名城8座。国家级风景名胜区4处，省级风景名胜区29处。国家级森林公园11处，省级森森公园37处。国家级自然保护区和保护点5个，省级自然保护区和保护点1个。

1. 西安市

西安是陕西省省会，原名长安，是我国著名的六大古都之一，位于关中平原中部。农业发达，素有“八百里秦川”之称。是我国历史上建都最早、历时最长的地方。名胜古迹、文化遗址数不胜数。著名的有秦始皇陵和兵马俑博物馆、大雁塔、小雁塔、西安碑林、华清池、半坡博物馆等。

2. 西岳华山

华山（见图12-10）位于陕西省华阴县城南、陇海铁路的南侧。海拔2154.9米，居五岳之首。华山五峰高耸，山势险峻，亦居五岳之首，有“华山天下险”、“华山自古一条路”之说。沿途有千尺幢、百尺峡、仙人桥、老君犁沟、猢狲愁、擦耳崖、上天梯、苍龙岭等众多险景。

图12-10 华山

3. 延安

延安地处黄河中游、陕北高原南部，是举世闻名的革命圣地，中共中央在此领导全国人民进行抗日战争和解放战争，留下了许多革命旧址和文物，主要有凤凰山、杨家岭、王家坪、枣园及延安宝塔等。其中延安宝塔是延安的象征。

4. 黄帝陵

黄帝陵位于陕西黄陵县城北桥山，是中华民族的始祖轩辕黄帝之陵。此处古柏参天，庄严肃穆。其中有一棵古柏高达20米，已有4000多年的历史，相传为轩辕黄帝亲手所植，是我国树龄最古的柏树，被誉为“世界柏树之父”。

（二）山西

山西简称晋，地处华北地区西部，黄土高原东翼，东与河北省为邻，西、南与陕西省、河南省相望，北与内蒙古自治区毗连。面积15.6万平方公里，人口4021万（2005年）。地形以山地、高原为主，东部是山地，西部是高原，中为晋中盆地。大部分地区为温带大陆性季风气候。

山西是中华民族的最早发祥地之一。悠久的历史留下了众多的文化遗产，加上复杂的地形地貌、河流山川形成的自然景观，旅游资源十分丰富。现存古建筑的数量居全国之首，列为国家重点保护的有50处，省级400多处。山西名山大川遍布，自然风光资源丰富优美，风景秀丽，景致各异。

山西是中国旅游资源大省，目前保存下来的各类文物（不可移动者）计31401处。其中古遗址2639处、古墓葬1666处、古代建筑及历史纪念建筑18118处、石窟寺300处、古脊椎动物化石地点360处、石刻及其他6852处、革命遗址及革命纪念建筑1466处，另有依附于古建筑及历史纪念建筑中的彩塑12345尊、寺观壁画26751平方米。开发旅游前景广阔。

图12－11　云冈石窟

1. 太原市

太原古称晋阳，是山西省省会，位于山西省中部、晋中盆地的北端，是我国历史文化名城。太原建城于春秋末期，历代文物古迹众多，著名的有晋祠、双塔寺等。晋祠圣母殿、鱼沼飞梁被称为国宝。双塔寺寺内双塔为太原市的标志。

2. 大同市

大同位于山西省北部，地处大同盆地。著名古迹有云冈石窟（见图12－11）、九龙壁、华严寺等。云冈石窟2001年被联合国教科文组织列入《世界人类文化遗产名录》。九龙壁比北京故宫、北海公园的九龙壁还要早，是我国三大琉璃九龙壁中最早最大的一个。

3. 五台山

五台山（见图12－12）位于山西省五台县东南、京原铁路南侧，是我国四大佛教名山之一。方圆250平方公里，海拔3058米，素有“华北屋脊”之称。山中寺庙林立，清流潺潺，现存寺庙58座，著名的有五大禅处：塔院寺、显通寺、殊像寺、罗睺寺、菩萨顶。还有举世瞩目的古寺南禅寺和佛光寺等，其中塔院寺的藏式舍利大白塔为五台山的标志。2009年五台山被列入世界文化景观。

图12－12　五台山

4. 北岳恒山

恒山位于山西省东北部浑源县城南、京包铁路东南侧，海拔2016.1米，山势雄伟。恒山半山以下树木稀少，而半山以上松柏参天，故以“幽”著称。恒山古迹众多，现存有朝殿、会仙府、九天宫、悬空寺等10多处，其中悬空寺为恒山十八景之首。悬空寺坐落在恒山绝壁之上，始建于北魏，全木结构，共40多间殿宇楼阁，全部靠在悬崖绝壁上插悬梁为基而建成，古人形容“三根马尾吊半空”，以险取胜。

5. 壶口瀑布

壶口瀑布位于山西省吉县西南的黄河壶口处。黄河奔流至此，受两岸山地束缚，被夹于天然石壶之中，形成深达50米、宽30米的瀑布，气势磅礴，浊浪排空，声如响雷。古有“天下黄河一壶收”之说。

（三）河南

河南简称豫。位于我国中部偏东、黄河中下游，东接安徽、山东，北界河北、山西，西连陕西，南临湖北。面积16.7万平方公里，人口9869万（2007年）。地势西高东低，大致以京广线为界，西部是起伏的豫西山地，东部为坦荡的黄淮平原，西南部是南阳盆地，东南部是大别山脉。属暖温带大陆性季风气候。

河南是华夏文明的主要发源地，是中华民族的摇篮。悠久历史留下了大量宝贵的历史文化遗产，古迹遍布全省，成为旅游业发展得天独厚的优势。除了丰富的人文景观外，还有很多绚丽多彩的自然景观，其间不乏名山奇观。目前全省共有风景名胜区31个，国家级自然保护区6个，地方级自然保护区22个，森林公园55处，国家重点文物保护单位54处。安阳殷墟被列为20世纪中国100项重大考古发现之首，洛阳龙门石窟被列为“世界文化遗产”。

1. 郑州市

郑州是河南省省会，早在3500年前就是商王朝的都邑，有“中国第八古都”之称。主要旅游胜地有“二七”纪念塔、商城遗址、黄河风景区等。

2. 开封市

开封位于河南省东部黄河南岸，古称大梁、汴梁，是我国七大古都之一，有“七朝都会”之说。著名古迹有相国寺、龙亭、禹王台、开封铁塔等。

3. 洛阳市

洛阳位于河南省西部，地处洛河北岸，是我国七大古都之一。先后有九个朝代建都于此，时间长达900余年。洛阳保存着龙门石窟、白马寺、关林等著名古迹。此外“唐三彩”、牡丹闻名天下。

4. 中岳嵩山

嵩山位于河南省登封县北部、陇海铁路的南侧，由东部的太室山和西部的少室山组成。主峰海拔1491.7米，古有“嵩高峻极”、“峻极于天”之说。峰峦奇特，山色峻秀，地处中州，是我国“五岳”之“中岳”。嵩山自古是帝王游憩之所，又是儒、佛、道三教汇集之地，故名胜古迹繁多，享有“文物之乡”的美称。这里有我国现存最古老的北魏嵩岳寺塔；最早的禅宗寺院少林寺；最大的塔林少林寺塔林；最古老的元代观星台；还有古代四大书院之一的嵩阳书院（见图12－13）等。

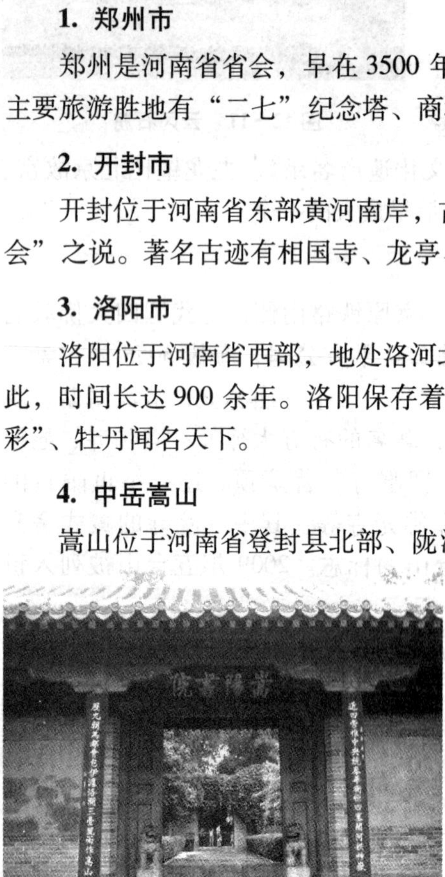

图12－13 嵩阳书院

(5) 鸡公山

鸡公山位于河南省南部，是大别山的支脉，主峰海拔814米，因形似一只引吭高歌的雄鸡而得名。风景秀丽，气候凉爽，为中南地区著名的游览、避暑胜地。

(四) 山东

山东简称鲁，地处黄河下游。东濒渤海、黄海，北与河北接壤，西与河南搭界，南与江苏、安徽为邻。陆地面积15.7万平方公里，人口9248万（2005年）。地形中部为山地，南部为冲积平原，东部半岛伸向黄海和渤海，海岸曲折，多港湾。属于暖温带季风气候。

山东是东方文明的发祥地之一，历史悠久，文物古迹众多，山川风光秀丽，构成了独特的旅游风景线。美丽的自然景观、丰富的历史文化和鲜明的地方特色融为一体，形成独特风格。

山东境内有自然景观和人文景观旅游点493处，古建筑、古遗址1.3万多处，国家重点文物保护单位27处，省级重点文物保护单位379处。

1. 东岳泰山

泰山又称岱山、岱宗等。地处山东中部，北依济南，南临曲阜，东连淄博，西滨黄河。泰山有着深厚的文化内涵，其古建筑主要为明清的风格，将建筑、绘画、雕刻、山石、林木融为一体，是东方文明伟大而庄重的象征。几千年来，泰山成为历代帝王封禅祭天的神山，享有“五岳之长”的称号。泰山雄伟高大，有数千年精神文化的渗透和渲染以及人文景观的烘托，是中华民族的精神文化的缩影，而今又成为世界文化与自然双重遗产。泰山自然风景主要特点为雄、奇、险、秀、幽、奥等，常令世人慨叹。数不清的名胜古迹，摩崖碑碣使泰山成了世界少有的历史文化游览胜地，主要景点有岱庙、普照寺、王母池、关帝庙、红门宫、斗母宫、经石峪、五松亭、碧霞祠、仙人桥、日观峰、南天门、玉皇顶等。

2. 曲阜市

曲阜位于山东省西南部，是我国历史文化名城之一。曲阜是周代鲁国国都，又是我国古代伟大思想家、教育家、儒教创始人孔子的故乡。文物古迹荟萃，尤以孔庙、孔府、孔林（见图12－14）“三孔”闻名于世，1994年被列为“世界文化遗产”。

图12－14 孔林

3. 青岛市

青岛位于山东半岛南部胶州湾东南岸，三面环海，交通便利，气候宜人，海滩优良，景色优美，有栈桥、海滨浴场、琴岛、崂山等众多名胜，是驰名中外的旅游、疗养和避暑胜地。

4. 济南市

济南位于泰山以北、黄河下游南岸、京沪和胶济铁路的交点，是我国历史文化名城之一。自古即以“泉城”著称，风景秀丽，古迹遍布，各具特色。主要有趵突泉、大明湖、千佛山、四门塔四大名胜。

5. 烟台市

烟台位于山东半岛东部，依山傍海，气候宜人，冬无严寒，夏无酷暑，是我国北方著名的旅游避暑和休闲度假胜地。主要有烟台山、毓皇顶、福建会馆等名胜。

6. 蓬莱市

蓬莱位于山东半岛最北端，以“蓬莱仙境”及“海市蜃楼”闻名于世，是传说中“八仙过海”故事的发生地。主要名胜有蓬莱阁、水城、咸池水、祠堂等。其中蓬莱阁与黄鹤楼、岳阳楼、滕王阁齐名，被称为“四大名楼”。

7. 威海市

威海位于山东半岛东端，三面环海，风光旖旎，气候宜人，有“花园城市”的美誉，是避暑、疗养、度假和观光的旅游胜地。这有刘公岛、圣经山、圣水观、法华院、天鹅湖等众多景名胜。

第四节　巴楚文化旅游区

本区位于我国中部的长江中、上游地区，包括四川、重庆、湖南和湖北三省一市。面积97万平方公里，人口2.23亿。本区地形复杂，气候殊异，河网稠密，湖泊众多，形成了丰富的旅游资源。依托长江黄金水道，本区旅游资源区域特征突出，对旅游者有很强的吸引力，是全国唯一既不靠海又无国境线的一级旅游资源区。

一、旅游环境特征

本区自然地理环境上处于地势三级阶梯过渡地带，地形起伏变化大，地貌类型复杂多样，山地、盆地、平原相间的地形受流水切割和风化，塑造了形态各异、特色鲜明的名山峡谷旅游资源，峻岭名山各具风采，其中三峡风光驰名中外。大部分地区属湿润的亚热带季风气候。本区植被具水平分布的东西过渡性，野生动物种类繁多，自然保护区遍布且自然风光秀丽。同时具备从亚热带常绿阔叶林到高山冰雪等多种垂直景观带，不少地区自然状态的生态环境保存完好，自然原始景观多姿多彩。本区也是河网稠密、湖泊众多、水利资源极其丰富的地区。

本区人文地理环境的特征显著，巴蜀文化和荆楚文化特色鲜明，同时农业比较发达，物产丰富。本区为汉末三国时代的矛盾中心，留下众多历史事件、历史人物遗址，为三国胜迹游创造了条件。同时本区曾是近现代中国革命的早期活动中心，也是许多革命先驱者工作和生活过的地方，有着丰富的人文资源。

本区文化特色鲜明，旅游资源具有地域关联性强、区域特征突出显著的特点，再加上交通发达便利，对国内外旅游者具有极强的吸引力，是我国重要的也是极具发展潜力的旅游大区。

二、主要旅游地

（一）四川

四川简称川或蜀，位于我国西南地区、长江上游。面积48.5万平方公里，人口8722.5万（2006年）。地势西高东低，西部为高原、山地，属青藏高原东缘，东部为四川盆地。受地形影响，四川东部盆地属亚热带季风气候，西部属高原性大陆气候。

四川省山水名胜、文化古迹、民族风情兼备，旅游资源极为丰富。列入联合国《世界遗产名录》的风景名胜有4处，列入“人与生物圈”保护区网络的自然保护区4处，中国优秀旅游城市5座，旅游区（点）国家级9处、省级1处，中国旅游胜地四十佳5处，全国重点风景名胜区9处、省级57处，国家森林公园11处、省级46处，国家自然保护区13处。

1. 成都市

成都是四川省省会，位于四川省中部、四川盆地西北部、成都平原中部。五代时遍植芙蓉，故称“蓉城”，亦有“锦城”之称。成都气候宜人，风景秀丽，历史悠久，古迹众多。主要旅游胜地有武侯祠（见图12－15）杜甫草堂、望江楼公园、青羊宫、人民公园等。

图12－15　武侯祠

2. 都江堰

都江堰位于都江堰市城西，是我国古代著名的四大水利工程之一，为战国时代秦蜀郡太守李冰父子主持修建，起着“引水以灌溉，分洪以减灾”的作用，至今仍发挥着巨大的灌溉效益。2000年都江堰与青城山一并批准列为“世界文化遗产”。

3. 青城山

青城山位于都江堰市西南，山峰环拱如城，林木茂盛，环境清幽，素有“青城天下幽”之美誉，为道教发源地之一。主要名胜有建福宫、天师洞、上清宫、祖师殿等。

4. 乐山大佛

乐山大佛位于乐山市南的岷江东岸，在岷江、青衣江、大渡河三江汇流处的凌云山西壁上。由唐名僧海通创建，全高71米，从山脚直至山顶，是世界上最大的石刻佛像。佛像雍容大度，气魄宏伟。近年又发现了一尊以乌尤山、凌云山、龟城山三山联襟而成、长达4000米的巨型睡佛，乐山大佛则刚好坐于巨佛的心胸部，实为一大奇景。1996年与峨眉一并批准列为“世界文化与自然双重遗产。”

5. 峨眉山

峨眉山（见图12－16）位于四川盆地西南部峨眉县境内，是我国四大佛教名山之一，是普贤菩萨的道场。主峰万佛顶海拔3099米，山体绵延曲折，林木苍翠，飞瀑流泉，云雾缥缈，素有“峨眉天下秀”之美誉。峨眉山著名的景点有报国寺、伏虎寺、万年寺、清音阁、洗象池、

图 12－16　峨眉山

金顶等。

6. 黄龙风景区

黄龙风景区位于四川省松潘县境内，为石灰岩钙化景观。沿沟谷有 3400 多个玲珑剔透的彩池，蓝、黄、橙、绿，五彩缤纷，美不胜收，被誉为“瑶池仙境”1992 年被批准列为“世界自然遗产”。

7. 九寨沟风景区

九寨沟位于四川省南坪县境内，因周围有九个藏族村寨而得名。沟中地僻人稀，景物特异，有“童话世界”、“人间仙境”之美誉。翠海、彩林、叠瀑、雪峰、藏情为九寨沟风景五绝。主要景点有树正瀑布、诺日朗瀑布、火花池、五花海、五彩池、长海等 1992 年被评为“世界自然遗产”。

（二）重庆

重庆简称渝，位于我国西南部、长江与嘉陵江交汇处，与湖北、湖南、贵州、四川、陕西等省接壤。面积 8. 24 万平方公里，人口 2816 万（2007 年）。地形起伏有致，立体感强，有“山城”之誉。属亚热带湿润气候。

重庆市旅游资源堪称得天独厚，是全国历史文化名城之一。纵观市内巴山绵延，渝水纵横，文化积淀深厚，构成了集山、水、林、泉、瀑、峡、洞等为一体的壮丽自然景色和融巴渝文化、移民文化、三峡文化、“陪都”文化、都市文化于一炉的浓郁文化色彩。

重庆全市共有旅游景点 300 余处，其中世界文化遗产 1 处，国家级重点文物保护单位 7 处，国家级重点风景名胜区 4 个，国家级森林公园 5 个，国家级自然保护区 1 个，全国爱国主义教育基地 2 处，市级风景名胜区 17 处，市级森林公园 24 个，市级文物保护单位 49 处，市级自然保护区 3 个。

1. 大足石刻

大足石刻（见图 12－17）位于重庆市西北的大足县境内，石窟 70 余处，共有造像 5 万余尊。其中北山摩崖石刻和宝顶山摩崖石刻最为集中、著名。大足石刻是中国晚期石窟艺术中的优秀代表，以佛教造像为主，儒、道造像并存，在宗教、艺术、历史、文化史上占有重要地位。1999 年被评为“世界文化遗产”。

图 12－17　大足石刻

2. 南温泉风景区

南温泉位于长江之南的花溪河畔，以南温泉公园为中心，公园以温泉著称。另有国民党“陪都”遗迹、建文遗址等。

3. 北温泉风景区

北温泉位于北碚区，北濒嘉陵江，南倚缙云山，其前身为温泉寺。公园依地形而建，楼台亭阁错落有致，翠竹森森，林木葱茏，湖光山色，风景如画。园内景物以四大殿为中心，有古香园、石刻园、观鱼池、荷花池、乳花洞、五潭印月等景点。

4. 红岩革命纪念馆

红岩革命纪念馆（见图 12－18）位于嘉陵江畔，包括红岩村 13 号、曾家岩 50 号、新华日报社旧址、重庆谈判旧址、歌乐山烈士陵园等，是抗日战争时期中共中央南方局的主要活动基地。

图 12－18　红岩革命纪念馆

5. 丰都县

丰都位于四川盆地东南边缘，地处长江上游，是一座依山面水的古城，春秋时称“巴子别都”，至今已有 1900 多年历史。丰都自古以来就是文化名城，是中国最有特色、最有名气的历史文化小镇，以其所拥有的丰富的鬼文化而蜚声古今中外。主要景观有：丰都名山、双桂山、鬼国神宫、阴司街，是目前国内最大的鬼神文化人文景观，也是西南地区最壮观的动态人文景观。

（三）湖北

湖北简称鄂，位于长江中游，地处洞庭湖以北。北接河南省，东连安徽省，东南和南邻江西、湖南两省，西靠重庆市，西北与陕西省为邻。面积 18.59 万平方公里，人口 6070 万（2007 年）。地势西高东低，中南部为江汉平原。属亚热带季风气候。

湖北省旅游资源丰富，山水名胜与文物古迹兼备。山水风光独特，文化沉淀丰厚，文物古迹众多。自然资源数量众多，类型齐全，各显生机，许多景观资源在全国乃至世界上占有重要地位，主要有山水共色、奇峰峻岭、幽洞异窟、流瀑涌泉、佳木名卉、珍禽稀兽类等方面。人文旅游资源丰富，主要有人类遗址、古代文化遗址、宝刹通观、古塔石窟、古城旧址、皇陵古墓、名人故里、古代建筑、摩崖石刻等方面。

全省旅游景观（点）共 1500 处，湖北省质量等级旅游区（点）AAAA 级 15 家，世界文化遗产 2 处，国家级风景名胜区 7 处，国家级森林公园 14 处，国家级文物保护单位 20 处，省级文物保护单位 365 处。

1. 武汉市

武汉是湖北省省会，位于长江和汉水交汇处，交通极为便利，素有“九省通衢”之说。武汉市历史悠久，自然风光优美，名胜古迹众多，旅游资源丰富。著名的有东湖、黄鹤楼、归元寺、古琴台、红楼、省博物馆、武汉长江大桥等。东湖风景区（见图 12－19）位于武昌东郊，是武汉最大的风景区。湖岸曲折，湖水澄碧，青山环绕，楼亭点缀，风光迷人。黄鹤楼位于武昌蛇山之巅，始建于三国时期，因唐代诗人崔颢七律《黄鹤楼》一文成名，居江南三大名楼之首。古琴台，位于汉阳区月湖畔，为春秋时期著名的“高山流水遇知音”故事的发生地。

图 12－19　东湖

2. 武当山

武当山位于湖北省西北部、汉水南岸，又名“太和山”，方圆400公里，有“八百里武当”之称，为我国著名的道教圣地，以其珍贵的道教建筑群驰名中外。1994年被列入《世界遗产名录》。

3. 襄樊古隆中

隆中位于襄阳城西13公里的西山环拱之中，是三国时期杰出的政治家、军事家诸葛亮青年时期的隐居之地。《隆中对》和“三顾茅庐”的故事都发生在这里。主要建筑有武侯祠、三顾堂、草庐亭、卧龙深处、半月溪、小虹桥等。

4. 钟祥显陵

显陵（见图12-20）位于钟祥市东郊的松林山，为明嘉靖皇帝父母亲的陵墓，规模宏大，布局精巧，文物丰富，价值极高。2000年已与北京明清皇陵一起纳入《世界遗产名录》。

图12-20 明显陵

5. 江陵古城

江陵亦称荆州，是中国南方保存最为完好的古砖城。三国时期，荆州城为魏、蜀、吴必争之地，留下了许多脍炙人口的故事。现存砖城为明清两代所建造。

6. 长江三峡

长江三峡中国十大风景名胜之一，中国40佳旅游景观之首。西起重庆市奉节县的白帝城，东至湖北省宜昌市的南津关，由瞿塘峡、巫峡、西陵峡组成，是长江上最为奇秀壮丽的山水画廊，是长江风光的精华、神州山水中的瑰宝。三峡旅游区优美景区众多，其中最著名的有白帝城、南津关、忠县石宝寨、瞿塘峡、巫峡、西陵峡、三峡工程、大宁河小三峡等。

7. 蒲圻赤壁

赤壁位于赤壁市西北的长江南岸，由赤壁山、南屏山、金鸾山组成，是三国时期著名的赤壁大战的古战场。

8. 神农架

神农架位于湖北省西部，地势高峻，主峰神农顶海拔3105.4米，素有“华中屋脊”之称。神农架自然资源极为丰富，尤以原始森林、珍稀动植物为特色。有珍贵的珙桐、香果树、名贵药材、金丝猴、白化动物及神奇的“野人之谜”等。

（四）湖南

湖南简称湘。地处长江中游，洞庭湖以南，南岭以北。周邻鄂、赣、粤、桂、黔、渝六省、市。面积21.1875万平方公里，人口6805.7万（2007年）。东、西、南三面环山，中部为丘陵盆地，北部为洞庭湖平原。属亚热带季风湿润气候。

湖南山川秀丽，古迹众多，旅游资源丰富，是我国旅游大省之一，自然景观与人文景观极为丰富，素以名山名水、名楼名寺、名城名人著称。

旅游资源现有 1 个龙头，2 个国级历史文化名城，27 个省级风景名胜区，17 个省级森林公园，16 个省级旅游度假区，4 个国家级自然保护区，13 个市（州）级旅游度假区，14 个专项旅游产品，4 个国家级风景名胜区，23 个国家级森林公园，22 个国家级文物保护单位，3 个省级历史文化名城，10 项旅游节庆活动，4 条精品线路，5 大特色区域和 22 个省级自然保护区。

1. 长沙市

长沙是湖南省省会，位于湖南省东部，湘江下游东岸。有岳麓山、桔子洲等旅游胜地，以麓山寺、岳麓书院（见图 12－21）、爱晚亭、望湘亭、唐李邕麓山寺碑、宋刻禹王碑最为著名。

图 12－21　岳麓书院

2. 岳阳市

岳阳古称巴陵，位于湖南省东北部，地处洞庭湖与长江的交汇口。名胜古迹有岳阳楼、洞庭湖、君山等。岳阳楼与洞庭湖历有“洞庭天下水，岳阳天下楼”之美誉。洞庭湖、君山岛中名胜众多，古迹遍布，有二妃墓、柳毅井、封山印、斑竹、罗汉竹、君山银针等，并有湘妃和柳毅传书等传说，充满了神秘色彩。

3. 韶山

韶山位于湘乡、宁乡、湘潭交界处，峰峦耸翠，景色宜人，是新中国伟大领袖毛泽东同志故乡。

4. 南岳衡山

衡山位于湖南省中部衡山市境内，是著名的五岳之一。自然风光秀丽，尤以烟云奇特、变幻莫测而享有“五岳独秀”的美称。名胜古迹众多，其中祝融峰之高、藏经殿之秀、方广寺之深、水帘洞之奇，并称南岳“四绝”。

图 12－22　张家界夫妻岩

5. 武陵源风景区

武陵源位于湖南省西北部，包括张家界、索溪峪和天子山三部分。具有原始的生态系统，国内外罕见的砂岩峰林地貌景观，素有“峰三千，水八百”之美誉，以野、奇、秀、雄、险、幽而著称。其中张家界（见图 12－22）是我国最早建立的国家森林公园。武陵源风景区于 1992 年成为“世界自然遗产”。

第五节　吴越文化旅游区

本区位于东南沿海中部，范围包括上海、江苏、浙江、安徽、江西四省一市。面积51.7万平方公里，人口2.384亿。本区地处长江下游，濒临东海、黄海，具有很大程度的近海位置优势。旅游资源极为丰富，旅游质量很高，地域分布密度很大，加上地理位置优越，气候条件良好，经济文化发达，水陆交通方便，物产丰富，人口集中，自古经济繁荣，促使其发展成为旅游资源开发较成熟的区域，是自然山水风光和人文景观兼优的旅游资源区。

一、旅游环境特征

本区自然地理环境上为平原与低山丘陵交错地区，平均海拔较低，江河分布如织、湖泊密集成群、泉瀑丰富，陆地水面较大，为亚热带湿润季风气候，同时兼有暖温带—亚热带多种多样的气候，降水丰沛，加上热量充足，植被繁茂，形成“水乡泽国”和以秀见长的景致。自然旅游资源以名山胜景为支柱，旅游价值极高。

本区人文地理环境的特征表现吴越文化特色鲜明，人文旅游资源以园林、名城和宗教为代表。是我国园林最集中的地区，为数众多的江南园林，工艺精巧、结构轻盈、布局紧凑、风格特异。

本区多良港与航空港，在吸引国际客源上占有优势。人口密度居全国之首，经济在全国处于领先地位。是一个结构完整、层次丰富、功能齐全的现代化“综合型”旅游资源区，也是国内最重要的旅游客源地。

二、主要旅游地

（一）江苏

江苏简称苏，位于中国东南沿海，地处长江下游，东濒黄海，西邻安徽，北连山东，南接浙江、上海。面积10.26万平方公里，人口7624.5万（2007年）。地形以平原为主，水网稠密，河湖众多，属亚热带和暖温带过渡类型。

江苏自然景观壮丽，山、水、洞、泉，旅游资源丰富。历史悠久，人文荟萃，自然景观与人文景观相映成趣，名胜古迹遍布全省各地。古都名城和不同历史时期、不同风格的名胜古迹集中和众多。

目前全省共有3个国家级森林公园，5个省级森林生态自然保护区，2个国家级野生动物自然保护区，风景名胜区国家级4个，省级9个和29个全国重点保护单位。国家历史文化名城7个，中国优秀旅游城市有13座。

1. 南京市

南京位于江苏省西南部，横跨长江两岸。山水风光旖旎，历史文化悠久，名胜古迹众多，是我国七大古都之一，有“十朝都会”之誉。主要游览胜地有紫金山（中山陵、明孝陵、灵谷寺、紫金山天文台）、雨花台（见图12-23）、玄武湖、莫愁湖（见图12-24）、秦淮河、夫子庙等。

图12-23　雨花台

图12-24　莫愁湖

2. 镇江市

镇江位于江苏省中部、长江下游南岸，是一座历史悠久江南古城，三面山丘环峙，一面临水，山峦秀丽，江流壮阔，历来有“天下第一江山”之称。名胜古迹众多，尤以镇江三山即金山、焦山、北固山驰名中外。

3. 扬州市

扬州位于江苏省中部、长江北岸，与镇江市隔江相望，京杭大运河贯穿其间，自古为南北水陆交通要道和繁荣秀丽的风景名城，历史上誉称“淮左名都”。有大明寺、瘦西湖、何园、平山堂等著名景点。

4. 无锡市

无锡位于江苏省东南部、太湖北岸。自然风景极为秀丽。有鼋头渚、蠡园、锡惠公园、梅园、灵山大佛、太湖影视城等著名景点。

5. 苏州市

苏州位于江苏省南部、太湖东侧，是一座具有2500多年历史的名城。小桥流水遍布全市，是全国河、桥最多的城市，素有“东方威尼斯”之称。苏州又是我国著名的园林城市，其园林数量之多、造园之早、建筑之精、艺术境界之深为世界各国之冠。享有“江南园林甲天下，苏州园林甲江南”之美誉。名胜古迹有沧浪亭、狮子林、拙政园、留园、网师园、西园、虎丘、寒山寺等。1997年苏州古典园林被列入世界文化遗产。

（二）上海

上海简称沪，地处长江三角洲前缘，东濒东海，南临杭州湾，西接江浙两省，北接长江入海口，处于我国南北海岸线的中部。土地面积为6340.5平方公里，人口1368.1万（2006年）。地形为冲积平原。属亚热带季风气候。

上海是中西文化的交汇点，形成了独特的文化和民俗风情，是我国优秀旅游城市和历史文化名城。建筑是上海的一大景观，构成迷人的都市风景线。素有“购物天堂”、“东方巴黎”之美称。

上海被列入全国重点文物保护单位的有16处，市级文物保护单位114处，纪念地点29处，保护地点14处。

1. 外滩

外滩是上海城市的象征。几十幢风格各异的建筑荟萃于此，使其闻名于世。

2. 豫园

豫园（见图12－25）位于上海市东南部，占地70亩，始建于明嘉靖至万历年间，是著名的江南古典园林。其建筑兼具明清两代南方园林风格，布局奇特，具有以小见大之特色。以龙墙、假山、玉玲珑、九曲桥而取胜。全园由五条造型独特、栩栩如生的龙墙将48处景点分为7个景区，其大假山为镇园之宝。玉玲珑为江南三大奇石之一，相传是北宋花石纲遗物，高3.3米，上有72孔，具皱、透、漏、瘦的特点。

图12－25 豫园

3. 玉佛寺

玉佛寺位于普陀区安远路江宁路口，是江南名刹。其内共供三尊玉佛，玉色洁白，造型美观，表情和善，身姿玲珑，雕工精美，其背后的佛光和头上、手上、身上都有金带装饰，上嵌各色宝石，光彩夺目，堪称佛教艺术中的稀世瑰宝，为佛教艺术中少见的珍品。

4. 龙华寺与龙华塔

龙华寺位于上海西南部，相传始建于三国时期，是上海历史最悠久、规模最宏大的古刹。现存佛殿多为清光绪年间重修。龙华塔亦为三国时期所建。砖木结构楼阁式，七层八角，飞檐高翘，曲栏重重，每层悬有铜铃，风吹铃动，整体看去端庄秀丽，是上海地区保存最完美的古塔之一。

5. 松江方塔

松江方塔位于上海市西南郊松江县城，始建于北宋年间，塔为四方形，砖木结构，高9层42.5米，挑檐攒尖，清秀挺拔，被誉为“江南造型最美的古塔”。

图12－26 上海玉佛寺之玉佛

6. 东方明珠电视塔

明珠塔主体结构高350米，塔总高度为468米，建成时仅次于加拿大多伦多电视塔和俄罗斯莫斯科电视塔，列亚洲第一、世界第三。东方明珠电视塔犹如一串从天而降的明珠，散落在上海浦东玉盘之上，在阳光的照射下，闪烁着耀人的光芒，成为上海新的标志性建筑。

（三）浙江

浙江简称浙。地处中国东南沿海长江三角洲南翼，东临东海，南接福建，西与江西、安徽相连，北与上海、江苏接壤。土地面积10.18万平方公里，人口5060万（2007年）。地形以丘陵、山地为主，南高北低，海岸曲折，港湾、岛屿众多。气候属亚热带湿润季风气候。

浙江是我国著名的旅游胜地，历史悠久，文化积淀深厚，旅游景点数量众多，类型丰富，文物古迹众多。

浙江有重要地貌景观800余处，水域景观200余处，生物景观100余处，人文景观100余处，国家级风景名胜区16个，国家级历史文化名城5座，省级风景名胜区42个，省级旅游度假区13个，全国重点文物保护单位131处，各类博物馆、纪念馆140余个。

1. 杭州市

杭州是浙江省省会，位于钱塘江下游北岸、京杭大运河的南端。历史悠久，是我国七大古都之一。杭州市以风景秀丽的湖光山色而著称。以西湖为中心，六和塔、灵隐寺（见图12－27）、雷峰塔、虎跑泉、岳王庙、岳坟、宋城等众多文物古迹遍布其间。

图12－27 灵隐寺济公像

2. 绍兴市

绍兴位于浙江省东北部，历史悠久，名人荟萃，自然风光优美，水乡景色迷人，是著名的历史文化名城。主要景点有鲁迅故居、东湖、大禹陵、兰亭等。

3. 宁波市

宁波位于浙江省东部、东海之滨。自然风光秀丽，名胜古迹众多，主要景点有天童寺、溪口雪窦山风景区等。

4. 普陀山

普陀山位于浙江省杭州湾以东，是舟山群岛中的一个小岛，是我国四大佛教名山之一，为观音菩萨的道场，素有“海天佛国”之称。著名寺院有普济、法雨、慧济三大禅寺。自然景观兼山、海之胜，加之异石遍布，沙质优良，环境幽静，气候宜人，是不可多得的避暑、旅游胜地。

5. 雁荡山

雁荡山是浙江省东南部的游览胜地，其中以北雁荡山景色最佳、最为著名，已被定为国家级风景名胜区，以山水奇秀闻名，号称“东南第一山”。雁荡山的奇秀在于峰、石、瀑、洞。其景观在不同距离、不同方向、不同时间里，有着不同意趣、不同造型，变幻莫测，故被誉为“造型地貌博物馆”。其中灵峰、灵岩、大龙湫被称为雁荡“三绝”。

6. 富春江—新安江风景区

包括千岛湖在内的富春江—新安江国家级风景区位于浙江西部钱塘江流域中下游。拥有平湖、峡谷、群岛、溶洞和众多的历史文化景观，是浙江的一条黄金旅游线。

图 12－28　富春江

（四）安徽

安徽简称皖，地处中国东部，属近海内陆地区。周边与江苏、浙江、江西、湖北、河南、山东等省接壤。面积 13.96 万平方公里，人口 5985.6 万（2005 年）。地形以平原、丘陵、低山为主。淮河以北属暖温带半湿润季风气候，以南为亚热带湿润季风气候。

安徽大地锦绣多姿，旅游资源众多，历史悠久，人杰地灵，历史古迹、佛教建筑、古民居、园林花卉、民俗风情各具特色，自然旅游资源中以名山多为特色，文化遗存丰富而别具特色，是中国旅游资源最丰富的省份之一。

安徽有各类自然景观、人文景观、名胜古迹近 200 处，5 个国家级重点风景名胜区，19 处省级风景名胜区。

1. 合肥市

合肥是安徽省省会，是一座具有 2000 多年历史的古城。主要胜地有逍遥津、包公祠、教弩台等。逍遥津位于合肥老城区东北角，为三国古战场遗址。包公祠位于合肥市包河公园内。教弩台为曹操所筑，为曹操教强弩手之处。

2. 黄山

黄山位于皖南黄山市，面积 1200 平方公里，最高峰莲花峰海拔 1864 米。黄山峰峦奇妙，云海缥缈，素有“黄山天下奇”之说，同时兼具泰山之雄伟、华山之险峻、衡山之烟云、庐山之飞瀑、峨眉之清凉、雁荡之怪石，是我国特点最多的名山，故有“天下名景集黄山”之赞语。尤以奇松、怪石、云海、温泉“四绝”而著称。主要景点有人字瀑、天都峰、玉屏楼、迎客松、莲花峰、光明顶、飞来石、排云亭、狮子峰、猴子观海、梦笔生花等。1990 年黄山被评为“世界文化与自然双重遗产”。

3. 九华山

九华山位于安徽省青阳县境内，多奇峰怪石和山泉瀑布，是我国四大佛教名山之一，为地藏王菩萨的道场。寺庙众多，享有“佛国仙城”之号，且多保存完好，景点有化城寺、东岩寺、祇园寺、甘露寺、月身宝殿、百岁宫等。百岁宫内供有无暇禅师的真身坐像。

4. 天柱山

天柱山（见图 12－29）位于安徽省潜山县境内，为历史上的“南岳”所在，汉武帝南巡封为

图 12－29　天柱山

南岳，曾名盛一时。隋代以后改封湖南衡山为南岳，天柱山仍以“古南岳”而受人仰慕。自然风光以雄、奇、灵、秀著称于世。

5. 黟县古民居

黟县古民居位于黄山风景区西南，历史上因交通闭塞，极少受到战争劫难，故得以保留4000多幢建筑精巧、风格明朗的古民居，被誉为“东方古建筑的艺术宝库”。最具代表的有西递村（见图12－30）、宏村，整体上保留了明清村落的基本面貌和特征。2000年被列入《世界遗产名录》。

图12－30　西递村

（五）江西

江西简称赣，位于长江中下游南岸，东临浙江、福建，南连广东，西靠湖南，北毗湖北、安徽而共接长江。面积16.69万平方公里，人口4311.2万（2005年）。地势呈周围高中间低，周围为山地，中为红色盆地。属亚热带湿润季风气候。

图12－31　滕王阁

江西自古人文荟萃，河山秀美，是中国中部的旅游资源大省。旅游资源主要表现为数量多、分布广、类型全、品位高。其中最具特色与开发价值的是独特山水、红色摇篮、陶瓷艺术和道教文化（见图12－31）。

全省现有对外开放的风景名胜区（点）400余处，国家级风景名胜区6处，省级24处，自然保护区55个，森林公园58个，国家地质公园2处，国家生态功能保护区1个，拥有历史文化名城7座，重点文物保护单位375个，重点保护寺观37处。

1. 南昌市

南昌市位于江西省北部，是江西省省会，有滕王阁（见图12－31）、青云谱、八一起义纪念馆等名胜古迹。滕王阁位于南昌市沿江路赣江边，为江南三大名楼之一，因《滕王阁序》而扬名四海。

2. 庐山

庐山又名匡庐，位于九江市南部，北依长江，东濒鄱阳湖。具雄、奇、险、秀的特点，山中有奇峰峻岭、飞瀑流泉、缥缈云雾、锦绣园林及众多历史古迹，加之盛夏气候凉爽，是著名游览观光、避暑疗养胜地，1996年作为文化景观遗产被列入《世界遗产名录》。

3. 景德镇

景德镇位于江西省东北部，是我国著名的“瓷都”，以盛产瓷器而名扬天下。景德镇产有青花瓷、青花玲珑瓷、粉彩瓷、高温颜色釉瓷四大传统名瓷。

图 12－32　井岗山会师纪念馆

4. 石钟山

石钟山耸立于江西湖口县鄱阳湖入江口处、长江的南侧，地势高耸，为兵家必争之地。历代文人多在此赋诗题词，留下众多遗迹。

5. 井冈山

井冈山地处湘赣边境的罗霄山中段，海拔2120米，山高林密，地势险峻，是革命圣地。1927年秋，毛泽东、朱德等中国共产党人率领中国工农红军，在这里创建了第一个农村革命根据地，为中国革命开辟了一条以农村包围城市最后夺取城市的正确道路，以“革命摇篮”而饮誉海内外（见图12－32）。名胜有茨坪、茅坪革命旧址、大小五井及五大哨口（黄洋界、桐木岭、朱砂冲、双马石、八面山）等。

第六节　岭南文化旅游区

本区位于我国最南端。区域范围包括广东省、福建省、海南省。本区东濒太平洋，南临南海，东靠东海，是华侨、外籍华人归国回乡、港澳同胞、台湾同胞回内陆的首到或必经之地，是我国华侨最多的地区，有显著的岭南外来文化特色。本区拥有大量花色多样的人文旅游景观，加上优越的区位条件，使得本区旅游资源在全国占有特殊地位，形成我国旅游资源地域分区中一个富有特色的区域。本区旅游业的发展在全国处于领先地位，是我国旅游热点地区。

一、旅游环境特征

本区自然地理环境上地形以山地、丘陵为主，经流水侵蚀切割和风化、溶蚀，形成许多自然奇景，地貌类型多样，尤以丹霞地貌最为典型；同时水热资源丰富，名山温泉众多。绵长的海岸带有不同类型的海岸和滨海景观，有众多优良港湾和丰富的海滨旅游资源，别具特色，岛屿众多，风光各异，旅游资源热带特征明显。本区大陆部分属于干湿季度交替的热带季风气候特征，长夏无冬、高温多雨。

本区人文地理环境特征表现南北并蓄、中外兼采的岭南特色文化风格，是著名侨乡。是我国面向世界、沟通海外的重要窗口。该地区经济发达，旅游业独具特色，发展迅速。

本区靠近海洋，地理区位条件优越，旅游业起步早，旅游资源开发、利用、保护等方面居全国领先地位。独特的自然与人文旅游资源、区位优势、特殊社会背景以及中西文化相结合的人文景观，使其形成一个以热带—亚热带特色自然风光为主，山海景色、阳光海岸和名特优产品为特征的开放型旅游资源区。

二、主要旅游地

（一）福建

福建简称闽，位于我国华东南部沿海，东隔台湾海峡，与台湾省相望，东北与浙江省毗邻，西北横贯武夷山脉与江西省交界，西南与广东省相连，连接长江三角洲和珠江三角洲。陆地面积 12.14 万平方公里，人口 3581 万(2007 年)。地势西北高、东南低，以低山丘陵为主，平原主要分布在沿海。兼有热带和亚热带海洋性季风气候的特点。

图 12－33 老君岩造像

福建旅游资源十分丰富，山清水秀，人文荟萃。滨海旅游资源有较大的规模优势；山岳景观种类齐全；宗教和民间信仰文化发达，门类繁多；古代建筑类型多样；民族民俗风情浓郁，地方文化内涵丰富；山与海、自然与人文紧密组合，形成优良的旅游资源地域组合结构。

福建省拥有 1 个世界自然和文化双遗产，9 个国家级重点风景名胜区，19 个省级风景名胜区，45 处全国重点文物保护单位，167 处省级重点文物保护单位，2 个国家级旅游度假区，4 个国家历史文化名城，6 个中国优秀旅游城市，2 个国家旅游度假区，6 个国家级自然保护区，9 个国家森林公园，4 个省级历史文化名城、6 个名乡（镇）、5 个名村。

1. 福州市

福州市福建省省会，地处中国东南沿海、闽江下游。历史悠久，环境优美，山水兼胜，有屏山、乌山、于山“三山”鼎立，还有鼓山、戚公祠、林则徐墓等名胜古迹。

图 12－34 武夷山之九曲溪

2. 厦门市

厦门是福建省一个副省级城市。历史悠久，交通便捷，历史上曾是我国五个通商口岸之一，现为我国东南沿海主要港口。有鼓浪屿、南普陀寺、万石植物园等游览区。

3. 泉州

泉州地处福建东南沿海，曾是海上丝绸之路的起点，享有东方第一大港的盛誉。风景名胜奇特，文物古迹众多，有清净寺、开元寺、老君岩造像（见图 12－33）、洛阳桥等景点。

4. 武夷山

武夷山位于福建省武夷山市境内，为典型的丹霞地貌，以碧水丹山、奇妙烟云而著称。九曲溪是武夷山景点集中的地方，有大王峰、玉女峰、武夷书院、天游峰等景点。1999 年被评为“世界文化与自然双重遗产”。

（二）广东

广东简称粤，位于我国华南地区、南岭以南的南海之滨。陆地面积 17.98 万平方公里，海岛面积 1600 平方公里，人口 9449 万（2007 年）。地势北高南低，山地与丘陵分布广泛。气候属热带和亚热带海洋性季风气候，夏热冬暖。

广东省地理位置优越，历史文化、自然风光和人文景观都具有鲜明的岭南特色。汇山、江、湖、海、泉、瀑、林、涧、岛为一体，融自然景观与人文景观于一身，境内旅游资源丰富，各类文物为数众多，史前文化遗产丰富，海洋文化遗产、华侨文物、革命文物、名人资源等独具特色，国家级历史文化名城、名镇、名村数量在全国名列前茅，非物质文化遗产相当可观。

广东省有国家级自然保护区 9 个，省级自然保护区 35 个，国家级风景名胜区 7 个，省级风景名胜区 16 个，国家级旅游度假区 1 个，省级旅游度假区 29 个，国家 AAAA 级旅游区（点）25 个，国家级森林公园 21 个，被我国确认的不可移动文物点和全国重点文物保护单位 48 处，省级文物保护单位 269 处，近现代重要史迹 1088 处。沿海海防堡垒、炮台共 71 处，革命遗址 1129 处，历史价值的名人故居 216 处，国家级历史文化名城 6 座，省级历史文化名城 22 座，国家历史文化名村 5 个，《国家非物质文化遗产名录》入选项目 36 项。

图 12－35　五羊标志

1. 广州市

广州是广东省省会，位于广东省中部、珠江三角洲北部地区，地跨珠江两岸，别称“羊城”（见图 12－35）、民城、穗城。主要景点有白云山、越秀公园、黄花岗七十二烈士墓、中山纪念堂、三元里、虎门等。

2. 深圳市

深圳位于广东省南部沿海，东临大鹏湾，南与香港毗邻。景点有西丽湖、笔架山、香蜜湖、深圳湾、小梅沙、锦绣中华、中国民俗文化村、世界之窗、欢乐谷等。

3. 珠海市

珠海位于广东省南部、珠江出海口的西岸，东与深圳、香港隔海相望，南与澳门陆地接连。是一座新兴的花园式海滨旅游城市。

4. 肇庆市

肇庆位于广东省的中部偏西，是国家级历史文化名城，素有“西江明珠”、“岭南名郡”之称。主要名胜有七星岩（见图 12－36）和鼎湖山。

5. 佛山市

佛山位于广州市西南面，明清时为我国四大名镇之一。著名的古迹是佛山祖庙，建筑精美，其陶瓷、木雕、砖刻艺术皆极具特色，具有很高的历史和艺术研究价值。

6. 丹霞山

丹霞山坐落于广东省韶关市仁化县境内，是典型的丹霞地貌。这里红岩广布，到处悬崖峭壁，景色奇特，为岭南第一奇山，居广东四大名山之首。

图 12－36 七星岩

（三）海南

海南简称琼，是我国最南部的海岛省份陆地。面积 3.39 万平方公里，海域面积 200 万平方公里，人口 828 万（2005 年）。地势中间高，四周低。地形有山地、丘陵、台地、平原、滩涂，逐级递降，构成垂直分布和环状分布带。属热带季风和热带海洋气候。

海南省具有得天独厚的旅游资源。海南由蓝天、碧海、绿野、温泉、阳光、沙滩、椰林、怪石嶙峋的海岸线、连绵起伏的山峦构成了旖旎秀丽的热带风光。自然、人文旅游资源十分丰富。

海南旅游资源十分丰富，极富特色。自海口至三亚东岸线就有 60 多处可辟为海滨浴场，建立了 4 个红树林保护区、4 个热带原始森林区、若干个野生动物自然保护区和驯养场，其中国家级自然保护区 8 个，省级自然保护区 20 个，旅游景区（点）AAA 级 7 家，AA 级 13 家。

1. 海口市

海口是海南省省会，在海南省北端。三面环海，冬无严寒，夏无酷暑。主要旅游胜地有五公祠、海瑞墓、古炮台、假日海滩等。

2. 三亚市

三亚位于海南岛最南端，是海南岛最重要的旅游胜地，洁净的沙滩、婆娑的椰林，一片南国热带海滨风光。全年皆可进行海水浴，是我国著名的避寒胜地。主要景点有亚龙湾、鹿回头、天涯海角（见图 12－37）等。

图 12－37 天涯海角

3. 五指山

五指山位于海南岛中部，五峰高耸，形似五指，故名五指山。主峰海拔 1879 米，是海南岛的最高峰，也是海南岛的象征。热带林木遍山，奇花异草漫布，又有长臂猿、梅花鹿等珍稀动物栖息于此，山区气候独特，垂直分异明显，登山可体验晨凉、午热、夕暖、夜寒“一日四季”的奇妙感受。五指山周围自古是黎族、苗族聚居地，可充分领略黎族、苗族风土人情。

4. 海南热带植物园

海南热带植物园位于海南省万宁县。以热带作物著称的华侨农场就在园内。种植有橡胶、咖啡、可可、油棕、芒果、槟榔等众多热带经济作物，有“热带植物园”之称。

第七节　西南少数民族文化旅游区

本区位于我国西南部、青藏高原东侧，包括云南、贵州两省和广西壮族自治区。面积80.7万平方公里，人口约1.23亿人。本区的东面是华南区，北面是华中区，西部接青藏高原和缅甸，南临北部湾和越南、老挝等。本区旅游资源独具特色，岩溶地貌发育典型，地势反差大，同时还是我国少数民族聚居区，各少数民族保持着各自独具特色的民俗风情，对国内外旅游者有着很大的吸引力。

一、旅游环境特征

本区自然地理环境上地跨滇西与滇南山地、云贵高原和广西丘陵盆地三大地貌单元。本区的岩溶形成的奇山异水是本区最为重要的自然资源。岩溶地貌景观，如孤峰、石林、峰林、峰丛、天生桥、溶洞、岩洞瀑布等无所不有，堪称世界上岩溶地貌发育最典型、最完美的自然博物馆，也是闻名于世的岩溶风景游览胜地。本区高山深谷蔚为壮观，自然景观更具“天然未雕饰”之自然美。区内雪山茫茫，山高谷深，湖光水色，奇花异草，珍禽异兽，无所不有，其中不少自然奇观在我国乃至世界也是独一无二的。本区大部分地区的气候为亚热带季风性湿润气候，四季差异不明显，但是由于地域辽阔，地势高低悬殊，使得气候复杂多样，各地区之间差异明显。

本区人文地理环境的特征表现为历史悠久，民风古朴，民俗旅游资源别具一格，极具神秘魅力。本区是我国古人类的起源地之一，自古就是我国与东南亚和南亚各国经济文化交往的陆路通道，我国的丝绸和工艺品经过该地区运往印度、缅甸等国，被誉为“西南丝路”。本区是我国主要的少数民族杂居地区，一直是多民族聚集地，在长期的生产生活中，形成各自的风土人情和民族习俗，创造出各自富有民族特色的文化，对异地异族的旅游者有很大吸引力。

本区岩溶景观发育典型，分布广泛；山川秀美，气候宜人；民族风情，别具一格，是一个以岩溶景观热带、亚热带高山深谷风光以及多民族的文化习俗为特色的旅游资源区。同时，本区的地理位置适宜开展边境旅游和跨国旅游，本区旅游业的发展水平与其旅游资源的地位还很不相称，其开发潜力和优势十分显著，并正处于高速发展过程中。本区是我国旅游资源开发潜力最大的区域之一，今后必将在国内和国际旅游中占据越来越重要的位置。

二、主要旅游地

（一）云南

云南简称云或滇。地处中国西南边陲，东部与贵州、广西相邻，北部与四川、西藏相邻，西邻缅甸，南邻老挝、越南。陆地面积39.4万平方公里，人口4450.4万（2005年）。

地形多样复杂，属青藏高原南延部分，盆地、河谷、丘陵、低山、中山、高山、高原相间分布。属亚热带—热带高原性季风气候。

云南旅游资源遍布全省各地，自然景色和人文景观都有独特的优势，有寒、温、热带的立体气候，有雄伟壮丽的山川地貌，有古老悠久的历史文化遗存及近现代革命历史纪念物，是访古探秘进行文化传统和革命传统教育的知识宝库，还有各具文化特色的25个少数民族，民俗风情绚丽多彩。

云南有世界级旅游资源6个，国家级森林公园25，国家级重点风景名胜区11个，国家级历史文化名城5个，国家级自然保护区10个，国家级湿地保护区1个，国家独龙野牛种源保护基地1个，国家地质公园3个，火山、土林3个，主要峰林、石林5个，主要冰川5个，主要峡谷、河湾6个。

1. 昆明

昆明是云南省的省会，是一座历史文化名城。有“万紫千红花不谢，冬暖夏凉四时春”的美誉。主要景点有滇池、西山、金殿、筇竹寺、安宁温泉、世博园等。

2. 西双版纳

西双版纳（见图12－38）地处滇南，通常指以景洪为中心的傣族自治州，是傣、汉、哈尼族的聚居地。这里是我国重要的热带风光原始森林自然保护区，既是我国动植物科学考察的珍贵基地，又是旅游者猎奇揽胜的好地方。名胜古迹有景洪曼飞龙塔、勐海景真八角亭、勐腊葫芦岛热带植物园等。

图12－38　西双版纳

3. 路南石林

路南石林（见图12－39）位于路南彝族自治县内，被称为“天下第一奇观”。主要由大石林、小石林、外石林、芝云洞、奇峰洞、黑松岩、藏湖等组成，是典型的岩溶地貌景观。景观以剑锋池、阿诗玛峰、莲花峰、玉湖、地下石林、大叠水飞瀑等闻名遐迩。

4. 大理

大理位于云南省西部，旅游资源非常丰富，有“东方瑞士”的美誉。大理“下关风”、“上关花”、“苍山雪”、“洱海月”四景各具特色，大理三塔、蝴蝶泉等亦闻名中外。

图12－39　路南石林

5. 丽江古城

丽江古城位于云南省西北部，又叫大研镇，始建于南宋，是一个以纳西族为主的具有悠久历史的古老城镇。民居全是土木结构的瓦房，古色古香。清澈的玉泉水从城头分成三岔穿街过巷，流经千家万户，“家家流水，户户垂柳”，极具高原水乡古树、小桥、流水、人家的美学意蕴“高原姑苏”。丽江古城是中国古建筑的瑰宝，1997年被列入世界文化遗产。

（二）贵州

贵州简称黔或贵，位于我国西南的云贵高原东部。东接湖南，西连云南，北邻四川和重庆，南界广西。面积17.6167万平方公里，人口3975.48万（2007年）。地势较高，高山纵横，地面崎岖，岩溶地貌广布。多数地区属亚热带湿润季风气候。

贵州旅游资源存量大、种类多、品位高、分布广、特色鲜明、开发潜力极大。特殊的喀斯特地质地貌、原生的自然环境、浓郁的少数民族风情，形成了以自然风光、人文景观和民俗风情交相辉映的丰富旅游资源。

贵州有石林景观10多处，瀑布和峡谷景观1000多处，可开发的自然旅游资源1000余处，可开发的乡村旅游点1000余个，长度大于2000米的洞河有1000多条，水库1900多座，具有一定价值的文物古迹4000多处，旧石器时代文化遗址50处，民族村寨在内的民族风情点40多个，少数民族节日1000多个。目前已经开发经营和列入旅游规划的旅游区（点）有491个。拥有12个国家重点风景名胜区，57个省级风景名胜区，自然保护区国家级7个、省级15个，重点文物保护单位国家级19个、省级285个，国家森林公园11个，国家地质公园4个，历史文化名城（镇）属国家级的有2个、省级9个，中国优秀旅游城市3个。

1. 贵阳市

贵阳是贵州省省会，位于贵州中部乌江支流上的南明湖北岸。旅游资源丰富，有花溪公园、黔灵山、地下公园、甲秀楼等名胜。

2. 遵义市

遵义是贵州第二大城市，著名的遵义会议会址所在地。

3. 黄果树风景名胜区

黄果树风景名胜区位于贵州西线旅游中心安顺市西南45公里处，镇宁布依族苗族自治县境内，是全国第一批国家重点风景名胜区和首批获得国家评定的AAAAA级旅游区。景区以黄果树瀑布为中心，以瀑布、溶洞、地下湖为主体。风景区内瀑布成群，洞穴成串，峰峦叠翠，植被奇特，伏流、溶洞、石林、石壁、峡谷比比皆是，呈现出层次丰富的喀斯特山水旖旎风光。黄果树附近有很多的名胜古迹，其中以“千古之谜”的红岩碑最为著名，此外还有关索岭、孔明堂、跑马泉、御书楼等。

4. 织金洞

织金洞位于织金县境内，是目前世界上已开发作为旅游溶洞的最大溶洞，面积达70多万平方米，洞中微地貌形态丰富多彩，是迄今为止已发现溶洞中保存最原始、景观最完美、科研和旅游价值最高的溶洞之一。

5. 梵净山

梵净山（见图12－40）在江口县北，是武陵山脉的主峰，海拔2494米，是著名自然保护区。有众多珍禽异兽栖息，最著名的有灰金丝猴、娃娃鱼、红腹角雉、白腹角雉、麝獐、云豹、苏门羚、猕猴、野马等。

图12－40　梵净山

（三）广西

广西壮族自治区简称桂，位于南疆、华南西部，东邻广东，北接湖南、贵州，西交云南，南临北部湾，与海南隔海相望，西南与越南为邻。土地面积23.67平方公里，人口4925万（2005年）。地形略呈盆地状，丘陵广布，河谷纵横，地势西北高、东南低。属南亚热带湿润季风气候。

广西壮族自治区风景如画，是中国旅游资源大省之一，旅游资源多姿多彩。主要有峰林和山地景色、岩溶洞穴景观、江河湖泊水景、瀑布景观、滨海风光、森林公园、动植物、古迹、民族风情及宗教寺庙文化、侨乡风光等。

广西有风景名胜区国家级3处、自治区级31处，国家级自然保护区6处，重点文物保护单位国家级15处、自治区级221处，森林公园国家级11处、自治区级11处，旅游度假区国家级1个、自治区级9个。

1. 南宁市

南宁是广西壮族自治区首府，是一座美丽的花园城市。主要旅游胜地有伊岭岩、药用植物园、清秀山、花山壁画（见图12－41）等。

图12－41 花山壁画

2. 桂林市

桂林位于广西东北部、漓江西岸，是一座有2000多年历史的文化古城。桂林山水以“山清、水秀、洞奇、石美”四绝而闻名，是与杭州、苏州齐名的我国三大风景游览城市。主要景点有杉湖、榕湖、独秀峰、王城等；市区周围有象鼻山（见图12－42）、叠彩山、芦笛岩、漓江、阳朔等。此外还有历代文人留下的文物古迹。

图12－42 象鼻山

3. 兴安灵渠

兴安灵渠又名湘桂运河，是我国最古老的人工运河，位于兴安县境。渠长33公里，由分水坝、铧嘴、南渠、北渠、秦堤、泄水坝、陡门组成，沟通了长江和珠江两大水系。其中陡门为现代船闸的先导，是古代劳动人民智慧的结晶。

4. 北海市

北海地处广西最南端、北部湾的东北岸，是中国新兴的重点旅游城市。北海三面环海，风景优美，富有浓厚的南国情调，同时海滨沙滩洁白细软，是理想的海水浴场。

5. 柳州市

柳州又称龙城，位于广西中部，是中国南方一座古老而又美丽的城市，也是广西最大的工业基地和经济中心。主要旅游名胜有柳侯祠、鱼峰公园、龙潭公园等。

第八节　蒙古族游牧文化旅游区

本区位于我国西北部边疆，幅员辽阔，包括宁夏回族自治区和内蒙古自治区。众多的相邻关系有利于开展区际横向联合及协作。本区位于亚欧大陆中部，深居内陆，距海遥远，面积广大，资源丰富，属内陆型旅游资源区。适宜开展荒漠观光旅游、边塞风情旅游等独具特色的旅游。本区人口稀少，技术条件和经济发展水平相对较低，旅游业有待发展。

一、　旅游环境特征

本区自然地理环境地势高亢，地域辽阔，山地、盆地、荒漠和草原相间分布，人类经济活动影响小。西部由于环境干旱，自然景观的特异性较为显著，以广阔沙漠戈壁、草原绿洲、干旱风貌等构成了富有变化的自然景观，反映出粗犷、奇异的特点。

本区是少数民族聚居区之一，各民族有着自己独特的风俗习惯、宗教信仰、语言文字和生产生活方式，形成了丰富多彩的少数民族风土人情。食、住、行、游、购、娱，体现出强烈的、浓郁的民族风情，民族风情意趣浓郁、绚丽多姿。

本区地理位置偏远，远离主要旅游客源地，加之交通不太便利，旅游参观较费时，一定程度上限制了旅游业的发展。但自然风光与人文景观优势及其在地域上的关联性，使其在全国旅游资源地域体系中占有较重要的地位。旅游资源分布的地域集中性与经济相对发达地带相重合的特点，有利于旅游资源的线状开发。本区是地域特色鲜明、开发潜力巨大的旅游资源区之一。

二、主要旅游地

（一）宁夏回族自治区

宁夏回族自治区简称宁，位于我国西北部的黄河中游地区，东邻陕西省，西部、北部接内蒙古自治区，南部与甘肃省相连。面积为6.64万平方公里，人口596.2万（2005年）。地貌类型多样，山脉、高原、平原、丘陵、河谷一应俱全。属于温带大陆性半干旱气候。

图12－43　九曲黄河

宁夏位于“丝绸之路”上，悠久的历史、多样的地貌、特有的民俗构成了丰富多彩的旅游资源。绵延不绝的贺兰山、六盘山，浊流滚滚的九曲黄河（见图12－43），浩瀚无垠的沙漠和草原，有“东方金字塔”之称的西夏王陵以及独具特色的回族风情。

1. 银川

银川有“塞上江南”的誉称，历史悠久、丰富的西夏文化遗迹、诱人的水乡景色、奇特的塞上风光及多彩的回族民俗风情使银川市成为中国西部最具魅力的城市之一。这里有古城池、宫苑、楼阁、寺院、佛塔、帝陵、长城等多处名胜古迹。

2. 青铜峡

青铜峡位于宁夏中部，是黄河上游段的最后一个峡口。青铜峡两山对峙，水深流激，地势险要。在峡口的黄河西岸一个向东的陡峭山坡上矗立着一大群喇嘛塔，总数共一百零八座，坐西朝东，背山面水，依山势自上而下分阶而建，按一、三、五……十九奇数排列，形成一个等边三角形。这是中国古塔建筑中仅见的大型塔群（见图12－44）。

图12－44 青铜峡一百零八塔

3. 沙坡头旅游区

沙坡头旅游区是吟咏千古绝唱“大漠孤烟直，长河落日圆”的所在。位于腾格里沙漠的东南缘。这里集大漠、黄河、高山、绿洲为一处，被旅游界称之为“世界垄断性的旅游资源”，既具江南景色的秀美、又兼西北风光之雄奇，是闻名全球的旅游胜地，是国家级自然保护区。

4. 西夏王陵

西夏王陵（见图12－45）位于银川市以西的贺兰山东麓，坐落着9座帝王陵和70多座官僚、勋戚的陪葬墓。陵区布局十分规范整齐，四周筑有夯土城墙，城内有的广场、道路、院落、水井和房屋等遗迹都清晰可见。留下的建筑遗迹和西夏文、汉文碑刻，以及出土的文物对西夏文化艺术有重要价值。

图12－45 西夏王陵

（二）内蒙古自治区

内蒙古自治区简称内蒙古，位于中国北部边疆地区。东邻黑龙江、吉林、辽宁三省，西与甘肃、宁夏回族自治区接壤，南靠冀、晋、陕三省，北部和东北部分别与蒙古、俄罗斯交界。面积118.3万平方公里，人口2405.06万（2007年）。地势大部分高而平坦，河流和湖泊星罗棋布，西部多为戈壁沙漠。属温带大陆性季风气候。

内蒙古自治区发展旅游业具有优越的地域优势和区位优势。旅游资源得天独厚，壮美的草原风光、浓郁的民族风情、悠久的历史文化乃其特色鲜明的杰出代表，而苍茫的林海、雄浑的大漠、浩渺的湖泊、众多的河流、神妙的温泉和银装素裹的冰雪世界等，亦颇具吸引力。

草原是内蒙古旅游资源的支柱类型，内蒙古现有8667万公顷天然草场，居全国五大草原之首；有森林1680万公顷，分布面积居全国第二；有沙漠沙地3000余万公顷，面积居全国第二；文物遗址1.5万余处；“红山文化”、“大窑文化”令世人瞩目。

1. 呼和浩特

呼和浩特在蒙古语中意为“青色的城”，为内蒙古自治区首府，是具鲜明民族特点和众多名胜古迹的塞外名城。主要名胜古迹有明代大召、五塔寺、清真大寺、内蒙古博物馆、辽白塔（见图 12－46）、昭君墓、大青山风景区、内蒙古赛马场和锡勒草原等。

图 12－46　辽白塔

2. 成吉思汗陵

成吉思汗陵位于伊克昭盟的伊金霍洛旗。陵园主要分为陵宫、行宫、苏力德祭坛、陵史展览馆等部分。正殿里矗立着成吉思汗坐像，其背后是辽阔的疆域图，寝宫里安放着成吉思汗及三位夫人与胞弟的灵柩。东殿里安放着成吉思汗幼子拖雷及其夫人的灵柩。西殿里供奉着成吉思汗的银马鞍、弓箭等。东西过厅和各殿四壁绘有表现成吉思汗一生戎马生涯、子孙业绩和生活习俗的巨幅壁画。每年农历三月二十一日为祭日，举行公祭，远近蒙古族人民都会来参加盛会。

3. 呼伦贝尔草原

呼伦贝尔草原位于内蒙古自治区呼伦贝尔盟内，因拥有“呼伦湖”和“贝尔湖”而得名。这里草原辽阔，空气清新，是世界著名的天然牧场，也是旅游者观赏大草原壮丽的自然风光、领略当地风土人情的理想之地。

第九节　西北少数民族文化旅游区

本区位于我国西北部边疆，幅员辽阔，包括新疆维吾尔自治区、甘肃省。西面与哈萨克斯坦、俄罗斯、阿富汗等国家接壤，北面与俄罗斯、蒙古接壤，众多的相邻关系有利于开展区际横向联合及协作。本区位于亚欧大陆中部，深居内陆，距海遥远，面积广大，资源丰富，属内陆型旅游资源区。适宜开展荒漠观光旅游、丝绸之路古迹旅游和边塞风情旅游等独具特色的旅游。本区人口稀少，技术条件和经济发展水平相对较低，旅游业有待发展。

一、旅游环境特征

本区自然地理环境地势高亢，地域辽阔，山地、盆地、荒漠和草原相间分布，人类经济活动影响小。本区是我国沙漠集中分布的地区，西北内陆水源相对充足的地区经过历代开发，在自然与人的共同作用下形成了绿洲，是一种观赏性极强的特色生态环境。本区拥有昆仑山等多条世界著名高大山系，海拔 7000 米的山峰就有 16 座。壮丽的雪峰、冰川形成了高山平湖、雪岭云杉、原始森林、山地草场等特色自然风景，对登山探险、科学考察、猎奇观光的旅游者具有较强的吸引力。

本区人文地理环境的特征主要表现以“丝绸之路”文化和民族风情为特色。丝绸之路是一条联接亚、欧、非三大洲的陆上交通线，在丝路沿线留下了众多的名胜古迹。本区是少数民族聚居区之一，各民族有着自己独特的风俗习惯、宗教信仰、语言文字和生产生活方式，形成了丰富多彩的少数民族风土人情。

本区地域辽阔，但地理位置相对偏远，交通设施有待完善。现有旅游交通系统远远不能适应旅游业的发展，在一定程度上限制了客源。本区沙漠戈壁、雪山森林、石窟艺术以及丝路古迹等独特的旅游资源赋予该区较为神秘的色彩，有利于旅游资源的开发与利用。本区也是特色鲜明、开发潜力巨大的旅游资源区之一。

二、主要旅游地

（一）甘肃

甘肃简称甘或陇。地处黄河上游，东接陕西，东北与宁夏毗邻，南邻四川，西接青海、新疆，北与内蒙古自治区和蒙古人民共和国接壤。面积45.5万多平方公里，人口2594.36万（2005）。地形主要是高原山地，地势自西南向东北倾斜。属温带季风气候，具有明显的向大陆性气候过渡的特征。

甘肃历史悠久，山川壮丽，是丝绸之路的重要通道，有不少名胜古迹和历史文物。丝路沿线建有众多的石窟、寺院。这些文物古迹为发展旅游业提供了得天独厚的有利条件。

1. 酒泉

酒泉位于甘肃省西北部、河西走廊西端，南依祁连山，北望内蒙，东通兰州，西接嘉峪关。主要景点有大小苏干湖自然保护区、赤金峡水利风景区、大法幢寺、酒泉清真寺、玉门关（见图12－47）、雅丹魔鬼城、鸣沙山、月牙泉、酒泉卫星发射中心、敦煌莫高窟、敦煌阳关博物馆、东晋壁画等。1987年敦煌莫高窟被列入世界文化遗产。

图12－47　玉门关

2. 临夏回族自治州

临夏回族自治州位于黄河上游、甘肃省中部西南面，临夏民族文化和民俗风情独特，古迹名胜和人文景观众多，旅游资源得天独厚。主要有“马家窑文化”遗产、松鸣岩森林公园和古动物化石博物馆等。

3. 嘉峪关

嘉峪关位于甘肃省河西走廊中段，地处酒泉盆地西缘，南临祁连山，北依马鬃山，地势险要，景色雄伟。景点有嘉峪关（见图12－48）、魏晋壁画墓、雷台和护国寺感应塔碑等。

图12－48　嘉峪关长城

4. 兰州

兰州是甘肃省省会，地处古丝绸之路咽喉要冲，一直是中西文化交流、融合的重要地区。曾是商贸往来的大市场，也曾是金戈铁马的古战场。主要景点有吐鲁沟、绿色长廊、白塔山、五泉山、水车园、炳灵寺石窟、甘肃省博物馆、金城盆景园等。

（二）新疆维吾尔自治区

新疆维吾尔自治区简称新疆或新，古称西域。地处亚欧大陆腹地，从东北至西南与蒙古、俄罗斯、哈萨克斯坦、吉尔吉斯斯坦、塔吉克斯坦、阿富汗、巴基斯坦及印度八国接壤。面积166.49万平方公里，人口为2095.19万（2007年）。地域辽阔，地形多样。山脉与盆地相间排列，盆地被高山环抱。属于温带大陆性干旱气候。

新疆的野生动植物资源物种丰富、种类繁多、品种独特、特性优良，开发和发展的潜力较大。在这里可以观赏到雅丹地貌、风蚀蘑菇、洞穴、石林以及海市蜃楼、飞沙鸣叫等独特的自然景观。还有无数珍稀的荒漠动植物供旅游者观赏。人文旅游资源独具魅力。“丝绸之路”、古文化遗址、古墓葬、古建筑、古窟寺（千佛洞），石刻和现代纪念建筑物有236处，全国重点文物保护单位58处，国家重点风景名胜区3处，文物点有几千处。自然保护区35个（见图12-49）。

图12-49　火焰山

1. 乌鲁木齐

乌鲁木齐是新疆自治区首府。其东南有天山环抱，森林连绵，博格达峰高耸入云，西北紧邻准噶尔盆地。主要景点有红山、水磨沟、南山牧场、天山天池等。

2. 喀什

喀什位于新疆西南部，是丝绸之路上著名的旅站和重镇。具有浓郁的新疆特色和维吾尔民族特色。主要景点有香妃墓、艾提尕尔清真寺、大巴札等。

3. 吐鲁番市

吐鲁番位于新疆东部吐鲁番盆地中心，是丝绸之路北道上的重镇之一，有“火洲”之称。其景点有艾丁湖、火焰山（见图12-49）、葡萄沟、交河古城和高昌古城等。

4. 楼兰古城遗址

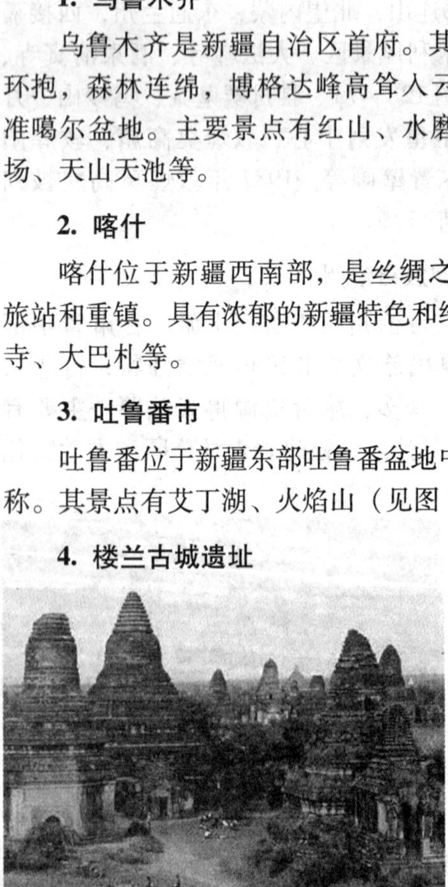

图12-50　复原后的楼兰古城

楼兰古城位于罗布泊西部，是古代西域的枢纽，在古代丝绸之路上占有极为重要的地位。我国内地的丝绸、茶叶，西域的马、葡萄、珠宝，最早都在楼兰进行交易。楼兰王国范围东起古阳关附近，西至尼雅古城，南至阿尔金山，北到哈密。但是随着时间的推移，这个王国逐渐消失了，它的消失至今仍然是一个谜。1900年，随着楼兰古城遗址的发现，逐渐成为旅游探险考古的理想去处（见图12-50）。

5. 喀纳斯湖

喀纳斯湖是坐落在阿尔泰深山密林中的高山湖泊。喀纳斯湖水最深188.5米，面积45.73平方公里。四周雪峰耸峙，绿坡墨林，湖光山色，美不胜收。区内森林草原相间，河流湖泊众多，自然景观艳丽，具有极高的旅游观光、自然保护、科学考察及历史文化价值。

第十节　藏族高原游牧文化旅游区

本区位于我国西南部，包括青海省和西藏自治区。面积约192万平方公里，人口780万，地广人稀。北靠西北区，东接华中区和西南区，西部和南部与尼泊尔、印度、锡金、不丹、缅甸等国接界。自然环境复杂，宗教色彩浓厚，资源特色明显，极富旅游吸引力，是一个风格异常独特的旅游区。

一、旅游环境特征

在自然地理环境上本区占据青藏高原大部分地区。青藏高原地高天寒，高于雪线以上的山峰很多，是世界上最高的高原，被称为“世界屋脊”。青藏高原由于地势高峻，形成了独特的高原气候，空气稀薄，含氧量少，透明度高，光照充足，辐射强烈，气温较低。高原、高山、雪山、冰川、森林、草地、湖泊、温泉、地热等构成特殊的自然旅游景观，同时自然景观的多样性和自然风光反差之巨大，实属罕见。

本区人文地理环境的特征表现为以藏族为主的民族文化、生活习俗和宗教文化，构成独具异彩的人文旅游资源。民风民俗保持了相对的完整性和原始性，民族风情独具特色，是高原文化的精华部分，也是最能吸引旅游者的资源之一。宗教在该区占有重要地位，各种寺庙成为该区的象征，寺庙不仅是宗教活动的场所，也是政治、文化、教育集中之地。寺庙是本区历史的凝聚点和文化的浓缩点，是对外界旅游者的最主要“诱惑”，令人神往。

青藏高原由于陡峭的地势和严酷的气候，使其不少地方罕有人迹，这给它蒙上了一层神秘的面纱。这一切特征使其在全国旅游资源体系中占有特殊地位，是一个待开发和正在开发中的旅游资源区。

二、主要旅游地

（一）青海

青海简称青，位于中国西部的青藏高原，周边与新疆、甘肃、四川、西藏相邻。面积72万平方公里，人口551.6万（2007年）。地势较高，平均海拔3000米以上。属大陆性高原气候。

青海旅游资源丰富，类型繁多。自然风光雄奇壮美，具有青藏高原特色。人文景观丰富，以古墓群、古寺庙、古岩画、古城堡为特征的名胜古迹众多。有很多少数民族聚居，有着浓郁的民族特色和民俗风情，可考察和体验藏、土、撒拉族等的传统和习俗。青海由于地处高原，多少数民族，以及历史上交通不便等原因，对大多数旅游者来说是具有神秘感、美丽而神奇的地方，是观光胜地。境内更多具有高原特色的旅游资源尚待进一步开发利用。

1. 西宁

西宁是青海的省会，四面环山，三川汇聚，是扼青藏高原的东方门户。西宁是一座高原古城，旅游资源丰富，主要有清真大寺、塔尔寺（见图12－51）、五峰山等。

图12－51 塔尔寺

2. 青海湖

青海湖在蒙古语中取“青色的海”之意。位于青海省东北部的青海湖盆地内，有中国最大的内陆湖泊，也是国内最大的咸水湖。湖的四周被巍巍高山所环抱。主要参观项目和内容有“唐蕃古道”遗址、湖畔草原、牧区风光，以及访问藏族牧民家庭，品尝青稞酒、酸奶和手抓羊肉等藏族风味食品，骑马漫游草原和沙漠，泛舟青海湖，乘船登海心山寻幽访古，夜宿具有民族特色的帐篷客房等。

3. 塔尔寺

塔尔寺与西藏的甘丹、哲蚌、色拉、扎什伦布寺和甘南的拉卜楞寺并称为我国藏传佛教格鲁派六大寺，是格鲁派创始人宗喀巴诞生的地方。寺院规模宏大完整，交通方便，已成为游览参观藏传佛教寺院最集中的地方和最主要的旅游胜地。壁画、堆绣和酥油花是塔尔寺的艺术三绝。寺内保存了各种造型精美的佛像、法器、卷轴画，还保存有珍贵工艺品，藏有各种匾额和汉藏文碑刻等。

4. 文成公主庙

文成公主庙是一座独立的藏式平顶建筑，庙门旁有一块不大的石碑，用古藏文简略地记载着修筑文成公主庙的缘由和大体时间。庙宇坐北向南，依山临水，风景宜人。

5. 三江源自然保护区

三江源自然保护区（见图12－52）位于青海省南部，西南部与西藏自治区接壤，东部与四川省毗邻，北部与青海省格尔木市、都兰县相接。三江源自然保护区是长江、黄河、澜沧江的发源地，被誉为“中华水塔”。

图12－52 三江源自然保护区

（二）西藏自治区

西藏自治区简称藏，位于中国的西南边陲，青藏高原的西南部。北邻新疆，东北紧靠青海，东西接连四川，东南界云南，南边和西部与缅甸、印度、不丹、锡金、尼泊尔等国接壤。面积122.84万平方公里，人口284.15万（2007年）。西藏复杂多样的地形地貌，形成了独特的高原气候。

西藏既有独特的高原雪域风光，又有妩媚的南国风采，而与这种大自然相融合的人文景观，使西藏具有了真正独特的魅力。西藏拥有绮丽的雪山蓝湖、草原风光和灿烂辉煌的古文化遗迹。宗教在西藏有着久远而深刻的影响，在人们的思想意识、生产和生活等的习俗上都带有浓厚的宗教（佛教）色彩，宗教活动成为大多数居民生活的组成部分。

至今还有许多藏族人的生活习俗与高原之外的现代人有着很大的距离，差异使西藏具有有别于其他旅游地的吸引力。西藏的寺庙在历史上最盛时就有2700多座，还有不少宫殿、园林、城堡、要塞、古墓、古碑等。西藏有国家历史文化名城3座，国家重点风景名胜区1个，全国重点文物保护单位27处。

1. 拉萨

拉萨是藏语“圣地”的意思，是西藏自治区首府，是西南边陲的重镇，因日照充足，有“日光城”之称。拉萨历来是西藏全区政治、经济、文化的中心和交通枢纽，也是藏传佛教圣地。素以风光秀丽、历史悠久、文化灿烂、风俗民情独特、宗教色彩浓厚而闻名于世，是国务院首批公布的历史文化名城之一。拉萨名胜首推布达拉宫（见图12－53）、大昭寺、小昭寺、哲蚌寺、色拉寺、罗布林卡等。

图12－53　布达拉宫

2. 日喀则

日喀则藏文意思是“土质最好的庄园”，是西藏第二大城市，是后藏地区的政治、经济、文化、宗教中心。位于雅鲁藏布江与年楚河的交汇处，海拔3800多米。名胜古迹主要是扎什伦布寺。扎什伦布寺藏语“吉祥须弥寺”，是格鲁派六大名寺之一，由宗喀巴的高徒一世达赖根敦珠巴创建，后成为历代班禅的驻锡地。寺内供奉的强巴佛（即汉地佛教的弥勒佛）像，是当今世界上最大的镏金铜像（见图12－54）。寺内藏有珍贵文物多种，都是研究西藏各个历史时期政教和社会发展的无价之宝。

图12－54　强巴佛

3. 珠穆朗玛峰

珠穆朗玛峰是喜马拉雅山脉的主峰，地处中尼边界的东段，北坡在中国西藏定日县境内，南坡在尼泊尔王国境内。珠峰脚下发育了许多规模巨大的现代冰川、刀脊、角峰、冰斗等冰川地貌。珠峰山体在中国这边看地形陡峭高峻，山峰上部终年为冰雪覆盖，呈令人震撼的金字塔状。

4. 雅砻河风景区

雅砻河风景区位于西藏山南地区，汇入雅鲁藏布江。该区资源有雪山冰川、田园牧场、河滩谷地、古老文化遗址和民风民俗等。主要景点有昌珠寺、猴子洞、藏王墓等。

第十一节　港澳台中西文化旅游区

本区域范围包括香港特别行政区、澳门特别行政区和台湾地区。本区面对广阔海洋，背靠祖国大陆，是对外开放的重要窗口。本区的旅游资源特色在于文化较为多元、海洋性资源丰富、购物类资源繁荣，并有着大量特色各异的人文旅游景观，加上本区交通非常发达，使得本区旅游业独具特色，发展迅速。

一、旅游环境特征

本区自然地理环境上地形以山地、丘陵为主。绵长的海岸带有不同类型的海岸和滨海景观，有众多优良港湾和丰富的海滨旅游资源，别具特色，岛屿众多，风光各异，旅游资源热带特征明显。本区大陆部分属于干湿季度交替的热带季风气候特征，长夏无冬、高温多雨。港澳地区属于亚热带海洋性季风气候，台湾中部属于亚热带——热带海洋性季风气候，受台风影响较大。

本区人文地理环境特征表现南北并蓄、中外兼采的岭南特色文化风格，是我国面向世界、沟通海外的重要窗口。该地区经济发达，旅游业独具特色，发展迅速。

本区靠近海洋，地理区位条件优越，旅游业起步早，旅游资源开发、利用、保护等方面居全国领先地位。独特的自然与人文旅游资源、区位优势、特殊社会背景以及中西文化相结合的人文属性，使其形成一个以热带—亚热带特色自然风光为主，山海景色、阳光海岸和名特优产品为特征的开放型旅游资源区。

二、主要旅游地

（一）香港特别行政区

香港是中国所辖的特别行政区，地处华南沿岸，珠江口以东，由香港岛、九龙半岛、新界内陆地区，以及 262 个大小岛屿组成。北接广东省深圳市，南面是广东省珠海市万山群岛。面积 1100 余平方公里，人口约 680 余万。香港山地多，平地少，属亚热带季风性湿润气候。

香港的自然风光与人文资源相对匮乏，但它是世界上著名的金融中心和自由贸易港，很多商品免征进口税，有“世界商品橱窗”和“购物天堂”的美誉，形成了独特的购物旅游。还兴建了大量的游乐休闲场所，如赛马场、太空馆、海洋公园、集古村、科学馆、艺术中心等，以吸引本地和外来旅游者。

图 12－55　香港夜景

1. 太平山

太平山雄踞香港岛的西部，是香港岛最高的山峰。太平山顶是观赏香港这颗“东方之珠”美妙夜景（见图 12－55）的最佳去处，可以俯瞰香港岛全貌、维多利亚港及九龙半岛全景。

2. 海洋公园

海洋公园位于香港岛黄竹坑南朗山，于 1977 年 1 月正式开放，是世界最大的海洋公园之一。它依山傍海，集海洋奇观与游乐设施于一体，是香港居民最佳消闲去处之一，更是国内外旅游者旅游香港的必到之地。

3. 浅水湾

浅水湾位于港岛南部，是香港最具代表性的美丽海湾。浅水湾浪平沙细，滩床宽阔，坡度平缓，海水温暖，是著名地海滨胜地。浅水湾因其景色秀丽，成为著名的高级住宅区之一，区内遍布豪华住宅，构成了浅水湾独特的景致。

4. 维多利亚公园

维多利亚公园是香港最大的公园，建于 1955 年，以体育运动场地为主，有游泳池、网球场、足球场及其他球类场地。每逢周日正午，公园内会举行颇具特色的时事辩论会——城市论坛。

5. 迪士尼乐园

迪士尼乐园是中国第一个迪士尼乐园，于 2005 年 9 月开园。乐园内包括美国小镇大街、探险世界、幻想世界、明日世界等主题，有许多适合成人和儿童的游乐项目，相关设施齐全。自开园以来，游人很多，需预订门票。

6. 星光大道

星光大道位于尖沙咀海滨长廊，毗邻香港艺术馆，向尖沙咀东部延伸，实为一座美丽的海滨栈桥。“星光大道”全长 440 米，路面镶嵌着为打造香港这座“东方好莱坞”而作出卓越贡献的电影工作者的手印或名字；道旁共设立 9 座红色的电影“里程碑”，用文字介绍了香港电影百年的发展历程；另有三座特别销售站，专售突显香港电影特点的纪念品。

（二）澳门特别行政区

澳门位于中国南部的珠江口西侧，与东侧的香港隔海相望，相距仅 61 公里。澳门包括澳门半岛、氹仔岛和路环岛。面积为 29.5 平方公里，由于逐年填海造地，面积逐年增加，人口为 55.68 万（2009 年）。澳门以丘陵、平地为主，平地多为填海造陆而成，半岛自东北斜向西南，和华南沿岸山脉震旦走向相同。属亚热带季风气候。

澳门具有 400 多年历史，地理位置优越，既有古色古香的传统庙宇，又有庄严肃穆的天主教堂，中西结合的文化史迹和市井风情，以及种类众多的博采娱乐等，将澳门发展成一座闻名中外的旅游城市，素有“东方蒙特卡罗之际”。

1. 大三巴牌坊

大三巴牌坊（见图 12－56）即圣保罗教堂的遗迹，位于澳门大巴街附近的小山丘上。圣保罗教堂建成于 1637 年，整座教堂体现了欧洲文艺复兴时期的建筑风格与东方建筑特色的结合，是当时东方最大的天主教堂。1835 年，圣保罗教堂被一场大火烧毁，仅存现在的“牌坊”部分。大三巴牌坊是澳门的标志。

图 12－56　大三巴牌坊

2. 妈阁庙

妈阁庙是妈祖阁的俗称，位于澳门南端妈阁山西麓，建于明代，是澳门最古老的寺庙。妈阁庙是一座具有中国民族特色的古老建筑，供奉的是护航海神妈祖，闽南语“妈祖”就是母亲的意思。每年农历三月二十三日是妈祖的诞生日，庙里都要举行盛大的祭祀活动。善男信女纷纷前来烧香祭拜，祈求平安吉祥。

3. 东望洋山

东望洋山为澳门第一高峰。山上有三大名胜：东望洋炮台、圣母雪地殿和灯塔。

4. 四面佛

澳门有两座四面佛：一座在氹仔澳门赛马会停车场的旁边；另一座在澳门客运码头附近的国际中心内。两处都吸引了不少善男信女前往膜拜。四面佛，人称“有求必应”佛，该佛有四尊佛面，分别代表爱情、事业、健康与财运，掌管人间的一切事务。

5. 赛马会

赛马会建于氹仔填海区，也称氹仔赛马场，于 1979 年初开幕，并举行首场赛事，是亚洲最大的马场之一。马房有千余匹赛马，赛道占地 45 万平方米。场内可容近 3 万名观众。场内设有空调看台和会员专用厢房，环境舒适。此外还可通过大屏幕或电视机观看赛事。场内设有中、西餐厅。

6. 双层跨海大桥

澳门有三座跨海大桥，嘉东庇学督大桥是澳门半岛与氹仔岛间第一座跨海大桥，由葡萄牙桥梁专家贾多素设计，于 1970 年 6 月动工，1974 年 10 月 5 日正式通车。大桥全长 2569.8 米，引桥长 2090 米，桥面宽 9.2 米，对开各两车道，两侧还留有 0.8 米的人行道。大桥由 6 个桥墩支撑，最大跨度为 73 米，高度 35 米，桥面可行驶大型载重汽车，大型客轮在任何时候都可畅通无阻地通过大桥。

7. 金莲花广场

金莲花广场位于澳门新口岸高美士街、毕士达大马路及友谊大马路之间。为庆祝 1999 年澳门主权移交，中华人民共和国中央人民政府赠送了一尊名为《盛世莲花》的雕塑。分别大、小各一件：置于广场上的大型雕塑重 6.5 吨，高 6 米，花体部分最大直径为 3.6 米；小型雕塑直径 1 米，高 0.9 米，于澳门回归纪念馆展出。

8. 澳门观光塔

澳门观光塔位于南湾新填海区 D 区域 1 号地段，占地面积达 13363 平方米的澳门观光塔是澳门著名的大型旅游设施，亦是澳门新的标志性建筑。

9. 渔人码头

渔人码头是澳门首个主题公园和仿欧美渔人码头的购物中心。澳门渔人码头建于外港新填海区海岸，邻近港澳码头。集娱乐、购物、饮食、酒店、游艇码头及会展设施于一体，结合不同建筑特色及中西文化，务求使旅游者突破地域界限，体验不同地区的感受。而区内多元化的娱乐设施必定能使澳门渔人码头成为举家同游的好去处。

10. 葡京

葡京属于澳门旅游娱乐有限公司，是一座完善的旅游娱乐和赌钱的综合体，地处交通要道，1970 年落成，是一间东南亚闻名的综合性大酒店，屡经扩建，以赌场引人注目，是澳门娱乐公司下属六大娱乐场中最大的赌场，号称东亚的最大赌场。

（三）台湾

台湾位于我国东南海面上，是我国最大的岛屿。西隔台湾海峡与福建省相望，东临太平洋，北临东海，西南为南海，土地面积 3.6188 万平方公里，人口 2240 万（2002 年）。台湾由大小 86 座岛屿组成。地形以山地为主，中央山脉纵贯南北。属热带亚热带季风气候。

台湾旅游资源十分丰富，蕴藏的自然资源和人文风貌十分可观。岛内自然风光旖旎多姿，可概括为“山高、林密、瀑多、岸奇”等几个特征。台湾地区的人文旅游资源也相当丰富，人文风貌方面兼客闽南、客家、外省及原住民等不同的族群，形成多姿多彩的人文色彩，无论在宗教信仰、建筑、语言、生活习惯及饮食风味上，均处处展现出和谐共荣的缤纷景象。

1. 阿里山

阿里山位于台湾嘉义县东北，是大武峦山、祝山、塔山等 18 座山峦的总称。阿里山景色优美，气候凉爽，是台湾著名的天然森林公园和旅游胜地。阿里山有四大景：云海壮观、擎天神木、日出奇观、艳红樱花。

2. 日月潭

日月潭（见图 12－57）是台湾最大的天然湖，位于南投县中央的渔池乡，在玉山之北。以湖中光华岛为界，潭水分为丹、碧二色。四周的群山有多处名胜古迹，有文武庙、玄光寺、涵碧楼、孔雀园等。

图 12－57 日月潭

3. 台北“故宫博物院”

台北“故宫博物院”位于台北市东北的士林镇外双溪，是一座仿北京故宫设计建造的中国宫殿式建筑。院内收藏有自北京故宫博物院及沈阳故宫博物院、热河行宫运到台湾的 60 余万件文物。所藏的商周青铜器，历代的玉器、陶瓷、古籍文献、名画碑帖等皆为稀世之珍，展馆每 3 个月更换一次展品，到台湾观光的旅游者都不会错过到此一饱眼福的机会。

4. 101 大楼观景台

101 大楼在规划阶段初期原名台北国际金融中心，是位于台湾台北市信义区的一栋摩天大楼。建设时是世界最高摩天大楼。

5. 孙中山纪念馆

孙中山纪念馆位于台北市仁爱路四段中山公园内，为仿中国宫殿式的建筑，是为了纪念“国父”孙中山先生百年诞辰而兴建的。于 1972 年落成。全馆用地约 4 万平方米，实际建筑面积达 3. 25 万平方米，馆高达 30. 4 米，是台湾罕见的宏大建筑物。

6. 西子湾

西子湾位于高雄市西侧、寿山西南端山麓下，北濒万寿山，南临旗津半岛，为一黄澄沙滩、碧蓝海水的浴场，以夕阳美景及天然礁石闻名。西子湾的夕阳是高雄八景之一，海天一色的美景，美不胜收，黄昏时分，常可见一对对情侣在此互道情愫，充满诗情画意。

7. 三仙台

三仙台位于台东县成功镇北 5 公里处，为一离岸珊瑚礁岛，岛上巨石罗列，与海中礁岩形成的特殊景观，目前共分三仙龛、飞龙涧，水晶、井仙剑峡、合欢洞太液池、甘露泉和钓鱼台等景。全岛面积约 3 公顷，相传古时铁拐李、吕洞宾、何仙姑曾于岛上停憩，故名三仙台岛上现有造型优美的跨海人行步道挢一座，长 320 米，可步行直上三仙台。岛上平坦处可供露营。

8. 太鲁阁峡谷风景区

太鲁阁峡谷风景区又称“太鲁幽峡”，是台湾著名的旅游胜地，位于台湾东部花莲县西北，连绵 20 公里，是太鲁阁公园的一部分。两岸悬崖万仞，奇峰插天；山岭陡峭，怪石嵯峨；谷中溪曲水急，林泉幽邃，具有长江三峡雄奇景观连绵不断的气势，被誉为宝岛的三峡，为宝岛八景之冠。

专题活动

根据本章节的知识内容，请结合相关实际分析并设计几条中国的黄金旅游线路。

知识归纳

通过对本章内容的学习，树立空间地地域意识，形成旅游综合动态思维，热悉各旅游区地理环境、资源特色和旅游优势，了解各旅游区重要的旅游景点概况，提高对旅游景观的鉴赏能力，增强建设美好未来的责任感，从而自觉保护旅游环境，爱护旅游设施，宣传中国的旅游文化。

思考题

1. 燕赵文化旅游区的特色表现在哪些方面?
2. 关东文化旅游区利用特有气候旅游资源能发展哪些独特的旅游项目?
3. 中原文化旅游区区域发展不平衡，试说明原因。
4. 巴楚文化旅游区的旅游资源有什么特色?
5. 试分析西北少数民族文化旅游区旅游业的发展前景。
6. 藏族高原游牧文化旅游区发展旅游业的优势与障碍各有哪些?
7. 试分析港澳台中西文化旅游区与大陆旅游互动发展应该采取哪些措施。

参考文献

[1] 保继刚．从理想主义、现实主义到理想主义理性回归——中国旅游地理学发展 30 年回顾［J］．地理学报，2009，64（10）．
[2] 李永文．旅游地理学［M］．北京：科学出版社，2004．
[3] 罗兹伯，张述林．中国旅游地理［M］．天津：南开大学出版社，2005．
[4] 王辉，苗红．中国旅游地理［M］．北京：北京大学出版社，2010．
[5] 梁明珠．中国旅游地理［M］．广州：广东旅游出版社，2005．
[6] 董晓峰．旅游资源学［M］．北京：中国商业出版社，2005．
[7] 朱桂凤．中国人文旅游资源概论［M］．北京：北京大学出版社，2009．
[8] 肖星．中国旅游资源概论［M］．北京：清华大学出版社，2006．
[9] 李娟文．中国旅游地理［M］．大连：东北财经大学出版社，2008．
[10] 孙克勤．世界旅游文化［M］．北京：北京大学出版社，2007．
[11] 韦燕生．中国旅游文化［M］．北京：旅游教育出版社，2006．
[12] 王瑜，王勇．中国旅游地理［M］．北京：中国林业出版社，北京大学出版社，2008．
[13] 李文龙．中国古代长城的四个发展阶段［J］．文物春秋，2001（2）．
[14] 孙克勤．世界旅游文化［M］．北京：北京大学出版社，2007．
[15] 李江敏，李志飞．文化旅游开发［M］．北京：科学出版社，2000．
[16] 王昆欣．旅游景区服务与管理案例［M］．北京：旅游教育出版社，2008．
[17] INSKEEP E．旅游规划［M］．张凌云，译．北京：旅游教育出版社，2004
[18] SMITHS L J．旅游决策分析方法［M］．李天元，徐虹，黄晶，译．天津：南开大学出版社，2006．
[19] 世界旅游组织．国家和区域旅游规划［M］．籍琐，译．北京：电子工业出版社，2004．
[20] 马勇，李玺．旅游规划与开发［M］．北京：高等教育出版社，2006．
[21] 杨桂华．旅游资源学［M］．昆明：云南大学出版社，1999．
[22] 尹泽生，陈田．旅游资源调查需要注意的若干问题［J］．旅游学刊，2006（1）．
[23] 陆林．旅游规划原理［M］．北京：高等教育出版社，2005．
[24] 吴必虎．区域旅游规划原理［M］．北京：中国旅游出版社，2001．
[25] 国家旅游局人事劳动教育司．旅游规划原理［M］．北京：旅游教育出版社，1999．
[26] 郑耀星．区域旅游规划、开发与管理［M］．北京：高等教育出版社，2004．
[27] 王兴斌．旅游产业规划指南［M］．北京：中国旅游出版社，2000．

教师教学支持方案

（教学课件）

建设立体化精品教材，向高校师生提供整体教学解决方案和教学资源，是天津大学出版社“服务高校教育”的重要方式。

为支持相应课程的教学工作，我们配套出版了该书的教学课件，向采用本教材的教师免费提供。该课件仅为教师获得并服务，授课教师如果想享受个性化的服务，可到天津大学出版社网址 www. tjup. com“下载中心”的旅游与酒店管理专业课程教材栏目中下载填写“旅游与酒店管理专业教师资源库”入库信息表，并详细填写如下开课情况证明，以邮寄或者传真方式一并交与我们，我们将在收到后一周内寄出相关课件或与您联系相关事宜。

通信地址：天津市南开区卫津路 92 号天津大学出版社 总编办

邮编：300072

电话：022-27405002

传真：022-27401094

E-mail: 973662685@ qq. com

联系人：王馨

开课证明

兹证明__________________大学__________________学院__________________系__________专业第__________学年开设的__________课程，已采用天津大学出版社出版的__________（书名、作者）作为本课程教材，本专业共__________班，授课老师共________位，学生共________人。

授课老师需要与本教材配套的教学课件。

联系人：

通信地址：

邮编：

电话：

E-mail:

系（院）主任（签字）：

（系院办公室盖章）

年　月　日